KB068701

제2판

법학원론

전장헌 저

박영사

제2판 머리말

중세 이후 최악의 코로나 바이러스(COVID-19)로 인하여 전 세계가 막대한 피해를 당하고 있고 전국에 있는 대학들의 학사일정도 비대면 수업과 비상체제로 운영되고 있는 현실이다. 인간의 무력함을 느끼게 하며 하루 빨리 종식되어 건강한 모습으로 학생들과 캠퍼스에서 수업이 이루어지기를 고대하여 본다.

법학원론이 세상에 출간한 이후 기대 이상의 호응을 얻게 되어 독자들에게 깊은 감사를 드린다. 그간 법령 개정이 있었고, 판례가 변경되어 최근의 법 환경을 반영한 개정판의 발행이 불가피하게 되었다.

개정판에서는 개정법령 및 내용에 대한 수정과 관련 판례와 사례를 소개하여 구체적인 사안에 대한 법리적인 안목을 보다 높일 수 있도록 하였다. 그리고 '부동산 실권리자명의 등기에 관한 법률', '화해계약', '비채변제', '상속법', '상법', '양형' 등의 내용을 추가하거나 보완하였다. 자세한 내용은 지면의 사정을 고려하여 법학원론의 특성상 큰 틀의 범위에서 가능한 알기 쉽게 설명하고자 하였다. 주어진 여건에서 가능한 독자들에게 이해하기 쉽고 좋은 책을 저술하고자 하였으나 독자로 하여금 너무 생략되어 이해하기 힘든 부분은 계속 보완하여 나아가고자 한다.

본서의 개정판의 발행을 승낙하여 주신 박영사 안종만 회장님과 출간을 위하여 세심히 수고하여 주신 편집팀의 이승현 과장님과 기획마케팅팀의 오치웅

대리님 그리고 관계자 여러분에게 깊은 감사를 드린다.

높은 하늘과 천호지 호수가 바라보이는

단국대학교 연구실에서

2020년 7월

전 장 헌

머 리 말

인간은 이 지구상의 어떤 생명보다 복잡하고 다양한 경쟁 속에 살아가고 있다. 다른 생명들은 본능적인 자연의 흐름 속에서 일반적으로 살아가지만 인간의 세계에서는 하루에도 마약, 절도, 살인, 불법행위, 채무불이행 그리고 국가 간의 수많은 분쟁 속에서 살아가고 있다. 이러한 사회구조일수록 서로가 지켜야 할 규율(권리, 의무)이 없다면, 인간세계는 대혼란과 무법천지의 세계가 될 수밖에 없을 것이다.

그래서 인간들은 현 시대를 살아가면서 가장 공평하고 정의로운 규칙을 만들어 놓고 그 약속을 위반한 경우에는 제재를 할 수 있도록 법이라는 사회규범을 탄생시켰다. 소크라테스(Socrates, B. C. 470~399)는 법을 정의라고 하면서 "법은 개인적인 이해관계에서 나오는 것이 아니라 인간의 본성에서 나온다"고 하였고, 예링(R. Jhering, 1818~1892)은 "법은 이익을 향한 목적의식의 산물이며, 목적은 법의 창조자"라고 하였듯이 법을 하나의 개념으로 정의하는 것은 매우 어려운 일이다. 이러한 법은 최상위법인 헌법을 시작으로 민법, 형법, 행정법, 민사소송법, 형사소송법 그리고 관습법, 판례법 등 다양한 법이 존재한다.

본서의 특징은 법의 본질은 무엇이며 어떠한 이상을 목적으로 법이 제정되어야 인간들이 살아가는 사회구조가 보다 윤택하고 공평과 정의를 실현할 수 있을지 법학의 원론적인 차원에서 연구하였다. 그리고 실정법과 절차법의 유기적인 연구 속에 법정 안정성을 도모할 수 있도록 하였다. 또한 이 책의 전반부에는 법의 본질과 그 적용 등에 대한 총론 부분을 다루었고 후반부에는 각론 부분으로 각 법의 전공분야에 대한 주요내용에 대하여 상세하면서도 체계적으로 저술하여 법의 전반에 대한 내용을 두루 섭렵할 수 있도록 했다. 이외에도 체계적이며 논리적인 법학의 이해를 위하여 가능한 성문법과 판례법을 비교분석하고, 법리설명에 판례의 사안을 통한 실무해설 방식을 도입함으로써 기존의 도서와는 차별되는 학술도서를 저술하고자 하였다. 그럼에도 불구하고 막상 탈고하고 보니 미흡한 부분이 많이 있어 보인다. 이는 추후 개정을 통하여 계속 보완하여 나아가고자 한다.

이 책을 저술함에 있어서 고마움을 표현할 분들이 너무나도 많다. 우선 본서의 구성에 있어 참고가 된 수많은 영문자료와 국내저술 등의 저자분들께 감사한다. 그리고 본서의 출간을 허락하여 주신 박영사 안종만 회장님과 안상준 상무님께 감사드리며, 특히 많은 수고를 하여 주신 박선진 대리와 편집부의 이승현 대리에게 깊은 감사의 마음을 전한다.

파란하늘과 산이 바라보이는
단국대학교 연구실에서
2016년 9월
전 장 헌

차 례

제1편 총 론

제 2 편   각 론

제1장 헌 법 · 58

제 3 장 민 법 · 144

제 7 장 형 법 · 351

제 8 장　형사소송법 · 398

법 학 원 론 JURISPRUDENCE

Volume 52

제 **1** 편

총 론

법의 본질과 존재

제1절 법이란 무엇인가

Ⅰ. 법의 개념

우리는 매일 다양한 사건을 접하면서 살아가고 있다. 신문이나 텔레비전 등 각종 매스컴(Mass Communication)을 보면 동성애에 대한 합법화, 얼마 전 많은 찬반 속에 폐지된 형법 제241조의 간통죄와 낙태, 살인, 폭행, 대마초, 사기, 채무불이행, 파업 그리고 불법행위 등 많은 논란과 문제 속에 살아가고 있다.

그런데 이러한 다양한 사회구조와 문제 속에 어느 정도 강제성을 띠고 있는 법이 존재하지 않는다면 그 시대의 사회는 유지되고 지탱할 수가 없을 것이다. 우리가 살아가는 사회구조는 궁극적으로 법에 의하여 지배되고 있다고 볼 수 있다.

그렇다면 법이란 무엇인가? 이에 대한 논의와 관련하여 다양한 주장이 있다.

마르크스(Karl Heinrich Marx, 1818. 5. 5~1883. 3. 14)는 "법이란 자본에 의하여 사회적인 약자를 지배하는 도구로 이용된다"고 주장을 하였고, 플라톤(B.C.

428?~B.C. 347?)은 "동기의 구체화", 토마스(St. Thomas, 1225~1274)는 "공익을 위한 근거" 그리고 립먼(Lippman)은 법은 "다양한 사회 구조 속에 정의를 실현하고 안정적인 통치를 실현하는 사회규범이다"라고 주장한다.[1]

법을 명확히 한 마디로 답변을 하기는 어려운 문제이다. 그러나 각 국가의 문화와 사회구조에 따라 법은 조금씩 다르지만 사람이 사회에서 살아가기 위한 하나의 규칙으로 존재한다고 볼 수 있다. 이러한 법은 자연법칙에 비해 가변적이며 시대와 문화에 따라 계속 변화를 한다. 예컨대 이전에는 없었던 사회보장법과 독점금지법은 현재 존재하지만 간통죄는 오히려 얼마 전 형법에서 폐지가 되었다.

궁극적으로 법은 개인의 권리와 재산을 보호하고 사회적인 구조를 지배·형성하는 사회규범으로 모든 사람들이 공평하고 정의롭게 살아가기 위해서 존재한다고 볼 수 있다.

Ⅱ. 법과 사회규범

사물을 지배하는 법칙에는 자연법칙과 규범이 있다. 자연법칙은 "태어나면 죽는다", "물은 높은 곳에서 낮은 곳으로 흐른다" 등과 같이 일정한 원인이 있으면 반드시 결과가 따라오는 법칙을 말한다. 반면 규범은 "사람을 살인하지 말라", "선한 행동을 하라" 등과 같이 사람에게 작위 또는 부작위를 명하는 법칙을 말한다. 자연법칙은 예외가 없으나 법은 예외가 있는 규범에 해당한다.

이러한 규범은 개인규범과 사회규범으로 구분할 수 있는데, 개인규범은 개인의 좌우명이나 생활신조를 의미하는 것이고, 사회규범은 사회가 유지되기 위하여 사회일반에게 적용되는 규범을 말한다. 그리고 사회규범은 도덕, 종교, 관습 등과 같이 설사 위반하더라도 강제성을 가지고 있지 않는 비강제규범과 헌법, 형법, 민법 등과 같이 위반행위를 하였을 때 손해배상이나 징역 등이 가하여지는 강제규범인 법으로 구분된다.

법은 자연법칙이 아닌 규범으로서 위반하였을 경우 강제성을 가진 사회생

---

1) Matthew Lippman, Law and Society, SAGE Publications. Inc, 2015, p. 2.

활을 규율하는 사회규범이다. 사회의 규범이라는 점에서는 관습, 도덕 그리고 종교 등과 같은 성질을 가지고 있다. 과거에는 법과 관습 등이 명확하게 구분되지 않은 상태에서 강제규범적인 성질을 나타내고 있었다. 예컨대 우리나라의 사실혼제도라는 관습이 법으로 통용되었고 중세시대의 종교도 법적 효력이 발생하였으며 신라시대의 화랑도의 정신은 도덕적인 성질을 가지고 있었지만 실질적으로는 법적인 효력으로 강제규범으로서의 성질도 가지고 있었다.

궁극적으로 법과 도덕, 법과 관습 그리고 법과 종교 등이 어떻게 명확히 구별되는지 한 마디로 설명하기에는 어려움이 있다. 그것은 본질적으로 철학적인 질문이기 때문이다. 그러나 이론적으로 논의는 가능하다고 보며 오늘날에는 사회다변화와 현실주의에 따라 구분이 더욱 명확해지는 추세에 있다.

1. 법과 도덕

도덕은 사람이 사회생활을 영위함에 있어서 마땅히 지켜야할 행위나 그 도리가 되는 규범으로서 법과 가장 밀접한 관련을 맺고 있다.[2] 토마지우스(Thomasius, 1655~1728)는 법과 도덕을 외면성과 내면성의 개념으로 구분하여 법은 인간의 외적 행위를 도덕은 인간의 내면세계를 규율한다고 보았다. 또한 켈젠(H. Kelsen, 1881~1975)은 법은 강제질서라는 의미에서 다른 사회질서와 구별된다고 하였다.

그러나 법과 도덕이 구별된다고 하여도 양자가 전혀 별개의 것으로 존재한다고 볼 수는 없다. 예컨대 "사람을 살인하지 말라", "사기를 하지 말라"는 규범은 도덕이면서 곧 법이다. 그리고 법은 위반하였을 경우 처벌을 당한다는 점에서 모든 도덕을 법으로 규정할 수는 없는 것이다. 따라서 도덕 중에서 반드시 그 시대·국가에서 반드시 지켜야 할 규범만을 최소한 법으로 규정하게 된다. 그래서 옐리네크(G. Jellinek, 1851~1911)는 '법은 도덕의 최소한'이라고도 하였다. 또한 법은 법의 타당성을 인정할 수 있는 근거이자 법의 목적과 이상으로서 작용하기도 하고 법이 도덕에 반하는 경우에는 국민의 저항에 부딪쳐 법적 효력이 상실하는 경우도 있다.[3]

---

2) 김영규 외, 신법학개론, 박영사, 2014, 6면.
3) 홍완식 외, 법학개론, 피앤씨미디어, 2014, 7면.

위와 같이 많은 학자들이 법과 도덕에 대하여 설명하고 있지만 명확히 구별하기는 어려운 문제이다. 다만 법은 도덕과 달리 위반하였을 경우 강제성, 외면성, 타율성, 양면성을 가지나 도덕은 비강제성, 내면성, 자율성, 일면성의 성질을 가지고 있다고 볼 수 있다.

2. 법과 관습

일반적으로 관습이란 어떤 시대와 국가에서 많은 사람들이 장기간 반복적인 습관으로 행하여져 온 무의식적인 사회생활의 준칙으로 사람들이 그 습관을 지키는 것이 타당하다고 생각하는 풍속, 관례, 습속 등을 말한다. 즉, 법은 만들어지는 것에 비하여 관습은 자연발생적으로 형성되는 점에 차이가 있으며 국가마다 문화가 다르기 때문에 관습도 다를 수가 있다.

관습은 법과 마찬가지로 어느 정도의 강제성을 가진 사회규범이지만 법과 달리 위반하였을 경우 국가에 의하여 강제성을 가지지 않는다는 점에 차이가 있다. 그러나 법과 관습의 중간 형태인 관습법도 존재한다. 관습은 단순한 사실로서의 성질을 가지고 있지만, 이러한 관습이 많은 사람들에게 법적 확신을 얻고 공서양속에 반하지 않는 경우에는 관습법으로서의 사실상 효력을 가지게 된다.

3. 법과 종교

고대에는 법과 종교가 구분되어 있지 않았다. 종교적 교리가 곧 법으로서의 의미를 갖는 경우가 많았다. 예컨대 중세시대의 기독교의 교리나 우리나라 신라시대의 세속오계 등은 종교규범이자 법으로서의 효력을 가졌다. 그러나 오늘날에는 대부분의 국가에서 종교와 법을 엄연히 분리하여 종교적인 교리는 교회 내부에서만 적용되는 자치법의 효력을 갖고, 법은 국가권력에 의하여 승인되고 강제됨으로써 그 실효성이 보장되는 사회규범으로서의 성질을 가지고 있다.

Ⅲ. 자연법론과 법실증주의

1. 자연법론(Natural Law)

아리스토텔레스 철학의 영향을 받아 그의 철학을 계승한 토마스 아퀴나스는 스콜라 철학을 대표하는 중세 유럽의 철학자이자 신학자인데, "불공평한 법은 법이 아니며 준수해야 할 필요가 없으며, 법은 도덕을 바탕으로 이루어져야 한다"4)라고 한다.

그런데 정의로운 법의 근본이 될 도덕을 어디에서 찾아야 할 것인가? 토마스 아퀴나스는 "본질적으로 법은 좋은 것은 수행하고 촉진하여야 하지만 나쁜 것은 회피하여야 하기 때문에 그곳에서 찾아야 한다"고 하지만 막연한 점이 있다. 어떤 것이 좋고 나쁜 것인지 구별하기가 쉽지 않다. 예컨대 거대한 백화점이 시골 지역에 입점을 하여 생산품들을 저가에 판매한다고 가정할 때, 금액에 초점을 둔 소비자 입장에서는 좋겠지만 그 백화점 인근에서 동일한 물건을 판매하는 소매상 입장에서는 경쟁에서 뒤떨어지기 때문에 파산을 해야 하는 안 좋은 측면이 있게 된다. 이러한 경우 무엇에 기준을 두어 좋고 나쁜 것을 판단해야 할지 쉽지가 않다.

형법 제269조 제1항은 "부녀가 약물 기타 방법으로 낙태한 때에는 1년 이하의 징역 또는 200만원 이하의 벌금에 처한다." 그리고 동법 제2항은 "부녀의 촉탁 또는 승낙을 받아 낙태하게 한 자도 제1항의 형과 같다"고 규정하고 있다. 낙태죄는 자연적인 분만 이전에 인위적으로 태아를 모체 밖으로 배출하여 살해하는 범죄행위이다. 고대 로마시대에는 낙태가 허용되었으나 중세 이후 기독교의 영향으로 낙태행위를 살인행위로 보고 처벌한 이후에는 낙태행위를 금지하고 있다. 그러나 모자보건법 제14조에서는 "강간 또는 준강간(準强姦)에 의하여 임신된 경우, 또는 배우자의 사망·실종·행방불명, 그 밖에 부득이한 사유로 동의를 받을 수 없으면 본인의 동의만으로 그 수술을 할 수 있다"고 규정하고 있어 사실상 낙태죄는 사문화되고 있다. 그러나 태아는 잉태한 순간부터 생명체이고 고귀

---

4) St. Thomas Aquinas(1225~1274): In his Summa Theologica, he argued that an unjust law is no law at all and need not be obeyed.

한 인격체이기 때문에 존중·보호하여야 한다는 낙태반대론자와 찬성자 사이의 찬반논의가 계속되고 있다. 낙태를 인정하게 되면 생명을 경시하게 되고 산모의 건강에도 좋지 않게 되는 반면 부정하면 원하지 않은 임신을 한 경우나 태아가 장애를 가진 경우 서로의 인생을 위해 낙태가 대안이 될 수도 있을 것이기 때문에 논란이 될 수 있다.

위와 같이 어떤 문제를 놓고 볼 때 그것이 정당한 것인지를 판단하기가 쉽지 않은 경우가 많다. 실정법이 아무리 거대하게 체계적으로 입법되어 있다고 하더라도 그것이 정당한 것인가를 실정법 자체만으로 판단할 수 없는 경우가 많기 때문이다. 최근에 폐지된 간통죄의 경우에도 실정법만을 놓고서 보면 간통죄의 정당성에 대하여 판단하기가 어려운 점이 있는 것이다. 물론 실정법을 제정할 때에 그 주체인 인간이 지식과 가치를 기울여 되도록 정당한 법질서를 만들려고 노력하였겠지만, 이 세상의 모든 법질서가 정당하다고 말할 수 없을 것이다. 궁극적으로 이 정당성 여부에 대한 평가의 기준은 그것을 초월한 어떤 영원한 객관적 질서에 의하여 행하여져야 한다고 볼 수 있다.

각 나라마다 법의 규정은 조금씩 다르지만 인간으로 살아가는 데 있어서 필요한 자연법은 영원불변의 진리로서 동일하다고 볼 수 있다. 또 정당하다고 인정되는 법도 악법이 돼서 사라질 수도 있지만 자연법에 기반을 둔 실정법은 영구불변적으로 정당하다고 볼 수 있다. 이 정당성 여부에 대한 평가 기준은 영원한 객관적 질서에 기반을 두어야 하는데 그 표현에는 무리가 있지만 그 기준을 법학에서는 자연법(Natural law)이라고 부른다.[5]

그런데 자연법이 무엇이냐고 물어본다면 그것 또한 간단히 답할 수 있는 것이 아니다. 고대 그리스 시대의 자연법은 삼라만상의 우주질서 원리에서 연역된 개념으로 보았고, 중세에는 신의 뜻에 따라 바르게 사는 원리라는 관념이 강하였다. 그런데 근세에 법학이 신학에서 분리되면서는 자연법은 신과는 관계없이 인간의 본성과 이성에 기초한 합리적 질서라는 사상으로 전개되었다.

일반적으로 자연법이라고 하면 인간의 본성과 사물의 본성에 근거하여 시대와 민족, 국가와 사회를 초월하여 보편·타당하게 적용되는 객관적 질서라고 인

---

5) 최종고, 법학통론, 박영사, 2014, 79면.

식하고 있으나, 현대의 자연법론자는 자연법의 영구불변성을 강조하면 융통성이 없는 형이상학적인 것으로 오해할 가능성이 있다면서 비판을 가하고 있다.[6]

2. 법실증주의(Legal Positivism)

법실증주의는 국가의 실정법 중심의 법해석론이다. 자연법은 비현실적·선험적·초인적인 가치에 기초를 가진 결과적·관념적·자연적인 데 반하여, 실정법은 사회적·경험적·인위적 사실을 바탕으로 한 강제규범으로서 실증성과 강제성을 내용으로 한다.

법실증주의는 불문법을 법원으로 인정하는 데 소극적이고 자연법의 법적 효력을 부인하며 법적 실효성을 강조한다.[7]

3. 자연법론주의와 법실증주의의 관계

자연법론주의의 입장은 불공정한 법은 법이라고 할 수가 없다고 하는 반면, 법실증주의는 법적 안정성을 강조하면서 정당한 절차를 밟아서 제정된 법이면 악법도 법이라고 본다.[8]

그러나 법적 안정성이라는 형식적 이념이 내용적 이념인 정의보다 우위에 설 수 있을지는 의문이다. 나치스의 악법을 경험한 라드브루흐는 종래 정의·합목적·법적 안정성을 동렬의 법이념으로 설명하였던 태도를 바꾸어 만년에는 정의를 상위의 이념으로 인식하여 법이 정의를 부정하면 법률의 모습을 띠고 있어도 불법이라고 설명하였다.

고대 그리스의 자연철학에서는 정의를 삼라만상의 자연적인 것으로 인정하여, 이를 바탕으로 해서 법이 존재한다고 보았다. 그리고 서양에서 법은 정의를 위해서 존재한다고 보고 있으며 동양의 유교사상에서는 예와 의를 정의로 보았다.

자연법은 두 가지 기능을 가지는데 첫째는 실정법의 정당성의 기초가 되며

---

6) 최종고, 상게서, 79면.
7) 홍성찬, 법학원론, 박영사, 2015, 420면.
8) Jeffrey F. Beatty and Susan S. Samuelson, Business Law and the Legal Environment, Thomson Southwestern, 2004, p. 16.

두 번째는 모든 경험적·역사적 법의 규범화의 표준으로서 기능이다.[9] 자연법은 법의 악용과 실정법 만능주의를 통제하기 위하여 초법적인 자연법의 원리를 필요로 하고, 법의 실효성을 위해서는 법실증주의적 규범이 필수하다. 자연법은 실정법에 대한 비판적 존재로서 법실증주의의 남용에 대한 감시 역할과 자연법의 객관성·합리성 등을 추구하여 실정법의 보완기능을 한다.[10]

법은 정의와 공평을 표준가치로 정하여 입법되어야 하는데 정의는 자기 이기심을 극복하면서 타인의 권리와 자유를 존중하고 이성과 양심 그리고 합리성에 근거하여 문제의 해결에 접근할 때 정의로운 해결의 기준이 될 수 있다. 그리고 정의는 자연법에 근거해서 기준을 삼는 것이 바람직한 인간의 지표가 될 수 있다.

제 2 절 법의 존재형식

I. 법 원

법원(法源, Source of Law)이란 법의 연원(淵源)으로서, 재판의 기준이 되는 법의 존재형식으로 성문법과 불문법이라고 보는 견해가 일반적이다. 그러나 법원은 법의 존재형식뿐만 아니라 법전, 판례집, 국회의사록, 저서, 논문, 외국저서 등 법의 인식을 돕는 각종의 자료와 입법을 하기 위한 각종의 규범 등이 모두 포함된다고 볼 수 있다.

II. 성문법

1. 의 의

성문법이란 일정한 형식 및 절차에 따라서 제정되어 문자로 표시되어 있는

---

9) 최종고, 전게서, 86면.
10) 홍성찬, 전게서, 422면.

법으로 제정법이라고도 한다.

2. 성문법주의와 불문법주의

(1) 성문법주의

1) 장 점

성문법주의는 법의 명확성·통일·정비·법적 안정성이 있다.

2) 단 점

법질서가 유동적이지 못하여 구체적 타당성을 저해하는 경우가 있다. 그리고 사회사정의 변천에 바로 적용하기 어렵다.

(2) 불문법주의

1) 장 점

법질서가 경화되지 않고 유동적이어서 구체적 타당성에 보다 유효하다. 그리고 사회사정의 변천에 곧 적응할 수 있다.

2) 단 점

법의 명확화·통일·정비가 곤란하고 법질서의 안정을 해한다.

3. 성문법의 분류

성문법의 분류로는 최상위의 헌법이 있으며 그 다음으로 법률(형법, 민법, 상법, 형사소송법, 민사소송법, 법원조직법, 검찰청법 등), 명령(각종 시행령), 규칙(형사소송규칙, 민사소송규칙, 대법원규칙 등)의 순서로 내려간다.

(1) 헌 법

헌법은 국가의 이념, 조직 및 작용에 관한 국가의 근본법으로서 '규범 중의 규범'의 성질을 갖는 국가 최고의 기본법이다. 헌법은 국가의 통치질서를 규범화한 정치적인 법이므로, 개인의 기본권과 국가의 통치권력의 상호관계를 주요내용으로 하고 있다.[11]

헌법은 가장 강한 효력을 갖고 국민의 기본권과 관련된 최고법이므로 입법이나 개정을 까다롭게 하여 법적 안정성을 기하고 있다. 헌법을 개정하기 위해

---

11) 홍성찬, 전게서, 37면.

서는 국회의원 재적 과반수 또는 대통령의 발의로 제안하고 이를 공고한 후, 국회 재적의원 3분의 2 이상의 찬성을 얻어 국회의 의결을 거친 후 다시 국회의원 선거권자 과반수의 투표와 투표자 과반수 찬성을 얻어 확정이 되도록 규정하고 있다(헌법 제128조, 제130조).

(2) 법 률

법률은 입법기관인 국회에서 제정한 성문법이다. 법률은 헌법이념을 구현하기 위한 헌법의 하위법으로서 헌법에 위배될 수 없다.

법률은 국회재적의원 과반수의 출석과 출석의원 과반수의 찬성으로 법률안이 의결되어 정부에 이송되면 15일 이내에 대통령이 공포한다. 그리고 대통령은 국회에서 의결된 법률안에 이의가 있으면 재의를 요구할 수 있으며(헌법 제53조 제2항), 특별한 규정이 없는 한 공포한 날로부터 20일을 경과함으로써 효력이 발생한다.

법률의 위헌 여부는 헌법재판소가 관장하며(헌법 제111조 제1항) 명령이나 규칙이 헌법이나 법률에 위반되는지 여부는 대법원에서 최종 심사한다(헌법 제107조 제2항).

(3) 명령·규칙

1) 명 령

국회의 의결을 거치지 않고 행정기관이 발하는 법규를 명령이라고 하며 법률의 하위법규에 해당한다.

명령은 행정기관이 법률에 의해 제정하는 위임입법으로 법률의 위임에 의하거나 법률을 집행하기 위한 시행명령이다. 명령은 법률의 내용을 보충하기 위한 의미를 가지고 있다. 예컨대 주택임대차보호법 제8조에서는 소액임차인의 최우선변제에 대하여 규정하고 있고 구체적인 금액은 하위 법령인 대통령령(「주택임대차보호법 시행령」 제10조 및 제11조)에 위임하여 소액보증금과 최우선변제금액의 범위를 구체적으로 규정하고 있다.

명령은 법률의 하위에 있으나 예외적으로 국가의 위기에 대처하기 위한 국가긴급권의 행사로서 대통령은 긴급재정·경제명령(헌법 제76조 제1항)을 발할 수 있는데 법률과 동등한 효력을 가진다. 그리고 국가의 안위와 관계되는 중대한 교전상태에 있어서 국회의 집회가 불가능한 때에 한하여 긴급명령을 발할 수 있는데, 이러한 긴급재정·경제명령이나 긴급명령은 법률적인 효력을 가진다.

2) 규 칙

헌법은 권력분립의 이념에 따라 행정부 이외의 국가기관에게 행정의 자율성을 위한 명령의 성질을 가지는 규칙제정권을 부여하였다(예: 헌법 제64조 제1항). 예컨대 국회방청규칙, 법원공무원규칙, 「헌법재판소 심판규칙」, 여러 대법원규칙 등은 헌법상 독립된 국가기관이 내부규율과 사무처리에 관하여 자율권을 위하여 인정하고 있는 것이다. 이는 행정명령과 같은 대등적 효력을 갖는다는 점에서 명령보다 하위 법규인 조례와 자치법규로서 다루어지는 규칙과는 구별된다.

(4) 자치법규

자치법규는 지방자치단체가 법령의 범위 내에서 제정한 자치권에 관한 규정이다. 이에 따라 자치법규에는 조례와 규칙이 있다. 조례는 지방의회가 법령의 범위 안에서 그 사무에 관하여 제정한 것이고(지방자치법 제22조), 규칙은 지방자치단체장이 법령 또는 조례가 위임한 범위 내에서 그 권한에 속하는 사무에 관하여 제정한 것이다(지방자치법 제23조).

(5) 조 약

조약은 문서에 의한 국가 간의 합의문서이며, 대통령이 체결하고 국회의 동의를 얻어 대통령이 공포함으로써 그 효력이 발생한다(헌법 제60조, 제73조). 조약에는 협력, 약정, 협약, 의정서, 결정서, 합의서, 교환공문, 양해각서, 자유무역협정, FTA 등이 있다. 조약은 법적 구속력이 없는 정치적, 도덕적 합의에 불과한 일반적 협정이나 합의서와는 구별된다. 헌법에 의하여 체결, 공포된 조약은 국내법과 동일한 효력을 가지는 성문법이 된다(헌법 제6조 제1항).

Ⅲ. 불문법

불문법(common law, unwritten law)이란 문서로써 성문화되어 제정된 법이 아닌 성문법 이외의 법원으로 관습법, 판례법, 조리 등을 말한다.

영미법은 불문법 체제로 200년 이전만 하더라도 불문법이 대다수를 차지하고 있었으나 최근에는 성문법을 보다 많이 제정하고 있는 실정에 있다. 그러나 여전히 불문법은 불법행위, 계약 그리고 대리관계 등 재산법이나 다른 영역에서 중요한 역할을 하고 있다.[12]

오늘날 불문법으로는 사법부에서 당해 사건에 관하여 관련법을 발견하고 해석하여 결정한 판례가 일반적이다. 더구나 사법부에서 법을 해석하여 내린 판결은 해당하는 입법을 할 때 가이드 역할을 하기도 한다.

1. 관습법

(1) 의 의

관습법이란 오랜 세월 동안 다수인에 의하여 반복적으로 행하여져 온 관행이 불특정 다수인으로부터 법적 확신 내지 인식을 갖게 된 규범을 말한다.

관습법이 성립하기 위해서는 다음과 같은 성립요건을 갖추어야 한다.

(2) 성립요건

1) 관행이 있을 것

관습법이 성립하기 위해서는 우선 관행이 있어야 한다. 관행이란 사회 내부에서 오랜 세월 동안 계속·반복적으로 널리 행하여져 온 사실적인 행위 양식을 말한다. 이것을 행위의 측면에서 보면 관행이라 하지만, 규범의 측면에서 보면 관습이라 한다.

2) 관행이 법적 확신을 가질 것

관행이 법적 확신에 의하여 지지되어야 한다. 다시 말해서 관행에 따라 행하는 것이 권리·의무라는 확신을 가지고 사회인에 의하여 위반을 하면 안 된다는 법적 확신을 가져야 한다.

3) 관행이 공서양속 및 강행법규에 위반하지 않을 것

관습법은 법률과 동일한 효력을 가지고 있으므로 그 기초가 되는 관행도 우리 민법 제103조에 따른 선량한 풍속 및 사회질서에 위반되지 않는 사항을 내용으로 하여야 한다. 그리고 선량한 풍속 및 사회질서와 관련 있는 규정인 강행법규에 위반하면 무효가 되므로 관습법은 강행법규에 위반하지 않는 경우에 법으

---

12) Jeffrey F. Beatty and Susan S. Samuelson, op. cit., pp. 10, 73.

로 인정된다.

(3) 관습법의 효력

1) 민사관계와 관습법

민사관계에 있어서 관습법은 위의 요건을 갖추면 성립하고 법원성이 인정된다. 그러나 성문법과 관습법의 효력의 우열에 있어서는 학설이 대립하고 있다.

다수설은 우리 민법 제1조는 "민사에 관하여 법률에 규정이 없으면 관습법에 의하고 관습법이 없으면 조리에 의한다"라고 하여 민사관습법에 대하여 민법전을 보충하는 '보충적 효력'을 인정하고 있다. 그러나 민법 제185조는 "물권은 법률이나 관습법에 의하는 외에는 임의로 창설할 수 없다"고 규정하고 있는데, 이는 민법 제1조의 예외규정으로서 물권의 창설과 관련하여서는 '대등적 효력'을 인정하고 있는 것이다. 또한 상법 제1조는 "상사에 관하여 본법에 규정이 없으면 상관습법에 의하고 상관습법이 없으면 민법에 의한다"라고 하여 상관습법에 대하여는 상법전을 보충하는 효력이 있는 반면, 민법전에 대해서는 우선하는 효력이 있다.

2) 형사관계와 관습법

형법은 "법률 없으면 범죄 없고 법률 없으면 형벌 없다"는 죄형법정주의를 최고의 지도원리로 취하고 있다. 이는 형벌권의 남용으로부터 인권을 보장하기 위한 것이다.

형법에서는 죄형법정주의의 파생원칙으로 형법의 존재형식은 성문법에 한정하며, 관습법은 형법의 법원으로 인정되지 않는다.

(4) 관습법의 종류

관습법의 종류에는 관습법상 법정지상권·분묘기지권·양도담보·사실혼제도 등이 있다.

(5) 사실인 관습과 관습법의 차이

① 사실인 관습은 법적 확신이나 사실상의 구속력이 없는 반면 관습법은 법적 효력이 있다. 또한 사실인 관습은 의사표시의 해석으로 당사자의 내용이 되나 관습법은 당사자의 의사와 관계없이 당연히 법규로서의 효력을 가진다.

② 사실인 관습은 법률의 해석을 통하여 임의법규를 개폐하는 효력을 가지

나 관습법은 보충적 효력을 가지는 것이 원칙이므로 법률에 규정이 있는 사항에 관해서는 존재할 수 없다.

2. 판례법

판례법은 사법부에서 관련 사건에 실체법을 해석하여 내린 판결을 말한다. 여기서 판결이란 권리자로부터 권리보호인 청구의 소가 있을 때 당사자 사이의 구체적 사건을 소전제로, 본 사건에 적용할 수 있는 추상적인 법규를 대전제로 하여 법원에서 결정한 법적 판단을 말한다. 이러한 판결이 그 후 유사한 사건에 관하여 반복되면 국회에서 입법을 통하여 성문법과 같은 법규범을 가지는 경우도 발생한다.

판례가 보통법(common law)을 이루고 있는 영미법국가에서는 먼저 내려진 법원 판결이 그 후 유사한 사건에 관하여 구속력을 갖게 되는 '선례구속'의 원칙이 적용된다. 그러나 성문법주의를 취하는 대륙법 국가에서는 사법권 독립의 원칙상 법으로서의 법규범적 효력은 부정되고 실정법 해석을 위한 사실상 해석의 기준이 되는 효력에 불과하다.[13] 다만 우리나라 법원조직법 제8조에서 "상급법원의 재판에 있어서의 판단은 해당 사건에 관하여 하급심을 기속한다"라고 규정하고 있다. 그리고 하급법원이 대법원과 배치되는 판결을 할 경우 상고를 하면 파기될 가능성이 높기 때문에 하급심을 구속하고 판례의 법원성을 어느 정도 보장하고 있다고 볼 수 있다.

3. 조 리

(1) 의 의

조리란 법의 모든 체계에 일관하여 내재하고 있는 사물의 이치나 도리로서 경험칙·사회관념·정의·공평 등 사물의 본성 내지 만물의 근본도리를 말한다.

(2) 조리의 법원성

우리 민법 제1조는 "민사에 관하여 법률에 규정이 없으며 관습법에 의하고 관습법이 없으면 조리에 의한다"라고 하여, 민사분쟁에 있어 성문법과 관습법도

---

13) 홍성찬, 전게서, 51면.

없는 경우에는 조리에 의하여 판결을 내리도록 하고 있다. 이는 조리를 제3차적 법원으로서 그 효력을 인정하여 민사관계에서 법관은 법의 흠결을 이유로 재판을 거부할 수 없다는 점에서 법관에게 보충 입법권을 부여하는 결과가 되고 있다. 그러나 형사관계에서는 죄형법정주의와 명확성의 원칙상 조리는 법원성이 부정된다.

제 2 장 ·

법의 분류

법은 크게 실체법과 절차법, 공법과 사법 그리고 형법과 민법 등으로 구별할
수 있다.

제1절 실체법과 절차법

실체법이란 직접 권리와 의무의 실체를 규율하는 법이다. 이에 비하여 절차
법이란 실체법에서 규정하고 있는 권리와 의무의 관계를 실현하기 위하여 규율
하고 있는 법이다. 실체법을 주법이라고 하고 절차법을 조법이라고도 한다.

실체법은 헌법, 민법, 상법, 형법, 주택임대차보호법, 상가건물 임대차보호법
등 각종 실체적 내용을 규정하고 있는 법이고 절차법은 이러한 실체법을 실현하
기 위한 법으로 민사소송법, 형사소송법, 행정소송법 등이 해당한다.

민법과 상법 등 사법에 속하는 실체법은 민사소송법이라는 절차법에 의하여
판결 등으로 실현된다. 실체법인 형법은 절차법인 형사소송법에 의하고 행정법

은 행정소송법에 의하여 실현된다. 실체법이 있어도 절차법이 없으면 법원은 재판을 할 수가 없으며 절차법이 있어도 실체법이 없으면 법원은 무죄판결이나 조리에 의하여 판결을 하여야 한다.

따라서 실체법과 절차법은 바늘과 실의 관계와 같이 밀접한 관계를 가지고 있으며 분쟁이 발생한 경우 법원은 실체법을 가지고 절차법의 규정에 따라 판결을 내려 그 사건을 해결하게 된다.

제2절 공법과 사법

공법은 국가와 국민과의 법률관계(일반적으로 권리·의무) 또는 공익의 보호를 목적으로 하는 법을 의미하고 사법은 개인 사이의 법률관계를 또는 사익의 보호를 목적으로 하는 법을 의미한다.

공법은 헌법, 형법, 행정법, 민사소송법, 형사소송법, 민사집행법 등이 대표적인 공법에 해당한다. 그리고 사법은 민법, 상법 등이 대표적인 사법에 속한다.

공법은 대체로 사인 간의 생활관계를 기준으로 인간의 국가생활관계를 규율하게 되므로 사적 자치의 원칙이 배제되나, 사법은 사적 자치의 원칙이 인정된다.

제3절 일반법과 특별법

I. 의 의

일반법과 특별법의 구별은 법의 효력이 미치는 범위를 기준으로 사람, 장소, 사항 등에 관하여 특별한 제한이 있는가에 대한 구별이다. 일반법은 제한 없이 모든 경우에 적용되는 반면 특별법은 일정한 사람이나 장소 그리고 사항에 대해서만 적용되는데, 이를 '특별법 우선의 원칙'이라고 한다.

Ⅱ. 구별의 표준

1. 사람에 관한 효력

법의 효력이 모든 국민에게 적용되는 법이 일반법이고, 특정한 신분 또는 지위 등 한정된 사람에게만 적용되는 법이 특별법이다. 예컨대 민법·형법 등은 대한민국 국민 일반에게 적용되는 일반법인 데 반하여, 상법·군형법·국가공무원법 등은 상인과 군인 등 특정한 신분 등 한정된 사람에게만 적용되는 특별법에 해당한다.

2. 장소에 관한 효력

법이 대한민국 모든 지역에 적용되는 법이 일반법이고 특정된 지역에만 적용되는 법은 특별법에 해당한다. 예컨대 민법·상법·지방자치법은 대한민국 전 지역에 적용되는 일반법인 데 반하여 시·도의 조례 및 규칙은 해당 시·도에만 적용되는 특별법에 해당한다.

3. 사항에 관한 효력

어떤 사항 전반을 대상으로 광범위하게 적용되는 법이 일반법이고 특정한 사항만을 규율대상으로 적용되는 법은 특별법에 해당한다. 예컨대 민법은 민사에 관한 일반사항을 규율대상으로 하는 일반법이고, 상법은 영리를 목적으로 활동하는 상인들의 거래인 상사만을 규율대상으로 하는 특별법에 해당한다. 또한 주택임대차보호법, 「상가건물 임대차보호법」도 특정한 주택이나 상가임대차계약의 사항에서만 적용되는 특별법에 해당한다.

Ⅲ. 구별의 실익

일반법과 특별법을 구별하는 실익은 법의 효력 및 적용의 순서를 명확히 하는 데 있다. 따라서 동일한 사안에 대하여 일반법과 특별법의 규정이 모두 포함하고 있는 경우에는 특별법이 일반법에 우선하여 적용되며 특별법에 규정이 없는 사항에 대해서만 일반법이 적용된다.

예컨대 주택에 임대차계약을 1년으로 체결을 한 상태에서 임대인이 1년 계약의 만료를 이유로 퇴거를 요구하는 경우 일반법인 우리 민법의 임대차계약에서는 최단기간의 제한이 없는 반면, 특별법인 주택임대차보호법 제4조 제1항은 최단기간의 제한으로 2년으로 규정하고 있다. 이런 경우 임차인은 1년으로 임대차계약을 체결하였더라도 특별법인 주택임대차보호법을 적용하여 2년 동안의 존속기간을 주장할 수 있게 된다.

제4절 강행법규와 임의법규

Ⅰ. 의 의

사법상의 법률효과를 중심으로 하여 강행법규와 임의법규로 구별된다. 강행법규란 선량한 풍속 기타 사회질서에 관계있는 규정이다. 당사자의 의사에 의하여 강행법규로 규정되어 있는 내용을 배제할 수 없는 것으로, 거래의 안전 내지 경제적 약자의 보호를 목적으로 하는 규정을 말한다. 다시 말해서 강행법규란 선량한 풍속 기타 사회질서에 위반하는 법률행위는 개인의 의사에 의하여 좌우될 수 없는 것이므로, 법률행위 내용이 이에 위반하는 때에는 그 법률행위는 무효에 해당한다.1)

임의법규란 민법 제105조에 규정하고 있는 바와 같이 "법률행위의 당사자가 법령 중의 선량한 풍속 기타 사회질서에 관계없는 규정과 다른 의사를 표시한 때에는 그 의사에 의한다"고 규정하고 있는 바와 같이 선량한 풍속이나 사회질서와 관계없는 규정으로 해석된다. 강행법규는 당사자의 의사에 의하여 그 적용을 배척할 수 없는 것임에 반하여 임의법규는 당사자의 의사에 의하여 그 적용을 배척할 수 있는 것이다. 따라서 임의법규와 강행법규를 구별하는 것은 상당히 중요한 내용이다. 강행법규는 사적 자치의 한계를 정하는 것이고, 임의법규는

---

1) 곽윤직, 채권총론, 136면; 이영준, 민법총칙, 205면.

사적 자치를 보충하는 것이기 때문이다. 그러나 양자의 구별의 표준 내지 기준에 대한 구체적(Concrete concept)인 일반원칙(General principles)은 없다. 그러므로 구체적으로 각 법규마다 그의 성질·종류·입법목적 등을 고려하여 개인의 의사에 의한 적용의 배척을 허용하는 것이냐, 아니냐를 판단·결정하는 수밖에 없다. 강행법규로 볼 수 있는 주요한 것으로는, ① 사회의 기본적 윤리관을 반영하는 규정(친족·상속편에 그 예가 많다. 그 밖에도 민법 제103조 참조), ② 가족관계질서의 유지에 관한 규정(친족·상속편에 그 예가 많다), ③ 법률질서의 기본구조에 관한 것(권리능력·행위능력·법인제도 등에 관한 규정 등), ④ 제3자, 나아가서는 사회 일반의 이해에 직접 영향을 미치는 것(물권편에 그 예가 많다), ⑤ 거래의 안전을 위한 규정(유가증권제도 등), ⑥ 경제적 약자의 보호를 위한 사회정책적 규정 등 특별법에 많이 볼 수 있고, 재산법에도 다수 산재하고 있다.

Ⅱ. 단속법규와의 관계

일반적으로 강행법규라고 하면 효력규정뿐만 아니라 단속규정(금지규정)도 포함한다. 단속법규라 함은 국가가 일정한 행위를 금지 내지 제한하는 것을 목적으로 하는 법규이다. 따라서 강행법규 위반으로서 무효가 되는 것은 효력법규 위반의 법률행위이며 단순히 단속법규에 위반한 행위는 원칙적으로 유효하고 행위자가 단속상의 제재를 받을 뿐이다.

Ⅲ. 강행법규 위반의 양태

직접적 위반은 강행법규 자체를 직접적으로 위반하는 경우로 그 행위는 항상 무효이다. 예컨대, 질권설정계약을 체결하면서 유질약관을 붙이는 것은 유질계약금지규정(민법 제339조)을 직접적으로 위반하는 것이 되어 무효이다.

탈법행위(간접적 위반)는 강행법규를 직접적으로 위반하지는 않으나 강행법규가 금지하고 있는 것을 회피수단에 의하여 실질적으로 실현하는 행위를 말한다. 예컨대, 공무원 등의 연금(공무원연금법 제39조 참조)은 담보로 제공할 수 없는데 이를 잠탈하기 위하여 하는 연금추심위임계약 따위는 무효이다. 그러면 강행법규에 위반하는 것으로 보이는 행위는 언제나 이것을 탈법행위로서 무효로 보아야 하는가? 그 강행법규의 취지가 널리 이것을 회피하는 수단까지도 금할 만큼의 의의를 가지는 것이 아닌 경우에는 그 행위를 탈법행위라고 할 것은 아니다. 예컨대, 양도담보가 이에 해당한다.[2]

제5절 국제법과 국내법

Ⅰ. 의 의

법은 크게 구분하면 국제법과 국내법으로 나뉘어진다. 국제법은 국가와 국가 사이에 이루어지는 법률관계를 말한다.

Ⅱ. 국내법과 국제법

국내법은 한 국가 내에서 그 국가에 적용되는 국가와 국민 또는 상호간의 권리·의무관계를 규율하는 법률관계를 의미한다. 국내법에는 최고상위 법규인 헌법을 시작으로 법률·명령·조례·규칙의 순위로 성문법과 관습법·판례법·조리 등의 불문법이 있다.

국제법은 문자에 의한 명시적 합의인 조약과 국제사회의 관행에 대하여 법적 확신이 부여된 국제관습법이 있다. 그리고 모든 국가를 구속하는 보통국제법과 특정 국가만을 구속하는 특수국제법으로 나누어진다.

---

2) 곽윤직, 민법총칙, 361면; 김주수, 민법총칙, 275면; 이영준, 상게서, 213면; 황적인, 민법총칙, 159면.

제 6 절 **형법과 민법**

I. 형 법

형법은 범죄행위로서 은행강도, 자동차 내에서 돈을 절도하는 행위, 코카인 마약을 판매하는 행위 등을 처벌하기 위하여 규정하고 있는 법이다.

형법은 범죄자들로부터 사회질서 및 법익보호 그리고 사회보장적 기능을 하고 있다. 다시 말해서 형법은 형벌이라는 수단을 통하여 사회윤리적 행위가치를 보호하는 사회보장적 기능, 범죄인으로부터 사회질서를 보호하고 유지하는 사회질서유지 기능 그리고 국가형벌권의 한계를 죄형법정주의에 의하여 명확히 규명하여 자의적인 국가형벌권의 행사로부터 국민의 자유와 권리를 보장하는 보장적 기능을 가지고 있다.

대다수의 형법은 성문법으로 국회나 행정부 등의 입법으로 제정되어 있다. 형법은 피해자들이 은행 강도나 자동차 절도범을 직접 체포하였더라도 직접 법원에 형사소송을 제기할 수가 없고 검찰에서 형사소송을 제기하여 처벌하는 구조로 되어 있다. 예컨대 피해자가 설사 마약범죄인이나 자동차 절도범에 대한 증거들을 가지고 있더라도 직접 형사소송을 제기할 수가 없고 검찰 소속인 검사가 할 수 있다. 검사는 국가 행정부의 법무부에 속하는 단독제의 행정관청으로 또는 공익의 대표자로서의 지위를 가지며 원고로서 피고를 소추하고 구형하는 피고인의 반대 당사자이지만, 동시에 법령의 정당한 적용을 청구하고, 피고인의 정당한 권리와 이익을 보호하며, 인권옹호에 관한 직무(경찰유치장 순시·감찰 등)도 수행해야 하는 지위도 가진다. 또한 검찰권은 행정권의 한 작용이지만, 사법권과 밀접한 관계를 가지고 있어서 형사법의 공정을 기하기 위하여 사법권의 독립정신이 검사제도에도 준용되어, 넓은 의미에서 검사는 준사법관의 지위를 가지는 면이 있어 일반 행정기관과는 다른 특수성이 있다.[3]

법원은 범죄인에 대하여 일반적으로 경미한 사건은 벌금으로 처벌을 하나

---

3) Jeffrey F. Beatty and Susan S. Samuelson, Business Law and the Legal Environment, Thomson Southwestern, 2004, pp. 12~13; 네이버 지식백과(http://terms.naver.com), 두산백과 (http://www.doopedia.co.kr).

그렇지 않은 경우는 구속을 하거나 또는 양쪽을 병행하여 선고를 하기도 한다.

Ⅱ. 민 법

민법은 형법과 다른 사건인 경우 적용하게 되는데, 많은 법률관계에서 적용되는 분야가 민법이라고도 할 수 있다. 당사자 사이에 재산법적인 관계나 친족·상속에 관계된 법률관계를 다루는 분야가 민법이라고 할 수 있다.

예컨대 '갑'이 소유하고 있는 상가를 보증금 1억원에 월 100만원을 받는 조건으로 임차인 '을'과 합의하여 임대차계약을 체결한 경우, 갑은 을에게 법률적으로 본 상가를 임차인에게 이전해야 할 의무를 부담한다. 그런데 병이 본 상가에 대하여 더 많은 돈을 지급하겠다고 주문을 하여 을과의 계약을 거절한 경우 갑은 을에 대하여 그의 의무를 계약상 채무불이행한 것이다. 그러나 형법상으로는 위반에 해당하지 않기 때문에 형사소송으로 기소가 되어 형사판결로 교도소 등에 감금되는 처벌은 받지 않는다. 이런 사건의 경우는 민법에 해당하기 때문에 민사소송을 제기하게 된다. 그래서 을은 갑을 상대로 손해배상을 청구할 수 있다.[4]

그러나 하나의 사건이 민법과 형법에 동시에 적용되는 경우도 있다. 예컨대 갑이 술이 만취한 상태에서 차량을 운전하여 을의 차량을 파손한 경우, 갑은 형법상 술이 만취한 상태로 음주운전을 하였기 때문에 형법상 기소의 대상이 된다. 그리고 을의 차량을 과실로 파손하였기 때문에 민법상 불법행위에 따른 손해배상 의무도 발생하게 된다.

제7절 법과 법률 등

Ⅰ. 법과 법률

법은 성문법과 불문법을 포함한 법규범 전체를 의미한다. 이에 비하여 법률

---

4) 미국은 이런 경우 손해배상을 청구하거나 목적물에 대한 이전청구판결을 구할 수 있다.

은 국회에서 제정된 성문법만을 의미한다.

Ⅱ. 법 규

법규는 일반적으로 전체 법 중 직접 국민의 권리·의무와 관계있는 법을 의미하며, 보통 법규라고 할 때는 불문법을 제외한 성문법만을 의미한다.

Ⅲ. 법 령

법령은 일반적으로 성문법 중 법률과 명령만을 의미한다.

제 3 장

법의 적용과 해석 및 효력

제1절 법의 적용

Ⅰ. 법의 적용의 의의

법의 적용이라 함은 구체적인 법률관계를 해석에 의하여 확정된 법규를 적용하여 그 사건을 해결하는 것을 말한다.

Ⅱ. 법의 적용단계

입법부에서 형법, 민법 등의 법을 제정하면 사법기관(법원)에서는 이러한 실정법과 각종 불문법 등을 가지고 재판의 형식을 통하여 적용한다. 그리고 헌법, 행정법 등의 경우에는 우선 행정기관에서 적용하고 이후 사법기관에서 최종적으로 이를 적용하는 형태로 일반적으로 이루어지고 있는데, 사법기관은 구체적으로 확정된 사건에 대하여 다음과 같은 3단계에 따라 법규를 적용하게 된다.

우선 구체적인 사실관계(문제)를 소전제로 각종 증거들에 의하여 명확히 확정하고, 다음으로 당해 사건에 적용될 일반적·추상적인 법규를 대전제로 그 의미와 내용을 명확히 해석을 하고, 마지막으로 그 해석한 법규를 당해 사건에 적용하여 결론을(판례, 판단 등) 내리는 삼단논법적인 논리적 형식에 따라 법을 적용한다.

1. 사실의 확정

법을 적용하여 다양한 사건(법률관계)[1]을 해결하려면 우선 삼단논법의 소전제가 되는 구체적인 사실내용을 먼저 확정해야 하는데, 이를 사실의 확정이라고 한다. 사실이 확정되지 않으면 삼단논법의 대전제가 되는 해당되는 법을 적용할 수가 없게 된다. 사실이란 일반적으로 법규에 규정되어 있는 사실에 해당하는 내용으로 법규정의 법률요건에 해당하는 내용을 말한다.

예컨대 민법 제750조는 "고의 또는 과실로 인한 위법행위로 타인에게 손해를 가한 자는 그 손해를 배상할 책임이 있다"고 규정하고 있는데, 여기서 "고의 또는 과실로 인한 위법행위로 타인에게 손해를 가한 자는", 동법 제752조의 "타인의 생명을 해한 자는 피해자의 직계존속, 직계비속 및 배우자에 대하여는 재산상의 손해없는 경우에도 손해배상의 책임이 있다"에서 "타인의 생명을 해한 자는" 그리고 형법 제260조 제1항 폭행죄에서 "사람의 신체에 대하여 폭행을 가한 자는 2년 이하의 징역, 500만원 이하의 벌금, 구류 또는 과료에 처한다"라는 규정의 "사람의 신체에 대하여 폭행을 가한 자는"이라는 부분이 사실의 확정에 관한 내용으로 법률요건에 해당한다.

사실의 확정을 어떻게 하느냐에 따라서 판결의 결과가 좌우되는데, 사실의 확정은 우선 적용될 법을 발견하여 그 의미내용을 확정하고 그 다음에 규율된 사실문제를 결정한다는 순서로 이어진다. 이러한 과정이 각각의 독립적 단계로서 이루어지는 것이 아니고 일련의 심리과정으로 법원에서 행하여지고 있다.

---

1) 민사, 형사 그리고 행정관계 등 법에 의하여 규율되는 생활관계를 법률관계라고 한다.

2. 사실의 확정방법

(1) 증명(입증)

사실의 확정은 법 적용의 기초로서 그 결과를 좌우하는데 중요한 의미를 가지고 있다. 현대 법제에서는 법적으로 중요한 사실의 존재 및 내용의 확정은 객관적인 증거에 의하도록 하고 있다(증거재판주의). 이와 같이 객관적인 증거에 의하여 사실의 존재 및 내용을 확정하는 것을 증명(입증)이라고 한다.

증거란 이러한 사실의 존재 및 내용에 관하여 경험적 원칙에 비추어 법관 등 제3자에게 일정한 방향으로 확신을 갖게 하는 여러 가지 자료를 말한다. 증거를 찾아내는 것은 소송법의 원칙상 대체로 어떤 사실을 주장하는 측에서 해야하는데, 이러한 책임을 증명책임 또는 거증책임이라고 한다.[2] 형사소송법에서는 원칙적으로 검사가 거증책임을 부담하고 민사상 불법행위책임에서는 채권자가 채무자의 고의나 과실에 대한 증명책임을 부담한다. 그리고 채무불이행에서는 채무자가 부담하는 등 각각의 법률관계에 따라 증명책임은 다르게 적용된다.

그런데 실제로는 증명을 하기가 매우 곤란할 뿐만 아니라 경우에 따라서는 증명이 불가능할 때도 있기 때문에 법은 일정한 사실의 존재 또는 부존재를 추정하거나 의제하는 경우가 있다.

(2) 추 정

추정이란 어떤 사실이 명백하지 않은 경우에 증명의 번거로움을 덜기 위해 그 사실의 존재 또는 부존재를 일단 있는 것으로 가정 하에 발생시키고 만일 그에 대한 반증을 제출하면 법규정의 적용이 배제되는 의제의 한 방법이다. 예컨대 법에 "…추정한다"라고 규정한 것이 그것인데 우리 민법 제30조는 "2인 이상이 동일한 위난으로 사망한 경우에는 동시에 사망한 것으로 추정한다" 또는 동법 제198조는 "전후양시에 점유한 사실이 있는 때에는 그 점유는 계속한 것으로 추정한다"라고 규정하고 있다. 이러한 법률상의 추정사실은 반증을 들어 그 추정을 뒤집을 수가 있다.

---

2) 송광섭, 법학원론, 형설출판사, 2015, 112면.

(3) 의제(간주)

의제란 당사자에게 증거에 의하여 사실을 인정하는 증명에 대한 부담을 줄이기 위하여 그 사실이 진실인가 아닌가 하는 것과는 관계없이 법이 의제하는 사실을 기초로 그것을 법의 규정에 의하여 사실을 인정하는 것이다. 이와 같이 법에 의하여 사실을 인정하는 것을 의제라고 하는데, 일반적으로 법문에서 '간주', 또는 '본다'라고 표현한 것이 그것이다. 따라서 사실의 존부나 진실 여부를 불문하고 반증을 들어도 법규가 의제한 효과를 뒤집을 수가 없다는 점에서 추정과 구별된다. 예컨대 민법 제28조에 "실종선고를 받은 자는 전조의 기간이 만료한 때에 사망한 것으로 본다"라고 규정하고 있어 비록 실종을 받은 자가 생존하고 있더라도 그것만으로는 선고의 효력을 뒤집을 수가 없기 때문에 따로 실종선고취소의 판결을 받아야 본 규정에 따른 사망간주의 효력을 뒤집을 수가 있게 된다.

제 2 절 **법의 해석**

I. 개 념

법의 해석이란 일반적이며 추상적으로 되어 있는 법 규정의 의미와 내용을 특정한 사건에 적용하기 위하여 그 전제가 되는 법규의 의미와 내용을 체계적·논리적·구체적으로 밝히는 것을 말한다.[3] 다시 말해서 해당하는 사건에 법을 적용하여 해결하기 위해서는 먼저 구체적으로 사실을 확정하고, 이어서 본 사건에 적용되는 관련법을 발견하여 그 법의 의미와 내용을 명백히 확정하는 조작이 필요한데, 이를 법의 해석이라고 한다.

일반적으로 법의 규정은 추상적으로 표현되어 있는데 그 이유는 다양한 사건에 대하여 해결의 기준이 되어야 하기 때문이다. 성문법은 그 제정 당시에 다양하고 급격하게 변동하는 다양한 사건에 모두 적용할 수 있는 법을 규정하기는 불가능하다. 그러므로 성문법은 사회 발전에 탄력성을 갖기 위하여 입법기술상

---

3) 송광섭, 상게서, 116면.

일반적이며 추상적 용어로 표현되어 있다.

예컨대 형법 제250조는 "사람을 살해한 자는 사형, 무기 또는 … 처한다"고 규정하고 있는데, 여기서 사람이란 무엇인지를 해석을 통하여 밝혀야 본 사건에 적용하여 문제를 해결할 수 있게 된다. 우리 민법 제3조는 "사람은 생존한 동안 권리와 의무의 주체가 된다"라고 규정하고 있는데, 민법은 통설로 전부노출설을 취하고 있으나 형법은 진통설을 취하고 있으며 책임능력이 없는 자가 살인을 한 경우에는 책임이 조각되기 때문에 처벌을 할 수가 없는데, 책임이 무엇인지 그 용어가 추상적이며 광범위하기 때문에 역시 법의 해석이 필요하게 된다. 이처럼 추상적으로 표현된 법규의 의미와 내용을 구체적으로 분석하여 구체적인 사건에 적용하는 것을 법의 해석이라고 한다.

Ⅱ. 법의 해석의 방법

법을 해석하는 방법은 크게 이를 행하는 주체가 국가의 권한 있는 기관이 행하는 유권해석과 사인에 의한 무권해석(학리해석)으로 구분되어 있다

1. 유권해석

유권해석은 국가의 권위 있는 기관에 의한 해석으로서 그의 타당성이 추정되며 사실상 강한 구속력을 가진다. 유권해석은 해석하는 기관에 따라 입법해석, 행정해석 그리고 사법해석으로 나뉜다.

(1) 입법해석

입법해석이란 입법기관인 국회가 법문의 규정으로서 법의 의미를 명백히 밝히는 것이다. 예컨대 민법 제98조의 "본법에서 물건이라 함은 유체물 및 전기 기타 관리할 수 있는 자연력을 말한다"라고 규정한 것은 물건의 정의에 관하여 입법의 수단에 의해 법규의 의미와 내용을 확정한 것이다. 다시 말해서 입법기관이 법을 제정하는 권한에 기하여 법률의 해석의 문제를 입법자 스스로 해결하여 법령의 조문자체에 해석규정을 둔 것으로 이를 '정의해석'이라고도 한다.[4]

---

4) 주호노, 법학원론, 한국학술정보, 2015, 170면.

(2) 행정해석

행정해석이란 행정관청이 행하는 해석이다. 행정관청은 법을 집행하는 형식으로 스스로의 판단에 의해 해석하는 경우도 있고,[5] 상급관청이 하급관청에 대한 회답, 훈령, 통첩 등의 형식으로 법을 해석하는 경우도 있다. 하급관청은 상급관청의 법해석에 구속력을 가지며 이에 반하는 해석을 할 수가 없다.

한편 행정적 해석에 이의가 있는 경우에는 행정소송에 의하여 변경이나 취소가 될 수 있기 때문에 행정해석은 사법적 해석보다 우선하지 못한다.

(3) 사법해석

사법적 해석이란 구체적인 소송사건에 법을 적용함에 있어서 법원 특히 대법원에서 판결의 형식으로 행하는 법의 해석이다. 법원에서 구체적인 사건을 해결하기 위하여 이루어지는 것이기 때문에 재판해석이라고도 한다. 사법해석은 당해 사건에 관한 한 원칙적으로 최종적인 구속력을 가지기 때문에 입법해석, 행정해석 등 유권해석 중 제일 우월적 지위에 있다고 볼 수 있다.

예컨대 이중매매가 민법 제103조의 반사회질서에 위반되는지, 임대차에도 적용될 수 있는지와 관련하여 대법원은 "이중매매를 사회질서에 반하는 법률행위로서 무효라고 하기 위한 요건 및 같은 법리가 이중으로 임대차계약을 체결한 경우에도 적용된다"고 해석하였다.[6] 그리고 "채무자가 채권자에게 돈을 빌리면서 부동산을 담보로 제공하고 채무를 갚지 못하면 부동산을 넘겨주기로 한 대물변제예약을 하고도 부동산을 제3자에게 처분한 경우 배임죄로 처벌할 수 없다"는 대법원 판결이 나왔다. 이 판결은 대물변제예약 후 부동산을 처분해 계약을 이행하지 못하면 채무자를 배임죄로 처벌해 온 기존의 대법원 판례를 변경한 것으로,[7] 사법부에서 관련된 법을 해석하여 해당사건에 적용한 판례법이 된다.

---

5) 공인중개사협회에서 법무부에 질의한 내용으로 "변호사는 공인중개사처럼 양측 사이에서 계약을 성사시키기 위한 알선행위는 할 수 없다"고 회신하였다(법무 61005 140호, 2002. 1. 24.). 이는 법무부에서 변호사는 공인중개사와 같이 중개업무를 할 수 없다고 해석한 대표적인 행정해석에 해당한다.
6) 대법원 2013. 6. 27. 선고 2011다5813 판결(건물명도).
7) 대법원 2014. 8. 21. 선고 2014도3363 전원합의체 판결(배임). "채무자가 대물변제예약에 따라 부동산에 관한 소유권을 이전해 줄 의무는 예약 당시에 확정적으로 발생하는 것이 아니라 채무자가 차용금을 제때에 반환하지 못하여 채권자가 예약완결권을 행사한 후에야 비로소 문제가 되고, 채무자는 예약완결권 행사 이후라도 얼마든지 금전채무를 변제하여 당해 부동산에 관한 소유

궁극적으로 하급심의 해석은 상급심의 해석에 저촉될 수 없기 때문에(법원조직법 제8조) 사법해석 중에서는 대법원의 해석이 최종적인 구속력을 가지게 된다. 그리고 선례구속의 원칙에 따르지 않는다는 우리나라에서도 판례법의 형성이 가능한 현상이 실질적으로는 나타나고 있다.[8]

2. 무권해석(학리해석)

무권해석(학리해석)이란 학리에 기하여 법규의 의미와 내용을 명확히 확정하는 것을 말한다. 일반적으로 학자들이 주로 해석하므로 학리해석이라고도 한다. 학리해석은 개인이 학리적 사고를 기초로 하여 행하는 해석으로서 강제력이 없다는 점에서 무권해석이라고도 한다. 유권해석도 학리해석을 그 기초로 하여 해석을 하게 된다.

무권해석은 크게 문리해석과 논리해석이 있고 다시 논리해석은 다음과 같이 다양한 해석방법으로 나뉘어진다.

(1) 문리해석

문리해석은 법조문의 문자와 문장의 의미에 따라시 법규의 내용을 확정하는 해석방법이다. 성문법은 문자와 문장으로 표시되므로 문리해석은 학리해석의 1차적 해석방법으로 가장 중요한 해석방법이다.

(2) 논리해석

논리해석은 법문의 자구나 문장의 문법적 의미에 구애받지 아니하고 법질서 및 법전 전체와의 유기적인 관련 하에 입법의 목적, 제정 당시의 사회사정 및 현

권이전등기절차를 이행할 의무를 소멸시키고 의무에서 벗어날 수 있다. 한편 채권자는 당해 부동산을 특정물 자체보다는 담보물로서 가치를 평가하고 이로써 기존의 금전채권을 변제받는 데 주된 관심이 있으므로, 채무자의 채무불이행으로 인하여 대물변제예약에 따른 소유권등기를 이전받는 것이 불가능하게 되는 상황이 초래되어도 채권자는 채무자로부터 금전적 손해배상을 받음으로써 대물변제예약을 통해 달성하고자 한 목적을 사실상 이룰 수 있다. 이러한 점에서 대물변제예약의 궁극적 목적은 차용금반환채무의 이행 확보에 있고, 채무자가 대물변제예약에 따라 부동산에 관한 소유권이전등기절차를 이행할 의무는 궁극적 목적을 달성하기 위해 채무자에게 요구되는 부수적 내용이어서 이를 가지고 배임죄에서 말하는 신임관계에 기초하여 채권자의 재산을 보호 또는 관리하여야 하는 '타인의 사무'에 해당한다고 볼 수는 없다"고 판시하여 배임 혐의로 기소된 권모씨에 대한 상고심에서 징역 1년 6월을 선고한 원심을 깨고 사건을 대구지법 합의부로 돌려보냈다.

8) 주호노, 전게서, 172면.

실적·사회적 여건 등을 종합하여 논리적·기술적으로 타당성을 도모하는 해석방법이다. 논리해석은 문리해석의 전제 하에서 이루어지며 다음과 같은 여러 가지 해석방법이 있다.

1) 확대해석

확대해석이란 법규의 문자나 문장의 언어적 표현의 의미보다 확장하여 해석하는 것이다. 즉 문리적 해석에 의한 법문의 단순한 해석으로는 너무 좁아 법규의 진정한 의도를 실현할 수 없는 경우에 법규문자 자체의 보통의 뜻보다 확장해서 해석함으로써 법의 타당성을 확보하려는 해석의 한 방법이다. 예컨대 우리 민법 제752조는 "타인의 생명을 해한 자는 피해자의 직계존속, 직계비속 및 배우자에 대하여는 재산상의 손해없는 경우에도 손해배상의 책임이 있다"고 규정하고 있는데, 생명침해로 인한 위자료 청구자의 범위에 배우자뿐만 아니라 사실혼 배우자에 대해서도 확장하여 인정하는 경우나, 형법 제366조의 재물손괴 등에서 "타인의 재물, 문서 또는 전자기록 등 특수매체기록을 손괴 또는 은닉 기타 방법으로 기 효용을 해한 자는 3년 이하의 징역 또는 700만원 이하의 벌금에 처한다"고 규정하고 있는데 일반적으로 손괴란 '물건'의 물리적 형태를 파괴하는 것으로 사용하지만 형법 제366조의 재물 손괴죄에서의 손괴는 그 효용가치를 해하는 것도 포함하는 의미로 해석하는 것이 대표적이다. 이런 사건이 발생한 경우 사법부는 확대해석인 논리해석을 바탕으로 하여 판결을 한다.

2) 축소해석

축소해석이란 법규의 문자나 문자의 언어적 표현의 의미보다 축소하여 해석하는 방법으로 확장해석과 정반대이다. 예컨대 형법 제329조는 "타인의 재물을 절취한 자는 6년 이하의 징역 또는 1천만원 이하의 벌금에 처한다"고 규정하고 있는데, 절도죄의 객체인 재물에는 부동산은 포함하지 않는다는 의미로 해석하는 것이 그러하다.

3) 반대해석

법문에 명시되어 있는 내용과 반대로 해석하여 법의 타당성을 확보하려는 해석의 한 방법이다. 예컨대 주택임대차보호법 부칙 제4항(1983년 제정)은 소액보증금의 보호에 관한 경과조치에 대하여 "제8조의 개정규정은 이 법 시행 전에 임차주택에 대하여 담보물권을 취득한 자에 대하여는 이를 적용하지 아니한다" 라고 규정하고 있는데, 여기서 "이 법 시행 전에"를 반대로 해석하면 "이 법 시 행 이후에" 담보물권을 취득한 자에 대하여는 이를 "적용한다"라고 해석하는 방 법으로 소액임차인을 보호할 수 있게 된다. 또한 민사집행법 제88조 제2항은 "배당요구에 따라 매수인이 인수하여야 할 부담이 바뀌는 경우 배당요구를 한 채권자는 배당요구의 종기가 지난 뒤에 이를 철회하지 못한다"고 규정하고 있는 데, 여기서 배당요구의 종기가 지나기 이전에 이를 철회할 수 있는 것으로 반대 해석하면 집행법원에서 배당금을 수령하지 않고 매수인에게 대항력을 행사하여 인수를 주장할 수 있게 된다.

4) 물론해석

물론해석은 법문의 내용이 경미하거나 좁은 것에 관하여 규정하고 있는 경 우, 입법상의 취지로 미루어 다른 사항에 대해서도 유추해석이나 확장해석이 상 식상 명백히 당연한 것으로 해석하는 방법이다. 예컨대 도로교통법 시행령 제11 조(정차 또는 주차의 방법 등) 제2항 제2호는 "모든 차의 운전자는 제1항에 따라 정 차하거나 주차할 때에는 다른 교통에 방해가 되지 아니하도록 하여야 한다. 다만, 고장으로 인하여 부득이하게 주차하는 경우"에는 예외로 하고 있는데, 여기서 고 장은 차가 접촉사고로 사고가 난 경우에도 당연히 예외로 해석하는 방법이다.[9]

5) 유추해석

유추해석이란 유사한 두 개의 사실 중 법규에 하나의 사실에 대해서만 규정 되어 있고 다른 유사한 사실관계에 대해서는 규정이 없는 경우에 이와 성질이 유사한 다른 사항의 법령을 적용하는 것이다. 예컨대 민법 제217조 제1항은 "토 지소유자는 매연, 열기체, 액체, 음향, 진동 기타 이에 유사한 것으로 이웃 토지 의 사용을 방해하거나 이웃 거주자의 생활에 고통을 주지 아니하도록 적당한 조 처를 할 의무가 있다"고 하여 인접한 부동산 소유자 사이의 상린관계에 관하여 규정하고 있는데, 여기서 토지소유자뿐만 아니라 인접한 부동산 임차인에게도 동 규정을 유추해석하여 사건을 해결하는 방법이다.

---

[9] 도로교통법 제156조(벌칙)는 "동법 제34조 등에 위반한 사람에 대하여 20만원 이하의 벌금이나 구류 또는 과료(科料)에 처한다"고 규정하고 있다.

6) 준용해석

준용해석이란 유사한 사항에 관하여 법규를 제정하는 경우에 입법기술상 별개의 규정을 중복적으로 규정하는 번잡과 중복을 피하기 위하여 입법의 편의상 법규자체가 유사한 사항을 규정한 다른 법규의 원용을 그에 적용하도록 규정하는 것이다. 다시 말해서 입법기술상의 한 방법으로 법규를 제정할 때에 두 개의 유사한 사항이 존재하는 경우 필요에 따라 하나의 규정을 다른 사항에 준용하도록 규정한 것이다.

따라서 준용은 명문의 규정이 있는 경우에 하는 방법인 데 반하여, 유추는 명문의 규정으로 인정하지 않은 사항에 대하여 그와 유사한 법규를 적용하는 것이며 유추는 법해석의 방법인 데 반하여 준용은 입법기술상의 방법이다.

7) 연혁해석

연혁해석이란 법제정의 연혁, 입법자의 의도, 법안이유서, 의사록 그리고 입법 당시의 여러 사정을 종합적으로 참작하여 법규의 의미와 내용을 보충하여 그 법규의 본래의 의미를 밝히는 해석의 방법이다.

8) 변경해석(보정해석)

변경해석이란 법규의 용어에 명백한 착오나 잘못이 있는 경우에 문자나 문장을 보정하여 그 법규의 진의에 맞도록 해석하는 방법이다. 예컨대 우리 민법 제7조는 "법정대리인은 미성년자가 아직 법률행위를 하기 전에는 전2조의 동의와 허락을 취소할 수 있다"고 규정하고 있는데, 여기서 말하는 '취소'를 소급효 없는 '철회'로 해석하는 것이다.

제3절 법의 효력

Ⅰ. 시간적 효력

1. 의 의

법의 시간에 관한 효력은 법이 언제부터 언제까지 효력을 갖는가에 대한 개념이다. 성문법은 그 시행일로부터 폐지일까지 효력을 갖는다.

2. 법의 시행과 폐지

(1) 시 행

법의 유효기간은 시행일부터 폐지일까지 계속된다. 법은 제정, 공포와 동시에 효력을 발생하는 것이 아니라, 원칙적으로 법은 시행에 앞서 공포된 후 일정한 기간인 시행예정기간의 경과 후에 시행된다. 공포일로부터 시행일까지의 기간을 법의 주지기간 또는 이행예비기간이라 한다. 특별한 규정이 없으면 법률은 공포한 날로부터 20일을 경과하면 그 효력이 발생하는 것이 원칙이다(헌법 제53조 제7항). 그러나 경우에 따라서는 공포와 동시에 시행하는 법도 있고 20일이 지난 이후에 시행하는 법도 있다. 이러한 경우에는 그 법의 부칙에 "본법은 공포한 날로부터(또는 기간을 지정) 시행한다"는 형식으로 규정한다.

(2) 폐 지

법은 폐지에 의하여 그 효력이 상실되는데 명시적 폐지와 묵시적 폐지로 구분된다.

1) 명시적 폐지

명시적 폐지의 대표적인 예는 그 법이 유효기간·시행기간을 미리 정하였을 때 그 기간의 만료로 소멸하는 한시법의 경우이다.

2) 묵시적 폐지

동일한 사항에 대하여 신법과 구법이 충돌하는 경우에는 그 저촉되는 범위 안에서 구법은 신법 우선의 원칙에 따라 구법이 폐지되는 경우가 대표적이다. 그러나 일반법과 특별법의 관계에 있어서는 일반신법은 특별구법을 폐지하지 못한다.

3. 법률불소급의 원칙

(1) 의 의

법률불소급의 원칙이란, 법은 그 시행 기간 중에 발생한 사항에 관해서만 적용되고 그 시행일 이전에 발생한 사항에 대하여는 소급하여 적용하지 않는다는 원칙을 말한다. 만약 법의 소급효를 인정하게 되면 기득권을 상실하는 등 국민의 인권보장·법적 안정성이 보장되지 못하게 된다. 헌법 제13조 제1항은 "모든 국민은 행위시의 법률에 의하여 범죄를 구성하지 아니하는 행위로 소추되지 아니하며, 동일한 범죄에 대하여 거듭 처벌받지 아니한다"고 규정하고, 동조 제2항은 "모든 국민은 소급입법에 의하여 참정권의 제한을 받거나 재산권을 박탈당하지 아니한다"고 규정하여 소급효 금지의 원칙을 채택하고 있다.

(2) 민법과 법률불소급의 원칙

우리 민법 부칙 제2조는 "본법은 특별한 규정이 있는 경우 외에는 본법 시행일 전의 사항에 대하여도 이를 적용한다. 그러나 이미 구법에 의하여 생긴 효력에 영향을 미치지 아니한다"라고 하여 소급효를 인정하고 있다. 따라서 법률불소급의 원칙은 절대적인 것은 아니며 사회의 현실적인 요구와 정의·형평의 관념에 부합될 경우에는 입법정책상의 필요에 의하여 소급효를 인정하는 경우도 있다.

(3) 형법과 법률불소급의 원칙

형법은 법률불소급의 원칙이 가장 엄격하게 적용되어, 그 시행 이후의 행위에만 적용되고 시행 이전의 행위에까지 소급하여 적용되지 않는다.

그러나 이 원칙에도 신법이 구법보다 피고인에게 유리한 경우에는 소급효를 적용한다. 즉 법률불소급의 원칙이 적용되지 않게 된다. 예컨대 형법 제1조 제1항은 "범죄의 성립과 처벌은 행위 시의 법률에 의한다"고 하여 법률불소급의 원칙을 채택하고 있으나, 동법 제2항은 "범죄 후 법률의 변경에 의하여 그 행위가 범죄를 구성하지 아니하거나 형이 구법보다 경한 때에는 신법에 의한다"고 규정하여 신법이 구법보다 형벌이 약한 경우에는 소급효를 인정하고 있다.

(4) 경과규정

경과규정이라 함은 구법과 신법 시행 시에 걸쳐진 어떤 사항이 서로 충돌되는 경우에 이를 해결하기 위하여 만들어진 규정을 말한다. 즉 구법 시행 시에 발생한 사항이 신법 시행 후에도 계속되고 있는 경우에 경과기간을 두어 구법을 적용하지 않고 신법을 적용하도록 신법의 부칙에 경과규정을 두고 있다. 예컨대 민법 부칙 제10조 제1항은 소유권 이전에 관한 경과규정을 두고 있는데, "본법 시행일 전의 법률행위로 인한 부동산에 관한 물권의 득실변경은 이 법 시행일로부터 6년 내에 등기하지 아니하면 그 효력을 잃는다"는 규정과 동조 제2항의

"본법 시행일 전의 동산에 관한 물권의 양도는 본법 시행일로부터 1년 내에 인도를 받지 못하면 그 효력을 잃는다"는 규정은 경과규정에 해당한다.

II. 인적 효력

1. 원칙(속인주의와 속지주의)

법은 자국인이 국내에 있든 국외에 있든 관계없이 적용된다. 이를 '속인주의'라고 한다. 또 '속지주의'란 자국영토 안에서 발생한 사건에 대하여는 범죄인의 국적을 불문하고 한국법을 적용할 수 있다는 원칙이다.

2. 예 외

그러나 위의 원칙 중 국내법상의 예외로 대통령은 내란 또는 외환의 죄를 범한 경우가 아니고는 재직 중 형사상의 소추를 받지 아니하며(헌법 제84조), 국회의원도 불체포의 특권이 있다(헌법 제44조).

그리고 국제법상의 예외로 외국의 원수나 외교사절 및 그의 가족 등의 일정한 신분을 가진 자는 국제법상 현재 체류하는 나라의 재판권이나 경찰권 등에 복종하지 않는 외교상의 특권이 부여되며, 주한미군의 경우는 주둔군 지위협정에 의하여 제한적으로만 대한민국 법의 효력이 미치므로 주한미군의 치외법권의 효력이 미친다.

한편 속인주의와 속지주의를 같이 채택하는 경우 각국의 사법이 통일되어 있지 않은 오늘날에 있어서는 서로 충돌하는 경우가 발생하게 된다. 따라서 이러한 경우는 어느 나라의 법률을 준거법으로 할지를 정할 필요가 있는데 이러한 문제를 해결하기 위하여 국제사법을 두고 있다.

III. 장소적 효력

1. 원 칙

대한민국의 법은 자국의 영토·영해·영공 등 국가의 모든 영역에 그 효력이 미친다(헌법 제3조). 이러한 영역 내에서는 내국인·외국인을 불문하고 모든 사람에게 대한민국 법이 적용된다.

2. 예 외

(1) 국제법상의 예외

자국의 군함·비행기·선박이 공해 또는 타국에 있을 때는 자국영토의 연장으로 대한민국 법의 효력이 여기에도 미친다. 그리고 외교사절의 공관·주한미군의 주둔지에는 치외법권에 따라 대한민국 법의 효력이 미치지 않는다.

(2) 국내법상의 예외

자치법규인 국내법상의 조례와 규칙은 그 지방에만 적용되고 다른 지역에는 적용되지 않는다.

제 4 절   소 결

성문법이 불문법과 달리 명확하게 문자로 되어 있다는 장점은 있으나, 다양하고 급변하는 사회변동에 모두 적용할 수 있는 법을 성문법으로 제정하는 것에는 한계가 있다. 따라서 법규는 입법기술상 일반적이며 추상적으로 제정되고 이러한 법의 규정은 다양한 해석의 방법을 통하여 구체적인 사실관계에 적용하여 사건을 해결하고 있는 것이다.

· 제 4 장 ·

권리와 의무

I. 법률관계

1. 의 의

법에 의하여 규율되는 생활관계를 법률관계라고 하는데, 이는 보통 권리·의무의 관계로 나타난다. 이것은 법의 힘에 의하여 그 내용을 강제적으로 실현할 수 있다는 점에서 강제력을 갖지 못하는 다른 사회규범과 구별된다.

2. 호의관계와 법률관계

호의관계란 호의에 의하여 일정한 이익을 주고받는 생활관계를 말한다. 예컨대 같은 동네에 거주하는 회사직원을 위하여 무상으로 차에 동승시키는 관계가 호의관계이다. 호의관계는 법률관계가 아니기 때문에 당사자 사이에 권리와 의무가 발생하지 않는다. 따라서 설사 동승을 거부하여도 상대방은 이에 대하여 채무불이행을 원인으로 손해배상을 청구할 수 없다.

그러나 호의관계를 통하여 손해가 발생한 경우에는 법률관계가 적용된다. 예컨대 호의동승 중 자동차 사고가 발생한 경우에는 불법행위(민법 제750조)에 따른 손해배상의 문제가 발생한다.

Ⅱ. 권리·의무

1. 권 리

(1) 의 의

권리라 함은 특정의 생활이익을 향수케 하기 위하여 법에 의하여 보호되는 법률상의 힘을 말한다.

(2) 권리와의 구별개념

1) 권 한

권한이란 타인을 위하여 일정한 법률효과를 발생시킬 수 있는 행위를 할 수 있는 자격을 말한다. 예컨대 대통령의 법률공포권이나 법률거부권 또는 대리인의 대리권은 권한에 해당한다.

2) 권 능

권능이란 권리의 내용을 구성하는 개개의 법률상의 힘을 말한다. 예컨대 소유권은 권리이지만 그 내용인 사용권·수익권(민법 제211조)은 권능에 해당한다. 그러므로 권리의 내용이 권능으로 성립하는 경우에는 권리와 권능은 동일하다.

3) 권 원

권원이란 일정한 법률상 또는 사실상의 행위를 정당화시킬 수 있는 법률상의 원인을 말한다. 예컨대 임차인이 임대차계약에 기하여 목적물에 거주할 수 있는 것은 임차권이라는 법률상의 권원이 있기 때문이다. 만약 권원에 의하지 않고 목적물을 점유 또는 사용·수익한 경우에는 불법행위 내지 부당이득에 따른 손해배상의 문제가 발생한다.

4) 반사권

반사권이란 법이 특정인 또는 일반인에게 특정행위를 명한 효과로 인해 다른 특정인이나 일반인이 받는 이익을 말한다. 따라서 법에 의하여 보호되는 권리는 침해되었을 때 법률상 구제를 받을 수 있지만 반사적 이익은 침해를 받았더라도 법률상 구제를 받을 수 없다. 예컨대 법에 의하여 동물을 구타하지 못하도록 명령을 한 경우 사육자는 동물을 보호해야 할 의무를 부담하지만 그에 대한 반사적 이익으로 동물이 사육자에게 보호를 요구할 권리는 없는 것이다.

2. 의 무

의무란 의무자의 의사와는 관계없이 반드시 따라야 할 법률상의 구속을 말한다. 의무는 모든 권리에 대응하는 관계에 있지만 항상 그런 것은 아니다. 예컨대 취소권·해제권·해지권은 권리만 있고 의무는 없으며 공고의무·등기의무·감독의무는 의무만이 있다.

제2절 권리의 종류

I. 내용에 의한 분류

1. 재산권

경제적 가치 있는 이익의 향수를 목적으로 하는 권리로서 금전으로 평가될 수 있는 권리가 재산권이다. 따라서 양도성을 갖는 것이 원칙이므로 비전속권이다.

(1) 물 권

권리자가 물권을 직접 지배해서 이익을 얻는 배타적인 권리이다. 우리 민법이 인정하는 물권에는 점유권·소유권·지상권·지역권·전세권·유치권·질권·저당권의 8가지가 있다. 그리고 광업권·어업권과 같이 물건을 직접 지배하지는 않으나 독점적으로 물건을 취득할 수 있는 준물권이 있다.

(2) 채 권

특정인이 다른 특정인에게 일정한 행위를 청구할 수 있는 권리이다. 이것은 계약과 법률의 규정에 의해 발생하고 이를 다루는 분야가 채권법이다.

(3) 무체재산권

저작·발명 등의 정신적 창조물을 독점적으로 이용하는 것을 내용으로 하는 권리이다. 이들 권리에 관하여는 각각 특별법이 만들어져 있다(특허권·실용신안권·저작권 등).

2. 인격권

인격적 이익의 향수를 내용으로 하는 권리로서 양도나 상속할 수 없다(생명, 신체, 명예, 초상, 사생활의 비밀에 대한 권리). 인격권의 침해가 있으면 불법행위로 인한 손해배상청구권이 부여되지만 이러한 사후구제만으로는 피해의 완전한 회복이 어렵기 때문에 판례는 사전예방적 구제수단으로 침해행위의 금지청구권을 인정하고 있다.

3. 가족권

친족관계에 있어서의 일정한 지위에 따르는 권리로 의무적 성격이 강하다. 일정한 신분을 전제로 법률관계가 전개되는 점에서 신분권이라고 하며 이를 다루는 분야가 가족법이다.

4. 사원권

단체의 구성원이 그 구성원이라는 지위 내지 자격에 기하여 그 단체에 대하여 가지는 권리·의무를 총칭하여 사원권이라 한다(예: 사단법인의 사원의 권리, 주식회사의 주주의 권리).

Ⅱ. 작용에 의한 분류

1. 지배권

타인의 협력을 필요로 하지 않고 일정한 객체를 직접 지배할 수 있는 권리로서 물권은 가장 전형적인 지배권이며 무체재산권·인격권도 이에 속한다(예: 물권·무체재산권·친권·인격권). 지배권에 대한 침해는 불법행위를 구성한다.

2. 청구권

특정인이 다른 특정인에 대하여 일정한 행위를 청구할 수 있는 권리이다(예: 채권·채권적 청구권·부양청구권·물권적 청구권). 이것은 그 청구에 응해 상대방이 급부를 하여야 비로소 만족을 얻게 되는 점에서 일정한 객체를 직접 지배하는 지배권과는 다르다. 청구권은 채권에서 나오는 것이 보통이지만 다른 권리에 기초하여서도 발생한다.

3. 형성권

형성권은 권리자의 일방적인 의사표시만으로 권리의 변동을 생기게 하는 권리이다. 그래서 민법은 누가 그 권리를 가지는지 규정하고 있다. 형성권에는 두 가지 유형이 있다. 첫째는 권리자의 의사표시만으로써 효과를 발생하는 것이다. 취소권·동의권·추인권·계약의 해지권 및 해제권 또는 청구권이라고 표현하지만 형성권에 해당한다. 그리고 지료증감청구권·지상물매수청구권·부속물매수청구권·매매대금감액청구권 등도 이에 해당한다. 둘째는 재판상으로 권리를 행사하여 그 판결에 의해 효과가 발생하는 것이다. 채권자 취소권·혼인취소권·재판상 이혼권·입양취소권 등이 이에 해당한다.

4. 항변권

항변권이란 청구권의 행사에 대하여 그 작용을 저지할 수 있는 효력을 말한다. 예컨대 동시이행의 항변권·보증인의 최고·검색의 항변권 등이 있다. 항변권에는 보증인의 최고·검색의 항변권처럼 청구권의 행사를 일시적으로 저지할 수 있는 연기적 항변권과 상속인의 한정승인과 같이 영구적으로 저지할 수 있는 영구적 항변권이 있다.

Ⅲ. 기타의 분류

1. 절대권·상대권

(1) 절대권

모든 사람에게 주장할 수 있는 권리이다. 예컨대 물권·무체재산권·인격권 등이 그러하다.

(2) 상대권(대인권)

특정인을 의무자로 하여 그 자에 대해서만 주장할 수 있는 권리이다. 예컨대 채권이 이에 해당한다. 상대권의 경우에는 특정의 상대방에 대해 청구하고 채무불이행과 같이 그 상대방에 의해 침해를 받을 것을 당연히 예정하고 있는 경우도 있다. 하지만 제3자에 의한 채권침해와 같이 경우에 따라서는 제3자에 의해서도 침해가 이루어질 수 있다.

2. 일신전속권·비전속권

(1) 일신전속권

상속이나 양도 등으로 타인에게 이전할 수 없는 권리이다. 예컨대 가족권·인격권이 이에 해당한다.

(2) 비전속권

양도성과 상속성이 있는 권리로서 재산권이 이에 속한다.

(3) 주된 권리·종된 권리

1) 주된 권리

종된 다른 권리를 주된 권리라 한다. 예컨대 원본채권, 주채무자에 대한 채권 그리고 피담보채권이 이에 해당한다.

2) 종된 권리

다른 권리의 존재를 전제로 하여 그것에 종속하는 권리이다. 예컨대 원본채권의 이자채권, 피담보채권의 종된 권리인 질권·저당권, 계약금 계약 등이 이에 해당한다.

3. 기대권(희망권)

현재는 권리취득 요건 중 일부를 갖추지 못하고 있으나 장래 그것이 이루어
지면 장차 권리를 취득할 수 있다는 현재의 기대상태에 대하여 법이 주고 있는
권리이다. 예컨대 조건부 권리·기한부 권리 등이 해당한다.

[권리의 분류]

내용에 의한 분류	재산권	물권·채권·무체재산권	
	인격권(자유권)	생명·신체·정신의 자유에 대한 권리	
	가족권(신분권)	친족권·상속권	
	사원권	사단법인의 사원의 권리·주식회사의 주주의 권리	
작용에 의한 분류	지배권	물권·준물권·무체재산권·친권	
	청구권	물권적 청구권·부양청구권	
	형성권	해제·해지·취소·철회 등	
	항변권	동시이행의 항변권·보증인의 최고·검색의 항변권	
기타의 분류	권리의 이전성	일신전속권	가족권·인격권
		비전속권	재산권
	권리의 종속성	주된 권리	저당권에 대한 피담보채권·이자채권에 대한 원본채권
		종된 권리	저당권·이자채권
	권리에 대한 의무자의 범위	절대권	물권·인격권·무체재산권
		상대권	청구권
	기대권(희망권)	기한부 권리·조건부 권리	

제 3 절 권리의 경합과 충돌

I. 권리의 경합

1. 의 의

권리의 경합이란 하나의 생활사실이 수개의 법규가 정하는 요건을 충족하여 동일한 목적을 가지는 수개의 권리가 발생하며 또한 그 행사로 같은 결과를 가져오는 경우를 말한다. 예컨대 임대차가 종료한 후에 임차인이 목적물을 반환하지 않을 경우 임대인은 물권에 기한 반환청구권과 임대차계약에 근거한 채권에 의하여 반환청구권을 가진다. 즉 반환청구권의 경합이 있게 되는데 이들 권리는 반환청구권이라는 동일한 목적을 위하여 존재하므로 그중 어느 하나를 행사함으로써 목적을 달성하면 나머지 권리는 소멸한다. 그러나 그 발생원인은 물권과 채권이라는 두 개의 독립된 청구권이기 때문에 서로 독립하여 행사할 수 있으며, 각 권리는 증명책임, 시효기간 등에서 차이를 보이기 때문에 양 청구권의 경합을 인정하는 것은 권리자에게 유리하다.

2. 권리경합의 모습

(1) 청구권의 경합

1) 물권적 청구권과 채권적 청구권

물권적 청구권과 채권적 청구권의 경합은 물권적 청구권에 기한 반환청구권, 방해제거청구권, 방해예방청구권과 채권적 청구권에 근거한 계약상 이행청구권, 손해배상청구권 등의 상호관계에서 발생한다. 물권적 청구권과 채권적 청구권은 각각 요건과 효력이 각각 서로 다르기 때문에 병행하여 행사할 수 있다.[1] 예컨대 타인의 주택을 불법으로 점유한 자에 대하여 소유권자는 소유권에 기한 물권적 청구권으로 반환청구권을 행사할 수도 있지만,[2] 채권에 근거한 불법행위로 손해배상청구권도 행사할 수 있다. 그러나 주택이 훼손될 가능성에 대해서는

---

1) 홍성찬, 법학원론, 박영사, 2015, 558면.
2) 민사소송으로는 '명도청구의 소'의 형식으로 소유권에 기한 반환청구권을 행사하게 된다.

물권적 청구권에 기한 방해예방청구권은 행사할 수 있으나 채권에 근거한 불법행위로 손해배상청구권은 손해의 발생가능성만으로는 성립되지 않으며 고의와 과실이라는 요건도 필요하다.

2) 법규경합설과 청구권경합설

하나의 사건(생활사실)이 수개의 법규가 정하는 요건을 충족하는 경우, 이 사건을 해결하는 방법에는 법규경합설[3]과 청구권경합설이 있다.

하나의 사건이(생활사실) 불법행위책임과 계약책임의 요건을 충족하는 경우에 법규경합설에 의하면 불법행위와 계약책임은 일반법과 특별법의 관계에 있기 때문에 계약책임을 우선적으로 적용하여야 한다고 본다. 다시 말해서 법규경합설은 하나의 생활사실이 수개의 법규가 정하는 요건을 충족하지만, 그 중의 한 법규가 다른 법규를 배제하고 우선 적용되는 것으로 보통 일반법과 특별법의 관계에서 나타난다는 것이다. 예컨대 임대인과 임차인 사이에 임대차 계약기간을 1년으로 체결한 사안에서 임대인은 1년 계약이 만료하였기 때문에 목적물에 대한 반환을 요구하고 임차인은 2년을 더 거주하겠다고 주장하는 경우, 일반법인 민법에서는 최단기간의 제한이 없지만 특별법인 주택임대차보호법에서는 최단기간으로 2년을 규정하고 있다. 이 경우 임대차계약이라는 하나의 사건이(생활사실) 민법의 요건과 주택임대차보호법의 계약기간이라는 각각의 요건을 충족하지만 법규경합설에 의하면 특별법 우선의 원칙에 따라 민법을 제외하고 주택임대차보호법을 적용하여 본 사건의 분쟁을 해결하게 되는 것이다.

또는 매도인의 담보책임과 착오의 요건이 하나의 생활사실에 모두 충족하는 경우에 통설이 담보책임만을 적용해야 한다는 견해도 법규의 경합에 해당한다. 그러나 모든 사건에 법규경합설을 인정하는 것은 아니고 사안에 따라 적용되지 않는 경우도 있다. 즉, 청구권경합설이 인정되는 경우에는 제외가 된다.

청구권경합설은 불법행위의 배상책임과 채무불이행의 책임은 성립요건과 효력이 별개로 규정되어 있어 서로 독립적이라는 것이다. 따라서 하나의 사실에 두 개의 법 규정의 요건을(손해배상책임) 충족하면 두 개의 손해배상책임이 경합하므로 손해배상청구권을 각각의 법 규정에 따라 청구할 수 있다. 다시 말해서

---

3) 단순히 법률조문의 경합에 지나지 않는다고 하여 법조경합이라고도 칭한다.

청구권경합설은 하나의 사실에 대하여 두 개 이상의 법규의 요건을 각각 충족하는 경우에는 각각의 법규를 모두 병존시켜 권리자로 하여금 선택적으로 행사할 수 있게 함으로써 피해자인 권리자를 두텁게 보호하는 역할을 한다.

판례는 "도급인은 수급인이 노무를 제공하는 과정에서 생명·신체·건강을 해치는 일이 없도록 물적 환경을 정비하고 필요한 조치를 강구할 보호의무를 부담하며, 이러한 보호의무는 실질적인 고용계약의 특수성을 고려하여 신의칙상 인정되는 부수적 의무로서 구 산업안전보건법시행령(1995. 10. 19. 대통령령 제14787호로 개정되기 전의 것) 제3조 제1항에 의하여 사업주의 안전상 조치의무를 규정한 산업안전보건법 제23조가 적용되지 아니하는 사용자일지라도 마찬가지로 인정된다고 할 것이고, 만일 실질적인 사용관계에 있는 노무도급인이 고의 또는 과실로 이러한 보호의무를 위반함으로써 노무수급인의 생명·신체·건강을 침해하여 손해를 입힌 경우 노무도급인은 노무도급계약상의 채무불이행책임과 경합하여 불법행위로 인한 손해배상책임을 부담한다(상가신축공사를 시공하는 건축주로부터 일부 공사를 도급받은 수급인에 의해 고용된 전문기술자가 공사 중 누전으로 사망한 사안에서, 수급인의 안전조치의무 위반을 이유로 손해배상책임을 인정한 사례)"라고 판시하면서 청구권경합설을 인정하여 계약상의 채무불이행책임과 불법행위로 인한 손해배상책임을 인정하였다.[4]

(2) 형성권의 경합

하나의 사건에 둘 이상의 형성권이 경합하는 경우 하나의 형성권을 행사하면 다른 형성권은 소멸한다. 예컨대 미성년자가 사기를 당한 경우에는 두 개의 취소권이 병존하게 되는데 사기를 이유로 취소권을 행사하면 미성년자임을 원인으로 발생하는 취소권은 소멸하게 된다. 또한 양쪽이 취소권을 행사할 수 있는 경우에는 양 당사자 쌍방이 취소권을 가지고 있으므로 취소권이 경합하게 되는데, 이때는 어느 일방이 취소권을 행사하면 다른 당사자도 이를 행사할 수 있다. 예컨대 미성년자와 상대방이 착오에 따른 법률행위를 한 경우 미성년자가 그 법률행위를 취소하면 상대방도 착오에 근거하여 취소권을 행사할 수 있게 된다.

---

4) 대법원 1997. 4. 25. 선고 96다53086 판결(손해배상).

II. 권리의 충돌

1. 의 의

동일한 객체에 대하여 수개의 권리가 존재하여 모든 권리를 만족할 수 없는 경우가 있는데, 이를 '권리의 충돌'이라고 한다. 이때에는 그 수개의 권리 간에 있어서 어떤 권리가 다른 권리의 순위에 우선하는 방법 등으로 해결하게 된다.

2. 권리 상호간의 순위

(1) 물권과 물권

물권과 물권이 하나의 사건[5](사실)관계에 병존하는 경우에는 먼저 성립한 물권이 이후에 성립한 물권에 우선한다. 예컨대 저당권과 근저당권이라는 물권이 하나의 부동산에 설정된 경우에 그 부동산이 강제집행으로 매각이 되면 먼저 설정된 물권이 우선배당을 받고 이후에 설정한 물권은 배당금액이 없으면 한푼도 받지 못하고 소멸하게 된다.

그러나 소유권과 제한물권이 하나의 부동산에 설정된 경우에는 제한물권의 성질상 소유권은 제한물권에 우선하지 못한다. 예컨대 전세권이 설정되면 그 기간동안 소유권자는 전세권으로 인하여 목적물을 사용·수익할 수 없는 후순위적인 특징을 가지게 된다.

또한 동일물 위에 동일한 성질을 가지는 물권은 원칙적으로 성립할 수 없다. 예컨대 동일물 위에 두 사람이 소유권을 공유관계가 아닌 이상 주장할 수 없다.

(2) 물권과 채권

동일물에 대하여 물권과 채권이 병존하는 경우에는 그 성립시기를 불문하고 원칙적으로 물권이 채권에 우선한다. 왜냐하면 물권은 물건에 대한 직접적인 지배권임에 비하여 채권은 채무자의 행위를 통해서만 만족을 얻을 수 있는 성질상의 차이에서 연유하기 때문이다.[6]

---

5) 법이 원칙적으로 필요한 이유는 다양한 종류의 분쟁에 대하여 당사자 사이에 대화로 해결을 할 수 없는 경우, 사회공동구성원들이 합의한 법에 의하여 해결을 할 수 있기 때문이다. 그러므로 사실관계라는 표현보다는 사건 또는 문제, 분쟁이라는 표현이 더 실증적일 수 있다.

6) 김준호, 민법강의, 법문사, 2015, 44면.

예컨대 동일물 위에 채권인 가압류와 물권인 근저당권이 병존한 상태에서 경매가 진행되어 매각이 된 경우, 매각대금으로부터 물권이 우선적 배당을 받는다. 그러나 예외적으로 가압류가 먼저 성립한 경우에는 물권이 우선하지 못하고 가압류와 근저당권자는 안분배당(평등배당)을 받게 된다.

(3) 채권과 채권

동일한 채무자에 대하여 수개의 채권이 병존(충돌)하는 경우에는 채권자 평등의 원칙에 따른다. 예컨대 동일물 위에 갑이라는 가압류와 을이라는 가압류가 병존하고 있는 경우에는 그 성립시기와 관계없이 각각의 가압류 금액을 가지고 평등하게 배당을 받게 된다.

제 4 절 권리의 보호

I. 의 의

권리가 침해된 때에는 그에 대한 구제가 필요한데 과거에는 권리자 스스로 자력으로 권리를 구제하는 사력구제(私力救濟)가 인정되었으나 근대의 법치국가에서는 국가구제에 의하는 것이 원칙이고 사력구제는 예외적인 경우에 한해 인정된다.

II. 국가구제

1. 권리침해에 대한 국가구제제도

권리가 침해된 경우에는 권리자는 법률이 정하는 절차에 따라 법원에 그 구제를 구하여야 한다. 법원조직법·민사소송법·「채무자 회생 및 파산에 관한 법률」·비송사건절차법·가사소송법 등은 이러한 절차를 규정한 법률이다. 그리고 소송 이외의 방법을 통한 조정은 간이한 절차에 따라 당사자 사이의 상호양해를 통하여 분쟁을 종결지을 수 있다. 조정제도는 복잡한 재판절차에 의한 시간과 비용을 절약하고 당사자의 합의에 의하여 해결을 꾀할 수 있기 때문에 당사자 사이의 대립상태를 남기지 않는 장점이 있다. 조정제도는 소비자보호법·민사조정법 등에 규정되어 있다.

2. 강제집행

판결이 있거나 조정이 성립되었는데도 의무자가 이에 따르지 않는 경우 국가의 강제력으로 권리의 내용을 실현할 수 있다.

3. 사력구제

권리의 행사는 국가구제를 받는 것이 원칙이지만 그것을 구하는 것이 불가능하거나 곤란한 경우에는 예외적으로 개인의 실력에 의한 구제가 허용된다. 이때는 위법한 행위를 하였더라도 정당한 범위 내에서 위법성이 조각된다.

(1) 정당방위

타인의 불법행위에 대하여 자기 또는 제3자의 이익을 방위하기 위하여 타인에게 가해한 경우이다. 정당방위에 의한 가해행위는 그 위법성이 조각되어 불법행위가 되지 않고 따라서 가해자는 손해배상책임을 부담하지 않는다.

(2) 긴급피난

긴급피난은 급박한 위난을 피하기 위하여 부득이 타인에게 가해행위를 한 경우이다. 이 경우에도 위법성은 조각되어 불법행위로 되지 않는다. 정당방위와의 차이는 정당방위는 위법한 침해에 대한 반격이나 긴급피난은 위법하지 않은 침해에 대한 피난이라는 점에 있다.

(3) 자력구제

자력구제는 청구권을 보전하기 위하여 국가의 구제를 기다릴 여유가 없는 경우 권리자가 스스로 구제하는 행위이다. 이것은 과거의 침해에 대한 회복인 점에서 현재의 침해에 대한 방어인 정당방위·긴급피난과 구별된다. 점유를 부당하게 침탈 또는 방해하는 행위에 대하여는 점유자에게 자력탈환과 자력방위라는 두 가지의 자력구제가 인정되고 있다(민법 제209조).

법 학 원 론 ―JURISPRUDENCE

제 **2** 편

각 론

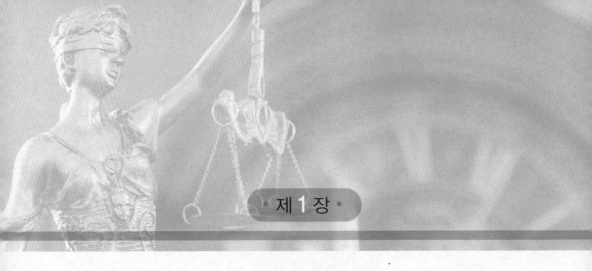

제 1 장

헌 법

I. 헌법의 의의

헌법은 국가의 근본법으로서 국가의 통치조직과 통치작용의 원리를 정하고, 국민의 기본권을 보장하는 최고법으로[1] 국민적 합의를 법규범적인 논리체계로 정립한 국가의 기본법이다.[2]

II. 헌법의 제정과 개정

1. 헌법의 제정

헌법의 제정이란 국가법 질서의 근본이 되는 성문헌법을 제정하는 것을 말

---

1) 김철수, 헌법개설, 박영사, 2015, 8면.
2) 권순현, 헌법강의, 형설출판사, 2015, 9면.

한다. 실질적 의미에서의 헌법의 제정이란 정치적 통일체의 종류와 형식에 관하여 국민적 합의를 법규범체계로 정립하는 것을 말한다. 이에 대하여 형식적 의미에서의 헌법의 제정은 헌법제정권자[3]가 헌법사항을 성문헌법으로 법전화하는 것을 말한다.

2. 헌법의 개정

헌법의 개정이란 헌법에 정하여진 절차에 따라 헌법전 중의 어떤 조항을 수정하거나, 삭제하고, 또는 이에 새로운 조항을 추가하거나 전면적으로 개정하는 것을 말한다.

3. 헌법의 변천

헌법의 변천이란 특정의 헌법조항이 개정절차에 따라 의식적으로 변경되는 것이 아니고, 당해 조문은 그대로 있으면서 그 의미와 내용만이 변화하는 것을 말한다.

Ⅲ. 헌법의 보장

1. 헌법보장의 의의

헌법의 보장이란 헌법의 침해나 파괴로부터 헌법의 본질적 부분을 보호하기 위하여 사전에 예방하거나 사후에 배제하는 것을 말한다.

2. 헌법의 수호자

헌법보장기관으로는 대통령, 국회, 법원, 헌법재판소 등이 있다. 각 국가마다 헌법의 수호자는 다를 수가 있지만, 오늘날 민주주의 국가체제 하에서는 원칙적으로 헌법의 수호는 국민으로부터 이루어진다.

---

3) 오늘날 민주주의 이념에 의하면 헌법의 제정권력의 주체는 국민주권주의에 따라 그 나라의 주권자인 국민만이 유일한 주체이다.

3. 헌법보장의 수단

헌법보장을 실현시키는 헌법보장제도는 크게 평상시의 헌법보장제도와 비상시의 헌법보장제도로 구분할 수 있다.

(1) 평상시의 헌법보장제도

평상시의 헌법보장제도는 사전예방적 보장방법으로서 국가권력의 분립, 대통령의 헌법수호의무선언, 공무원의 정치적 중립 등을 들 수 있다. 그리고 사후적 보장방법으로는 헌법재판소에 의한 위헌법률심사제도(헌법 제107조), 탄핵제도(헌법 제65조), 정당해산제도(헌법 제8조 제4항) 그리고 국회에 의한 국무총리·국무위원의 해임건의제도(헌법 제63조 제1항), 법원에 의한 공무원의 책임제(헌법 제29조 제1항), 사법심사제 등이 있다.

(2) 비상시의 헌법보장제도

비상시의 헌법보장제도로는 국가긴급명령·계엄(헌법 제76조, 제77조), 저항권 등이 있다. 특히 저항권은 주권자인 국민이 헌법보장을 의한 최후의 비상수단으로서 입헌주의적 헌법질서를 침해·배제하려고 하는 권력행사에 대하여 실력으로 입헌주의적 헌법질서를 보호하려는 최후의 비상적 권리이다. 자연인인 국민의 자연권적 기본권의 하나로 인정받는 저항권은 우리 헌법상으로도 "불의에 항거한 4·19 민주이념을 계승하고"라는 문구를 선언하고 있어, 이를 저항권에 관한 표현으로 양해하는 것이 일반적인 견해이다.

판례는[4] "저항권의 개념 그 자체가 초실정법적 자연법 질서 내의 권리주장으로서 그 개념 자체가 막연할 뿐 아니라 실정법을 근거로 국가사회의 법질서위반여부를 판단하는 재판권 행사에 있어 이를 주장하는 것은 그 이유 없다"고 판시하여 저항권을 인정하지 않고 있다.

Ⅳ. 대한민국헌법의 기본원리

헌법은 전문의 규정 이외에도 헌법총강과 경제조항 등에서 국민주권주의,

---

4) 대법원 1980. 8. 26. 선고 80도1278 판결.

자유민주주의와 권력분립주의, 평화적 통일주의 등의 기본원리를 천명하고 있다.

1. 국민주권주의

헌법은 제1조 제2항에서 "대한민국의 주권은 국민에게 있고, 모든 권력은 국민으로부터 나온다"라고 국민주권주의를 선언하고 있다. 그리고 제1조 제1항에서도 "대한민국은 민주공화국이다"라고 하여 우리나라가 권력분립에 입각한 민주공화국으로서 군주제를 인정하지 않고 있으며, 대한민국의 최종·최고의 결정 권력으로서의 주권은 국민 전체에게 귀속된다는 국민주권주의를 채택하고 있다.

2. 자유민주주의와 권력분립주의

우리 헌법 전문은 "자율과 조화를 바탕으로 자유민주적 기본질서를 더욱 확고히 하여 정치·경제·사회·문화의 모든 영역에 있어서 각인의 기회를 균등히 하고…"라고 하였고 헌법 제10조에서는 "모든 국민은 인간으로서의 존엄과 가치를 가지며, 행복을 추구할 권리를 가진다. 국가는 개인이 가지는 불가침의 기본적 인권을 확인하고 이를 보장할 의무를 진다"라고 규정하고 있듯이, 우리 헌법은 자유민주주의를 강조하며 개인의 자유와 가치를 인정하고 자유와 권리를 최대한 보장할 것을 요구하고 있다.

또한 우리 헌법은 권력분립주의 제도로 입법권은 국회에(헌법 제40조), 행정권은 대통령과 정부에(헌법 제66조), 사법권은 법원에(헌법 제101조 제1항) 맡겨 행사하도록 규정하고 있다. 그리고 각 국기기관 사이에 견제와 균형이 이루어질 수 있도록 국회는 정부에 대하여 국무총리임명동의권, 탄핵소추권, 국정감사권, 계엄해제권 등을 가지고 있고, 정부는 법률안 거부권, 계엄선포권, 긴급명령권, 긴급재정·처분권 등으로 국회를 견제하고 있다.

3. 평화적 통일주의

헌법 전문은 "평화적 통일의 사명에 입각하여 정의·인도와 동포애로써 민족의 단결을 공고히 하고"라고 규정하고 있으며, 제4조에서는 "대한민국은 통일을 지향하며, 자유민주적 기본질서에 입각한 평화적 통일 정책을 수립하고 이를 추

진한다"고 함으로써 조국의 평화적 통일주의에 입각하여 민족의 단결을 공고히
할 것을 요구하고 있다.

4. 법치주의

우리나라는 국민의 기본권을 보장하고 권력분립주의, 포괄적 위임입법의 금지
(헌법 제75조), 성문헌법전의 존재 등을 통하여 실질적 법치주의를 실현하고 있다.

5. 문화국가주의

헌법 전문은 "유구한 역사와 전통"을 강조하고, 헌법 제9조는 "국가는 전통
문화의 계승·발전과 민족문화의 창달에 노력하여야 한다"고 규정하고 있다. 그
리고 헌법 제31조 제5항은 "평생교육의 진흥"을 선언하고 있는데, 이러한 규정
들을 통하여 우리나라의 헌법은 문화국가주의를 지향하고 있는 것을 알 수 있다.

6. 국제평화주의

우리 헌법 전문에서는 "밖으로는 항구적인 세계평화와 인류공영에 이바지함
으로써 우리들과 우리들의 자손의 안전과 자유와 행복을 영원히 확보할 것을 다
짐하면서"라고 규정하고, 침략전쟁의 부인(헌법 제5조 제1항), 국제법규의 존중과
외국인의 지위보장(헌법 제6조 제1항 및 제2항), 평화통일의 실현(헌법 제4조) 등의
규정을 통하여 국제평화주의를 구현하고 있음을 알 수 있다.

7. 기본권존중주의

헌법 제10조는 "모든 국민은 인간으로서의 존엄과 가치를 가지며, 행복을
추구할 권리를 가진다. 국가는 개인이 가지는 불가침의 기본적 인권을 확인하고
이를 보장할 의무를 진다"고 하여 국민의 기본권 보장의 대원칙을 선언하고 있다.

8. 복지국가주의

헌법 전문에서 "안으로는 국민생활의 균등한 향상을 기하고"라고 선언하고,
기본권 조항에서는 "국민의 인간다운 생활보장", "건강하고 쾌적한 환경에서 생

활할 권리", "인간의 존엄성", "근로조건의 기준" 등을 규정하여 헌법은 복지국
가건설을 선언하고 있다.

9. 사회적 시장경제주의

우리 헌법에서는 사회적 시장경제질서의 도입에 관해 헌법 제119조에서 "대
한민국의 경제질서는 개인과 기업의 경제상의 자유와 창의를 존중함을 기본으로
한다. 국가는 균형있는 국민경제의 성장 및 안정과 적정한 소득의 분배를 유지
하고, 시장의 지배와 경제력의 남용을 방지하며, 경제주체간의 조화를 통한 경제
의 민주화를 위하여 경제에 관한 규제와 조정을 할 수 있다"고 규정하고 있다.
그리고 "사유재산제의 보장(헌법 제23조)", "농지소작제의 금지(헌법 제121조 제1항)"
등을 규정하여 사유재산의 보장과 자유경쟁을 기본원리로 사회복지 및 사회정의
를 실현시킬 수 있는 사회적 시장경제주의를 실현하려고 한다.

제 2 절 기본권 총론

Ⅰ. 기본권의 의의

기본권이란 헌법에서 보장하는 국민의 기본적 권리를 의미한다. 엄밀한 의
미에서 기본권은 인권과 동일한 개념이 아니다. 인권 또는 인간의 권리란 인간
이 당연히 누리는 권리로서 인간의 본성에서 나오는 생태적 · 천부적 권리로 국가
없이도 인정되는 자연권을 의미한다.

그러나 기본권은 인권사상에 바탕을 두고 인간의 권리를 실현하려고 하는
것이므로 대체로 기본적 인권을 의미한다고 하겠으며 자연법 사상에 바탕을 두
고 있다.5) 다만 각국의 헌법에서 보장하는 기본권은 자유권적 기본권을 중심으
로 정치적, 경제적, 사회적 기본권 등도 인간의 권리관계와 보완관계에 있기 때

---

5) 김철수, 헌법개설, 박영사, 2016, 98면.

문에 인권과 기본권을 동일시하여도 무방하다는 견해도 있다.6)

Ⅱ. 기본권의 분류

기본권은 그 기준에 따라 주체, 성질, 내용, 효력을 기준으로 분류할 수 있다. 주체를 기준으로 보면 인간의 권리와 국민의 권리, 자연인의 권리와 법인의 권리가 있고, 성질을 기준으로 보면 초국가적 권리와 국가내적 권리, 절대적 기본권과 상대적 기본권으로 구분할 수 있다.

그리고 내용을 기준으로 하여 인간의 존엄과 가치·행복추구권, 평등권, 자유권, 생존권, 청구권, 참정권이 있다. 그리고 효력을 기준으로 하여 모든 국가권력을 직접 구속하는 구체적 기본권과 입법자에 대해 입법의 의무만을 부과하고 집행권과 사법권에 대해서는 직접적 구속력이 없는 추상적 기본권으로 분류할 수 있다.

Ⅲ. 기본권의 주체

1. 자연인

(1) 국 민

헌법 제10조는 "모든 국민은 인간으로서의 존엄과 가치를 가지며, 행복을 추구할 권리를 가진다. 국가는 개인이 가지는 불가침의 기본적 인권을 확인하고 이를 보장할 의무를 진다"고 규정하여 헌법상 대한민국 국민에게 기본권을 보장하고 있으며, "대한민국의 국민이 되는 요건은 법률로 정한다"(헌법 제2조)고 규정하여 한국의 국적을 가진 대한민국 국민은 헌법이 보장하는 기본권의 주체가 될 수 있다고 선언하고 있다. 이러한 기본권은 향유의 차원에서 기본권 보유능력과 기본권 행위능력으로 구분할 수 있는데, 기본권 보유능력은 기본권을 보유 내지 향유하는 능력으로 헌법상 모든 국민이 기본권적 보유능력을 가진다. 그러나 기본권 행위능력은 기본권의 주체가 특정한 기본권을 행사할 수 있는 능력으로 제

---

6) 권영성, 헌법학원론, 법문사, 2007, 285면.

한될 수 있다.[7] 예컨대 참정권에 대해서는 기본권 보유능력을 인정하더라도 기본권 행위능력은 일정한 연령에 달하여야 인정된다. 그러나 행복추구권은 기본권 보유능력과 기본권 행위능력이 모두 인정된다.

(2) 외국인

헌법 제6조 제1항에서 "외국인은 국제법과 조약이 정하는 바에 의하여 그 지위가 보장된다"고 규정하고 "국가는 법률이 정하는 바에 의하여 재외국민을 보호할 의무를 진다(헌법 제2조 제2항)"라고 규정하고 있어 외국인의 기본권 주체성을 인정할 것인지 여부에 대하여 문제되고 있다. 이에 대하여 인간의 존엄과 가치 및 행복추구권, 평등권 등은 인정해야 하나, 자유권과 참정권 등은 상호주의에 따라 제한하는 등 기본권의 성질에 따라 인정여부가 결정되어야 할 것으로 본다.[8]

판례는[9] "인간의 생명은 고귀하고, 이 세상에서 무엇과도 바꿀 수 없는 존엄한 인간 존재의 근원이다. 이러한 생명에 대한 권리, 즉 생명권은 비록 헌법에 명문의 규정이 없다 하더라도 인간의 생존본능과 존재목적에 바탕을 둔 선험적이고 자연법적인 권리로서 헌법에 규정된 모든 기본권의 전제로서 기능하는 기본권 중의 기본권이다. 모든 인간은 헌법상 생명권의 주체가 되며, 형성 중의 생명인 태아에게도 생명에 대한 권리가 인정되어야 한다. 따라서 태아도 헌법상 생명권의 주체가 되며, 국가는 헌법 제10조에 따라 태아의 생명을 보호할 의무가 있다"고 판시하여 태아에게도 생명권의 주체가 될 수 있다고 보고 있다.

2. 법 인

기본권에 관한 전통적 논의는 국가와 국민과의 관계를 중심으로 전개되어 왔다. 따라서 원칙적으로 법인은 기본권이 인정될 수 없다고 보아야 하지만, 실질적으로 법인의 활동은 자연인의 이익이나 권리의 실현을 목적으로 하는 것이므로 권리능력 없는 단체나 재단법인 등 제한된 범위에서는 인정된다고 보는 것이 타당할 것이다.

---

7) 성낙인, 헌법학, 법문사, 2008, 923면.
8) 성낙인, 상게서, 927면.
9) 헌재 2008. 7. 31. 2004헌바81(민법제3조등위헌소원(제762조)).

판례는[10] "헌법 제31조 제4항이 규정하고 있는 교육의 자주성, 대학의 자율성 보장은 대학에 대한 공권력 등 외부세력의 간섭을 배제하고 대학인 자신이 대학을 자주적으로 운영할 수 있도록 함으로써 대학인으로 하여금 연구와 교육을 자유롭게 하여 진리탐구와 지도적 인격의 도야라는 대학의 기능을 충분히 발휘할 수 있도록 하기 위한 것으로서 이는 학문의 자유의 확실한 보장수단이자 대학에 부여된 헌법상의 기본권이다"라고 판시하여 국립대학인 서울대학교도 기본권의 주체가 될 수 있다고 보고 있다.

IV. 기본권의 효력

1. 기본권의 대국가적 효력

기본권의 효력이란 기본권이 그 의미와 내용대로 실현될 수 있는 구속력을 말한다. 기본권은 모든 공권력을 직접 구속하는 효력을 가진다. 따라서 국회는 기본권을 침해하는 법률을 제정할 수 없고, 법원도 재판을 통하여 기본권을 침해할 수 없다. 그리고 행정부도 법을 집행함에 있어 기본권에 구속되어 공권력적 국가작용에 의한 위법적인 기본적 침해는 불법행위가 되어 무효가 되거나 국가배상책임 등이 발생한다.[11]

2. 기본권의 제3자적 효력

기본권의 제3자적 효력이란 기본권이 사인의 법률행위나 사인 상호간의 법률관계에도 적용되는가 하는 문제이다. 이에 대해서는 각국 헌법에 명문의 규정이 거의 없으며 학설도 갈리고 있으나, 헌법상 기본권 규정은 사법관계에 직접 적용되는 것은 아니지만 사법상의 일반조항인 공서양속, 신의성실의 원칙 등을 통하여 사법관계에도 간접적으로 적용된다고 보아야 할 것이다(다수설).

판례는 "헌법상의 기본권은 제1차적으로 개인의 자유로운 영역을 공권력의 침해로부터 보호하기 위한 방어적 권리이지만 다른 한편으로 헌법의 기본적인

---

10) 헌재 1992. 10. 1. 92헌마68(1994학년도신입생선발입시안에대한헌법소원).
11) 최정일, 법학개론, 법령정보관리원, 2011, 85면.

결단인 객관적인 가치질서를 구체화한 것으로서, 사법(私法)을 포함한 모든 법 영역에 그 영향을 미치는 것이므로 사인 간의 사적인 법률관계도 헌법상의 기본권 규정에 적합하게 규율되어야 한다. 다만 기본권 규정은 그 성질상 사법관계에 직접 적용될 수 있는 예외적인 것을 제외하고는 사법상의 일반원칙을 규정한 민법 제2조, 제103조, 제750조, 제751조 등의 내용을 형성하고 그 해석 기준이 되어 간접적으로 사법관계에 효력을 미치게 된다"고 판시하고 있다.

즉 기본권 규정은 그 성질상 사법관계에 직접 적용될 수 있는 예외적인 것을 제외하고는 사법상의 일반원칙을 규정한 민법 제2조, 제103조, 제750조 등의 간접적인 내용으로 사법관계에 효력이 미친다.

V. 기본권의 제한

1. 의 의

근대 입헌주의적 헌법은 인간으로서 존엄과 가치를 최고의 가치로 하는 기본권 보장을 그 목표로 하고 있으며, 헌법 제10조에서도 "모든 국민은 인간으로서의 존엄과 가치를 가지며, 행복을 추구할 권리를 가진다. 국가는 개인이 가지는 불가침의 기본적 인권을 확인하고 이를 보장할 의무를 진다"고 기본권의 불가침과 국가의 기본권 보호의무를 선언하고 있다.

그러나 기본권은 어떠한 경우에도 제한되지 않는 절대적인 것은 아니다. 기본권은 다른 사람의 자유를 존중하고 법과 질서와 조화되는 범위에서 인정되는 등 여러 가지 측면에서 기본권의 효력이나 그 적용범위가 제한되는 경우가 있다. 이렇게 제한되는 기본권의 방식에는 헌법유보에 의한 제한과 법률유보에 의한 제한이 있다.

2. 헌법유보에 의한 기본권의 제한

(1) 의 미

헌법유보에 의한 기본권의 제한이란 헌법이 직접적으로 기본권을 제한하는 경우로 이를 '기본권의 헌법적 제한'이라고 한다. 헌법이 명문의 규정을 가지고 직접 기본권의 제한 규정을 두는 것은 입법권자로부터 기본권을 보호하기 위한 것으로 모든 기본권을 대상으로 하는 '일반적 헌법유보'와 개별적 기본권만을 제한하는 '개별적 헌법유보'로 구별할 수 있다.

(2) 유 형

1) 일반적 헌법유보

일반적 헌법유보에 의한 제한은 헌법에서 직접 기본권 일반이 헌법적 질서 또는 특정의 헌법 원리에 제약된다고 명시하는 것인데, 한국 헌법에서는 일반적 헌법유보에 의한 제한규정이 없다.[12]

2) 개별적 헌법유보

개별적 헌법유보는 헌법조항에서 기본권별로 직접 헌법에서 제약사유를 명시하고 있다. 예컨대 신체의 자유(헌법 제12조), 재산권의 수용·사용·제한(헌법 제23조 제3항), 주요방위산업체 종사 근로자의 단체행동권 제한(헌법 제33조 제3항) 등이 개별적 헌법유보에 의한 기본권의 제한에 해당한다.

3. 법률유보에 의한 기본권의 제한

(1) 의 미

법률유보에 의한 기본권의 제한이란 헌법이 기본권의 제한을 직접 규정하지 않고 그 제한을 법률에 위임하고 있는 경우를 말한다. 이러한 법률유보에 의한 기본권의 제한은 헌법이 특정의 기본권에 한하여 법률로써 제한할 수 있다고 규정하는 '개별적 법률유보'와 기본권 전반이 법률에 의하여 제한될 수 있다고 규정하는 '일반적 법률유보'가 있다.

(2) 유 형

1) 개별적 법률유보

개별적 법률유보란 기본권은 일반적 법률유보에 따라 제한이 가능하지만, 개별적 기본권에 법률유보조항을 두어서 특정한 기본권을 법률로써 제한할 수 있도록 규정한 것이다. 예컨대 헌법 제12조 제1항의 신체의 자유,[13] 헌법 제13조

---

12) 성낙인, 전게서, 949면.
13) 헌법 제12조 ① 모든 국민은 신체의 자유를 가진다. 누구든지 법률에 의하지 아니하고는 체포·구속·압수·수색 또는 심문을 받지 아니하며, 법률과 적법한 절차에 의하지 아니하고는 처벌·보안

죄형법정주의,[14] 헌법 제23조 제3항의 재산권 등이 이에 해당한다.

2) 일반적 법률유보

헌법 제37조 제2항은 "국민의 모든 자유와 권리는 국가안전보장·질서유지 또는 공공복리를 위하여 필요한 경우에 한하여 법률로써 제한할 수 있으며, 제한하는 경우에도 자유와 권리의 본질적인 내용을 침해할 수 없다"고 규정하고 있는데, 본 규정이 일반적 법률유보에 의한 기본권 제한에 해당한다. 기본권을 제한하는 입법을 하는 경우에 있어서는 입법목적의 정당성과 피해의 최소성 그리고 그 입법에 의해 보호하려는 공공의 필요와 침해되는 기본권 사이에 균형이 유지되는 조건을 모두 갖추어야 하며 이를 위반한 법률 조항은 기본권 제한의 입법적 한계를 벗어난 것으로 헌법에 위반하게 된다.

판례는[15] "무등록 음반판매업자 등이 소유 또는 점유하는 모든 음반 등을 그것이 적법한 것인지 여부를 묻지 아니하고 필요적으로 몰수하도록 규정한 음반 및 비디오물에 관한 법률 제25조 제2항은 지나치게 가혹한 형벌을 규정함으로써 형벌체계상 균형을 잃고 형벌 본래의 기능과 목적을 달성함에 있어 필요한 정도를 현저히 일탈하여 헌법 제37조 제2항의 과잉입법금지원칙에 반하는 규정으로 결국 입법재량권이 자의적으로 행사된 법률조항으로서 헌법에 위반된다"고 판시하고 있다.

즉, 형벌 본래의 기능과 목적을 달성함에 있어 필요한 정도를 현저히 일탈함으로써 헌법 제37조 제2항의 과잉입법금지원칙에 반하는 등 입법재량권이 헌법 규정이나 헌법상의 제 원리에 반하여 자의적으로 행사된 것으로 평가되는 경우에는 이와 같은 법정형을 규정한 법률조항은 입법재량권을 남용하였거나 그 한계를 일탈한 것으로서 헌법에 위반된다고 보고 있다.

처분 또는 강제노역을 받지 아니한다.
14) 헌법 제13조 ① 모든 국민은 행위시의 법률에 의하여 범죄를 구성하지 아니하는 행위로 소추되지 아니하며, 동일한 범죄에 대하여 거듭 처벌받지 아니한다.
15) 헌재 1995. 11. 30. 94헌가3(음반및비디오물에관한법률제25조제2항위헌제청).

Ⅵ. 기본권의 침해와 구제

1. 의 의

헌법은 국민의 기본권 보장을 그 이념으로 하는데, 헌법상 보장된 기본권이 침해되거나 침해될 우려가 있을 때에는 입법, 행정, 사법 그리고 기타 여러 가지 구제수단에 의하여 보호받을 수 있다.

이러한 구제수단은 국가기관의 침해유형에 따라 입법, 행정, 사법적 구제방법이 적용되며 권리구제의 제도적 담보는 사법적 구제방법이며, 최종적인 권리구제방법은 헌법재판소의 헌법소원심판이다. 이와 같은 구제수단에 의해서도 구제를 받을 수가 없을 때는 초법적인 방법으로 인권운동, 시민불복종운동 등을 시도하고 비상시에는 저항권을 행사할 수도 있다.

2. 입법에 의한 기본권 침해와 구제

입법기관은 입법을 통하여 기본권을 구체화하는 기능을 하지만, 다른 한편으로는 입법에 의하여 기본권을 침해하거나 입법부작위에 의한 기본권 침해가 있는 경우가 있다. 입법에 의하여 기본권을 침해하는 법률을 제정한 경우에는 위헌법률심판, 헌법소원심판 등 헌법재판소에 의한 헌법재판에 의하여 구제받을 수가 있다.

그러나 입법부작위에 의한 기본권의 침해에 대해서는 소송절차에 의한 구제까지 가능한지는 문제가 된다. 정치적 기본권, 청구권적 기본권의 경우에는 직접효력을 가지는 기본권이므로 이들 기본권을 구체적으로 행사하기 위한 절차에 관한 입법의 지연, 태만은 위헌이 된다.

판례는[16] "입법부작위에 대한 헌법소원은 헌법에서 기본권 보장을 위해 법령에 명시적인 입법위임을 하였음에도 입법자가 아무런 입법조치를 하고 있지 않거나, 헌법해석상 특정인에게 구체적인 기본권이 생겨 이를 보장하기 위한 국가의 작위의무 내지 보호의무가 발생하였음이 명백함에도 입법자가 아무런 입법조치를 취하고 있지 않은 경우가 아니면 원칙적으로 인정될 수 없으며, 기본권

---

16) 헌재 1996. 6. 13. 93헌마276(입법부작위위헌확인).

보장을 위한 법 규정이 불완전하여 그 보충을 요하는 경우에는 그 불완전한 법규 자체를 대상으로 하여 그것이 헌법위반이라는 적극적인 헌법소원을 함은 별론으로 하고 입법부작위를 헌법소원의 대상으로 삼을 수 없다"고 판시하고 있다.

예컨대 국가보위입법회의에 의해 주도된 삼청교육이 법적 근거가 없는 공권력의 남용행위인 점은 인정되나, 이에 대한 국가의 배상에 관해 헌법이 명시적인 위임입법을 한 바는 없고, 이미 국가배상법이 마련되어 있는 이상 삼청교육의 피해자들에 대한 특별한 보상을 위한 국가의 입법의무가 헌법해석상 새로이 발생하였다고 할 수 없다. 따라서 삼청교육피해에 대한 보상입법의 부작위 자체를 이유로 입법부작위의 위헌확인을 구하는 헌법소원은 청구할 수 없다.

3. 행정기관에 의한 침해와 구제

기본권의 침해는 일반적으로 국민에게 직접 국가권력을 행사하여 법을 집행하는 행정기관에 의해서 발생한다.

(1) 집행기관에 의한 기본권 침해의 유형

위헌적 법령의 적용에 의한 기본권 침해, 잘못된 법령의 해석에 의한 기본권 침해, 헌법이나 법률에 위반되는 권력을 행사하는 경우, 헌법이나 법률이 행정입법이나 처분 등 작위를 요구하는데 이를 이행하지 않는 부작위 등으로 기본권이 침해되는 경우가 있다.

(2) 집행기관에 의한 기본권 침해시 구제방법

1) 행정기관에 의한 구제

국민은 행정기관에 대하여 당해 행정처분의 취소 등과 관계 공무원의 해임을 요구할 수 있고, 행정청의 위법·부당한 처분이나 부작위로 침해당한 자는 행정심판을 제기할 수 있다. 공무원의 불법행위나 영조물의 설치·관리의 하자로 손해를 입은 국민은 국가나 지방자치단체에 국가배상을 청구할 수 있다. 이외에도 불법으로 체포·구속을 당한 자가 기소유예나 기소중지 등을 받은 경우나 무죄판결을 받은 경우에는 국가에 정당한 형사보상을 청구할 수 있다.

2) 법원에 의한 구제

위법한 행정처분 등으로 권리를 침해당한 경우에 법원에 행정소송을 제기하여 구제를 받을 수 있다. 이외에도 명령·규칙심사제도, 형사보상청구권 등에 의하여 구제받을 수도 있다.

3) 헌법재판소에 의한 구제

위헌적 행정처분으로 기본권을 침해당한 국민은 최종적으로 헌법재판소에 헌법소원을 제기하여 구제받을 수 있다. 이외에도 탄핵심판제도 등도 이에 해당한다.

4. 사법기관에 의한 기본권 침해와 구제

오판이나 재판의 지연 등으로 기본권이 침해된 경우 상소·재심·비상상고·형사보상청구권 등에 의하여 구제받을 수 있다.

5. 사인에 의한 기본권의 침해와 구제

사인에 의한 불법구금, 재판권에 대한 침해시 검찰이나 경찰 등에 의하여 불법행위의 배제를 청구할 수 있다. 이외에도 민법상 불법행위에 따른 손해배상청구, 자력구제(민법 제209조), 국가인권위원회 등을 통하여 구제받을 수 있다.

6. 기본권의 초법적 구제방법

(1) 저항권

기본권 보호의 최후수단으로 저항권을 주장할 수 있다. 저항권은 위헌적인 권력행사에 의하여 국민의 기본권이 총체적으로 침해된 경우에 국민이 최후의 비상수단으로 국가권력에 대항하여 실력으로써 저항하는 일종의 긴급권을 말한다. 저항권은 실정법상의 개념이 아니라고 주장하는 법실증주의 입장에서는 국민의 구제제도가 아니라고 하지만, 우리나라 학자들은 일반적으로 이를 수용하고 있다.[17]

우리나라 대법원 판례는 저항권에 대하여 부정적 입장을 취하고 있지만,[18] 현행헌법 전문은 "불의에 항거한 4·19민주이념을 계승"한다는 문언을 선언하고

---

17) 박영철, 헌법학개론, 대명출판사, 2015, 261면.
18) 대법원 1975. 4. 8. 선고 74도3323 판결.

있으므로 저항권을 인정하고 있다고 보아야 할 것이다.[19]

(2) 민권운동

국민의 자유정신을 발현하여 집단적인 의사나 실력으로 기본권을 보장하려는 방법이 민권운동이다.[20]

민권운동은 집회나 결사의 자유 등 국민의 표현의 자유의 일환으로 국가기관에 기본권의 보장을 요구하며 입법과 행정을 통하여 구제를 실현하는 수단이다.

7. 국가인권위원회

국가인권위원회는 모든 개인이 가지는 불가침의 기본적 인권을 보호하고 그 수준을 향상시킴으로써 인간으로서의 존엄과 가치를 실현하고 민주적 기본질서의 확립에 이바지함을 목적으로 제정하였다(국가인권위원회법 제1조).

따라서 위원회가 진정을 조사한 결과 인권침해나 차별행위가 일어났다고 판단할 때에는 피진정인, 그 소속기관·단체 또는 감독기관(이하 "소속기관 등"이라 한다)의 장에게 구제조치의 이행, 법령·제도·정책·관행의 시정 또는 개선 사항을 권고할 수 있다(국가인권위원회법 제44조).

그리고 위원회는 진정을 조사한 결과 진정의 내용이 범죄행위에 해당하고 이에 대하여 형사처벌이 필요하다고 인정하면 검찰총장에게 그 내용을 고발할 수 있다. 다만, 피고발인이 군인이나 군무원인 경우에는 소속 군 참모총장 또는 국방부장관에게 고발할 수 있다. 위원회가 진정을 조사한 결과 인권침해 및 차별행위가 있다고 인정하면 피진정인 또는 인권침해에 책임이 있는 사람을 징계할 것을 소속기관 등의 장에게 권고할 수 있다(국가인권위원회법 제45조 제1항 및 제2항).

제 3 절 기본권 각론

헌법은 제10조에서 제38조까지는 국민의 권리와 의무에 관하여 천명하고 있

---

19) 김철수, 전게서, 130면.
20) 박영철, 상게서, 360면.

으며 다양한 내용으로 국민의 기본권을 보장하고 있다. 그러나 현대사회의 다원화된 변화와 다양한 특징을 가지고 있는 개별적 기본권을 완벽하게 분류하는 것은 한계가 있다. 따라서 저술의 편의체계상 인간의 존엄과 가치·행복추구권, 평등권, 자유권, 생존권, 청구권, 참정권 등으로 기본권을 다음과 같이 분류하도록 한다.

I. 인간의 존엄과 가치·행복추구권

1. 인간의 존엄과 가치

헌법 제10조는 "모든 국민은 인간으로서의 존엄과 가치를 가지며, 행복을 추구할 권리를 가진다. 국가는 개인이 가지는 불가침의 기본적 인권을 확인하고 이를 보장할 의무를 진다"고 규정하여 모든 국민은 인간으로서의 존엄과 가치를 보장받을 기본권을 가지고 있다.

헌법 제10조는 국가의 기본권 보장의무를 규정한 최고의 국가 근본규범이고 모든 기본권규정을 해석하는 근본원리를 제공하고 있기 때문에, 헌법 개정의 방법으로써 그 원칙 자체를 개정할 수 없다.[21]

판례는[22] "보통의 평범한 성인인 청구인들로서는 내밀한 신체부위가 노출될 수 있고 역겨운 냄새, 소리 등이 흘러나오는 가운데 용변을 보지 않을 수 없는 상황에 있었으므로 그때마다 수치심과 당혹감, 굴욕감을 느꼈을 것이고 나아가 생리적 욕구까지도 억제해야만 했을 것임을 어렵지 않게 알 수 있다. 이 사건 청구인들로 하여금 유치기간동안 위와 같은 구조의 화장실을 사용하도록 강제한 피청구인의 행위는 인간으로서의 기본적 품위를 유지할 수 없도록 하는 것으로서, 수인하기 어려운 정도라고 보여지므로 전체적으로 볼 때 비인도적·굴욕적일 뿐만 아니라 동시에 비록 건강을 침해할 정도는 아니라고 할지라도 헌법 제10조의 인간의 존엄과 가치로부터 유래하는 인격권을 침해하는 정도에 이르렀다고 판단된다"고 판시하였다.

---

21) 김철수, 전게서, 133면.
22) 헌재 2001. 7. 19. 2000헌마546(유치장내 화장실설치 및 관리행위 위헌확인).

즉, 사건 유치실에 수용되어 있는 동안 차폐시설이 불충분한 화장실을 사용하도록 강제한 피청구인의 행위는 헌법 제10조에 의하여 보장되는 인격권을 침해한 것으로서 취소되어야 할 것으로 보았다. 다만 위 권력적 사실행위는 이미 종료되었으므로 동일 또는 유사한 기본권 침해의 반복을 방지하기 위해 선언적 의미에서 그에 대한 위헌확인을 하기로 결정하였다.

2. 행복추구권

헌법 제10조에 규정된 행복추구권의 개념과 내용은 포괄적인 기본권으로서 제11조부터 제36조에서 열거한 개별적 기본권에 의해 보장·실현되고 헌법상 열거되지 아니한 경우에는 헌법 제37조 제1항에 의해 구체화될 수 있다.

판례는[23] "형법 제304조는 입법목적에 정당성이 인정되지 않는다. 첫째, 남성이 위력이나 폭력 등 해악적 방법을 수반하지 않고서 여성을 애정행위의 상대방으로 선택하는 문제는 그 행위의 성질상 국가의 개입이 자제되어야 할 사적인 내밀한 영역인데다 또 그 속성상 과장이 수반되게 마련이어서 우리 형법이 혼전 성관계를 처벌대상으로 하지 않고 있으므로 혼전 성관계의 과정에서 이루어지는 통상적 유도행위 또한 처벌해야 할 이유가 없다. 다음 여성이 혼전 성관계를 요구하는 상대방 남자와 성관계를 가질 것인가의 여부를 스스로 결정한 후 자신의 결정이 착오에 의한 것이라고 주장하면서 상대방 남성의 처벌을 요구하는 것은 여성 스스로가 자신의 성적자기결정권을 부인하는 행위이다"라고 판시하였다.

즉, 형법 제304조 중 "혼인을 빙자하여 음행의 상습 없는 부녀를 기망하여 간음한 자" 부분이 헌법 제37조 제2항의 과잉금지원칙을 위반하여 남성의 성적 자기결정권 및 사생활의 비밀과 자유를 침해한다고 보고 2012. 12. 18. 형법개정을 통하여 혼인빙자간음죄는 형법에서 삭제하였다.

Ⅱ. 평등권

헌법 제11조 제1항은 "모든 국민은 법 앞에 평등하다. 누구든지 성별·종교

---

23) 헌재 2009. 11. 26. 2008헌바58(형법 제304조 위헌소원).

또는 사회적 신분에 의하여 정치적·경제적·사회적·문화적 생활의 모든 영역에 있어서 차별을 받지 아니한다"고 규정하여 평등의 원칙과 평등권을 헌법상 보장하고 있다. 평등권은 실정법에 의하여 비로소 인정되는 실정권이 아닌 자연권으로서 헌법에 의하여 보장되기 이전부터 인정되어 왔다. 평등권은 모든 국가기관을 구속하므로 입법권, 행정권, 사법권을 행사할 때에는 국민을 평등하게 대우하여야 한다.

판례는[24] "법원이 위헌 제청한 민법 제778조, 제781조 제1항 본문 후단의 호주제는 당사자의 의사나 복리와 무관하게 남계혈통 중심의 가의 유지와 계승이라는 관념에 뿌리박은 특정한 가족관계의 형태를 일방적으로 규정·강요함으로써 개인을 가족 내에서 존엄한 인격체로 존중하는 것이 아니라 가의 유지와 계승을 위한 도구적 존재로 취급하고 있는데, 이는 혼인·가족생활을 어떻게 꾸려나갈 것인지에 관한 개인과 가족의 자율적 결정권을 존중하라는 헌법 제36조 제1항에 부합하지 않는다. 호주제의 골격을 이루는 심판대상조항들이 위헌으로 되면 호주제는 존속하기 어렵고, 그 결과 호주를 기준으로 가별로 편제토록 되어 있는 현행 호적법이 그대로 시행되기 어려워 신분관계를 공시·증명하는 공적 기록에 중대한 공백이 발생하게 되므로, 호주제를 전제하지 않는 새로운 호적체계로 호적법을 개정할 때까지 심판대상조항들을 잠정적으로 계속 적용케 하기 위하여 헌법불합치결정을 선고한다"고 판시하였다.

즉, 민법 제778조, 제781조 제1항 본문 후단의 호주제는 헌법에 위반되어 폐지되었다. 이후 「가족관계의 등록 등에 관한 법률」이 제정되었다.

Ⅲ. 자유권적 기본권

자유권은 자연권으로서 성질상 인간의 권리이기 때문에 내국인뿐만 아니라 외국인에게도 인정되며, 법인의 경우 사회적·경제적 자유권의 주체가 된다. 그리고 자유권은 국가에 대한 방어권으로서 모든 국가권력을 구속한다.[25]

---

24) 헌재 2005. 2. 3. 2001헌가9.
25) 박영수 외, 법학개론, 법문사, 2016, 82면.

1. 생명권

생명권은 인간의 육체적, 인격적 존재로서 생명을 유지하고 보호받을 생존의 권리를 의미한다.[26] 생명권은 인간의 생존본능과 존재목적에 근본을 둔 자연법적인 권리로 헌법에 규정된 모든 기본권의 전제가 되는 권리라고 할 수 있다.

2. 신체의 자유

우리 헌법 제12조 제1항은 "모든 국민은 신체의 자유를 가진다. 누구든지 법률에 의하지 아니하고는 체포·구속·압수·수색 또는 심문을 받지 아니하며, 법률과 적법한 절차에 의하지 아니하고는 처벌·보안처분 또는 강제노역을 받지 아니한다"고 규정하여 신체의 자유를 보장하고 있다.

그리고 헌법 제12조 제2항에서 7항까지 세부적인 신체의 자유를 보장하기 위한 규정을 아래와 같이 두고 있다.

> **헌법 제12조** ② 모든 국민은 고문을 받지 아니하며, 형사상 자기에게 불리한 진술을 강요당하지 아니한다.
>
> ③ 체포·구속·압수 또는 수색을 할 때에는 적법한 절차에 따라 검사의 신청에 의하여 법관이 발부한 영장을 제시하여야 한다. 다만, 현행범인인 경우와 장기 3년 이상의 형에 해당하는 죄를 범하고 도피 또는 증거인멸의 염려가 있을 때에는 사후에 영장을 청구할 수 있다.
>
> ④ 누구든지 체포 또는 구속을 당한 때에는 즉시 변호인의 조력을 받을 권리를 가진다. 다만, 형사피고인이 스스로 변호인을 구할 수 없을 때에는 법률이 정하는 바에 의하여 국가가 변호인을 붙인다.
>
> ⑤ 누구든지 체포 또는 구속의 이유와 변호인의 조력을 받을 권리가 있음을 고지 받지 아니하고는 체포 또는 구속을 당하지 아니한다. 체포 또는 구속을 당한 자의 가족 등 법률이 정하는 자에게는 그 이유와 일시·장소가 지체 없이 통지되어야 한다.
>
> ⑥ 누구든지 체포 또는 구속을 당한 때에는 적부의 심사를 법원에 청구할 권리를 가진다.
>
> ⑦ 피고인의 자백이 고문·폭행·협박·구속의 부당한 장기화 또는 기망 기타의 방법에 의하여 자의로 진술된 것이 아니라고 인정될 때 또는 정식재판에 있어서 피고인의 자백이 그에게 불리한 유일한 증거일 때에는 이를 유죄의 증거로 삼거나 이를 이유로 처벌할 수 없다.

---

26) 박영수 외, 상게서, 82면.

3. 양심의 자유

헌법 제19조는 "모든 국민은 양심의 자유를 가진다"고 규정되어 있다.

그리고 판례는[27] "헌법이 보호하려는 양심은 어떤 일의 옳고 그름을 판단함에 있어서 그렇게 행동하지 아니하고는 자신의 인격적인 존재가치가 허물어지고 말 것이라는 강력하고 진지한 마음의 소리이지, 막연하고 추상적인 개념으로서의 양심이 아니다. 음주측정요구에 처하여 이에 응하여야 할 것인지 거부해야 할 것인지 고민에 빠질 수는 있겠으나 그러한 고민은 선과 악의 범주에 관한 진지한 윤리적 결정을 위한 고민이라 할 수 없으므로 그 고민 끝에 어쩔 수 없이 음주측정에 응하였다 하여 내면적으로 구축된 인간양심이 왜곡·굴절된다고 할 수 없다. 따라서 이 사건 법률조항을 두고 헌법 제19조에서 보장하는 양심의 자유를 침해하는 것이라고 할 수 없다"고 판시하였다.

즉 양심의 자유는 인간의 윤리적, 도덕적, 내심영역의 대한 기본권을 말한다. 양심의 자유는 법관의 양심에 따른 심판(헌법 제103조), 국회의원의 양심에 따른 직무수행(헌법 제46조 제2항)도 포함한다.

4. 종교의 자유

헌법 제20조에 "모든 국민은 종교의 자유를 가진다. 국교는 인정되지 아니하며, 종교와 정치는 분리된다"고 규정하여 모든 국민은 종교에 대한 선택의 자유, 믿음에 대한 자유, 종교를 가지지 아니할 자유, 개종의 자유를 보장받는다.

그리고 특정종교를 국교로 원칙상 할 수 없으며 정교분리는 국가가 종교에 개입하거나 종교가 정치에 개입할 수 없다는 원칙을 선언하고 있는 것이다.

5. 언론·출판의 자유

헌법 제21조는 "① 모든 국민은 언론·출판의 자유와 집회·결사의 자유를 가진다. ② 언론·출판에 대한 허가나 검열과 집회·결사에 대한 허가는 인정되지 아니한다"고 규정하고 있다.

---

27) 헌재 1997. 3. 27. 96헌가11(도로교통법 제41조 제2항 등 위헌제청).

언론·출판이란 사상이나 의견을 표명하고 전달하는 자유를 말하며, 헌법에 의해 공동의 목적을 가진 다수인이 일시적으로 일정장소에서 회합하는 집회의 자유와 다수의 자연인이 공동의 목적을 위하여 단체를 결성할 수 있는 결사의 자유가 있다.

6. 학문·예술의 자유

헌법 제22조 제1항은 "모든 국민은 학문과 예술의 자유를 가진다"고 규정하고 있다. 학문의 자유는 진리를 탐구하는 자유를 의미하는데 그것은 단순한 진리탐구에 그치지 않고 탐구한 결과에 대한 발표의 자유 내지 가르치는 자유 등을 포함하는 것이다.[28]

학문의 자유는 학문·연구 면에서는 거의 제한을 받지 않으며 연구결과의 발표에 있어서는 그것이 학회나 연구단체에서 발표되는 경우에는 일반적인 표현의 자유보다 강력한 보장을 받는다. 그리고 학문의 자유는 넓은 의미에서 교수자치회의 보장, 교과과정의 편성, 교육선발의 자율 등이 포함된다.[29]

7. 주거의 자유

헌법 제16조는 "모든 국민은 주거의 자유를 침해받지 아니한다. 주거에 대한 압수나 수색을 할 때에는 검사의 신청에 의하여 법관이 발부한 영장을 제시하여야 한다"고 규정하여 주거의 자유는 사생활이 전개되는 공간영역으로서 주거의 불가침을 그 내용으로 하고 있다.

주거의 자유를 제한함에 있어서는 영장주의가 원칙이며, 주거를 제한하는 경우에도 그 목적달성을 위한 최소한도에 그쳐야 한다.

8. 직업선택의 자유

헌법 제15조는 "모든 국민은 직업선택의 자유를 가진다"고 규정하여 직업선택의 자유, 직업행사의 자유, 무직업의 자유를 표명하고 있다. 여기서 직업행사

---

28) 성낙인, 전게서, 1139면.
29) 김철수, 전게서, 180면.

의 자유는 영업의 자유, 경쟁의 자유 등을 말한다.

판례는[30] "학교경계선으로부터 200미터 이내의 학교환경위생 정화구역 안에서만 노래연습장 시설을 금지하는데 불과하므로 기본권 제한의 정도가 그다지 크지 아니한 데 비하여, 학생들이 자주 출입하고 학교에서 바라보이는 학교환경위생정화구역 안에서 노래연습장 시설을 금지하면, 변별력과 의지력이 미약한 초·중등교육법상 각 학교(같은 법 제2조 제1호의 유치원은 제외한다)의 학생들을 노래연습장이 갖는 오락적인 유혹으로부터 차단하는 효과가 상당히 크다고 할 것이고, 학교보건법 제6조 제1항 단서, 같은 법시행령 제4조에 의하여 학교환경위생정화위원회의 심의를 거쳐 학습과 학교보건위생에 나쁜 영향을 주지 않는다고 인정하는 경우에는 위 학교환경위생정화구역 중 상대정화 구역 안에서의 노래연습장 시설은 허용되므로, 이 사건 시행령에 의한 직업행사 자유의 제한은 그 입법목적 달성을 위하여 필요한 정도를 넘어 과도하게 제한하는 것이라고 할 수 없다. 따라서 이 사건 시행령조항은 직업선택의 자유와 행복추구권으로부터 파생되는 일반적 행동자유권을 침해한 것으로 볼 수 없다"고 판시하고 있다.

즉, 학교경계선으로부터 200미터 이내의 노래연습장 시설을 금지하는 경우에는 기본권 제한의 정도가 크지 아니하므로 직업선택의 자유를 침해하지 않은 것으로 보고 있다.

9. 재산권

헌법 제23조 제1항은 "모든 국민의 재산권은 보장된다. 그 내용과 한계는 법률로 정한다"고 규정하여 본문의 규정은 재산권을 자유로이 사용, 수익, 처분할 수 있는 기본권 보장과 사유재산제도를 보장하는 이중적 성격을 가지고 있다. 그리고 단서의 규정은 재산권 내용·한계를 규정하고 있는 형성적 법률유보로 본다.[31]

그리고 헌법 제23조 제2항은 "재산권의 행사는 공공복리에 적합하도록 하여야 한다"고 규정하고 있다. 본 규정은 재산권의 행사는 공공복리적합성의 내재적 제약성을 명문화한 헌법적 원리로서 헌법상의 의무로 본다. 또한 헌법 제23

---

30) 헌재 1999. 7. 22. 98헌마480(학교보건법시행령 제4조의2 제5호 등 위헌확인(학교보건법 부칙 제2항)).
31) 헌재 1993. 7. 29. 92헌바20.

조 제3항은 "공공필요에 의한 재산권의 수용·사용 또는 제한 및 그에 대한 보상은 법률로써 하되, 정당한 보상을 지급하여야 한다"고 규정하여 공공의 필요에 의하여 개인의 재산권을 수용·사용 또는 제한을 가하는 경우에는 시가에 의한 완성보상(정당보상)을 하여야 한다.

본 규정에서 재산권은 경제적 가치가 있는 모든 공법상·사법상의 권리를 의미한다. 따라서 민법상의 물권·채권·상속권, 특별법상의 광업권·어업권·수협권·공무원의 급료청구권·연금청구권 등의 권리도 헌법상의 재산권에 해당한다.

Ⅳ. 생존권적 기본권(사회적 기본권)

생존권적 기본권은 생활을 위하여 필요한 제반조건을 국민이 국가권력의 적극적인 관여에 의하여 확보할 것을 요청할 수 있는 기본권이라는 점에서 국민의 자유를 확보하기 위하여 국가권력의 불간섭을 요청할 수 있는 자유권과 구별된다.[32]

1. 인간다운 생활을 할 권리

헌법 제34조 제1항은 "모든 국민은 인간다운 생활을 할 권리를 가진다"고 규정하고 있다. 인간다운 생활을 할 권리는 인간의 생존에 필요한 최소한의 물질적 생활을 국가에 요구할 수 있는 권리를 말한다. 국가는 국민의 인간다운 생활을 할 권리를 위하여 사회보장제도, 사회복지, 사회보장수급권, 국민기초생활보장법 등의 제도를 통하여 수행할 의무를 부담하고 있다.

판례는[33] "국가가 인간다운 생활을 보장하기 위한 생계급여의 수준을 구체적으로 결정함에 있어서는 국민 전체의 소득수준과 생활수준, 국가의 재정규모와 정책, 국민 각 계층의 상충하는 갖가지 이해관계 등 복잡 다양한 요소를 함께 고려해야 하므로, 생활이 어려운 장애인의 최저생활보장의 구체적 수준을 결정하는 것은 입법부 또는 입법에 의하여 다시 위임을 받은 행정부 등 해당기관의

---

32) 김철수, 전게서, 199면.
33) 헌재 2004. 10. 28. 2002헌마328(2002년도국민기초생활보장최저생계비위헌확인).

광범위한 재량에 맡겨져 있다고 보아야 한다. 그러므로 국가가 인간다운 생활을 보장하기 위한 헌법적 의무를 다하였는지의 여부가 사법적 심사의 대상이 된 경우에는, 국가가 최저생활보장에 관한 입법을 전혀 하지 아니하였다든가 그 내용이 현저히 불합리하여 헌법상 용인될 수 있는 재량의 범위를 명백히 일탈한 경우에 한하여 헌법에 위반된다고 할 수 있다"고 보고 있다.

즉 보건복지부장관이 2002년도 최저생계비를 고시함에 있어 장애로 인한 추가지출비용을 반영한 별도의 최저생계비를 결정하지 않은 채 가구별 인원수만을 기준으로 최저생계비를 결정한 2002년도 최저생계비고시는 생활능력 없는 장애인가구 구성원의 인간의 존엄과 가치 및 행복추구권, 인간다운 생활을 할 권리, 평등권을 침해하지 않았기 때문에 헌법에 위반되지 않는다.

2. 교육을 받을 권리

교육을 받을 권리는 교육을 받는 것을 국가로부터 방해받지 아니할 뿐 아니라(자유권적) 교육을 받을 수 있도록 국가가 적극적으로 배려하여 주도록 요구할 수 있는 생존권적 권리를 말한다.[34]

헌법 제31조는 "① 모든 국민은 능력에 따라 균등하게 교육을 받을 권리를 가진다. ② 모든 국민은 그 보호하는 자녀에게 적어도 초등교육과 법률이 정하는 교육을 받게 할 의무를 진다. ③ 의무교육은 무상으로 한다. ④ 교육의 자주성·전문성·정치적 중립성 및 대학의 자율성은 법률이 정하는 바에 의하여 보장된다. ⑤ 국가는 평생교육을 진흥하여야 한다. ⑥ 학교교육 및 평생교육을 포함한 교육제도와 그 운영, 교육재정 및 교원의 지위에 관한 기본적인 사항은 법률로 정한다"고 규정하고 있다.

3. 근로의 권리

헌법 제32조 제1항은 "모든 국민은 근로의 권리를 가진다. 국가는 사회적·경제적 방법으로 근로자의 고용의 증진과 적정임금의 보장에 노력하여야 하며, 법률이 정하는 바에 의하여 최저임금제를 시행하여야 한다"고 규정하고 있다.

---

34) 권순현, 전게서, 615면.

본 규정은 국가의 고용증진의무, 적정임금보장의무, 최저임금제시행, 여성의 차별금지 등에 관해 국가에 대하여 근로기회의 제공을 적극적으로 청구할 수 있는 권리이다.

판례는 "근로의 권리가 "일할 자리에 관한 권리"만이 아니라 "일할 환경에 관한 권리"도 함께 내포하고 있는바, 후자는 인간의 존엄성에 대한 침해를 방어하기 위한 자유권적 기본권의 성격도 갖고 있어 건강한 작업환경, 일에 대한 정당한 보수, 합리적인 근로조건의 보장 등을 요구할 수 있는 권리 등을 포함한다고 할 것이므로 외국인 근로자라고 하여 이 부분에까지 기본권 주체성을 부인할 수는 없다. 즉 근로의 권리의 구체적인 내용에 따라, 국가에 대하여 고용증진을 위한 사회적·경제적 정책을 요구할 수 있는 권리는 사회권적 기본권으로서 국민에 대하여만 인정해야 하지만, 자본주의 경제 질서 하에서 근로자가 기본적 생활수단을 확보하고 인간의 존엄성을 보장받기 위하여 최소한의 근로조건을 요구할 수 있는 권리는 자유권적 기본권의 성격도 아울러 가지므로 이러한 경우 외국인 근로자에게도 그 기본권 주체성을 인정함이 타당하다"고 판시하고 있다.

즉 근로의 권리는 건강한 작업환경, 일에 대한 정당한 보수, 합리적인 근로조건의 보장 등을 요구할 수 있는 권리 등을 포함한다고 보고 있다.

4. 근로자의 근로3권

헌법 제33조 제1항은 "근로자는 근로조건의 향상을 위하여 자주적인 단결권·단체교섭권 및 단체행동권을 가진다"고 규정하고 있다.

본조에서 규정하는 노동3권은 근로자들이 근로조건의 향상과 인간다운 생활을 확보하기 위하여 자주적으로 단결, 단체교섭 및 단체행동을 할 수 있는 권리를 말한다.

판례는[35] "사립학교법 제55조 및 제58조 제1항 제4호는 헌법이 교원의 지위에 관한 사항을 국민적 합의를 배경으로 한 입법기관의 권한에 위임하고 있는 헌법조항에 따라 규정한 것으로서 사립학교 교원을 근로3권의 행사에 있어서 일반 근로자의 경우와 달리 취급하여야 할 합리적인 이유가 있다 할 것이고, 또한

---

35) 헌재 1991. 7. 22. 89헌가106(사립학교법제55조등에관한위헌심판).

공립학교 교원에게 적용되는 교육공무원법 및 국가공무원법의 관계규정보다 반드시 불리한 것으로도 볼 수 없으므로 헌법 제11조 제1항에 정한 평등원칙에 위반되는 것이 아니다"라고 판시하고 있다.

5. 혼인·가족·보건에 관한 권리

헌법 제36조 제1항은 "혼인과 가족생활은 개인의 존엄과 양성의 평등을 기초로 성립되고 유지되어야 하며, 국가는 이를 보장한다"고 규정하고 있다. 본 규정의 성격은 혼인제도와 가족제도의 제도보장일 뿐만 아니라 국민의 혼인의 자유, 양성의 평등, 가족제도의 보호를 규정한 생존권이라고 볼 수 있다.[36]

국가는 모성의 보호를 위하여 노력하여야 하며(헌법 제36조 제2항), 모든 국민은 보건에 관하여 국가의 보호를 받는다(헌법 제36조 제3항). 이러한 헌법을 수행하기 위하여 국가는 모성의 생명과 건강을 위한 모자보건법을 제정하고 하였고, 자녀의 출산을 장려하기 위하여 아동보육과 전국적인 의료보험제도 등을 실시하고 있다.

V. 청구권적 기본권

1. 개 념

헌법 제26조는 "① 모든 국민은 법률이 정하는 바에 의하여 국가기관에 문서로 청원할 권리를 가진다. ② 국가는 청원에 대하여 심사할 의무를 진다"고 규정하고 있듯이 청구권적 기본권은 국가에 대하여 일정한 행위나 보호를 청구할 수 있는 적극적·주관적 공권[37]을 의미한다.

판례는[38] 청원권의 개념에 대하여 "헌법상의 청원권은 공권력과의 관계에서 일어나는 여러 가지 이해관계, 의견, 희망 등에 관하여 적법한 청원을 한 국민에게 국가기관이 이를 수리·심사하여 그 심사결과를 통보하여 줄 것을 요구할 수 있는 권리를 의미한다"고 보고 있다.

---

36) 김철수, 전게서, 215면.
37) 주관적 공권은 기본권의 실효성을 보장하기 위한 권리로 반사적 이익과는 구별된다.
38) 헌재 2000. 10. 25. 99헌마458(납골당설치허가부동의 위헌확인).

따라서 적법한 청원에 대하여 국가기관이 이를 수리·심사하여 그 결과를 청원인에게 통보하였다면 이로써 당해 국가기관은 헌법 및 청원법상의 의무이행을 다한 것이고, 그 통보 자체에 의하여 청구인의 권리의무나 법률관계가 직접 무슨 영향을 받는 것도 아니므로 비록 그 통보내용이 청원인이 기대하는 바에는 미치지 못한다고 하더라도 그러한 통보조치가 헌법소원의 대상이 되는 무슨 구체적인 공권력의 행사 내지 불행사라고 볼 수는 없다.[39]

2. 재판청구권

헌법 제27조 제1항은 "모든 국민은 헌법과 법률이 정한 법관에 의하여 법률에 의한 재판을 받을 권리를 가진다"고 규정하고 있다.

이는 모든 국민에게 기본권 침해에 대한 사후구제방안으로 정당한 재판을 받을 권리를 인정함으로써 기본적 인권을 보장하고 법적 정의를 실현하려는 것이다.

이외에도 군인 또는 군무원이 아닌 국민은 군사법원의 재판을 받지 아니하고, 모든 국민은 신속한 재판을 받을 권리를 가지며, 형사피해자는 재판절차에서 진술권과 무죄추정의 원칙 등이 인정된다(헌법 제27조).

3. 국가배상청구권

헌법 제29조는 "① 공무원의 직무상 불법행위로 손해를 받은 국민은 법률이 정하는 바에 의하여 국가 또는 공공단체에 정당한 배상을 청구할 수 있다. 이 경우 공무원 자신의 책임은 면제되지 아니한다. ② 군인·군무원·경찰공무원 기타 법률이 정하는 자가 전투·훈련 등 직무집행과 관련하여 받은 손해에 대하여는 법률이 정하는 보상 외에 국가 또는 공공단체에 공무원의 직무상 불법행위로 인한 배상은 청구할 수 없다"고 규정하고 있다. 이는 공무원의 국민에 대한 책임과 법치국가를 실현시키기 위하여 인정되는 기본권이다.

공무원의 불법행위란 공무원의 고의나 과실로 인한 법령상 위법한 행위로 인한 경우를 말하며 피해자는 이에 대한 손해발생을 입증하여 국가배상청구권을 행사할 수 있다.

---

39) 헌재 1994. 2. 24. 93헌마213.

판례는[40] "국가배상법 제2조 제1항 단서 규정은 군인 등 위 법률 규정에 열거된 사람이 전투, 훈련 등 직무집행과 관련하여 전사·순직하거나 공상을 입은 데 대하여 재해보상금, 유족연금, 상이연금 등 별도의 보상제도가 마련되어 있는 경우에는 이중배상의 금지를 위하여 이들의 국가에 대한 국가배상법 또는 민법상의 손해배상청구권 자체를 절대적으로 배제하는 규정이므로, 이들은 국가에 대하여 손해배상청구권을 행사할 수 없다"고 판시하고 있다.[41]

따라서 다른 법령에 보상제도가 규정되어 있고, 그 법령에 규정된 요건에 해당되어 군인 등에게 보상을 받을 수 있는 권리가 발생한 이상, 군인 등이 실제로 그 권리를 행사하였는지 또는 그 권리를 행사하고 있는지 여부에 관계없이 국가배상법 제2조 제1항 단서 규정이 적용된다고 보아야 한다.[42]

4. 형사보상청구권

헌법 제28조는 "형사피의자 또는 형사피고인으로서 구금되었던 자가 법률이 정하는 불기소처분을 받거나 무죄판결을 받은 때에는 법률이 정하는 바에 의하여 국가에 정당한 보상을 청구할 수 있다"고 규정하고 있다.

이는 형사피의자 또는 형사피고인으로 구금되었던 사람이 불기소처분이나 무죄판결을 받은 경우에 그 정신적·물질적 손실을 국가에 보상을 청구할 수 있는 청구권적 기본권을 말한다.

판례는 "형사보상청구권은 헌법 제28조에 따라 '법률이 정하는 바에 의하여' 행사되므로 그 내용은 법률에 의해 정해지는바, 형사보상의 구체적 내용과 금액 및 절차에 관한 사항은 입법자가 정하여야 할 사항이다. 이 사건 보상금조항 및 이 사건 보상금 시행령조항은 보상금을 일정한 범위 내로 한정하고 있는데, 형사보상은 형사사법절차에 내재하는 불가피한 위험으로 인한 피해에 대한 보상으로서 국가의 위법·부당한 행위를 전제로 하는 국가배상과는 그 취지 자체가 상이하므로 형사보상절차로서 인과관계 있는 모든 손해를 보상하지 않는다고 하여 반드시 부당하다고 할 수는 없으며, 보상금액의 구체화·개별화를 추구할 경우에

---

40) 대법원 2015. 11. 26. 선고 2015다226137 판결.
41) 대법원 1992. 2. 11. 선고 91다12738 판결.
42) 대법원 2002. 5. 10. 선고 2000다39735 판결.

는 개별적인 보상금액을 산정하는데 상당한 기간의 소요 및 절차의 지연을 초래하여 형사보상제도의 취지에 반하는 결과가 될 위험이 크고 나아가 그로 인하여 형사보상금의 액수에 지나친 차등이 발생하여 오히려 공평의 관념을 저해할 우려가 있는바, 이 사건 보상금조항 및 이 사건 보상금 시행령조항은 청구인들의 형사보상청구권을 침해한다고 볼 수 없다"고 판시하고 있다.

즉, 형사보상은 국가의 위법·부당한 행위를 전제로 하는 국가배상과는 그 취지 자체가 상이하므로 형사보상절차로써 인과관계 있는 모든 손해를 보상하지 않는 것으로 보고 있다

5. 범죄피해자구조청구권

헌법 제30조는 "타인의 범죄행위로 인하여 생명·신체에 대한 피해를 받은 국민은 법률이 정하는 바에 의하여 국가로부터 구조를 받을 수 있다"고 규정하고 있다. 범죄피해자구조청구권은 타인의 범죄행위로 인하여 생명·신체에 대한 피해를 받은 국민이나 그 유족이 그 가해자로부터 충분한 피해배상을 받지 못한 경우에 국가에 대하여 유족구조 및 장해구조를 청구할 수 있는 권리를 말한다.

범죄피해자구조청구권은 범죄피해자의 손해를 국가가 도와주어야 한다는 사상을 헌법상 규정한 것으로 「범죄피해자 보호법」에 따라 그 권리를 주장할 수 있다.

Ⅵ. 정치적 기본권(참정권)

1. 선거권

헌법 제24조는 "모든 국민은 법률이 정하는 바에 의하여 선거권을 가진다"고 규정하고 있다. 선거권이란 공직자를 선출하기 위한 행위에 참여할 수 있는 권리를 말하는데, 현행법상 국민이 참여할 수 있는 선거권에는 대통령 선거권, 국회의원 선거권, 지방의회의원 및 자치단체장 선거권 등이 있다.

선거연령은 법률에 위임되어 있는데 19세 이상의 국민은 선거권이 있으며 (국민투표법 제7조) 외국인은 선거권이나 피선거권 등 참정권이 제한된다.

2. 공무담임권

헌법 제25조는 "모든 국민은 법률이 정하는 바에 의하여 공무담임권을 가진다"고 규정하고 있다. 여기서 공무담임권이란 행정부, 입법부, 사법부, 지방자치단체 기타 일체의 공공단체의 구성으로 선임되거나 직무를 담임할 수 있는 권리로, 이는 피선거권보다 더 넓게 해석하여야 한다.

공무담임권은 능력에 따라 균등하게 공무원으로 될 수 있는 권리로 공무원으로서의 공무담임권에는 국회의원 피선거권, 대통령 피선거권, 지방의회의원과 지방자치단체장의 피선거권 등이 있다.

3. 국민투표권

헌법 제130조 제2항은 "헌법개정안은 국회가 의결한 후 30일 이내에 국민투표에 붙여 국회의원선거권자 과반수의 투표와 투표자 과반수의 찬성을 얻어야 한다"고 규정하고 있다.

국민투표권제도는 간접민주정치를 교정하기 위한 직접민주정치의 한 형태로 국가의사의 결정에 국민투표로 직접 참여할 수 있는 권리를 말한다.[43] 직접투표권의 종류에는 국민표결제도, 주민결정권, 주민소환권, 주민소송권 등이 있다

판례는[44] "헌법 제72조는 국민투표에 부쳐질 중요정책인지 여부를 대통령이 재량에 의하여 결정하도록 명문으로 규정하고 있고 헌법재판소 역시 위 규정은 대통령에게 국민투표의 실시 여부, 시기, 구체적 부의사항, 설문내용 등을 결정할 수 있는 임의적인 국민투표발의권을 독점적으로 부여하였다고 하여 이를 확인하고 있다. 따라서 특정의 국가정책에 대하여 다수의 국민들이 국민투표를 원하고 있음에도 불구하고 대통령이 이러한 희망과는 달리 국민투표에 회부하지 아니한다고 하여도 이를 헌법에 위반된다고 할 수 없고 국민에게 특정의 국가정책에 관하여 국민투표에 회부할 것을 요구할 권리가 인정된다고 할 수도 없다"고 판시하고 있다.

---

43) 김철수, 전게서, 236면; 권순현, 전게서, 556면.
44) 헌재 2005. 11. 24. 2005헌마579(신행정수도 후속대책을 위한 연기·공주지역 행정중심복합도시 건설을 위한 특별법 위헌확인).

즉, 행정중심복합도시의 건설은 헌법 제72조의 국민투표권을 침해할 가능성이 없다고 보고 있다.

4. 참정권의 제한

헌법 제37조 제2항은 "국민의 모든 자유와 권리는 국가안전보장·질서유지 또는 공공복리를 위하여 필요한 경우에 한하여 법률로써 제한할 수 있으며, 제한하는 경우에도 자유와 권리의 본질적인 내용을 침해할 수 없다"고 규정하고 있다. 참정권은 국내적인 공권으로 헌법 제37조 제2항에 따라 제한을 받는다.

예컨대 공직선거법은 제18조에서 금치산선고를 받은 자, 1년 이상의 징역 또는 금고 이상의 형을 선고받고 집행이 종료되지 아니한 자, 법원판결 등에 의하여 선거권이 정지 또는 상실된 자는 선거결격자로서 참정권의 제한을 받는다.

제 4 절 　통치구조

Ⅰ. 의 의

국가의 통치권은 통치기구인 국가기관을 통해 행사된다. 통치기구를 어떻게 구성하고 개개의 국가기관에 어떤 권한을 부여하며 그 상호관계를 어떻게 설정하느냐를 총칭하여 통치구조라고 한다.[45] 이러한 통치구조는[46] 국민주권주의에 부합하는 제도적 장치이어야 하며, 국민의 자유와 권리의 보장체계를 실현하는 데 가장 적합한 것으로 국민적 합의를 통해서 이루어져야 한다.[47]

따라서 통치구조의 기본원리에 있어서 통치권의 근거 또는 정당성은 국민주권주의에 입각해야 한다. 그리고 통치권의 목적은 국민의 기본권 보장에 있고 통치권의 조직은 권력분립의 원리에 따르며 통치권의 행사방식은 법치주의의 원

---

45) 양건, 헌법강의, 법문사, 2016, 1011면.
46) 통치구조의 형태는 정부형태를 의미하는 것으로 국가권력구조에서 권력분립의 원리가 어떻게 적용되고 형성되느냐에 관한 것을 말한다.
47) 박영수 외, 전게서, 97면.

리에 따라야 한다.

Ⅱ. 국 회

1. 의회제도

의회주의란 국민이 선출한 의원들로 구성되는 의회가 행정부와 권력적 균형을 유지하면서 다수결 원리로써 국가의 중요한 정책을 결정하고 입법하는 제도를 의미한다.

2. 국회의 헌법상 지위

헌법 제40조는 "입법권은 국회에 속한다"고 규정하고 있듯이 국회는 입법기관과 국민의 대표기관으로서 지위를 가진다. 여기서 입법권이란 법률을 의미하는 것으로 법률안 제출권은 국회와 대통령에게 있고 법률안을 심의·의결하는 권한은 국민의 대표기관인 국회에 속한다.

3. 국회의원의 지위

국회의의의 지위와 관련하여 직접적인 규정은 없으나 헌법 제44조 제1항은 "국회의원은 현행범인인 경우를 제외하고는 회기 중 국회의 동의 없이 체포 또는 구금되지 아니한다"고 규정하여 국민의 대표자로서의 지위를 인정하고 있다.

그리고 국회의원은 직책을 효과적으로 수행하기 위하여 특별한 지위를 부여받고 있다. 헌법 제44조 제2항은 "국회의원이 회기 전에 체포 또는 구금된 때에는 현행범인이 아닌 한 국회의 요구가 있으면 회기 중 석방된다"고 규정하여 불체포특권을 부여하고 있다. 그리고 헌법 제45조는 "국회의원은 국회에서 직무상 행한 발언과 표결에 관하여 국회 외에서 책임을 지지 아니한다"고 규정하여 면책특권을 부여하고 있다. 이러한 불체포특권과 면책특권은 국회의원의 자율성과 독립성을 확보하기 위해 인정하고 있는 것이다.

4. 국회의 권한

(1) 입법권

국회의원의 가장 본질적인 권한은 입법권이라고 할 수 있다(헌법 제40조). 그리고 헌법 제59조는 "조세의 종목과 세율은 법률로 정한다"고 규정하고 있는데, 이는 국민의 대표기관인 국회가 만든 법률에 의해서만 조세징수의 정당성이 부여된다는 의미이다.

(2) 재정에 관한 권한

국회는 재정입법권한을 가지고 있다. 헌법 제54조는 "① 국회는 국가의 예산안을 심의·확정한다. ② 정부는 회계연도마다 예산안을 편성하여 회계연도 개시 90일 전까지 국회에 제출하고, 국회는 회계연도 개시 30일 전까지 이를 의결하여야 한다. ③ 새로운 회계연도가 개시될 때까지 예산안이 의결되지 못한 때에는 정부는 국회에서 예산안이 의결될 때까지 다음의 목적을 위한 경비는 전년도 예산에 준하여 집행할 수 있다"고 규정하여 예산안의 편성은 정부가 하지만 이를 확정하는 것은 국회의 권한임을 명시하고 있다.

(3) 국정통제권한

국회는 통제에 관한 권한을 가지고 있다. 국회는 국민의 대표기관으로서 탄핵소추권, 국정감사, 국무총리·국무위원 출석 요구권 및 질문권, 국무총리·국무위원 해임건의권, 계엄해제요구권 등의 통제권한이 있다.

(4) 인사권한

국회는 인사에 관한 권한 등을 가지고 있다. 대통령이 국무총리, 대법원장, 대법관, 헌법재판소장, 감사원장을 임명하려면 국회의 동의를 얻어야 하는데, 이러한 국회의 권한은 대통령의 고위직 공무원 임명에 대한 견제작용과 국민이 선출하지 않은 고위직 공무원에 대한 간접적인 민주적 정당성을 부여하는 효과가 있다.[48]

---

48) 홍완식 외, 법학개론, 피앤씨미디어, 2014, 101면.

Ⅲ. 정부(행정부)

1. 정부의 개념

정부란 좁은 의미에서 통치작용 중 입법부와 사법부에 대한 행정부를 의미하며 행정부의 조직과 작용의 형태를 정부형태라고 한다.[49] 현행 헌법 제4장의 정부는 대통령, 국무총리, 국무위원, 국무회의, 행정각부 및 감사원을 그 내용으로 규정하고 있다.

2. 대통령

(1) 대통령의 지위

1) 대통령의 헌법상 지위

헌법 제66조 제1항은 "대통령은 국가의 원수이며, 외국에 대하여 국가를 대표한다"고 규정하고 있다. 이는 대통령은 행정부의 수반과 국가원수로서의 지위를 동시에 가지고 있는 것으로 규정한 것이다. 대통령은 국무총리, 국무위원을 임명하며 명령을 제정하고 국무회의의 의장이 되는 등 행정부의 수반으로서의 지위를 가지고 있다.

2) 대통령의 선거

대통령은 국민의 보통·평등·직접·비밀선거에 의하여 선출되며 최고득표자가 2인 이상인 때에는 국회의 재적의원 과반수가 출석한 공개회의에서 다수표를 얻은 자를 당선자로 한다. 대통령후보자가 1인일 때에는 그 득표수가 선거권자 총수의 3분의 1 이상이 아니면 대통령으로 당선될 수 없다. 대통령으로 선거될 수 있는 자는 국회의원의 피선거권이 있고 선거일 현재 40세에 달하여야 한다(헌법 제67조).

3) 대통령의 특권과 의무

대통령의 특권으로 대통령은 내란 또는 외환의 죄를 범한 경우를 제외하고는 재직 중 형사상의 소추를 받지 아니한다(헌법 제84조). 그러나 대통령이 그 직무집행에 있어서 헌법이나 법률을 위배한 때에는 국회는 탄핵의 소추를 의결할

---

49) 김철수, 전게서, 288면.

수 있다(헌법 제65조 제1항). 대통령의 의무는 헌법의 준수, 국가보위, 취임선서의
무, 평화적 통일의무, 겸직금지의무 등이 있다.

(2) 대통령의 권한

대통령제를 채택한 우리의 통치구조는 그의 헌법상 지위에 상응한 여러 가
지 권한을 가진다.

1) 헌법 개정과 국민투표에 관한 권한

대통령은 헌법 개정에 관한 제안권을 가지며, 확정된 헌법개정안을 즉시 공
포할 권한을 가진다. 또한 대통령은 필요하다고 인정할 때에는 외교·국방·통일
기타 국가안위에 관한 중요정책을 국민투표에 부칠 수 있다(헌법 제72조).

2) 헌법기관 구성에 관한 권한

대통령은 대법원장과 대법관 임명권을 가지며(헌법 제104조 제1항 및 제2항), 헌
법재판소장 및 재판관 9명의 임명권(헌법 제111조), 중앙선거관리위원회 위원 9인
중에서 3인의 임명권(헌법 제114조), 감사원장을 포함한 감사위원 임명권(헌법 제98
조), 국무총리와 국무위원의 임명권한(헌법 제86조 및 제87조)을 가지고 있다.

3) 국회에 관한 권한

대통령은 국회의 임시회의 집회를 요구할 수 있는 임시집회 요구권과(헌법
제47조 제1항), 국회에 출석하여 발언하거나 서한으로 의견을 표시할 수 있는 국
회출석 발언권(헌법 제81조)이 있다.

4) 입법에 관한 권한

대통령은 정부의 수반으로서 법률안을 제출할 수 있고(헌법 제52조); 국회에
서 의결된 법률안을 정부에 이송된 날로부터 15일 이내에 공포할 수 있는 권한
을 가진다(헌법 제53조 제1항). 또한 국회에서 의결되어 정부에 이송된 법률안에
대하여 대통령이 이의가 있을 때에는 이의서를 붙여 국회에 제의를 요구할 수
있는 법률안 거부 권한이 있다. 이외에도 대통령은 법률에서 구체적으로 범위를
정하여 위임받은 사항과 법률을 집행하기 위하여 필요한 사항에 관하여 대통령
령을 발할 수 있다(헌법 제75조).

5) 사법에 관한 권한

대통령은 법률이 정하는 바에 의하여 사면·감형 또는 복권을 명할 수 있다.

일반사면을 명하려면 국회의 동의를 얻어야 한다(헌법 제79조). 사면에는 일반사면·특별사면·감형·복권으로 구별되고 그 행사시에는 국무회의 심의를 거쳐야 한다(헌법 제89조 제9호).

6) 긴급명령 및 긴급재정경제명령권

헌법 제76조 제1항은 "대통령은 내우·외환·천재·지변 또는 중대한 재정·경제상의 위기에 있어서 국가의 안전보장 또는 공공의 안녕질서를 유지하기 위하여 긴급한 조치가 필요하고 국회의 집회를 기다릴 여유가 없을 때에 한하여 최소한으로 필요한 재정·경제상의 처분을 하거나 이에 관하여 법률의 효력을 가지는 명령을 발할 수 있다"고 규정하여 대통령에게 긴급재정·경제명령 권한을 부여하고 있다.

그리고 헌법 제76조 제2항은 "대통령은 국가의 안위에 관계되는 중대한 교전상태에 있어서 국가를 보위하기 위하여 긴급한 조치가 필요하고 국회의 집회가 불가능한 때에 한하여 법률의 효력을 가지는 명령을 발할 수 있다"고 규정하고 있는데, 본 규정이 긴급명령이다.

7) 계엄선포권

대통령은 전시·사변 또는 이에 준하는 국가비상사태에 있어서 병력으로써 군사상의 필요에 응하거나 공공의 안녕질서를 유지할 필요가 있을 때에는 법률이 정하는 바에 의하여 계엄선포권을 가지고 있다.

비상계엄이 선포된 때에는 법률이 정하는 바에 의하여 영장제도, 언론·출판·집회·결사의 자유, 정부나 법원의 권한에 관하여 특별한 조치를 할 수 있으며 계엄을 선포한 때에는 대통령은 지체 없이 국회에 통고하여야 한다. 만약 국회가 재적의원 과반수의 찬성으로 계엄의 해제를 요구한 때에는 대통령은 이를 해제하여야 한다(헌법 제77조).

(3) 대통령의 권한 행사방법

대통령의 국법상 행위는 문서로써 하며, 이 문서에는 국무총리와 관계 국무위원이 부서한다. 군사에 관한 것도 또한 같다(헌법 제82조). 그리고 다음과 같은 사항은 국무회의의 심의를 거쳐야 한다. 국정의 기본계획과 정부의 일반정책, 선전·강화 기타 중요한 대외정책, 헌법개정안·국민투표안·조약안·법률안 및 대통령령, 예산안·결산·국유재산처분의 기본계획·국가의 부담이 될 계약 기타 재정에 관한 중요사항, 대통령의 긴급명령·긴급재정경제처분 및 명령 또는 계엄과 그 해제, 군사에 관한 중요사항, 국회의 임시회 집회의 요구, 영전수여, 사면·감형과 복권, 검찰총장·합동참모의장·각군참모총장·국립대학교 총장·대사 기타 법률이 정한 공무원과 국영기업체관리자의 임명 등에 관한 사항은 국무회의의 심의를 거쳐서 행하여야 한다(헌법 제89조).

3. 국무총리

현행 헌법은 대통령제 정부형태를 취하고 있으면서 부통령을 두지 않는 이례적인 국무총리제도를 채택하고 있다. 국무총리제도는 각 국가의 정부형태에 따라 차이가 있는데 대통령제에서는 국무총리를 두지 않는 것이 원칙이고 의원내각제에서는 국무총리를 두어 대통령과 같은 막대한 권한을 부여하고 있다.50)

국무총리는 대통령을 보좌하며, 행정에 관하여 대통령의 명을 받아 행정각부를 통할한다(헌법 제86조 제2항). 국무총리는 국무위원의 해임을 대통령에게 건의할 수 있는 권한(헌법 제87조 제3항), 정부의 권한에 속하는 중요한 정책을 심의할 수 있는 심의권(헌법 제88조 제1항), 총리령을 발하는 권한(헌법 제82조)이 부여되어 있다.

4. 국무위원

국무위원은 국무총리의 제청으로 대통령이 임명한다. 그리고 국무위원은 국정에 관하여 대통령을 보좌하며, 국무회의의 구성원으로서 국정을 심의하며, 군인은 현역을 면한 후가 아니면 국무위원으로 임명될 수 없다(헌법 제87조).

대통령이 궐위되거나 사고로 인하여 직무를 수행할 수 없을 때에는 국무총리, 법률이 정한 국무위원의 순서로 그 권한을 대행한다(헌법 제71조).

5. 국무회의

국무회의는 정부의 권한에 속하는 국정의 기본계획과 정부의 일반정책, 선

---

50) 김철수, 전게서, 354면.

전·강화 기타 중요한 대외정책, 헌법개정안·국민투표안·조약안·법률안 및 대통령령안 등 중대한 정책을 심의한다(헌법 제88조 및 제89조).

국무회의는 대통령·국무총리와 15인 이상 30인 이하의 국무위원으로 구성하며 대통령은 국무회의의 의장이 되고, 국무총리는 부의장이 된다(헌법 제88조 제2항·제3항).

6. 행정각부

행정각부의 장은 국무위원 중에서 국무총리의 제청으로 대통령이 임명하며, 국무총리 또는 행정각부의 장은 소관 사무에 관하여 법률이나 대통령령의 위임 또는 직권으로 총리령 또는 부령을 발할 수 있다(헌법 제94조 및 제95조).

7. 감사원

국가의 세입·세출의 결산, 국가 및 법률이 정한 단체의 회계검사와 행정기관 및 공무원의 직무에 관한 감찰을 하기 위하여 대통령 소속하에 감사원을 둔다(헌법 제97조).

감사원은 원장을 포함한 5인 이상 11인 이하의 감사위원으로 구성한다. 원장은 국회의 동의를 얻어 대통령이 임명하고, 그 임기는 4년으로 하며, 1차에 한하여 중임할 수 있다. 그리고 감사위원은 원장의 제청으로 대통령이 임명하고, 그 임기는 4년으로 하며, 1차에 한하여 중임할 수 있다(헌법 제98조).

Ⅳ. 법 원

1. 사법권의 개념

우리 헌법은 제101조 제1항에서 "사법권은 법관으로 구성된 법원에 속한다"고 규정하여 사법권은 법원에 맡기고 있다. 이 규정은 사법권을 입법부와 행정부로부터 독립한 법원에 맡긴다는 3권분립의 원칙을 선언하는 의미를 가지고 있다.

사법권은 민사·형사·행정소송 등의 법적 분쟁이 발생한 경우 당사자로부터 쟁송제기를 기다려 독립된 지위를 가진 사법기관이 제3자의 입장에서 법을 해석하고 판단하여 선언하는 재판작용을 말한다.

2. 법원의 조직과 구성

(1) 대법원

우리 통치구조 내에서 대법원은 최고법원으로서 기본권의 실현 내지 보호를 하는 기관이며, 법률에 대한 최종적인 유권해석을 통해 법질서의 확립 내지 법적 평화에 기여하는 등 법적 평화보장기관으로서의 지위를 가진다.[51]

우리 헌법은 대법원을 최고법원으로 선언하고(헌법 제101조 제2항) 있기 때문에 일반법원에게는 대법원이 최고사법행정기관에 해당한다.

법원의 종류는 대법원을 최고법원으로 하여 그 밑에 고등법원, 특허법원, 지방법원, 가정법원, 행정법원, 회생법원의 7종류가 있으며, 지방법원 및 가정법원의 사무의 일부를 처리하게 하기 위하여 그 관할구역에 지원과 가정지원, 시법원 또는 군법원(이하 "시·군법원"이라 한다) 및 등기소를 둘 수 있도록 하고 있다(법원조직법 제3조).

대법원은 대법원장과 대법관으로 구성되며 대법원장을 포함하여 14인의 대법관으로 구성된다(법원조직법 제4조 제2항). 우리 헌법은 "법률이 정하는 바에 의하여 대법관이 아닌 법관을 둘 수 있다"(헌법 제102조 제2항)고 했는데, 법원조직법(제24조)은 재판연구관 제도를 두어 대법원에서 진행되는 사건의 심리 및 재판에 관한 조사·연구업무를 담당하도록 하고 있다. 재판연구관 제도는 대법관의 재판업무를 보조하는 보조기관으로서의 역할을 하고 있다.

대법원장은 국회의 동의를 얻어 대통령이 임명하고, 대법관은 대법원장의 제청으로 국회의 동의를 얻어 대통령이 임명한다. 그리고 대법원장과 대법관이 아닌 법관은 대법관회의의 동의를 얻어 대법원장이 임명한다(헌법 제104조).

대법원장과 대법관의 임기는 6년으로 하며, 대법원장은 중임할 수 없으나 대법관은 법률이 정하는 바에 의하여 연임할 수 있다. 대법원장과 대법관이 아닌 법관의 임기는 10년으로 하며, 법률이 정하는 바에 의하여 연임할 수 있다(헌법 제105조).

---

51) 허영, 한국헌법론, 박영사, 2016, 1066면.

대법원의 내부조직으로는 사법행정을 수행하는 대법관회의(헌법 제104조 제3
항)와 사법기능을 수행하는 대법원 전원합의체와 부(헌법 제102조 제1항)가 있다.

대법원의 부는 대법관 3인으로 구성되며, 대법원의 심판권은 대법원의 부에
서 먼저 사건을 심리하여 의견이 일치된 경우에는 그것이 필수적인 합의체 심판
사항이 아닌 한 그 부에서 심판한다.

대법원 전원합의체는 대법원장이 재판장이 되며 대법관 전원의 2/3 이상으
로 구성하고, 과반수의 찬성으로 결정한다(법원조직법 제7조 및 제66조 제1항).

다만 다음의 경우에는 반드시 전원합의체에서 심판해야 하는데(법원조직법 제
7조 제1항), 그 사유가 "① 명령 또는 규칙이 헌법에 위반된다고 인정하는 경우,
② 명령 또는 규칙이 법률에 위반된다고 인정하는 경우, ③ 종전에 대법원에서
판시(判示)한 헌법·법률·명령 또는 규칙의 해석 적용에 관한 의견을 변경할 필
요가 있다고 인정하는 경우, ④ 부에서 재판하는 것이 적당하지 아니하다고 인
정하는 경우"인 경우에는 전원합의체에서 심판한다.

(2) 고등법원

고등법원·특허법원 및 행정법원의 심판권은 판사 3명으로 구성된 합의부에
서 행사한다. 다만, 행정법원의 경우 단독판사가 심판할 것으로 행정법원 합의부
가 결정한 사건의 심판권은 단독판사가 행사한다(법원조직법 제7조 제3항). 고등법
원의 관할은 ① 지방법원 합의부·가정법원 합의부, 회생법원 합의부 또는 행정
법원의 제1심 판결·심판·결정·명령에 대한 항소 또는 항고사건, ② 지방법원단
독판사·가정법원단독판사의 제1심 판결·심판·결정·명령에 대한 항소 또는 항
고사건으로서 형사사건을 제외한 사건 중에서 대법원 규칙으로 정하는 사건, ③
다른 법률에 의해 그 권한에 속하는 사건을 심판한다(법원조직법 제28조).

(3) 지방법원

지방법원은 판사로 구성되며 지방법원 및 가정법원의 사무의 일부를 처리하
게 하기 위하여 그 관할구역에 지원(支院)과 가정지원, 시법원 또는 군법원(이하
"시·군법원"이라 한다) 및 등기소를 둘 수 있다. 다만, 지방법원 및 가정법원의 지
원은 2개를 합하여 1개의 지원으로 할 수 있다(법원조직법 제3조 제2항). 지방법원
의 심판권은 단독판사가 행하는 것이 원칙이지만 지방법원 또는 동 지원에서 합

의심판을 필요로 하는 경우에는 판사 3인으로 구성된 합의부에서 재판한다.

(4) 가정법원

가정법원은 판사로 구성되며, 가사에 관한 소송·비송사건 조정 및 소년보호 사건을 심판한다.

(5) 군사법원

군사재판을 관할하기 위하여 특별법원으로서 군사법원을 둘 수 있으며, 군사법원의 상고심은 대법원에서 관할한다. 특별법원이란 헌법이 정하는 사법권독립의 요건을 갖추지 않은 법관이 아닌 자가 재판을 담당하거나 대법원을 최종심으로 하지 않은 법원을 말하는데, 특별법원의 설치는 원칙상 금지되어야 하지만 헌법재판소는 군사법원을 특별법원으로 설치한 것은 합헌이라고 한다. 보통군사법원은 재판관 3인 또는 5인으로 고등군사법원은 재판관 5인으로 구성한다.

비상계엄하의 군사재판은 군인·군무원의 범죄나 군사에 관한 간첩죄의 경우와 초병·초소·유독음식물공급·포로에 관한 죄 중 법률이 정한 경우에 한하여 단심으로 할 수 있다. 다만, 사형을 선고한 경우에는 그러하지 아니하다(헌법 제110조).

(6) 행정법원

행정법원은 판사로 구성하는데 부장판사와 행정법원장을 둔다. 행정법원의 심판권은 판사 3명으로 구성된 합의부에서 행사한다. 다만, 행정법원의 경우 단독판사가 심판할 것으로 행정법원 합의부가 결정한 사건의 심판권은 단독판사가 행사한다(법원조직법 제7조 제3항).

행정법원의 심판권은 행정소송법에서 정한 행정사건과 다른 법률에 따라 행정법원의 권한에 속하는 사건을 제1심으로 심판한다(법원조직법 제40조의4). 행정심판전치주의는 임의적인 것으로 변경되었으며, 항소심은 고등법원이고 대법원이 상고법원이 된다.

(7) 회생법원

회생법원은 2017. 3. 1. 서울중앙지법 파산부를 독립시켜 만든 도산전문법원으로 파산과 회생절차를 적정하고 신속하게 진행하기 위하여 설치하였다. 회생사건, 간이회생사건 및 파산사건 또는 개인회생사건은 회생법원의 관할에 속한다(채무자회생법 제3조). 채무자 회생 및 파산에 관한 법률(약칭: 채무자회생법)은 재정적으로 파탄에 직면해 있는 채무자에 대하여 채권자·주주·지분권자 등 이해관계인의 법률관계를 조정하여 채무자 또는 그 사업의 효율적인 회생을 도모하거나 회생이 어려운 채무자의 재산을 공정하게 환가·배당하는 것을 목적으로 제정하였다(채무자회생법 제1조).

3. 법원의 권한

(1) 위헌법률심사제청권

법률이 헌법에 위반되는 여부가 재판의 전제가 된 경우에는 법원은 헌법재판소에 제청하여 그 심판에 의하여 재판한다(헌법 제107조 제1항). 제청권 행사의 주체는 당해 소송이 계속되고 있는 법원이 대법원을 경유하여 헌법재판소에 위헌법률심사제청권을 행사한다.

(2) 명령·규칙·처분심사권

명령·규칙 또는 처분이 헌법이나 법률에 위반되는 여부가 재판의 전제가 된 경우에는 대법원이 이를 최종적으로 심사할 권한을 가진다(헌법 제107조 제2항).

V. 헌법재판소

1. 의 의

헌법재판소는 법률의 위헌, 탄핵 정당의 해산 등을 심판하는 헌법상의 사법적기관이며, 권력분립에 의한 독립된 국가기관이다(헌법 제111조).

2. 조직과 구성

헌법재판소의 재판관은 법관의 자격을 가진 자로서 3인은 국회에서 선출하는 자를, 3인은 대법원장이 지명하는 자를, 3인은 대통령이 지명하는 자를 포함하여 모두 9인으로 구성되며, 재판소장은 그중에서 국회의 동의를 얻어 대통령이 임명한다(헌법 제111조).

헌법재판소 재판관의 임기는 6년으로 하며, 법률이 정하는 바에 의하여 연임할 수 있으며, 탄핵 또는 금고 이상의 형의 선고에 의하지 아니하고는 파면되지 아니한다(헌법 제112조).

3. 권 한

(1) 위헌법률심판권

위헌법률심판권에 대한 제청권자는 법원이다. 즉 법률이 헌법에 위반되는 여부가 재판의 전제가 된 경우에는 법원은 헌법재판소에 제청하여 그 심판에 의하여 재판한다(헌법 제107조 제1항).

위헌법률심판을 청구하기 위해서는 법률의 위헌 여부가 전제가 되어야 하는데 법원이 위헌[52]이라고 인정하거나 소송당사자가 위헌이라고 주장할 경우에 법원은 헌법재판소에 제청하여 그 심판을 재판한다.

(2) 헌법소원심판

헌법소원은 공권력에 의하여 국민의 기본권이 침해된 경우에 헌법재판소에 제기하는 구제수단으로서, 이 제도는 개인의 기본권침해에 대한 권리구제와 위헌적인 공권력행사에 대한 헌법질서의 유지의 기능 내지 성격도 가지고 있다.

헌법소원심판에는 '권리구제형 헌법소원'과 '위헌심사형 헌법소원'이 있다. 권리구제형 헌법소원은 공권력의 행사 또는 불행사로 말미암아 헌법상 보장된 기본권을 침해당한 자가 청구하는 헌법소원이고(헌법재판소법 제68조 제1항), 위헌심사형 헌법소원은 위헌법률심판의 제청이 법원에 의하여 기각된 경우에 제청신청을 한 당사자가 청구하는 헌법소원이다(헌법재판소법 제68조 제2항).

(3) 탄핵심판

탄핵제도는 일반사법절차에 따라 소추하거나 징계절차로써 징계하기가 곤란한 고위직행정공무원이나 법관 등 신분이 보장된 공무원이 직무상 중대한 비위를 범한 경우에, 국회가 탄핵을 소추하여 헌법재판소가 탄핵심판을 담당하는 제도를 말한다.[53]

탄핵을 하기 위해서는 국회재적의원 3분의 1 이상의 발의와 재적의원 과반

---

52) 김철수, 전게서, 409면.
53) 홍완식 외, 전게서, 107면.

수의 찬성으로 중요공무원에 대한 탄핵소추를 할 수 있고, 대통령의 경우는 재적 의원 과반수의 발의로 재적의원 3분의 2의 찬성이 있어야 한다(헌법 제65조 제2항).

탄핵의 결정은 헌법재판소 재판관 9인중 6인의 찬성이 있어야 하며(헌법 제 113조 제1항), 탄핵결정은 공직으로부터 파면과 민·형사상의 책임을 부담하게 된 다(헌법 제65조 제4항).

(4) 정당해산심판

정당의 설립은 자유이며 정당은 법률이 정하는 바에 의하여 국가의 보호를 받으며, 국가는 법률이 정하는 바에 의하여 정당운영에 필요한 자금을 보조할 수 있다.

그러나 정당의 목적이나 활동이 민주적 기본질서에 위배될 때에는 정부는 헌법재판소에 그 해산을 제소할 수 있고, 정당은 헌법재판소의 심판에 의하여 해산된다(헌법 제8조).

헌법재판소에서 법률의 위헌결정, 탄핵의 결정, 정당해산의 결정 또는 헌법 소원에 관한 인용결정을 할 때에는 재판관 6인 이상의 찬성이 있어야 한다(헌법 제113조 제1항). 정당이 해산결정이 되면 정당은 해산되고 소속 국회의원직과 지 방의원의 직도 박탈한다.

(5) 권한쟁의심판

헌법재판소는 기관 간에 권한의 유무나 범위에 관하여 다툼이 있으면 국가 기관이나 지방자치단체는 헌법재판소에 제소할 수 있다. 기관쟁의로서는 국가기 관 상호간의 권한쟁의, 국가기관과 지방자치단체 간 및 지방자치단체 상호간의 권한쟁의가 있다. 권한쟁의결정은 헌법재판관 과반수의 찬성으로 결정하고 그 결정은 모든 국가기관과 지방자치단체를 구속한다.

· 제 2 장 ·

행 정 법

Ⅰ. 행정법의 의의

행정법이란 행정의 조직, 작용 및 행정구제에 관한 국내공법을 말한다.[1] 행정작용 중 행정주체가 공권력의 주체로서 행하는 작용은 행정법의 규율대상이 되지만, 관공서의 도급계약, 국·공유재산 중 일반재산의 매각·관리과 같이 행정주체가 사인으로서 행하는 작용은 사법에 의해 규율된다.

행정법은 행정권의 국민에 대한 침해를 다루는 행정구제와 국가와 국민과의 관계에서 이루어지는 모든 공법적 법률관계가 행정법의 영역에 속한다.

---

[1] 박균성, 행정법론(상), 박영사, 2016, 7면.

Ⅱ. 행정법의 법원

1. 의 의

행정법의 법원이란 행정의 조직과 작용 및 그 구제에 관한 법의 존재형식을 말한다.[2] 행정법은 헌법, 민법, 형법 등과 달리 행정법이라는 단일법전이 존재하지 않고 성문법과 불문법 등 많은 무수한 개별법의 집합체이다.

2. 종 류

(1) 성문법원

우리나라 행정법상 성문법원으로는 헌법, 법률, 조약, 명령, 자치법규 등이 있다.

1) 헌 법

헌법 가운데 행정조직에 관한 규정과 행정작용에 관한 규정은 가장 기본적인 행정법의 법원에 해당한다. 모든 행정법은 헌법의 기본원칙에 구속되며 행정법은 헌법의 구체화법리로서 평등원칙, 비례원칙, 신뢰보호원칙 등이 나타나게 된다.

2) 법 률

법률이란 국회가 헌법상의 입법절차에 따라 제정하는 법률을 의미한다.

3) 국제조약·국제법규

헌법에 의하여 체결·공포된 조약과 일반적으로 승인된 국제법규 중에서 국내의 행정에 관한 사항을 포함하고 있는 것은 행정법의 법원이 된다. 국제조약은 헌법보다는 하위법에 속하지만 그 규율사항에 따라 법률과 동일한 효력을 가진다.

4) 명 령

행정내용이 복잡하고 전문화됨에 따라 법률은 대강만을 정하고 구체적인 사항은 명령에 위임하고 있다. 예컨대 대통령령, 총리령, 부령 또는 대법원규칙 및 헌법재판소규칙 등이 있다.

---

2) 김향기, 행정법개론, 탑북스, 2016, 28면.

(2) 불문법원

행정법은 원칙적으로 성문법으로 되어 있으나 불문법도 보충적 법원으로 인정하고 있다. 불문법원에는 관습법, 판례법 및 조리 등이 있다.

1) 관습법

관습법이란 일반적으로 행정영역에 있어 다년간에 걸쳐 동일한 관행이 반복되고, 이러한 관행이 일반국민의 법적 확신을 얻어 법규범으로서 인식·승인된 것이다.[3]

판례는 관습법에 대하여 "관습법이란 사회의 거듭된 관행으로 생성한 사회생활규범이 사회의 법적 확신과 인식에 의하여 법적 규범으로 승인·강행되기에 이른 것을 말하고, 사실인 관습은 사회의 관행에 의하여 발생한 사회생활규범인 점에서 관습법과 같으나 사회의 법적 확신이나 인식에 의하여 법적 규범으로서 승인된 정도에 이르지 않은 것을 말하는바, 관습법은 바로 법원으로서 법령과 같은 효력을 갖는 관습으로서 법령에 저촉되지 않는 한 법칙으로서의 효력이 있는 것이며, 이에 반하여 사실인 관습은 법령으로서의 효력이 없는 단순한 관행으로서 법률행위의 당사자의 의사를 보충함에 그치는 것이다"[4]라고 판시하고 있다.

즉, 관습법이 되기 위해서는 사회의 거듭된 관행으로 생성한 사회생활규범이 사회의 법적 확신과 인식에 의하여 법적 규범으로 승인·강행되기에 이른 것을 말한다.

2) 판례법

판례법이란 제기된 행정사건에 대하여 추상적인 행정법규를 구체화·명확히 해석하여 그에 관한 법령을 사건에 적용함으로써 당해 분쟁을 해결하는 사법부의 법적 판단을 의미한다. 이러한 판례가 장래의 동일한 사건에 재판의 준거가 될 때에 판례법이 성립하고 행정법의 법원이 된다.

3) 조 리

조리란 사물의 본성 또는 법의 일반원리를 말한다. 조리는 법해석의 기본원리로서 성문법이나 관습법 또는 판례법에 의하여 규율할 수 없거나 법해석상 의

---

3) 김동희, 행정법Ⅰ, 박영사, 2016, 47면.
4) 대법원 1983. 6. 14. 선고 80다3231 판결(분묘이장).

문의 여지가 있을 때에는 최후의 보충적 법원으로서 조리를 찾아서 그에 따라
사안을 판단·집행하게 된다. 조리의 대표적인 예로서는 비례의 원칙, 평등의 원
칙, 신의성실의 원칙 등이 있다.

제2절 행정행위

I. 행정행위의 의의

행정행위란 행정청이 구체적 사실에 대한 법집행으로서 외부에 대하여 직접
적인 법적 효과를 발생시키는 권력적 단독행위로서 법적 행위를 말한다. 행정행
위는 사실행위가 아니라 법적 행위이다. 법적 행위란 행정조직 내부의 행위가
아닌 국민과의 관계이며 직접적으로 국민에게 법적 효력(권리와 의무)을 발생시키
는 행위를 말한다.

행정행위는 전형적인 권력적·법적행위이므로 행정행위를 하려면 법령에 근
거하여야 한다. 그리고 행정행위는 공정력과 자력집행력이 인정되고 사법원리가
적용되지 않는다는 특징이 있다.

II. 기속행위와 재량행위

1. 기속행위

기속행위란 법규상에 구성요건에서 정한 요건에 해당하면 행정청은 반드시
일정한 행위를 하거나 하지 말도록 법적으로 기속되어 있는 행정행위를 말한다.

2. 재량행위

(1) 의 의

재량행위란 법령상 요건이 충족되더라도 행정기관이 효과를 선택할 수 있는
행정행위를 말한다. 예컨대 도로점용허가 여부가 재량이라면 사인이 법적 요건

을 충족하여 도로점용허가를 신청하더라도 행정청이 거부할 수 있는 행위를 말한다.

(2) 기속행위와 재량행위에 대한 구별기준

판례는 기속행위와 재량행위에 대한 사법심사의 방식과 관련하여 "행정행위가 그 재량성의 유무 및 범위와 관련하여 이른바 기속행위 내지 기속재량행위와 재량행위 내지 자유재량행위로 구분된다고 할 때, 그 구분은 당해 행위의 근거가 된 법규의 체재·형식과 그 문언, 당해 행위가 속하는 행정 분야의 주된 목적과 특성, 당해 행위 자체의 개별적 성질과 유형 등을 모두 고려하여 판단하여야 하고, 이렇게 구분되는 양자에 대한 사법심사는, 전자의 경우 그 법규에 대한 원칙적인 기속성으로 인하여 법원이 사실인정과 관련 법규의 해석·적용을 통하여 일정한 결론을 도출한 후 그 결론에 비추어 행정청이 한 판단의 적법 여부를 독자의 입장에서 판정하는 방식에 의하게 되나, 후자의 경우 행정청의 재량에 기한 공익판단의 여지를 감안하여 법원은 독자의 결론을 도출함이 없이 당해 행위에 재량권의 일탈·남용이 있는지 여부만을 심사하게 되고, 이러한 재량권의 일탈·남용 여부에 대한 심사는 사실오인, 비례·평등의 원칙 위배, 당해 행위의 목적 위반이나 동기의 부정 유무 등을 그 판단 대상으로 한다"고 보고 있다.

즉, 재량행위와 기속행위의 구별은 하나의 단일한 기준보다는 해당행위의 근거가 되는 법령의 규정을 기본으로 하고 그 밖에 취지, 목적, 행정행위의 성질을 보완하여 판단하여야 한다.

(3) 재량하자의 유형

재량하자란 행정기관이 재량의 목적과 한계를 벗어나게 재량권을 행사하는 경우를 말한다. 재량하자의 유형에는 재량권의 일탈(법령에서 100만원 이하의 과태료라고 되어 있는데 200만원의 과태료를 부과한 경우), 재량권의 남용(동일한 사인임에도 갑에게는 500만원, 을에게는 100만원의 과태료를 부과한 경우), 재량권의 불행사(행정청이 자신에게 부여된 재량권을 행사하지 않은 경우)가 있다.

(4) 한계를 벗어난 재량행위의 효과

재량권 일탈, 남용은 행정심판이나 법원 또는 헌법재판소에 의하여 취소원인과 무효원인이 될 수 있다.

Ⅲ. 행정행위의 내용

1. 법률행위적 행정행위

법률행위적 행정행위란 행정청의 의사표시로 법적효과가 발생하는 행정행위를 말한다. 이러한 법률행위적 행정행위에는 명령적 행위와 형성적 행위로 나눌 수 있다.

명령적 행위는 사인의 자유를 제한(하명)하거나 그 제한을 해제하는 허가, 면제 등이 있고 형성적 행위에는 특허, 인가, 공법상 대리, 변경행위 등이 있다.

(1) 명령적 행위

1) 하 명

하명이란 철거명령, 소음금지명령, 과세처분명령 등과 같이 작위나 부작위, 급부나 수인을 명하는 행정행위를 말한다.

2) 허 가

허가란 법령에 의한 일반적·상대적인 금지를 특정한 경우에 해제하여 적법하게 일정한 행위를 할 수 있도록 회복시켜 주는 행정행위를 말한다. 다시 말해서 질서유지를 위하여 금지하였던 바를 해제하여 개인의 자유권리를 회복시켜 주는 행위를 말한다. 예컨대 주점영업허가, 건축허가, 운전면허 등이 해당한다.

3) 면 제

면제란 법령에 의하여 부과되는 작위·수인·급부 등의 의무를 특정한 경우에 해제해 주는 행정행위를 말한다.

(2) 형성적 행위

1) 특 허

특허란 특정인에 대하여 특정한 권리를 설정하는 행위를 말한다. 여기서 특허는 학문상 용어이므로 법령상 용어에 관계없이 관계법령의 규정과 규정취지에 비추어 판단하여야 한다. 예컨대 공유수면매립면허, 도로점용허가, 개인택시운송사업면허 등을 특허로 본다.

2) 인 가

인가란 제3자의 법률행위를 보충하여 그 법률적 효력을 완성시켜주는 행정주체의 보충적 의사표시를 말한다. 예컨대 토지거래허가, 사업양도의 인가, 사립대학설립의 인가, 재단법인의 정관변경 등이 여기에 해당한다.

2. 준법률적 행정행위

준법률행위는 행정청의 의사표시를 요소로 하지 않는 것으로 법령이 정하는 바에 따라 효과가 발생하는 행정행위를 말한다.

(1) 확 인

확인이란 특정한 사실 또는 법률관계의 존부 또는 정부에 대하여 의문이 있는 경우 행정청이 이를 공적으로 판단 및 확정하는 행정행위를 말한다. 예컨대 선거의 당선인 결정, 시험합격자 결정, 행정심판의 재결 등이 해당한다.

(2) 공 증

공증이란 특정한 사실 또는 법률관계의 존부를 증명하는 행정행위를 말한다.

(3) 수 리

수리란 사인이 알린 일정한 사실을 행정청이 유효한 것으로 판단하여 받아들이는 인식의 표시행위를 말한다. 예컨대 혼인신고서의 수리, 원서의 수리, 영업허가 명의변경신고의 수리, 행정심판청구서의 수리 등이 해당한다.

Ⅳ. 행정행위의 효력

1. 구속력

행정행위의 구속력이란 행정행위가 유효하게 성립하면 그 내용에 따라 관계 행정청 및 상대방과 이해관계인을 구속하는 힘을 말한다.

2. 공정력

(1) 의 의

행정행위의 공정력이란 행정행위가 법정요건을 갖추지 못하여 흠이 있더라도 그것이 중대하고 명백하여 당연히 무효가 아닌 이상 처분청·감독청 등 권한 있는 기관에 의해 취소될 때까지는 일응 유효한 것으로 추정하여 누구든지 그 효력을 부인할 수 없는 힘을 말한다.

(2) 인정근거

공정력을 직접적으로 인정하는 명문의 규정은 없다. 그러나 직권취소를 규정하고 있는 개별규정, 항고쟁송규정 등을 규정한 행정심판법, 행정소송법은 실정법상 간접적인 근거가 될 수 있다.

그리고 행정의 실효성 확보, 행정법관계의 안정성, 행정행위의 상대방 등에 대한 신뢰보호 및 행정의 원활한 운영 등과 같은 정책적 고려에서 공정력의 근거를 구하는 것이 다수설이다.

(3) 공정력의 한계

공정력은 부당한 행위 또는 단순위법의 행정행위의 경우에 인정되나, 하자가 중대하고 명백한 무효인 행정행위에는 인정되지 않는다. 무효인 행정행위에 대해서까지 잠정적 통용력을 인정하는 것은 법적 안정성이라는 공정력의 본래 취지와 어긋나고 행정심판이나 행정소송을 통하여 언제나 무효확인이 가능하기 때문이다.

3. 구성요건적 효력

구성요건적 효력이란 비록 하자가 있다 하더라도 중대하고 명백하여 당연무효가 아닌 이상 행정기관 및 법원 등은 그의 유효성 및 내용을 존중하여 구성요건으로 삼아야 한다는 구속력을 말한다. 예컨대 갑이라는 사람이 법무부장관으로부터 국적법 제4조에 근거하여 귀화허가를 받았다면, 그 귀화가 무효가 아닌 이상 모든 국가적 기관(행정기관 및 법원 등)은 갑을 대한민국 국민으로 인정해야 함을 말한다. 공정력과는 성립요건이 다르므로 병립이 가능하나 무효인 행정행위는 구성요건적 효력이 미치지 않는다.

4. 존속력

존속력이란 행정행위가 행해지면 그에 의거하여 많은 법률관계가 형성되므로 일단 정해진 행정행위를 변경하지 않고 계속적으로 존속시키기 위한 제도를 말한다. 이러한 존속력은 행정행위의 불가쟁력 또는 실질적 확정력이라고 하며 이들을 합쳐 존속력이라고도 한다.

5. 강제력

강제력에는 대집행이나 강제징수와 같은 자력집행력과 행정벌과 질서벌 등에 해당하는 제재력이 있다. 강제력은 행정행위에 의해 부과된 의무를 상대방이 이행하지 않는 경우 사법행위와는 달리 법원의 힘을 빌리지 않고 행정청이 스스로의 강제력에 의하여 그 의무를 실현시킬 수 있는 힘을 말한다.

Ⅴ. 행정행위의 하자

1. 행정행위 하자의 의의

행정행위의 적법요건인 주체, 절차, 형식 그리고 내용 등을 완전하게 구비하지 않은 행위를 하자있는 행정행위라고 한다. 행정행위의 성립요건을 결여한 행정행위의 부존재와는 구별된다.

2. 행정행위 하자의 효과

행정행위에 하자가 있는 경우에는 그 하자의 정도에 따라 무효나 취소가 발생한다.

3. 행정행위 무효와 취소의 구별

(1) 구별 필요성

무효인 행정행위는 처음부터 행정행위의 내용에 적법한 법적 효과가 전혀 발생할 수 없다. 그러나 취소인 행정행위는 그 성립에 흠이 있더라도 정당한 권원을 가진 행정청이나 법원으로부터 취소될 때까지는 유효한 행정행위로서 효력을 가진다.

행정행위의 공정력 및 구성요건적 효력은 무효에서는 인정되지 않고 취소할 수 있는 행정행위에서만 문제된다.

(2) 구별의 기준

무효와 취소의 구별기준은 행정행위에 내포된 하자가 중대하고 그 하자의 존재가 객관적으로 명백한지의 여부에 따르는 것이 타당하다. 따라서 그 중 어느 한 요건 또는 두 요건 전부를 결여한 때에는 취소할 수 있는 행정행위에 불과하다.[5] 다시 말해서 하자가 중대한 법규위반이고 또한 외관상 명백한 것인 때에는 무효이지만 그에 이르지 않는 단순위법인 경우에는 취소대상에 불과하다는 견해로 판례와 통설의 입장이다. 여기서 하자의 중대성과 명백성의 개념을 구체적으로 살펴보면 다음과 같다.

1) 중대명백설의 내용(통설 및 판례)

이설은 행정행위의 하자가 중대한 법규위반이고 또한 그것이 외관상 명백한 때에는 무효이고 그렇지 아니한 경우에는 취소의 대상이 된다고 보는 견해이다.

2) 중대·명백의 의미

하자가 중대하다는 것은 행정행위가 중요한 법률요건을 위반하고, 그 위반의 정도가 상대적으로 심하여 그 하자가 내용상 중대하다는 것을 말한다. 판례는[6] 중대한 하자에 대하여 "행정처분이 당연무효라고 하기 위하여는 처분에 위법사유가 있다는 것만으로는 부족하고 하자가 법규의 중요한 부분을 위반한 중대한 것으로서 객관적으로 명백한 것이어야 하며, 하자의 중대·명백 여부를 판별함에 있어서는 법규의 목적, 의미, 기능 등을 목적론적으로 고찰함과 동시에 구체적 사안 자체의 특수성에 관하여도 합리적으로 고찰함을 요한다"고 보고 있다.

그리고 객관적으로 명백해야 한다는 의미와 관련하여 판례는[7] "행정처분으로서 그 처분에 중대하고도 명백한 하자가 있는 경우에는 그 처분은 당연무효가 된다고 할 것이고, 하자가 명백하다고 하기 위하여는 그 사실관계 오인의 근거가 된 자료가 외형상 상태성(常態性)을 결여하거나 또는 객관적으로 그 성립이나 내용의 진정을 인정할 수 없는 것임이 명백한 경우라야 할 것이고 사실관계의 자료를 정확히 조사하여야 비로소 그 하자 유무가 밝혀질 수 있는 경우라면 이러한 하자는 외관상 명백하다고 할 수는 없다"고 판시하고 있다.

---

5) 김향기, 전게서, 245면.
6) 대법원 2008. 1. 10. 선고 2007두11979 판결.
7) 대법원 2004. 4. 16. 선고 2003두7019 판결.

즉, 행정처분으로서 당연무효가 되기 위해서는 하자가 법규의 중요한 부분을 위반한 중대한 것으로 객관적으로 그 성립이나 내용의 진정을 인정할 수 없는 것임이 명백한 경우일 것을 요구하고 있다.

VI. 행정행위의 폐지

행정행위의 폐지란 행정청이 의사표시로 행정행위의 효력을 소멸시키는 제도로서 직권취소와 철회가 있다.

1. 행정행위의 직권취소

(1) 의 의

행정청의 직권취소란 위법 또는 부당한 하자 있는 행정행위를 그 행위를 발령한 처분청이 직권으로 효력을 소멸시키는 행정행위를 말한다. 예컨대 연령결격자에 대하여 국가자격증을 합격처분한 것을 취소하는 경우이다.

(2) 직권취소의 근거

명시적인 법적 근거가 없이도 그 행정행위를 발령한 처분청은 스스로 위법·부당한 행위를 직권으로 취소할 수 있다.[8] 판례도 "행정행위를 한 처분청은 그 행위에 하자가 있는 경우에는 별도의 법적 근거가 없더라도 스스로 이를 취소할 수 있고, 다만 수익적 행정처분을 취소할 때에는 이를 취소하여야 할 공익상의 필요와 그 취소로 인하여 당사자가 입게 될 기득권과 신뢰보호 및 법률생활 안정의 침해 등 불이익을 비교·교량한 후 공익상의 필요가 당사자가 입을 불이익을 정당화할 만큼 강한 경우에 한하여 취소할 수 있다"고 판시하여 처분청이 직권취소를 할 수 있는 것으로 인정하고 있다.[9]

(3) 직권취소의 한계

침익적 행정행위의 직권취소는 상대방에게 수익적이고 적법한 상태로의 회복으로 중대한 공익상 필요가 있는 경우에는 행정청은 직권취소할 수 있으나,

---

8) 김기홍, 핵심정리 행정법, 박영사, 2016, 123면.
9) 대법원 2006. 5. 25. 선고 2003두4669 판결.

수익적 행정행위의 직권취소는 공정력·위법하고 상대방에게 손해를 주는 것이기 때문에 신뢰보호원칙이나 비례원칙에 위반되어서는 안 되는 범위에서 직권취소가 가능하다.

(4) 취소절차

행정행위의 직권취소도 행정행위이다. 따라서 개별법상의 절차와 행정절차법상의 처분절차를 따라야 한다.

(5) 취소의 효과

부담적 행정행위의 취소는 원칙적으로 소급효가 인정되나 수익적 행정행위에 대한 취소는 장래에 대하여 효력이 발생한다. 다만 상대방에게 귀책사유가 있는 경우에는 소급효가 인정된다.

2. 행정행위의 철회

(1) 의 의

행정행위의 철회란 유효한 행정행위의 효력을 장래에 향하여 그 효력의 전부 또는 일부를 소멸시키는 행정행위를 말한다.

(2) 법적 근거

판례는 "영주 목적의 귀국이나 1년 이상 국내에서 취업 또는 체류라는 사유는 구 병역법시행령(1994. 10. 6. 대통령령 제14397호로 전문 개정되기 전의 것) 제113조 제3항상 국외여행허가취소사유로 규정되어 있지만 이는 그 성질상 국외여행허가를 받은 것으로 간주된 후에도 병역의무를 마칠 때까지 계속해서 갖추어야 할 소극적 요건이라고 봄이 상당하므로, 국외여행허가를 받은 후 위와 같은 사유가 발생한 경우에는 이러한 사정은 국외여행허가를 취소할 수 있는 사정변경 또는 중대한 공익상의 필요가 발생한 것으로 볼 수 있어 처분청으로서는 위 조항이 신설되기 전에 사유발생으로 그 취소에 관한 별도의 법적 근거가 없이도 이를 취소할 수 있다"[10]고 판시하여 사정변경이 있거나 또는 중대한 공익상의 필요가 발생한 경우에는 법적 근거 없이도 철회할 수 있는 것으로 보고 있다. 이외에도 법률상 사정변경이 발생한 경우로 도로 폐지에 따른 도로점용허가의 철회 또는

---

10) 대법원 1995. 6. 9. 선고 95누1194 판결(징집처분취소).

부패한 식품을 판매한 자에 대한 영업허가의 취소 등이 가능한 것으로 보고 있다.

(3) 철회권자

처분권은 당연히 철회권이 있으나 감독청은 특별한 규정이 없는 한 철회권을 갖지 못한다.

(4) 철회의 제한

부담적 행정행위의 철회는 상대방의 불이익을 제거하여 수익을 주기 때문에 원칙적으로 철회가 가능하나, 수익적 행정행위의 철회는 침익적인 결과를 가져오므로 철회로 침해되는 사익과 철회로 인해 얻는 이익을 비교·형량하여 판단하여야 한다.

(5) 철회의 절차

철회권의 행사에 관한 일반적인 규정은 없으며 철회의 공정한 담보를 보장하기 위하여 공청회, 변명의 기회 부여 등을 규정하는 경우가 많다. 따라서 행정청은 개별법상의 절차와 행정절차법상의 처분절차에 따라 철회를 하여야 한다.

(6) 철회의 효과

철회의 효과는 원칙적으로 장래를 향하여 발생한다. 그리고 당사자의 귀책사유 없이 철회되는 경우에는 원상회복, 손실보상을 청구할 수 있음이 원칙이다.

제 3 절　행정의 실효성 확보

I. 행정상의 강제집행

1. 의 의

행정상의 강제집행이란 행정법상의 의무불이행에 대하여 행정주체가 의무자의 신체·재산에 실력을 가하여 그 의무를 이행시키거나 이행된 것과 같은 상태를 실현하는 행정작용을 말한다.

2. 유사제도와의 구별

(1) 행정상 즉시강제와의 구별

행정상 강제집행은 의무의 존재와 그 불이행을 존재로 하지만 행정상 즉시강제는 의무의 존재를 전제로 하지 않는다.

(2) 행정벌과의 구별

행정상 강제집행은 장래에 향하여 의무이행을 강제하기 위한 목적으로 하지만 행정벌은 과거의 의무위반에 대하여 제재를 가하는 것을 목적으로 한다.

(3) 민사상 강제집행과의 구별

행정상 강제집행은 행정법상 의무불이행이 있는 경우 법원 등의 개입 없이 행정주체가 독자적인 강제수단에 의해 스스로 집행하는 자력집행인 반면, 민사상 강제집행은 사법상의 의무 또는 소송법상 의무의 강제가 국가의 집행기관에 의해 민사상 강제집행이 이루어진다는 점에서 구별된다.

3. 행정상 강제집행의 종류

행정상 강제집행의 방법으로는 대집행, 행정상 강제징수, 강제금(집행벌), 직접강제 등이 있다.

(1) 대집행

대집행이란 대체적 작위의무를 불이행한 경우에 당해 행정청이 의무자가 행할 행위를 스스로 행하거나 또는 제3자로 하여금 이를 행하게 하고 그 비용을 의무자로부터 징수하는 것을 말한다.[11]

예컨대 무허가광고간판을 행정청이 철거하거나 철거업체에게 철거하도록 한 후 그 비용을 무허가 광고간판 소유자에게 청구하는 것을 말한다. 그러나 구「공공용지의 취득 및 손실보상에 관한 특례법」에 의한 협의취득시 건물소유자가 매매대상 건물에 대한 철거의무를 부담하겠다는 취지의 약정을 한 경우, 그 철거의무가 행정대집행법에 의한 대집행의 대상은 되지 않는다.[12]

---

11) 김향기, 전게서, 356면
12) 대법원 2006. 10. 13. 선고 2006두7096 판결. 대집행의 대상이 되는 대체적 작위의무는 공법상 의무이어야 할 것인데, 구 공공용지의 취득 및 손실보상에 관한 특례법(2002. 2. 4. 법률 제6656

(2) 행정상 강제징수

행정상 강제징수란 행정법상 금전급부 의무의 불이행이 있는 경우 행정청이 의무자의 재산에 실력을 가하여 실현하는 강제집행을 말한다. 예컨대 세금체납에 따른 강제징수 등이 해당한다.

(3) 이행강제금(집행벌)

1) 의 의

이행강제금이란 행정법상 부작위의무, 비대체적 작위의무 불이행시 의무자에게 심리적 압박을 가하여 그 이행을 간접적으로 강제하기 위하여 과하는 금전부담을 말한다.[13]

2) 구 별

이행강제금은 장래의 이행확보를 위한 간접적인 강제집행이나 행정벌은 과거의 의무위반에 대한 제재이기 때문에 둘 다 부과(병과)할 수 있다. 이행강제금은 반복하여 부과할 수 있지만 행정벌은 반복하여 부과할 수 없다. 대집행과 직접강제는 직접적인 의무이행확보 수단이지만 이행강제금은 금전적 부담을 통한 간접적 강제집행이다.

(4) 직접강제

직접강제란 의무자의 의무불이행이 있는 경우 행정기관이 의무자의 신체나 재산에 직접 실력을 가하여 의무이행의 상태를 실현하는 것을 말한다. 예컨대 무허가로 식당을 영업하는 경우 영업장 또는 사업자의 폐쇄(식품위생법 제75조 등)

호 공익사업을 위한 토지 등의 취득 및 보상에 관한 법률 부칙 제2조로 폐지)에 따른 토지 등의 협의취득은 공공사업에 필요한 토지 등을 그 소유자와의 협의에 의하여 취득하는 것으로서 공공기관이 사경제주체로서 행하는 사법상 매매 내지 사법상 계약의 실질을 가지는 것이므로, 그 협의취득시 건물소유자가 매매대상 건물에 대한 철거의무를 부담하겠다는 취지의 약정을 하였다고 하더라도 이러한 철거의무는 공법상의 의무가 될 수 없고, 이 경우에도 행정대집행법을 준용하여 대집행을 허용하는 별도의 규정이 없는 한 위와 같은 철거의무는 행정대집행법에 의한 대집행의 대상이 되지 않는다.
13) 건축법 제80조 제1항에서는 "허가권자는 제79조 제1항에 따라 시정명령을 받은 후 시정기간 내에 시정명령을 이행하지 아니한 건축주등에 대하여는 그 시정명령의 이행에 필요한 상당한 이행기한을 정하여 그 기한까지 시정명령을 이행하지 아니하면 다음 각 호의 이행강제금을 부과한다"고 규정하고, 제5항에서는 "허가권자는 최초의 시정명령이 있었던 날을 기준으로 하여 1년에 2회 이내의 범위에서 해당 지방자치단체의 조례로 정하는 횟수만큼 그 시정명령이 이행될 때까지 반복하여 제1항 및 제2항에 따른 이행강제금을 부과·징수할 수 있다"고 하여 구체적인 이행강제금액의 범위에 대하여 규정하고 있다.

나 외국인의 강제퇴거(출입국관리법 제46조[14]) 등이 해당한다. 직접강제는 행정상 강제집행 수단 중에 국민의 권익을 크게 제약하는 최후의 수단인 점에서 개별법에 규정이 있는 경우에만 인정한다.

Ⅱ. 행정상 즉시강제

1. 의 의

행정상 즉시강제란 목전의 급박한 장애를 제거하여야 할 필요가 있는 경우에 미리 의무를 부과할 여유가 없거나 성질상 의무를 부과해서는 목적달성이 곤란한 경우 직접 국민의 신체 또는 재산에 실력을 가하여 행정상 필요한 상태를 실현하는 작용을 말한다. 예컨대 전염병환자의 입원명령, 주차위반차량의 견인, 광우병에 걸린 개를 행정청에서 즉시강제조치 하는 경우 등이 즉시강제에 해당한다.

2. 구 별

행정상 강제집행과 같이 실력으로 행정상 필요한 상태를 실현시키는 점에서는 같으나 행정상 강제집행은 의무의 존재와 그 불이행을 존재로 하지만 행정상 즉시강제는 의무불이행을 전제로 하지 않는다. 그리고 행정상 강제집행이 가능한 경우에는 즉시강제가 인정되지 않는다.

Ⅲ. 행정벌

1. 의 의

행정벌은 행정의 상대방이 행정법상의 명령·금지위반 등을 한 경우에 국가 또는 지방자치단체가 행정의 상대방에게 과하는 행정법상의 제재로서의 처벌을 말한다.

---

14) 출입국관리법 제46조 제1항은 "지방출입국·외국인관서의 장은 외국인이 입국할 때에는 유효한 여권과 법무부장관이 발급한 사증(査證)을 가지고 있지 아니한 경우 등은 외국인을 대한민국 밖으로 강제퇴거시킬 수 있다"고 규정하고 있다.

2. 행정형벌의 특수성

(1) 행정형벌과 형법총칙

행정벌 중 행정형벌에 대하여는 형법총칙의 규정이 원칙적으로 적용된다.[15] 형법 제8조는 "본법 총칙은 타법령에 정한 죄에 적용한다. 단, 그 법령에 특별한 규정이 있는 때에는 예외로 한다"고 규정하고 있다. 따라서 타 법령에 특별한 규정이 있지 않는 한, 행정벌에 대해서도 형법총칙을 적용해야 한다. 그런데 여기서 특별한 규정이란 성문법 규정만이 아니라 해석상 형벌 범위의 축소나 형벌을 감경하는 경우도 포함한다(통설).

(2) 행정형벌에 관한 특별규정

행정형벌에 대해서는 특별한 규정에 의해 또는 해석상 형법총칙의 적용이 배제 내지 변형될 수 있는데, 아래에서 살펴보도록 한다.

1) 범의(고의)

형사범의 성립에는 원칙적으로 고의가 있음을 요건으로 하고 과실인 경우에는 법률에 특별한 규정이 있는 경우에 한하여 처벌한다. 이런 형사범의 규정은 행정범에도 적용한다.

판례는[16] "행정상의 단속을 주안으로 하는 법규라 하더라도 명문규정이 있거나 해석상 과실범도 벌할 뜻이 명확한 경우를 제외하고는 형법의 원칙에 따라 고의가 있어야 벌할 수 있다"고 판시하여 과실범의 경우 처벌규정이 있어야 처벌이 가능하다고 보고 있다.

2) 책임능력

형사범에서는 신체장애자의 행위는 형을 감경하거나 벌하지 않으며(형법 제10조), 농아자의 행위는 형을 감경하며(형법 제11조), 14세 미만자의 행위는 벌하지 않는다(형법 제9조). 그러나 행정범에 대해서는 이들 규정의 적용을 배제 또는 제한하는 규정이 많다(담배사업법 제31조).[17]

---

15) 홍정선, 신행정법입문, 박영사, 2016, 544면.
16) 대법원 1986. 7. 22. 선고 85도108 판결.
17) 담배사업법 제31조(「형법」의 적용 제한) 이 법에서 정한 죄를 저지른 자에 대해서는 형법 제9조, 제10조 제2항, 제11조, 제16조, 제32조 제2항, 제38조 제1항 제2호 중 벌금 경합에 관한 제한

3) 법인의 책임

형사범에서는 법인은 범죄능력이 없다고 보는 것이 일반적이나 행정법규에는 그 실효성 확보라는 정책적 차원에서 명문으로 법인에 대하여 법인의 대표자·대리인 기타 종업인이 그 법인의 업무에 관하여 위반한 경우에는 그 행위를 벌하는 외에도 법인에 대하여도 재산(벌금·과료·몰수)형을 부과하는 경우가 많다 (예: 문화재보호법 제102조, 건축법 제112조, 먹는물관리법 제60조 등). 이와 같이 형법에서는 법인에 대하여 형벌을 과하지 않으나 행정법규에서는 법인과 그 직원에 대하여 행정벌을 부과하는 경우가 있다.

4) 타인의 행위에 대한 책임

형사범의 경우에는 범죄를 행한 행위자에 대해서만 형벌을 과하지만 행정범에 대해서는 행위자 외의 자에 대해서도 과하는 경우가 많다.

판례는[18] "양벌규정에 의한 영업주의 처벌은 금지위반행위자인 종업원의 처벌에 종속하는 것이 아니라 독립하여 그 자신의 종업원에 대한 선임감독상의 과실로 인하여 처벌되는 것이므로 영업주의 위 과실책임을 묻는 경우 금지위반행위자인 종업원에게 구성요건상의 자격이 없다고 하더라도 영업주의 범죄성립에는 아무런 지장이 없다"고 보고 있다.

따라서 종업원이 그 영업주의 업무를 수행함에 있어서 위법행위를 한 것이라면 그 위법행위의 동기가 종업원 기타 제3자의 이익을 위한 것에 불과하고 영업주의 영업에 이로운 행위가 아니라 하여도 영업주는 그 감독해태에 대한 책임을 부담한다.

3. 행정벌의 종류

행정벌은 처벌의 내용에 따라 행정형벌과 행정질서벌로 나뉜다. 그리고 행정벌과 행정질서벌의 병과는 그 성질이나 목적을 달리하는 별개의 것이므로 일사부재리의 원칙에 위반하지 않는다.[19]

가중규정과 같은 법 제53조는 적용하지 아니한다. 다만, 징역형에 처할 경우 또는 징역형과 벌금형을 병과할 경우의 징역형에 대해서는 그러하지 아니하다.

18) 대법원 1987. 11. 10. 선고 87도1213 판결.
19) 대법원 1996. 4. 12. 선고 96도158 판결(자동차관리법위반). 행정법상의 질서벌인 과태료의 부

(1) 행정벌

행정형벌이란 행정법상의 위반에 대한 제재로써 당해 행정법규의 처벌규정에 따라 형법에 규정된 형벌(사형·징역·금고·자격정지·벌금·구류·몰수)을 과하는 행정벌을 말한다.

행정형벌의 요건은 첫째, 행정법규의 위반, 둘째, 당해 행정법규에 처벌규정의 존재, 셋째, 고의·과실 등이다. 행정형벌은 특별한 규정이 있는 경우를 제외하고는 형법총칙이 적용되고 형사소송법의 절차에 따라 검사의 공소제기로 법원이 형을 가한다.

(2) 행정질서벌

행정질서벌이란 일반 사회의 법익에 직접 영향을 미치지 않으나 간접적으로 행정상의 질서에 장해를 줄 위험성이 있는 정도의 단순한 의무태만에 대하여 부과된다(각종의 등록·신고 불이행의 경우 등).

행정질서벌은 형법총칙이 적용되지 않으며 질서위반행위규제법에 따라 행정청이 부과한다. 이에 대한 불복방법은 비송사건절차법에 따라 관할법원이 과하며 집행은 검사의 명령으로 민사상 강제집행을 하게 된다.

(3) 조례에 의한 과태료

지방자치법의 규정(지방자치법 제27조, 제139조)에 근거하여 조례에 의해서 정하는 과태료이다. 과태료는 행정질서벌의 성질을 가진 것과 행정형벌의 성질을 가지는 것을 포함하며 특별한 규정이 없는 한 지방세 징수의 예에 따라 지방자치단체의 장이 부과·징수한다.

과처분과 형사처벌은 그 성질이나 목적을 달리하는 별개의 것이므로 행정법상의 질서벌인 과태료를 납부한 후에 형사처벌을 한다고 하여 이를 일사부재리의 원칙에 반하는 것이라고 할 수는 없으며, 자동차의 임시운행허가를 받은 자가 그 허가 목적 및 기간의 범위 안에서 운행하지 아니한 경우에 과태료를 부과하는 것은 당해 자동차가 무등록 자동차인지 여부와는 관계없이, 이미 등록된 자동차의 등록번호표 또는 봉인이 멸실되거나 식별하기 어렵게 되어 임시운행허가를 받은 경우까지를 포함하여, 허가받은 목적과 기간의 범위를 벗어나 운행하는 행위 전반에 대하여 행정질서벌로써 제재를 가하고자 하는 취지라고 해석되므로, 만일 임시운행허가기간을 넘어 운행한 자가 등록된 차량에 관하여 그러한 행위를 한 경우라면 과태료의 제재만을 받게 되겠지만, 무등록 차량에 관하여 그러한 행위를 한 경우라면 과태료와 별도로 형사처벌의 대상이 된다.

제4절 국가책임법

Ⅰ. 행정상 손해배상제도

1. 의 의

행정상 손해배상이란 공무원의 위법한 직무행위 또는 국가나 공공단체의 공공의 영조물의 설치·관리의 하자로 인하여 개인에게 재산상의 손해를 가한 경우에 국가나 공공단체가 그 손해를 배상하는 것을 말한다.[20]

우리 헌법 제29조 제1항은 "공무원의 직무상 불법행위로 손해를 받은 국민은 법률이 정하는 바에 의하여 국가 또는 공공단체에 정당한 배상을 청구할 수 있다. 이 경우 공무원 자신의 책임은 면제되지 아니한다"고 하여 국가의 일반적인 불법행위책임에 대하여 헌법상 규정하고 있다.

2. 공무원의 직무상 불법행위로 인한 손해배상

헌법 제29조 제1항에 근거하여 국가배상법 제2조 제1항 본문은 "국가나 지방자치단체는 공무원 또는 공무를 위탁받은 사인(이하 "공무원"이라 한다)이 직무를 집행하면서 고의 또는 과실로 법령을 위반하여 타인에게 손해를 입히거나, 「자동차손해배상 보장법」에 따라 손해배상의 책임이 있을 때에는 이 법에 따라 그 손해를 배상하여야 한다"는 것과 "제1항 본문의 경우에 공무원에게 고의 또는 중대한 과실이 있으면 국가나 지방자치단체는 그 공무원에게 구상(求償)할 수 있다"라고 규정하여 공무원의 위법한 직무행위로 인한 손해배상을 인정하고 있다.

판례는[21] 국가배상법 제2조 제1항 소정의 '직무를 집행함에 당하여'라 함은 직접 공무원의 직무집행행위이거나 그와 밀접한 관계에 있는 행위를 포함하고, 이를 판단함에 있어서는 행위 자체의 외관을 객관적으로 관찰하여 공무원의 직무행위로 보여질 때에는 비록 그것이 실질적으로 직무행위에 속하지 않는다 하더라도 그 행위는 공무원이 '직무를 집행함에 당하여' 한 것으로 보아야 한다고

---

20) 김향기, 전게서, 428면.
21) 대법원 2001. 1. 5. 선고 98다39060 판결.

보았다.

따라서 지방자치단체가 '교통할아버지 봉사활동 계획'을 수립한 후 관할 동장으로 하여금 '교통할아버지'를 선정하게 하여 어린이 보호, 교통안내, 거리질서 확립 등의 공무를 위탁하여 집행하게 하던 중 '교통할아버지'로 선정된 노인이 위탁받은 업무 범위를 넘어 교차로 중앙에서 교통정리를 하다가 교통사고를 발생시킨 경우, 지방자치단체가 국가배상법 제2조 소정의 배상책임을 부담한다.

3. 영조물의 설치·관리상의 하자로 인한 손해배상

영조물의 설치·관리상의 하자로 인한 손해배상책임에 대하여 헌법 제29조 제1항의 입법취지를 근거로 국가배상법 제5조에서는 공공시설 등의 하자로 인한 배상책임을 규정하고 있다. 국가배상법 제5조 제1항은 "도로·하천, 그 밖의 공공의 영조물(營造物)의 설치나 관리에 하자(瑕疵)가 있기 때문에 타인에게 손해를 발생하게 하였을 때에는 국가나 지방자치단체는 그 손해를 배상하여야 한다"고 규정하고, 제2항은 "제1항을 적용할 때 손해의 원인에 대하여 책임을 질 자가 따로 있으면 국가나 지방자치단체는 그 자에게 구상할 수 있다"라고 규정하여 영조물의 하자로 인한 손해배상을 국가나 지방자치단체가 부담하도록 하고 있다.

이 조항은 공작물 등의 점유의 배상책임에 관한 민법 제758조에 상응하는 것이나, 점유자의 면책조항의 적용이 없다는 점, 그 대상이 민법상의 공작물보다 넓은 개념이라는 점 등에 차이가 있다.[22]

판례는[23] 국가배상법 제5조 제1항 소정의 '공공의 영조물'이라 함은 국가 또는 지방자치단체에 의하여 특정 공공의 목적에 공여된 유체물 내지 물적 설비를 말하며, 국가 또는 지방자치단체가 소유권, 임차권 그 밖의 권한에 기하여 관리하고 있는 경우뿐만 아니라 사실상의 관리를 하고 있는 경우도 포함된다고 보고 있다.

예컨대 지방자치단체가 비탈사면인 언덕에 대하여 현장조사를 한 결과 붕괴의 위험이 있음을 발견하고 이를 붕괴위험지구로 지정하여 관리하여 오다가 붕

---

22) 김남진·김연태, 행정법, 법문사, 2016, 627면.
23) 대법원 1998. 10. 23. 선고 98다17381 판결.

괴를 예방하기 위하여 언덕에 옹벽을 설치하기로 하고 회사에게 옹벽시설공사를 도급 주어 회사가 공사를 시행하다가 깊이 3m의 구덩이를 파게 되었는데, 피해자가 공사현장 주변을 지나가다가 흙이 무너져 내리면서 위 구덩이에 추락하여 상해를 입게 된 경우, 위 사고 당시 설치하고 있던 옹벽은 회사가 공사를 도급받아 공사 중에 있었을 뿐만 아니라 아직 완성도 되지 아니하여 일반 공중의 이용에 제공되지 않고 있었던 이상 국가배상법 제5조 제1항 소정의 영조물에 해당하지 않는다.

Ⅱ. 행정상 손실보상제도

1. 의 의

행정상 손실보상제도는 공공사업의 시행과 같이 적법한 공권력의 행사로 가하여진 재산상의 특별한 희생에 대하여 전체적인 공평부담의 견지에서 인정되는 것이다. 따라서 공공사업의 시행으로 손해를 입었다고 주장하는 자가 보상을 받을 권리를 가졌는지의 여부는 해당 공공사업의 시행 당시를 기준으로 판단하여야 한다.[24]

2. 손실보상(공용침해)의 요건

헌법 제23조 제3항은 "공공필요에 의한 재산권의 수용·사용 또는 제한 및 그에 대한 보상은 법률로써 하되, 정당한 보상을 지급하여야 한다"고 규정하고 있다. 따라서 헌법이 예정하는 손실보상청구권의 요건은 첫째, 공공필요, 둘째, 재산권, 셋째, 적법한 침해, 넷째, 특별한 희생이 있는 경우에 공용침해에 따른 손실보상청구권을 행사할 수 있다.

여기서 공공필요는 도로나 항만 건설 등 일반공익을 위한 것이면 공공필요에 해당하며, 재산권의 종류는 물권인가 채권인가를 구분하지 않고 현재 재산적 가치 있는 것을 의미한다. 그리고 적법한 침해는 공법적 행위로서의 침해를 말

---

24) 대법원 2013. 6. 14. 선고 2010다9658 판결; 대법원 2002. 11. 26. 선고 2001다44352 판결; 대법원 2004. 10. 27. 선고 2004다27020·27037 판결.

하고 특별한 희생이란 관념적인 것만으로는 부족하고 실현되거나 현실화가 확실하여야 한다.[25]

판례는 "손실보상은 공공필요에 의한 행정작용에 의하여 사인에게 발생한 특별한 희생에 대한 전보라는 점에서 그 사인에게 특별한 희생이 발생하여야 하는 것은 당연히 요구되는 것이고, 공유수면 매립면허의 고시가 있다고 하여 반드시 그 사업이 시행되고 그로 인하여 손실이 발생한다고 할 수 없으므로, 매립면허 고시 이후 매립공사가 실행되어 관행어업권자에게 실질적이고 현실적인 피해가 발생한 경우에만 공유수면매립법에서 정하는 손실보상청구권이 발생하였다고 할 것이다"라고 판시하여 실질적이고 현실적인 피해가 발생한 경우에만 손실보상청구권이 발생한다고 보고 있다.[26]

3. 행정상 손해배상과의 관계

행정작용에 의하여 타인이 입은 손해를 전보하는 제도에는 위법한 행정작용에 의하여 타인의 이익이 침해된 경우에 구제수단인 행정상 손해배상과 적법한 행정작용에 의하여 타인의 이익이 침해된 경우에 구제수단인 손실보상제도가 있다.[27]

양자는 행정작용으로 인한 손해와 손실을 피해자에게 배상하는 점에서는 공통점이 있다. 그러나 행정상 손해배상책임은 민사책임으로서 발달한 사법상의 불법행위제도를 근거로 배상의 주체가 국가라는 점에 있는 반면, 손실보상은 자연법 사상에 기초를 둔 사유재산의 절대성과 공평부담주의 실현을 그 이상으로 구성된 국가배상책임제도라고 볼 수 있다.

제 5 절 행정쟁송법

행정쟁송법이란 위법 또는 부당한 행정작용으로 인해 권리나 이익을 침해

---

25) 홍정선, 행정법원론(상), 박영사, 2016, 806면.
26) 대법원 2010. 12. 9. 선고 2007두6571 판결(손실보상재결신청 기각결정취소 등).
27) 김남진·김연태, 전게서, 573면.

당한 자가 일정한 국가기관에 이의를 제기하여 행정작용의 취소·변경·무효확인 등 행정작용의 위법이나 부당을 시정토록 요구하는 절차를 말한다.[28] 행정쟁송에는 행정심판과 행정소송이 있다.

I. 행정심판제도

1. 행정심판의 의의

국민들이 행정청의 위법·부당한 처분이나 부작위로 인하여 피해를 입은 경우에는 행정심판을 제기할 수 있다. 여기서 처분이란 행정청의 공법상의 행위로서 법규에 의하여 국민에게 특정한 권리를 설정하여 주거나 의무의 부담을 명하는 것과 국민의 권리의무에 직접적으로 관계되는 행정행위를 말한다. 그리고 부작위란 행정청이 당사자의 신청에 대하여 상당한 기간 내에 일정한 처분을 하여야 할 법률상 의무가 있음에도 불구하고 이를 하지 아니하는 것을 말한다.

예컨대 행정청의 위법·부당한 운전면허정지나 취소처분, 의사나 변호사의 면허자격정지 취소처분, 영업정지 처분, 각종 국가고시불합격 처분 등은 행정심판의 대상이 된다. 행정기관의 위법, 부당한 처분 등에 대하여 행정심판을 청구하고자 하는 경우에는 서면이나 온라인으로 심판청구서를 재결청에 제기할 수 있다(행정심판법 제23조 및 제28조).

2. 행정심판과 행정소송의 차이

행정심판과 행정소송의 차이점은 행정심판은 '행정심판법'에 그 내용이 규정되어 있으며, 행정심판의 목적은 "행정심판 절차를 통하여 행정청의 위법 또는 부당한 처분이나 부작위로 침해된 국민의 권리 또는 이익을 구제하고, 아울러 행정의 적정한 운영을 꾀함"으로 되어 있다.

행정소송은 '행정소송법'에 그 내용을 규정하고 있으며, "행정소송절차를 통하여 행정청의 위법한 처분 그 밖에 공권력의 행사·불행사 등으로 인한 국민의 권리 또는 이익의 침해를 구제한다.

---

28) 홍정선, 전게서, 872면.

행정심판의 '청구인' 또는 행정소송의 '원고'는 각 각의 법률에 근거하여 행정청의 위법, 부당한 처분 등에 행정심판과 행정소송을 동시에 진행할 수도 있고, 행정심판을 거친 후에 행정소송을 할 수도 있고, 행정심판을 거치지 않고 바로 행정소송을 수행할 수도 있다.

행정심판은 청구에 대한 판결기관이 행정기관이 설치한 '행정심판위원회'에서 '재결'이라고 하는 판결을 한다는 점, 일회성 판결로 종료된다는 점이 사법부에서 판결하며, 1심, 2심 등이 있는 행정소송과 다른 점이다.

3. 행정심판의 종류

(1) 취소심판(행정심판법 제5조 제1호)

행정청의 위법 또는 부당한 처분을 취소하거나 변경하는 행정심판, 청구기간의 제한이 있다.

(2) 무효등확인심판(행정심판법 제5조 제2호)

행정청의 처분의 효력 유무 또는 존재 여부를 확인하는 행정심판을 말한다. 무효등확인심판은 심판제기기간의 제한도 없고 사정재결도 없다.

(3) 의무이행심판(행정심판법 제5조 제3호)

당사자의 신청에 대한 행정청의 위법 또는 부당한 거부처분이나 부작위에 대하여 일정한 처분을 하도록 하는 행정심판을 말한다.

4. 행정심판기관

행정심판위원회는 행정심판의 청구를 수리하여 이를 심리·재결할 수 있는 권한을 가진 기관을 말한다. 과거에는 심리위원회와 재결기관(재결청)을 분리하였으나, 2008년 개정 행정심판법은 재결청을 없애고 행정심판기관을 행정심판위원회로 일원화하였다.

5. 행정심판의 당사자

(1) 청구인 적격

취소심판은 처분의 취소 또는 변경을 구할 법률상 이익이 있는 자가 청구할

수 있다. 처분의 효과가 기간의 경과, 처분의 집행, 그 밖의 사유로 소멸된 뒤에
도 그 처분의 취소로 회복되는 법률상 이익이 있는 자의 경우에도 또한 같다(행
정심판법 제13조 제1항). 여기서 법률상 이익이 있는 자란 당해 처분의 근거법률에
의하여 보호되는 직접적이고 구체적인 이익이 있는 자를 의미한다(통설). 무효등
확인심판은 처분의 효력 유무 또는 존재 여부의 확인을 구할 법률상 이익이 있
는 자가 청구할 수 있으며, 의무이행심판은 처분을 신청한 자로서 행정청의 거
부처분 또는 부작위에 대하여 일정한 처분을 구할 법률상 이익이 있는 자가 청
구할 수 있다(행정심판법 제13조 제2항 및 제3항).

(2) 피청구인 적격

피청구인이란 심판청구를 제기 받은 상대방인 당사자를 말한다. 행정심판은
처분을 한 행정청(의무이행심판의 경우에는 청구인의 신청을 받은 행정청)을 피청구인
으로 하여 청구하여야 한다. 다만, 심판청구의 대상과 관계되는 권한이 다른 행
정청에 승계된 경우에는 권한을 승계한 행정청을 피청구인으로 하여야 한다(행정
심판법 제17조 제1항). 청구인이 피청구인을 잘못 지정한 경우에는 위원회는 직권
으로 또는 당사자의 신청에 의하여 결정으로써 피청구인을 경정(更正)할 수 있다
(행정심판법 제17조 제2항).

II. 행정소송제도

1. 행정소송의 의의

행정소송이란 행정법규의 적용과 관련하여 위법하게 법률상의 이익인 권리
를 침해된 자가 공법상의 법률관계에 관한 분쟁에 대하여 하는 재판절차를 말한
다. 다시 말해서 행정청의 위법한 처분 그 밖의 공권력의 행사, 불행사 등으로
인한 국민의 권리 또는 이익의 침해를 구제하고 공법상의 권리관계 또는 법적용
에 관한 분쟁을 해결하는 재판절차이다.

국가 형벌권의 발동에 관한 소송인 형사소송이나 사법상의 법률관계에 관한
다툼을 심판하는 민사소송과 구별되고 재판기관인 법원에 의한 재판이라는 점에
서 행정기관이 하는 행정심판과 구별된다.

2. 행정소송대상 및 민사소송과의 관계

(1) 행정소송의 대상

공법상의 법적 분쟁 중에서 당사자 사이의 권리의무에 관한 다툼으로서 법령의 적용에 의하여 해결할 수 있는 분쟁(법률상 쟁송)이어야 한다. 단지 법률의 적용에 관한 다툼이 있다는 것만으로는 제기할 수 없고 이해 대립하는 당사자 사이에서 구체적이고도 현실적인 권리의무에 관련된 것이어야 한다. 개인의 구체적인 권리의무나 법률상 이익에 직접 관계되지 않는 일반적 추상적인 법적 상태에 대한 분쟁은 행정소송 대상이 아니다. 또 법령의 적용에 해결할 수 있는 있는 것만이 사법심사의 대상이다.

(2) 행정소송과 민사소송과의 관계

행정소송은 그 대상이 국가나 공공단체가 당사자의 일방 또는 쌍방인 법률관계이고, 민사소송은 사법상의 법률관계를 그 대상으로 한다는 점에서 구분된다. 예컨대 사립학교 교직원의 징계처분에 대하여는 사립학교 법인을 상대로 민사소송을 제기하여야 하고, 국·공립학교 교직원은 행정소송으로 제기해야 한다. 그러나 국가 또는 공공단체가 순수한 사경제적 지위에서 행한 법률관계는 사법상의 법률관계에 속하므로 민사소송에 해당한다.

행정소송사건은 일반 민사소송사건과는 달리 공공복리에 미치는 영향이 적지 아니하므로 법원은 당사자가 주장하지 아니하여도 직권으로 사실을 조사하고 판단한다. 행정소송은 법원에서 사건을 집중하여 심리하는 경우가 있으므로 원고와 피고는 재판 시작과 동시에 자신의 주장과 증거자료를 모두 제출하는 것이 바람직하다.

3. 행정소송의 종류

행정소송은 개인의 권리(법률상 이익)의 구제를 주된 내용으로 하는 주관적 행정소송과 개인의 권리가 아니라 행정법규의 적정한 적용의 보장을 주된 내용으로 하는 객관적 행정소송으로 구분한다. 주관적 소송은 항고소송과 당사자소송이 있고 객관적 소송은 민중소송과 기관소송으로 구분한다.

그리고 항고소송은 다시 행정청의 위법한 처분이나 부작위로 인하여 이익을 침해받은 자가 그 위법을 다투기 위하여 제기하는 소송으로 취소소송, 무효등확인소송, 부작위위법확인소송으로 나누어진다(행정소송법 제4조).

(1) 항고소송

㈎ 취소소송

1) 의 의

행정청의 위법한 처분 등을 취소, 변경하는 소송을 말한다. 즉, 취소소송은 행정청의 위법한 처분이나 재결의 취소 또는 변경을 구하는 소송을 말한다.

2) 종 류

취소소송의 종류에는 처분취소소송, 처분변경소송, 재결취소소송, 재결변경소송이 있다.

3) 소제기의 요건

행정소송의 제기요건이란 소송을 제기하여 그 청구의 당부에 관한 법원의 본안판결을 구하기 위한 요건을 말하는데, 그 소송요건의 전부 또는 일부를 결여하면 그 소는 부적법하게 되어 법원의 판결로써 각하하여야 한다. 즉 원고가 취소소송을 제기할 때 아래의 요건이 충족되지 않으면 행정법원은 그 소를 각하하여야 한다.

① 처분 등이 존재   취소소송을 제기하기 위해서는 그 대상으로 행정청의 처분 등이 존재해야 한다. 즉, 공권력의 행사 또는 그 거부와 이에 준하는 행정작용 및 행정심판에 대한 재결이 존재해야 한다. 행정소송법상 재결에 대한 취소소송은 재결자체에 고유한 위법이 있는 경우에 해야 한다. 따라서 취소소송은 원칙적으로 원처분을 대상으로 하며 재결은 예외적으로만 취소소송의 대상이 된다. 취소소송의 대상인 처분 등의 존부는 소송요건으로서 직권조사사항이다.

여기서 처분 등이란 행정청이 행하는 구체적 사실에 관한 법집행으로의 공권력의 행사 또는 그 거부와 그 밖에 이에 준하는 행정작용 및 행정심판에 대한 재결을 말한다(행정소송법 제2조 제1항 제1호). 다시 말해서 처분 등이란 행정청의 처분과 행정심판의 재결을 의미한다. 그리고 재결이란 행정심판의 청구에 대하여 행정심판위원회가 행하는 판단을 말하며, "행정청"이란 행정에 관한 의사를 결정하여 표시하는 국가 또는 지방자치단체의 기관, 그 밖에 법령 또는 자치법규에 따라 행정권한을 가지고 있거나 위탁을 받은 공공단체나 그 기관 또는 사인(私人)을 말한다(행정소송법 제5조).

② **관할법원에 소제기**   행정법원의 관할에 속하는 사건은 행정법원 1심에서 심판한다. 현재 행정법원은 서울에만 설치되어 있다. 지방은 지방법원 본원이 1심이다. 그리고 제1심판결에 대하여 고등법원에 2심으로 항소할 수 있으며, 고등법원에 판결에 불복할 때에는 3심으로 대법원에 상고할 수 있다.

종래 2심제로 되어있던 것을 1998. 3. 1.부터 시행된 개정 행정소송법과 법원조직법에서는 행정사건도 3심제로(행정법원–고등법원–대법원) 하면서 일반법원인 서울행정법원을 설치하여 행정사건의 1심 사건을 맡도록 하였다. 다만 행정법원이 설치되지 아니한 지역에 있어서는 행정법원이 설치될 때까지 지방법원의 본원이 행정법원의 권한에 속하는 사건을 관할토록 하였다. 따라서 지방법원 지원에서는 행정사건 관할권이 없다(법원조직법 제40조의4, 법원조직법 개정법률 부칙 제2조. 단, 춘천지방법원 강릉지원은 예외임). 제1심의 관할법원은 피고의 소재지를 관할하는 행정법원이다. 다만 피고가 중앙행정기관 또는 그 장인 경우에는 서울행정법원이 관할한다(행정소송법 제9조 제1항·제2항).

③ **당사자적격**

㉠ **원고적격**

원고적격이란 행정소송에서 원고가 될 수 있는 자격을 의미한다. 행정소송법은 취소소송의 원고적격으로 취소심판은 처분의 취소 또는 변경을 구할 법률상 이익이 있는 자가 청구할 수 있다. 처분의 효과가 기간의 경과, 처분의 집행, 그 밖의 사유로 소멸된 뒤에도 그 처분의 취소로 회복되는 법률상 이익이 있는 자의 경우에도 또한 같다고 규정하고 있다(행정소송법 제12조).

여기서 법률상 이익에 대하여 통설은 당해 처분의 근거되는 법률의 규정과 취지 외에 관련 법률의 규정과 취지 그리고 기본권 규정도 고려하여야 한다고 보고 있다.[29] 그리고 판례도 해당처분의 근거법률 외에 관련 법률까지 고려

---

29) 대법원 1992. 5. 8. 선고 91부8 판결.

하며30) 기본권을 법률상 이익으로 인정하고 있다.

ⓛ 피고적격

다른 법률에 규정이 없으면 처분 등을 행한 행정청이 피고로서 피고적격이 있다(행정소송법 제12조). 이는 항고소송의 소송요건으로서 법원의 직권조사 사항이며, 흠결시 각하판결을 하여야 한다.31)

④ **제소기간**   제소기간이란 처분의 상대방 등 원고가 소송을 제기할 수 있는 시간적 간격을 말한다.

㉠ 행정심판을 제기한 경우

취소소송은 처분 등이 있음을 안 날부터 90일 이내에 제기하여야 한다(행정소송법 제20조 제1항). 또는 취소소송은 처분 등이 있은 날부터 1년을 경과하면 이를 제기하지 못한다. 다만, 정당한 사유가 있는 때에는 그러하지 아니하다(행정소송법 제20조 제2항). 위의 기간은 불변기간으로 하며(행정소송법 제20조 제3항), 처분을 있음을 안 날과 처분이 있은 날 중 어느 하나의 기간만이라도 경과하면 제소기간이 만료된다.

정당한 사유란 제소기간 내에 소를 제기하지 못함을 정당화할 만한 객관적인 사유를 의미한다. 다시 말해서 행정소송법 제20조 제2항 소정의 "정당한 사유"란 불확정개념으로서 그 존부는 사안에 따라 개별적, 구체적으로 판단하여야 하나 민사소송법 제173조의 "당사자가 그 책임을 질 수 없는 사유"나 행정심판법 제27조 제2항 소정의 "천재지변, 전쟁, 사변 그 밖의 불가항력"보다는 넓은 개념이라고 풀이되므로, 제소기간 도과의 원인 등 여러 사정을 종합하여 지연된 제소를 허용하는 것이 사회통념상 상당하다고 할 수 있는가에 의하여 판단하여야 한다.32)

㉡ 행정심판청구를 제기하지 않은 경우

행정심판청구를 제기하지 않은 경우에는 행정처분 등이 있음을 안 날로부터 90일 이내에 제기하거나, 행정처분 등이 있는 날로부터 1년 이내에 행정소송을 제기하여야 한다.

---

30) 대법원 2015. 7. 23. 선고 2012두19496 판결.
31) 권순현, 행정법총론, 피앤씨미디어, 2016, 714면.
32) 대법원 1991. 6. 28. 선고 90누6521 판결.

여기서 행정심판법 제27조 제1항 소정의 심판청구기간 기산점인 '처분이 있음을 안 날'이라 함은 당사자가 통지·공고 기타의 방법에 의하여 당해 처분이 있었다는 사실을 현실적으로 안 날을 의미하고, 추상적으로 알 수 있었던 날을 의미하는 것은 아니지만, 처분에 관한 서류가 당사자의 주소지에 송달되는 등 사회통념상 처분이 있음을 당사자가 알 수 있는 상태에 놓여진 때에는 반증이 없는 한 그 처분이 있음을 알았다고 추정할 수 있다.[33]

⑤ **권리보호의 필요성(협의의 소익)**   원고적격을 가진 자라도 그 외에 분쟁을 재판에 의해 해결할 만한 현실적 필요성이 있어야 하는데 이를 협의의 소익 또는 권리보호의 필요성이라고 한다.

행정소송법 제12조 단서는 "처분 등의 효과가 기간의 경과, 처분 등의 집행 그 밖의 사유로 인하여 소멸된 뒤에도 그 처분 등의 취소로 인하여 회복되는 법률상 이익이 있는 자의 경우에는 또한 같다"고 규정하여 통설과 판례는 법률상 이익과 동일하게 파악하고 있다. 그러나 처분 등이 집행 그 밖의 사유로 인하여 위법한 처분이 반복될 구체적인 위험성이 있는 경우나 회복하여야 할 불가피한 이익이 있는 경우에는 권리보호의 보호의 필요가 있기 때문에 행정소송을 제기할 수 있다.

구체적으로 다음의 경우에는 권리보호의 필요성이 인정되지 않는다.

㉠ 처분의 효력이 상실한 경우

㉡ 원상회복이 불가능한 경우

처분이 취소되어도 원상회복이 불가능한 경우에는 원칙적으로 처분의 취소를 구할 소의 이익이 없다. 판례는 "행정대집행이 대집행계고처분 취소소송의 변론종결 전에 대집행영장에 의한 통지절차를 거쳐 사실행위로서 대집행의 실행이 완료된 경우에는 행위가 위법한 것이라는 이유로 손해배상이나 원상회복 등을 청구하는 것은 별론으로 하고 처분의 취소를 구할 법률상 이익은 없다"고 판시하고 있다.[34]

㉢ 처분 후에 사정변경으로 이익침해가 해소된 경우에는 협의의 소의 이익

33) 대법원 1999. 12. 28. 선고 99두9742 판결.
34) 대법원 1993. 6. 8. 선고 93누6164 판결.

이 없다.[35] 판례는 "사법시험 제1차 시험 불합격 처분 이후에 새로이 실시된 사법시험 제1차 시험에 합격하였을 경우, 그 불합격 처분의 취소를 구할 법률상 이익이 없다"고 판시하고 있다.[36]

㉣ 이외 간이한 방법으로 해결을 할 수 있는데도 원고가 오로지 부당한 방법으로 소를 제기하는 경우 권리보호의 필요가 없다.

4) 소제기의 효과

① **당사자 등에 대한 효과**　소를 제기하면 법원은 이를 판결해야 할 의무가 발생하고 당사자는 동일사건에 대한 중복 제소가 금지된다. 그리고 관련청구소송의 이송 및 병합이 가능하고(행정소송법 제10조 제1항), 소송참가의 기회가 발생한다(행정소송법 제16조 및 제17조).

② **처분에 대한 효과**　취소소송이 제기되어도 집행이 정지되지 않으며 예외적인 경우에 한하여 집행정지결정을 할 수 있다(행정소송법 제23조). 취소소송의 제기는 원칙적으로 처분들의 효력이나 그 집행 또는 절차의 속행에 영향을 미치지 아니한다(행정소송법 제23조 제1항).

그러나 예외적으로 본안이 계속되고 있는 법원은 취소소송이 제기된 경우에 처분 등이나 그 집행 또는 절차의 속행으로 인하여 생길 회복하기 어려운 손해를 증명하기 위하여 긴급한 필요가 인정될 때에는 당사자의 신청 또는 직권에 의하여 처분 등의 효력이나 그 집행 또는 절차의 속행의 전부 또는 일부의 정지를 결정할 수 있다. 다만, 처분의 효력정지는 처분 등의 집행 또는 절차의 속행을 정지함으로써 목적을 달성할 수 있는 경우에는 허용되지 아니한다(행정소송법 제23조 제2항). 집행정지는 공공복리에 중대한 영향을 미칠 우려가 있을 때에는 허용되지 아니하며(행정소송법 제23조 제3항), 집행정지는 본안소송이 무효등확인소송인 경우에도 준용된다(행정소송법 제38조 제1항).

5) 취소소송의 판결

재판이란 구체적인 쟁송을 해결하기 위하여 행하여지는 사법기관인 법관에 의하여 행하여지는 법적 판단을 말한다. 재판은 그 형식에 따라 판결, 결정 그리

---

35) 권순현, 전게서, 722면.
36) 대법원 1996. 2. 23. 선고 95누2685 판결.

고 명령37)으로 나뉜다.38)

① **각하판결**　　각하판결이란 행정소송의 요건의 결여로 인하여 본안의 심리를 거부하는 판결을 말한다. 각하판결은 처분에 대한 위법성에 대한 판단은 아니므로 원고는 결여된 요건을 보완하여 다시 소를 제기할 수 있다.

② **기각판결과 사정판결**　　기각판결은 원고의 청구에 합리적인 이유가 없기 때문에 배척하는 내용의 판결이다. 다시 말해서 기각판결은 계쟁처분 등이 적법하거나 부당에 그치거나, 그밖에 법률상 이익이 없다고 인정되는 경우에 하는 판결을 말한다.

사정판결이란 기각판결의 일종으로 원고의 청구가 이유있다고 인정하는 경우에도 처분 등을 취소하는 것이 현저히 공공복리에 적합하지 아니하다고 인정하는 때에는 법원은 원고의 청구를 기각할 수 있다. 이 경우 법원은 그 판결의 주문에서 그 처분 등이 위법함을 명시하여야 한다. 그리고 이러한 판결을 함에 있어서는 미리 원고가 그로 인하여 입게 될 손해의 정도와 배상방법 그 밖의 사정을 조사하여야 한다. 원고는 피고인 행정청이 속하는 국가 또는 공공단체를 상대로 손해배상, 재해시설의 설치 그 밖에 적당한 구제방법의 청구를 당해 취소소송등이 계속된 법원에 병합하여 제기할 수 있다(행정소송법 제28조).

사정판결은 무효등 확인소송과 부작위위법확인소송에서는 준용되지 않는다.

③ **인용판결**　　인용판결은 원고의 청구가 이유 있다고 판단하여, 그 전부 또는 일부를 받아들이는 판결을 말한다.39) 취소소송의 인용판결은 위법한 처분 등의 취소 또는 변경을 내용으로 하는 판결이다(행정소송법 제4조 제1호). 그리고 무효등 확인소송의 인용판결은 행정청의 처분 등의 효력 유무 또는 존재여부가 무효라는 내용의 판결이고, 부작위위법확인소송의 인용판결은 행정청의 부작위가 위법하다는 판결을 의미한다(행정소송법 제4조 제2호 및 제3호).

---

37) 명령은 구속영장발부명령이나 법정에서의 퇴정명령과 같이 법원이 아니라 재판장 또는 수명법관 등이 행하며 이에 대한 불복방법으로는 준항고나 이의신청 등을 신청하게 된다.
38) 김향기, 전게서, 652면.
39) 김동희, 전게서, 809면.

⑷ 무효등 확인소송

1) 의 의

무효등 확인소송은 행정청의 처분 등의 효력 유무 또는 존재여부를 확인하는 소송을 말한다. 즉, 무효등 확인소송은 행위의 효력을 둘러싸고 행정청과 당사자 간에 서로의 주장이 다를 수 있으므로 이에 처분의 유효·무효, 존재·부존재를 공적으로 판단·확인해 두고자 함에 의미를 갖는 소송형태이다.[40] 무효등 확인소송의 종류에는 무효확인소송, 유효확인소송, 부존재확인소송 및 실효확인소송 등이 있다.

2) 요 건

무효등 확인소송을 제기하기 위한 요건으로는 무효라고 주장하는 처분[41] 등이 존재해야 하고, 관할법원에 원고가 피고를 상대로 소장을 제출해야 하고, 원고에게 처분 등에 대한 무효 등의 확인을 구할 권리보호의 필요성이 있을 것이 요구된다.

다만 취소소송과 비교할 때 무효등 확인소송에서는 제소기간의 적용이 없고 행정심판전치주의의 문제가 없다는 점, 그리고 위법의 하자가 중대하고 명백하여야 한다는 점에 차이가 있다. 그러나 이외의 요건은 취소소송과 비교하여 기본적으로 동일하다.

3) 취소소송과 무효등 확인소송과의 관계

서로 별개의 독립된 소송이므로 행정청의 처분 등에 불복하는 자는 제소요건이 충족된다면 가장 효과적으로 달성할 수 있는 유형의 항고소송을 선택할 수 있다.

통상은 취소소송을 주위적 청구로, 무효등 확인소송을 예비적 청구로 병합 제기할 것이나, 소송요건의 구비여부(예: 제소기간의 경과 등) 등이 문제될 때에는 무효등 확인소송을 주위적 청구로, 취소소송을 예비적 청구로 구할 수 있다.

---

40) 홍정선, 전게서, 1122면.

41) 무효등 확인소송에서도 취소소송의 경우와 같이 처분 등을 대상으로 한다. 처분은 외형상으로 존재하여야 한다. 다만 재결 무효확인의 대상인 처분은 재결 자체에 고유한 위법이 있음을 이유로 하는 경우에 할 수 있다.

4) 행정행위의 무효와 취소의 구별

취소소송의 경우와 같이 일반적으로 법률관계에서 위법한 행위는 무효인 것이 원칙이다. 그러나 행정행위의 경우에는 상대방이 원칙적으로 사인인 국민이고 동시에 다수인이므로, 행정행위의 하자의 효과는 공적 거래의 안전 내지 상대방의 신뢰보호를 고려하여 정하지 않을 수 없다. 이 때문에 하자 있는 행정행위는 원칙적으로 이를 취소할 때까지 일단 유효한 것으로 보고, 다만 보충적으로 무효가 되게 할 필요가 있다.[42]

위와 같이 무효등 확인소송의 소송물은 처분 등의 유·무효 또는 존재·부존재이고 청구취지만으로 소송물의 동일성이 특정되는 것이므로 청구원인으로 내세운 무효사유는 공격방어 방법에 불과하다(무효인 행정행위와 취소할 수 있는 행정행위의 구별 필요성·기준은 앞의 행정행위의 무효와 취소의 구별에서 참고할 것).[43]

(다) 부작위위법확인소송

1) 의 의

부작위위법확인소송이란 행정청의 부작위가 위법하다는 것을 확인하는 소송을 말한다(행정소송법 제4조 제3호). 다시 말해서 행정청이 당사자의 신청에 대하여 상당한 기간내에 신청을 인용하거나 기각 하는 등의 처분을 하여야 할 법률상 의무가 있음에도 불구하고 이를 하지 아니하는 경우 그 부작위가 위법하다는 것을 확인하는 소송을 말한다.

2) 부작위의 성립요건

부작위위법확인소송을 제기하기 위한 요건으로는 부작위가 존재하고, 제소기간 이내에 원칙적으로 소를 제기해야 하며 원고에게 권리보호의 적격성이 있어야 한다. 그리고 이외의 성립요건은 취소소송의 요건과 일반적으로 동일하다고 볼 수 있다.

① **부작위존재** 부작위위법확인 소송의 대상은 행정청의 부작위이다. '부작위'라 함은 행정청이 당사자의 신청에 대하여 상당한 기간 내에 일정한 처분을 하여야 할 법률상 의무가 있음에도 불구하고 이를 하지 아니하는 것을 말한다(행

---

42) 김영규 외, 신법학개론, 박영사, 2014, 141면.
43) 하명호, 행정쟁송법, 박영사, 2015, 60면.

정소송법 제2조 제1항 제2호). 이 소송은 신청의 방치나 사무처리의 지연으로 인한 개인의 권리침해를 구제하고 사무처리를 촉진하려는 데 목적이 있다.[44] 행정청이 인용처분을 하거나 거부처분을 하였다면 부작위의 소가 아니라 취소소송을 제기하여야 한다.

② 제소기간 이내에 소장제출　행정심판을 거친 경우에는 취소소송의 제소기간에 관한 규정이 준용된다(행정소송법 제20조). 따라서 행정심판을 거친 경우에는 재결서 정본을 송달받은 날로부터(안 날) 90일 이내에 부작위위법확인소송을 행정법원에 제기하여야 한다. 그러나 행정심판을 거치지 아니한 경우에는 행정심판법 제27조 제7항의 "부작위에 대한 의무이행심판의 경우 심판청구기간의 제한이 없다"는 점과 "부작위 상태가 계속되는 한 언제라도 소를 제기할 수 있고 부작위 상태가 해소되면 소의 이익이 소멸되는 소송이다"라는 점을 근거로 원칙적으로 제소기간의 제한을 두지 않고 있다.

판례는[45] "부작위 위법확인의 소는 부작위상태가 계속되는 한 그 위법의 확인을 구할 이익이 있다고 보아야 하므로 원칙적으로 제소기간의 제한을 받지 않는다. 그러나 행정소송법 제38조 제2항이 제소기간을 규정한 같은 법 제20조를 부작위위법확인소송에 준용하고 있는 점에 비추어 보면, 행정심판 등 전심절차를 거친 경우에는 행정소송법 제20조가 정한 제소기간 내에 부작위위법확인의 소를 제기하여야 한다"고 판시하고 있다.

즉, 행정심판을 거친 경우에는 취소소송에 관한 제소기간 이내에 소를 제기해야 하지만 그렇지 아니한 경우에는 원칙적으로 제소기간의 제한을 받지 않는 것으로 보고 있다.

③ 권리보호의 필요성　부작위위법확인소송은 처분의 신청을 한 자로서 부작위의 위법의 확인을 구할 법률상 이익이 있는 자만이 원고적격이 있다(행정소송법 제36조).

따라서 부작위위법확인소송의 계속 중 부작위상태가 해소되었거나 당사자의 신청 이후 사정변경으로 부작위위법확인의 판결을 받는다고 하여도 종국적으로

---

44) 김향기, 전게서, 676면.
45) 대법원 2009. 7. 23. 선고 2008두10560 판결.

침해되거나 방해받은 권리이익을 보호하거나 구제받는 것이 실질적으로 불가능하게 되었다면 그 부작위위법확인을 구할 법률상의 이익은 없다고 할 것이다.

판례는 "부작위위법확인의 소는 행정청이 국민의 법규상 또는 조리상의 권리에 기한 신청에 대하여 상당한 기간 내에 그 신청을 인용하는 적극적 처분 또는 각하하거나 기각하는 등의 소극적 처분을 하여야 할 법률상의 응답의무가 있음에도 불구하고 이를 하지 아니하는 경우, 판결(사실심의 구두변론 종결) 시를 기준으로 그 부작위의 위법을 확인함으로써 행정청의 응답을 신속하게 하여 부작위 내지 무응답이라고 하는 소극적인 위법상태를 제거하는 것을 목적으로 하는 것이고, 나아가 당해 판결의 구속력에 의하여 행정청에게 처분 등을 하게 하고 다시 당해 처분 등에 대하여 불복이 있는 때에는 그 처분 등을 다투게 함으로써 최종적으로는 국민의 권리이익을 보호하려는 제도이므로, 소제기의 전후를 통하여 판결 시까지 행정청이 그 신청에 대하여 적극 또는 소극의 처분을 함으로써 부작위상태가 해소된 때에는 소의 이익을 상실하게 되어 당해 소는 각하를 면할 수가 없는 것이다"라고 판시하고 있다.

즉, 판결 시까지 행정청이 그 신청에 대하여 적극 또는 소극의 처분을 함으로써 부작위상태가 해소된 때에는 법률상 부작위위법확인을 구할 권리보호(법률상 이익)가 없기 때문에 원고가 신청한 행정소송은 각하되어야 한다고 보고 있다.

(2) 당사자소송

행정청의 처분 등을 원인으로 하는 법률관계에 관한 소송 그 밖의 공법상의 법률관계에 관한 소송으로서 대등한 지위의 당사자 간의 다툼에 대한 소송인 점에서 항고소송과 다르고 공법상의 권리관계에 대한 소송이라는 점에서 민사소송과 차이가 있다.

예컨대 특허무효항고심판, 공무원의 신분확인청구, 도시재개발조합을 상대로 조합원 자격유무에 관한 확인, 공무원의 급여청구소송, 행정상의 손실보상청구소송, 재건축조합 등 행정주체인 조합을 상대로 조합총회결의,46) 조세환급지급

---

46) 대법원 2009. 9. 17. 선고 2007다2428 전원합의체 판결. 주택재건축정비사업조합의 관리처분계획에 대하여 그 관리처분계획안에 대한 총회결의의 무효확인을 구하는 소가 관할을 위반하여 민사소송으로 제기된 후에 관할 행정청의 인가·고시가 있었다는 사정만으로 그 소가 이송된 후 부적법 각하될 것이 명백한 경우에 해당한다고 보기 어려워, 위 소는 관할법원인 행정법원으로 이

청구[47] 등이 이에 해당한다.

당사자소송은 국가·공공단체 그 밖의 권리주체를 피고로 하며, 제1심 관할법원은 피고의 소재지를 관할하는 행정법원으로 한다(행정소송법 제9조 및 제39조). 당사자소송에 관하여는 취소소송에 관한 제소기간에 관한 규정이 준용되지 않는다. 다만 법령에 제소기간이 정하여져 있는 때에는 그 기간은 불변기간으로 한다. 국가를 상대로 하는 당사자소송의 경우에는 가집행선고를 할 수 없다(행정소송법 제43조).

(3) 객관적소송(민중소송·기관소송)

(가) 민중소송

국가 또는 공공단체의 기관이 법률에 위반되는 행위를 한 경우 직접 자기의 법률상 이익과 관계없이 그 시정을 구하기 위하여 제기하는 소송이다. 다시 말해서 민중소송은 행정법규의 그릇된 적용을 시정하기 위하여 일반 국민이나 주민이 제기하는 소송이다.[48] 예컨대 국민투표 무효소송, 선거무효소송, 당선무효소송 등이 민중소송에 해당한다. 민중소송 및 기관소송은 법률이 정한 경우에 법률에 정한 자에 한하여 제기할 수 있다(행정소송법 제45조).

(나) 기관소송

기관소송이란 국가 또는 공공단체의 기관 상호간에 있어서의 권한의 존부 또는 그 행사에 관한 다툼이 있을 때에 이에 대하여 제기하는 소송을 말한다. 즉, 기관소송은 단일의 법주체 내부에서 행정기관 상호간의 권한분쟁에 관한 소송이다.

다만, 헌법재판소법 제2조의[49] 규정에 의하여 헌법재판소의 관장사항으로

송함이 상당하다.

47) 대법원 2013. 3. 21. 선고 2011다95564 전원합의체 판결. 부가가치세법령의 내용, 형식 및 입법취지 등에 비추어 보면, 납세의무자에 대한 국가의 부가가치세 환급세액 지급의무는 그 납세의무자로부터 어느 과세기간에 과다하게 거래징수된 세액 상당을 국가가 실제로 납부받았는지와 관계없이 부가가치세법령의 규정에 의하여 직접 발생하는 것으로서, 그 법적 성질은 정의와 공평의 관념에서 수익자와 손실자 사이의 재산상태 조정을 위해 인정되는 부당이득 반환의무가 아니라 부가가치세법령에 의하여 그 존부나 범위가 구체적으로 확정되고 조세 정책적 관점에서 특별히 인정되는 공법상 의무라고 봄이 타당하다. 그렇다면 납세의무자에 대한 국가의 부가가치세 환급세액 지급의무에 대응하는 국가에 대한 납세의무자의 부가가치세 환급세액 지급청구는 민사소송이 아니라 행정소송법 제3조 제2호에 규정된 당사자소송의 절차에 따라야 한다.

48) 김형만·이기욱, 법학개론, 홍문사, 2014, 161면.

49) 헌법재판소법 제2조(관장사항) 헌법재판소는 다음 각 호의 사항을 관장한다.

되는 소송은 제외한다(행정소송법 제3조 제4호). 예컨대 지방의회의 의결에 대하여 지방자치단체의 장이 대법원에 제기하는 소송이나 교육·학예에 관한 시·도의회의 의결이 법령에 위반된다고 대법원에 제소하는 소송이 기관소송에 해당한다.

4. 처분행정청이 법원의 판결에 따른 의무이행을 하지 않은 경우(간접강제)

간접강제는 행정청이 인용판결에 따라 당사자의 신청에 따른 의무를 이행하도록 배상금 부과의 방법으로 심리적 압박을 가하는 법원의 간접적 의무이행 강제수단이다.[50] 거부처분 취소, 무효임을 확인하는 판결, 부작위가 위법하다는 판결이 확정되었음에도 행정청이 이에 상응한 처분 등을 하지 아니한 경우에는 제1심수소법원은 당사자의 신청에 의하여 결정으로써 상당한 기간을 정하고 행정청이 그 기간 내에 이행하지 아니하는 때에는 그 지연기간에 따라 일정한 배상을 할 것을 명하거나 즉시 손해배상을 할 것을 명할 수 있다(행정소송법 제34조 제1항).

간접강제결정은 변론 없이 할 수 있으나 다만, 결정하기 전에 채무자를 심문하여야 한다(행정소송법 제34조 제2항). 배상금 등의 지급방법, 액수는 법원이 제반 사정을 참작하여 자유재량으로 결정하며, 간접강제결정에도 불구하고 재 처분을 하지 않은 때에는 그 결정을 집행권원으로 하여 금전채권에 대한 강제집행이 가능하다.

다만 판례는[51] 배상금의 성질과 관련하여 "행정소송법 제34조 소정의 간접강제결정에 기한 배상금은 거부처분취소판결이 확정된 경우 그 처분을 행한 행정청으로 하여금 확정판결의 취지에 따른 재처분의무의 이행을 확실히 담보하기 위한 것으로서, 확정판결의 취지에 따른 재처분의무내용의 불확정성과 그에 따른 재처분에의 해당 여부에 관한 쟁송으로 인하여 간접강제결정에서 정한 재처분의무의 기한 경과에 따른 배상금이 증가될 가능성이 자칫 행정청으로 하여금

---

1. 법원의 제청(提請)에 의한 법률의 위헌(違憲) 여부 심판
2. 탄핵(彈劾)의 심판
3. 정당의 해산심판
4. 국가기관 상호간, 국가기관과 지방자치단체 간 및 지방자치단체 상호간의 권한쟁의(權限爭議)에 관한 심판
5. 헌법소원(憲法訴願)에 관한 심판

50) 김향기, 전게서, 662면.
51) 대법원 2004. 1. 15. 선고 2002두2444 판결(청구이의).

인용처분을 강제하여 행정청의 재량권을 박탈하는 결과를 초래할 위험성이 있는
점 등을 감안하면, 이는 확정판결의 취지에 따른 재처분의 지연에 대한 제재나
손해배상이 아니고 재처분의 이행에 관한 심리적 강제수단에 불과한 것으로 보
아야 하므로, 특별한 사정이 없는 한 간접강제결정에서 정한 의무이행기한이 경
과한 후에라도 확정판결의 취지에 따른 재처분의 이행이 있으면 배상금을 추심
함으로써 심리적 강제를 꾀할 목적이 상실되어 처분상대방이 더 이상 배상금을
추심하는 것은 허용되지 않는다"고 판시하고 있다.

즉 판례는 간접강제결정에 기한 배상금은 재처분의 지연에 대한 제재나 손
해배상이 아니고 재처분의 이행에 관한 심리적 강제수단에 불과한 것으로 보아
야 하므로, 특별한 사정이 없는 한 재처분의 이행이 있으면 배상금을 추심하는
것은 허용되지 않는다고 보고 있다.

5. 행정소송 판결의 효력과 불복절차

(1) 판결의 효력

판결이 확정되면 더 이상 재판을 통하여 그 당부를 다툴 수 없게 되고, 법원
도 더 이상 그 내용을 변경하거나 그와 다른 판결을 할 수가 없을 뿐만 아니라
당사자 또한 확정된 권리관계에 관하여 다른 내용의 권리를 주장할 수 없게 되는
기판력의 효력이 발생한다. 기판력은 소송절차의 반복과 모순된 재판의 방지라는
법적 안정성의 요청에 따라 일반적으로 인정되고 있으며, 당사자의 일방이 기판
사항에 관하여 다시 소를 제기하는 경우에 그 상대방은 기판력에 기한 항변에 의
하여 각하를 청구할 수 있고, 법원도 기판력에 따라 그 소를 각하하여야 한다.[52]

취소소송에서 인용판결이 확정되면 관계행정청은 동일한 사실관계 아래서
동일한 당사자에게 동일한 내용의 처분을 반복하여서는 안 되는 반복금지효의
효력이 발생한다.

처분 등을 취소하는 확정판결은 그 사건에 관하여 당사자인 행정청과 그 밖
의 관계행정청을 기속한다. 법원의 판결에 대하여 불복하는 경우에는 판결문을
송달받은 날로부터 2주일 내에 상소를 제기할 수 있다.

---

52) 김동희, 전게서, 814면.

(2) 행정소송의 불복절차(항소, 상고)

1) 상소(항소와 상고)

제1심 행정법원의 종국판결에 대하여 상급법원에 항소할 수 있다. 항소심 법원은 원칙적으로 고등법원이다. 항소의 제기기간, 방식, 절차 등에 관하여는 민사소송과 같다(행정소송법 제8조). 상소는 고등법원이 선고한 종국판결과 지방법원 합의부가 제2심으로서 선고한 종국판결에 대하여 불복하면 대법원에 상고할 수 있다. 상소(항소, 상고)를 제기한 사람은 종국판결이 있기 전까지는 언제든지 상대방의 동의 없이 항소취하가 가능하다.

2) 항고와 재항고

행정소송에 있어서도 소송절차에 관한 신청을 기각한 결정이나 명령에 대하여 불복이 있으면 항고할 수 있다(민사소송법 제439조). 그리고 결정이나 명령으로 재판할 수 없는 사항에 대하여 결정 또는 명령을 한 때에는 항고할 수 있다(민사소송법 제440조).

즉시항고는 재판이 고지된 날부터 1주 이내에 하여야 하며, 항고는 항고장을 원심법원에 제출함으로써 한다(민사소송법 제445조). 항고법원 또는 원심법원이나 판사는 항고에 대한 결정이 있을 때까지 원심재판의 집행을 정지하거나 그 밖에 필요한 처분을 명할 수 있다(민사소송법 제448조).

대법원에 재항고는 재판에 영향을 미친 헌법·법률·명령 또는 규칙의 위반을 이유로 드는 때에만 할 수 있다(민사소송법 제442조).

・제 3 장・

민 법

제1절　민법총칙

I. 총 설

1. 민법의 의의

(1) 민법의 개념

민법은 개인 상호간의 관계를 규율하는 법률로서 사적 자치의 원리가 지배하는 사법이다. 사인 상호간의 관계를 규율하는 법 체계는 공법과 사법으로 나누는 것은 로마법 이래의 전통적인 태도이다. 그러나 공법과 사법의 구별은 법의 본질적인 구별이 아니고 상대적인 개념에 불과하다. 민법과 상법은 사인으로서의 생활관계를 규율하는 사법이고 헌법, 행정법, 형법 등은 공법에 속한다. 사회법은 공법과 사법의 중간적인 법 영역으로 경제법, 노동법, 사회보장법이 있다.

(2) 실질적 민법과 형식적 민법

실질적 민법은 개인의 사법적 법률관계를 규율하는 원칙적인 법으로 사법

- 144 -

가운데에서 상법 기타의 특별사법을 제외한 일반사법만을 의미한다(예: 민법전·민법부속법령·민사특별법령 및 관습법 등 불문법).

민법이라는 이름을 가진 성문의 법전은 1958년 2월 22일 공포되어 1960년 1월 1일부터 시행되고 있는 법률 제471호를 의미한다.

2. 민법의 법원

(1) 법원의 의의

법원이란 법의 존재형식 또는 인식수단을 의미한다. 민사에 관한 분쟁이 생겼을 경우 이를 해결하기 위한 법규가 민법이라면 민법의 법원이란 민사에 관한 적용법규를 의미하는 것이다.

민법 제1조는 "민사에 관하여 법률에 규정이 없으면 관습법에 의하고, 관습법이 없으면 조리에 의한다"고 규정함으로써 민법의 법원으로 인정되는 범위와 그들간의 적용순위를 규정하고 있다(성문법, 관습법, 판례법, 조리).

(2) 성문민법

법원에는 성문법과 불문법으로 나누어진다. 성문법이란 일정한 형식 및 절차에 따라 제정되어 문자로 표시되는 법으로 제정법이라고도 한다.

민법전은 법률 중에서 가장 중요한 법원이다. 법률 이외의 성문민법은 특수·구체적인 사항을 규율하기 위한 특별민법법규와 민법전 제정 후의 특별한 사항에 관하여 제정된 민사에 관한 법률(외국인토지법, 「공장 및 광업재단 저당법」, 주택임대차보호법, 부동산등기법 등)과 민사특별법으로는 주택임대차보호법·「상가건물 임대차보호법」·「집합건물의 소유 및 관리에 관한 법률」·「실화책임에 관한 법률」 등이 있고 민법의 부속법률에는 부동산등기법·공탁법·「가족관계의 등록 등에 관한 법률」·가사소송법 등이 있다.

(3) 불문민법

성문법 이외의 법을 불문법이라고 하며 관습법, 판례법, 조리가 이에 해당한다. 대륙법계 국가인 독일, 프랑스, 스위스 등은 성문법주의를 취하고 있는 반면 영미법계 국가인 미국, 영국 등은 성문법 이외의 관습법, 판례법 등을 1차적 법원으로 한다. 관습법은 당사자가 원용하지 않더라도 당연히 고려되어야 한다. 다

만 현실적으로 법원이 관습법의 존재와 내용을 알지 못할 수도 있으므로 법원의
판결에 의해서 존재가 인정되며 성립시기는 법적 확신을 획득한 때로 소급한다.

(가) 관습법

관습법이란 사회생활 속에서 자연적으로 발생한 관행이 사회의 법적 확신
내지 법적 인식에 의하여 법규범으로 승인되어 지켜지고 있는 규범을 말한다.

1) 요 건

① 관행이 존재해야 한다.

② 관행이 공서양속에 반하지 않아야 한다.

③ 관행이 법적 확신에 의하여 지지되어야 한다.

2) 성립시기

관습이 사회의 법적 확신을 획득하였을 때에 인정된다.

3) 효 력

① 보충적 효력설   관습법은 성문법에 대하여 보충적 효력을 가질 뿐
이다(통설).

② 변경적 효력설   관습법은 성문법을 개폐하는 효력이 있다.

4) 종 류

관습법상 법정지상권·분묘기지권·양도담보·사실혼제도 등

5) 사실인 관습과 관습법의 차이

① 사실인 관습은 법적 확신이나 사실상의 구속력이 없는 반면 관습법은 이
에 대한 효력이 있다. 사실인 관습은 의사표시의 해석으로 당사자의 내용이 되나,
사실인 관습법은 당사자의 의사와 관계없이 당연히 법규로서의 효력을 가진다.

② 사실인 관습은 법률의 해석을 통하여 임의법규를 개폐하는 효력을 가지
나 사실인 관습법은 보충적 효력을 가지는 것이 원칙이므로 법률에 규정이 있는
사항에 관해서는 존재할 수 없다.

(나) 판례법

법원이 특정소송사건에 대하여 법률 해석을 적용하여 내린 판단이다. 판례
의 법원성은 원칙적으로 부정된다. 그러나 실제로 상급법원 판례는 법원의 계층
적 구조, 대법원 판례 변경의 신중성 등으로 사실상의 구속력을 가지고 있다.

㈐ 조 리

조리란 사물의 본성 또는 사물의 도리를 의미한다. 성문법, 관습법, 판례법이 없는 경우에 법관은 법규법의 흠결을 이유로 재판을 거부할 수 없다. 이때 법관은 조리에 따라 재판하여야 한다.

㈑ 성문법주의와 불문법주의의 장·단점

1) 성문법주의

성문법주의는 법의 명확성·통일·정비·법적 안정성이 있다. 그러나 법질서가 유동적이지 못하여 구체적 타당성을 저해하는 경우가 있다. 그리고 사회사정의 변천에 바로 적용하기 어렵다.

2) 불문법주의

법질서가 경화되지 않고 유동적이어서 구체적 타당성에 보다 유효하다. 그리고 사회사정의 변천에 곧 적응할 수 있다. 그러나 법의 명확화·통일·정비가 곤란하고 법질서의 안정을 해한다.

3. 민법의 기본원리

(1) 서 설

우리 민법은 서구 근대민법의 원리 및 이의 수정원리를 주체적으로 계수하여 제정된 법이다. 민법은 사인 상호간의 법률관계를 규율하는 것으로 제1118조의 방대한 분량의 우리 민법은 단순의 법규들을 조합한 것이 아니라 일정한 기본원리를 기초로 하여 체계적으로 편성되어 있다.

(2) 근대민법의 기본원리

자유주의적·개인주의적·법 원리를 최고의 지도원리로 삼아 다음과 같은 3대 원칙을 인정한다.

1) 사유재산권 존중의 원칙

사유재산권 존중의 원칙이란 개인의 사유재산권에 대한 절대적 지배를 인정하고 국가나 타인으로부터 침해나 방해를 받지 않을 것을 인정하여야 한다는 원칙이다.

2) 사적 자치의 원칙(계약자유의 원칙)

개인이 자신의 법률관계를 그의 자유로운 의사에 의하여 결정할 수 있는 원칙으로 다음과 같은 법리를 파생시킨다.

① 체결의 자유

② 상대방 선택의 자유

③ 내용결정의 자유

④ 방식의 자유

3) 과실책임의 원칙

개인이 어떠한 행위로 타인에게 손해를 가한 경우에도 그것이 그의 과실로 인한 경우에 한하여 손해를 배상할 책임이 있는데, 이 원칙을 과실책임의 원칙이라 한다. 이 원칙은 개인의 자유로운 활동을 간접적으로 보장하여 주고 있다.

(3) 근대민법의 기본원리의 수정

1) 서 설

공공복리가 민법의 최고이념으로 등장하여 종래의 자유주의적, 개인주의적 법사상을 경제적, 사회적 민주주의 내지 단체주의적인 법사상으로 수정을 요구하게 되었다.

2) 근대민법 기본원리의 수정

사유재산권 존중의 원칙은 소유권의 사회성·공공복리를 위하여 필요한 경우 제한하게 되었다. 소유권의 행사는 공공복리 또는 권리남용금지의 원칙에 의한 제한과 구속으로 헌법에서도 "재산권의 행사는 공공복리에 적합하도록 하여야 한다"라고 규정하고 있다. 그리고 민법 제211조에서도 "소유자는 법률의 범위 내에서 그 소유물을 사용, 수익, 처분할 권리가 있다"라고 하여 소유권에 대해 공익성과 사익성의 제한을 강하게 요구하고 있다. 따라서 법해결에 있어서도 공공의 복리 또는 권리남용금지의 법리가 크게 작용한다.

3) 사적 자치의 원칙 수정

계약자유를 제한하는 강행규정이 많이 제정되고 있으며 「약관의 규제에 관한 법률」이나 주택임대차보호법, 「상가건물 임대차보호법」 등 특별법의 출현은 경제적 약자의 보호나 거래의 안전에 크게 이바지하고 있다. 공공복리·신의성실·사회질서 등의 법리가 계약의 자유를 제한하고 있다. 계약체결의 자유, 계약효력의 부인 등이 적극적이다.

4) 과실책임의 원칙 수정

민법상 손해배상청구권을 발생시키는 대표적인 것으로 채무불이행과 불법행위 두 가지가 있다. 민법 제546조는 "채무자의 책임있는 사유로 이행이 불능하게 된 때에는 채무자는 계약을 해제할 수 있다"고 주장하고 있다. 그리고 동법 제390조는 "… 손해배상을 청구할 수 있다"고 규정하고 그 손해배상의 범위는 "통상의 손해와 특별손해로 배상청구할 수 있다"고 규정하고 있다(민법 제393조 제1항·제2항).

그리고 민법 제750조는 "고의 또는 과실로 인한 위법행위로 타인에게 손해를 가한 자는 그 손해를 배상할 책임이 있다"라고 규정하여 과실책임의 원칙을 규정하고 있다. 본 규정은 일정한 귀책사유가 있어야 손해배상을 청구할 수 있다는 취지이다. 그러나 손해분담의 공평성과 사회적 연대성을 실현하고자 하는 취지에서 무과실책임과 증명책임의 전환 등의 예외적 규정의 확대해석이 점진적으로 이루어지고 있다.

Ⅱ. 권리의 행사와 의무의 이행

1. 권리의 행사

(1) 권리행사의 의의

권리의 내용을 구체적으로 현실화하는 것을 권리의 행사라고 한다. 이것은 권리의 기능에 따라 그 행사방법도 다르다. (ㄱ) 지배권의 행사는 사실상 그 권리의 객체를 지배함으로써 이루어진다. 즉 물권은 물건을 사용·수익·처분함으로써 행사된다. (ㄴ) 청구권은 상대방에 대하여 어떤 행위를 요구하고 그 이행을 수령함으로써 행하여진다. 예컨대 금전의 지급이나 물건의 인도를 청구하고 그 이행을 받는 행위이다. (ㄷ) 형성권은 동의나 취소, 해제와 같이 권리자의 일방적 의사표시에 의해 행사된다. (ㄹ) 항변권은 청구권의 행사가 있는 때에 이를 거절하는 형식으로 행사한다.

(2) 권리행사의 한계

1) 권리행사의 자유

권리의 행사여부는 권리자의 자유에 맡겨져 있다. 즉 권리를 행사할 의무가 권리속에 포함되어 있지는 않다. 다만 친권의 행사에 있어서는 권리를 행사할 의무가 있다.

2) 권리행사의 한계

우리 민법 제2조 제1항은 "권리의 행사와 이행은 신의에 좇아 성실히 하여야 한다." 제2항은 "권리는 남용하지 못한다"라고 규정하고 있다. 개인의 권리는 존중되어야 하지만 권리의 행사가 타인, 나아가 사회의 이익에 반하여서는 안된다. 우리 헌법 제23조 제2항도 "재산권의 행사는 공공복리에 적합하도록 하여야 한다"라고 정하고 있어 이러한 정신을 이어받고 있다.

민법의 개별조문은 대체로 요건과 효과로 나누어 정하는 형식을 취하고 있다. 그런데 신의칙 및 권리남용을 정한 본조는 요건에서 추상적인 기준을 제시할 뿐 그 효과에 있어서는 아무런 정함이 없다. 본 법은 민법 제103조와 더불어 일반조항(제왕조항)으로서 존재한다. 이러한 일반조항은 모든 사안을 포섭할 수 있다는 점에서 그 적용영역이 극히 넓은 반면 자의적인 적용의 위험이 있어 법적 안정성을 해칠 수 있다. 따라서 본조의 적용대상이나 기능 내지 적용한계를 밝히는 것은 중요하다.

(3) 신의성실의 원칙

1) 의 의

신의성실의 원칙이란 일정한 법률관계에 있는 당사자 사이에는 상호신뢰를 배반해서는 안 된다는 원칙으로 다음과 같은 두 가지 관점에서 설명된다. 첫째, 현대 민법은 공공복리를 최고원리로 하는데 그 행동원리 또는 실천원리로서 신의칙이 있으며 근대민법의 기본원리였던 소유권 절대의 원칙·계약 자유의 원칙·과실책임의 원칙에 있어 신의칙이 제약 내지 승인이 된다. 둘째, 권리의 행사에 있어 신의칙을 그 기준으로 하며 나아가 계약과 법률을 해석하는 기준으로서의 지위도 차지한다.

2) 연 혁

신의성실의 원칙은 로마법에 기초를 두고 있으며 근대민법에 처음으로 규정
한 것은 프랑스 민법이다. 그리고 독일 민법에서 "모든 채권법 분야에서 계약은
거래관습을 고려하고 신의성실의 원칙에 따라 해석하여야 한다"라고 하여 법률
행위 해석의 기준으로 규정하였다. 민법 전체에 적용되는 기본원리로 규정한 것
은 스위스 민법이 처음으로 우리 민법도 이를 받아들인 것이다.

3) 신의칙의 기능

① 계약내용의 결함 내지 법규의 흠결을 보충하는 의미를 가지고 있다. 신
의칙을 적용한 판례가 축적되고 그것이 유형화되면 그것은 일종의 객관적인 법
으로 정착하게 된다.

② 법규의 해석 또는 적용을 수정하는 기능을 갖는다.

③ 법률행위 해석의 표준으로서 명확하게 정하여 있지 아니한 권리와 의무
의 내용을 의미에 적합하게 보충해 주는 기능을 한다.

④ 권리의 발생, 변경, 소멸에 대한 법률효과적 기능을 갖는다.

4) 효 과

민법·사법·사회법·공법 등 모든 법에 적용되는 법의 최고원리이다. 권리의
행사가 신의성실의 원칙에 반하는 때에는 권리남용이 되기 때문에 일반적으로
권리행사로서의 효과가 생기지 않는다. 그러므로 신의성실의 원칙과 권리남용금
지의 원칙은 표리의 관계에 있다. 그리고 의무의 이행이 신의칙에 반하는 경우
에는 채무불이행이 된다. 신의칙에 반하거나 권리남용에 해당하는 경우는 강행
규정에 위배되는 것이므로 당사자 주장이 없더라도 법원은 직권으로 이를 판단
한다.

5) 파생원칙

① 사정변경의 원칙   사정이 당사자의 예견을 뛰어 넘는 정도로 현저히
변경되어 당초에 정하여진 효과를 그대로 유지하는 것이 당사자에게 심히 부당
한 결과로 되는 경우 그 법률행위 내용을 수정, 변경하거나 그 계약을 취소나 해
제 또는 해지할 수 있다는 원칙이다. 판례는 계속적 보증계약에 있어서 보증계
약성립 당시의 사정에 현저한 변경이 생긴 경우에는 사정변경을 이유로 해지할

수 있다고 한다(대법원 1990. 2. 27. 선고 89다카13811 판결).

② 모순행위금지의 원칙(금반언의 원칙)   자신의 선행행위와 모순되는 행위는 허용하지 않는 원칙이다. 예컨대 배당요구철회 후 배당요구를 다시 하는 경우이다. 위 원칙이 적용되기 위해서는 객관적으로 모순적인 행위와 그에 대한 귀책사유, 그에 따라 야기된 상대방의 보호받을 가치가 있는 신뢰의 존재가 상관적으로 존재하여야 한다.

③ 실효의 원칙   장기간 사용하지 않는 권리를 행사하는 것이 신의성실의 원칙에 반하는 때에는 권리의 남용이 된다. 우리 판례는 위 원칙을 인정하고 있다.[1]

(4) 권리남용금지의 원칙

1) 정 의

권리행사가 외형상 권리의 행사인 것처럼 보이나 본래적 사명을 벗어나 권리의 공공성·사회성에 반하는 것으로 신의칙에 반하는 권리의 행사는 허용하지 않는다는 원칙이다.

2) 연 혁

이 원칙은 로마법에 기원을 두고 있으며 독일 민법은 권리남용에 관하여 명문의 규정을 두고 있다. 즉 타인을 해할 목적으로 권리를 행사하는 것은 권리남용으로서 허용되지 않는다. 오늘날의 권리남용금지의 법이론적 근거는 권리의 공공성과 사회성에 있다.

3) 요 건

① 권리의 행사가 있어야 한다. 권리의 행사에는 권리의 불행사도 포함된다.

② 권리 본래의 사회적 목적에 부합하지 않아야 한다. 즉 신의칙의 위반, 사회질서위반, 정당한 이익의 흠결, 권리의 경제적·사회적 목적에의 위반, 사회적 이익의 균형의 파괴, 사회윤리질서의 위반, 공공복리에의 부적합 등의 권리행사로서 행위가 객관적으로 남용이라고 할 수 있을 만한 위법성이 있어야 한다.

③ 권리자의 가해의사 및 가해목적 등의 주관적 요소는 요구되지 않는다.

---

1) 대법원 1992. 1. 21. 선고 91다30118 판결.

4) 효 과

① 남용된 권리가 청구권인 경우 법은 그 실현에 조력하지 않는다.

② 남용된 권리가 형성권인 경우 법률관계가 발생하지 않는다.

③ 손해배상책임이 발생한다.

④ 권리를 박탈하기도 한다. 예컨대 법률의 규정에 있는 경우에 친권상실의 선고를 한다(민법 제924조).

2. 의무의 이행

의무의 이행이란 의무자가 그가 부담하는 의무의 내용을 실현하는 것을 말하는데 의무의 이행은 신의에 좇아 성실히 하여야 한다(민법 제2조 제1항). 의무의 이행이 신의칙에 반하는 경우 그것은 의무의 이행이 되지 않는다. 따라서 의무불이행으로서 채무불이행 기타 불법행위를 구성하게 된다.

III. 권리주체

1. 개 설

권리능력이란 권리 또는 의무의 주체가 될 수 있는 지위 또는 자격을 의미하며 권리능력 또는 의무능력이라 한다. 민법 제3조는 "사람은 생존한 동안 권리와 의무의 주체가 된다"고 규정하고 있다.

민법상 권리의 주체로는 자연인과 법인이 있다. 권리의 주체는 동시에 의무의 주체도 된다.

민법은 사람과 일정한 사람의 집단 및 일정한 목적에 바쳐진 재산의 집단에 대하여도 권리능력을 인정한다. 민법은 자연인과 법인에 대하여 권리능력을 인정하고 있다.

권리능력을 제한·포기·박탈하는 계약은 인정되지 않는다. 권리능력에 관한 규정은 강행규정이다.

2. 자연인

민법은 자연인에 대해서 능력(민법 제3조~제17조), 주소(민법 제18조~제21조), 부재와 실종(민법 제22조~제30조)의 세 종류로 구분하여 규율하고 있다.

(1) 자연인의 능력

1) 권리능력

사람이 권리능력을 취득하게 되는 것은 출생한 때부터 사망한 때까지이다. 권리능력에 대하여 민법은 '전부노출설'을 취하나 형법의 통설은 진통설의 입장에 있다.

2) 태아의 권리능력

우리 민법은 개별적 보호주의에 따라 다음의 사항에 한하여 태아의 권리능력이 인정된다. 주의할 것은 태아가 최소한 살아서 출생하는 것을 전제로 인정되는 것이지 사산한 경우에는 어느 경우에도 권리능력을 갖지 못한다. 개별적 보호주의는 적용범위가 명확하다는 장점은 있으나 태아의 권리가 충분히 보호받지 못한다는 단점이 있다.

① **불법행위로 인한 손해배상청구**　　태아는 손해배상청구에 있어서 이미 출생한 것으로 본다(민법 제762조). 즉 직계존속의 생명침해에 대하여 태아 자신이 위자료를 청구하는 경우나(민법 제752조) 태아 자신이 입은 불법행위에 대하여 손해배상청구를 하는 경우에 적용된다(민법 제750조).

② **상속순위**　　태아는 상속순위에 관하여는 이미 출생한 것으로 본다(민법 제1003조 제3항). 따라서 통설은 태아에게 대습상속(민법 제1001조)과 유류분권(민법 제1112조)도 인정한다.

③ **유증(단독행위)**　　유증은 유언으로 재산을 타인에게 무상으로 주는 단독행위이며 계약인 증여와는 다르다. 유증은 유언자가 사망한 때로부터 그 효력이 생기는 것이기 때문에 유증자의 사망 시까지 포태되어 있으면 되고 유언 시에 포태되어 있을 필요는 없다.

④ **사인증여**　　사인증여는 계약으로 보기 때문에 인정하지 않는다(대법원 1996. 4. 12. 선고 94다37714 판결).

⑤ 인 지   인지란 혼인 외의 자(子)에 대해 생부 또는 생모가 자기의 자(子)로서 승인하여 법률상 친자관계를 생기게 하는 단독행위인데(민법 제855조), 부(父)는 포태 중에 있는 자(子)에 대하여도 이를 인지할 수 있다.

3) 권리능력의 종기

① 동시사망의 추정   2인 이상이 동일한 위난으로 사망한 경우에는 증명 곤란을 구제하기 위하여 동시에 사망한 것으로 추정한다. 누가 먼저 사망하고 나중에 사망하였느냐에 따라 상속분에 중대한 영향을 미친다. 따라서 사망의 선후시점을 증명하는 어려움을 완화하는 방안으로 민법은 2인 이상이 동일한 위난으로 사망한 경우에는 동시에 사망한 것으로 추정하여 이후의 상속문제를 합리적으로 해결한다. 동 규정은 동시사망을 추정하는 것이므로 반증에 의하여 진정 상속인 또는 법정대리인은 상속회복의 소를 제기할 수 있다.

② 인정사망   수재·화재·기타 사변으로 인하여 사망한 경우 이를 조사한 관공서의 보고에 의하여 사망으로 인정하고 있다. 인정하는 이유는 시신의 확인은 어렵지만 고도의 사망 확률이 있음에도 실종선고의 절차를 밟게 하는 것은 적당하지 않다는 데 있다. 요건과 절차가 간편한 장점이 있다.

③ 실종선고   부재자의 생사불명의 상태가 일정기간(5년 또는 1년) 계속된 경우에 가정법원의 선고에 의하여 사망으로 간주한다. 실종선고는 생사가 불분명한 경우에 일정한 요건 하에 사망한 것으로 간주하는 데 대하여, 인정사망은 사망이 확실하다고 할 수 있을 경우에 가족관계증명서상 사망의 기재를 하기 위한 절차적 특례를 준 것이다.

실종선고를 받은 자는 실종기간이 만료한 때 사망한 것으로 간주한다. 따라서 생사불명의 부재자라도 실종선고를 받지 않는 한 생존하여 있는 것으로 추정된다. 사망간주의 효력은 본인의 생존 기타의 반증을 들어 선고의 효력을 다투지 못하며 사망간주의 효력을 저지하기 위해서는 법원의 판결에 따라 실종선고를 취소하여야 한다.

사망의 효과는 권리능력을 박탈하는 것이 아니다. 다만 사법적 법률관계만을 종료시킨다. 따라서 종래의 주소지로 다시 돌아온 후의 법률관계나 다른 곳에서의 법률관계에 대하여는 사망의 효과는 미치지 않기 때문에 공법상의 선거권·피선거권의 유무·범죄의 성립 등은 실종선고와는 영향이 없다. 실종선고가 취소되면 실종선고에 기한 법률행위는 원칙적으로 소급적으로 무효가 된다.

④ 부재선고제도   미수복 지구에서 월남하여 취적한 자 중 가족의 일부가 미수복 지구에 남아 있는 것으로 호적상 표시되어 있는 경우에 그 잔류가족에 대하여 법원이 부재자선고를 함으로써 혼인·호주승계·상속에 있어서 그를 사망한 것으로 의제한다.

(2) 행위능력

1) 의사능력

당사자가 한 의사의 표시가 어떠한 효과를 가져오는지 이해 내지 판단할 수 있는 능력을 의사능력자라고 한다. 통상인이 가지는 정상적인 판단능력을 의미한다. 정신병자나 만취자가 한 의사표시에 대해서는 법적 효과를 부여할 수 없으며 무효이다. 이때는 의사무능력자나 상대방도 무효를 주장할 수 있다.

판례는 "의사능력이란 자신의 행위의 의미나 결과를 정상적인 인식력과 예기력을 바탕으로 합리적으로 판단할 수 있는 정신적 능력 내지는 지능을 말하는 것으로서, 의사능력의 유무는 구체적인 법률행위와 관련하여 개별적으로 판단되어야 한다"고 보고 있다. 그러면서 다음과 같은 사례에서 의사능력이 없는 것으로 보았다. 원고가 직접 금융기관을 방문하여 금 50,000,000원을 대출받고 금전소비대차약정서 및 근저당권설정계약서에 날인하였다고 할지라도, 원고가 어릴 때부터 지능지수가 낮아 정규교육을 받지 못한 채 가족의 도움으로 살아왔고, 위 계약일 2년 8개월 후 실시된 신체감정결과 지능지수는 73, 사회연령은 6세 수준으로서 이름을 정확하게 쓰지 못하고 간단한 셈도 불가능하며, 원고의 본래 지능수준도 이와 크게 다르지 않을 것으로 추정된다는 감정결과가 나왔다면, 원고가 위 계약 당시 결코 적지 않은 금액을 대출 받고 이에 대하여 자신 소유의 부동산을 담보로 제공함으로써 만약 대출금을 변제하지 못할 때에는 근저당권의 실행으로 인하여 소유권을 상실할 수 있다는 일련의 법률적인 의미와 효과를 이해할 수 있는 의사능력을 갖추고 있었다고 볼 수 없고, 따라서 위 계약은 의사능력을 흠결한 상태에서 체결된 것으로서 무효라고 보았다.[2] 그리고 지능지수가

---

2) 대법원 2002. 10. 11. 선고 2001다10113 판결.

58로서 경도의 정신지체 수준에 해당하는 38세의 정신지체 3급 장애인이 2,000
만 원이 넘는 채무에 대하여 연대보증계약을 체결한 사안에서, 연대보증계약 당
시 그 계약의 법률적 의미와 효과를 이해할 수 있는 의사능력이 없다고 보았다.[3]

2) 책임능력

자기의 행위의 결과가 위법한 것으로서 법률상 비난받는 것임을 인식하는
정신능력 내지 판단능력으로 불법행위책임능력이라고도 한다. 법률행위에서의
의사능력의 관념은 불법행위에서는 책임능력이라고 한다. 불법행위로 인해 가해
자에게 배상책임을 지우기 위해서는 그를 비난할 만한 귀책사유로 고의나 과실
이 있어야 한다(민법 제750조). 이것은 자기의 행위의 결과를 변식할 수 있는 판단
을 갖추고 있는 것을 전제로 하는 것이다. 책임무능력자가 타인에게 손해를 가
한 때에는 손해배상책임을 부담하지 않고 그의 감독자가 책임을 부담한다(민법
제755조). 민법은 미성년자 중 책임변식능력이 없는 자(민법 제753조)와 심신상실자
(민법 제754조)를 책임무능력자로 정하고 있다.

(3) 제한능력자

1) 서 설

행위능력이란 단독으로 완전·유효한 법률행위를 할 수 있는 지위 또는 자격
을 말하며 그러한 능력이 없는 자를 행위무능력자라고 하였는데 이러한 자에는
미성년자, 한정치산자, 금치산자가 있었다. 그리고 행위무능력자의 행위는 의사
능력의 유무와 관계없이 일단은 유효하게 효력이 발생하나 이를 취소할 수 있도
록 하고 있었다.

그런데 위의 금치산자·한정치산자는 표의자가 행위 당시에 의사능력이
없었다는 것을 증명하는 것이 어렵고, 설사 그 증명이 되었다고 하더라도 의
사능력의 구비여부를 알기 어려운 상대방에게 불측의 피해를 줄 수 있는 문제
가 있다.

그래서 민법은 이러한 문제를 해결하기 위해 재산상 법률행위의 분야에서
행위무능력자를 제한능력자로 변경하였다. 그래서 현재 정신적 제약이 있는 사
람은 물론 미래에 정신적 능력이 약해질 상황에 대비하여 후견제도를 이용하려

---

3) 대법원 2006. 9. 22. 선고 2006다29358 판결.

는 사람이 재산행위뿐만 아니라 치료, 요양 등 복리에 관한 폭넓은 도움을 받을 수 있는 성년후견제로 확대·개편하였다.

종전의 행위무능력자제도와 비교하여 달라진 점은 부정적인 의미를 내포하고 있는 무능력자를 제한능력자로 바꾸어 미성년자·피성년후견인·피한정후견인·피특정후견인을 두게 되었다.[4] 그래서 한정치산자와 금치산자를 피성년후견인, 피한정후견인, 피특정후견인으로 변경하였다. 위와 같은 성년후견제도에서도 정신적 능력의 제약을 요건으로 하는 점에서 기본적으로 종전제도와 같으며 성년후견 등을 요구하는 노인, 장애인 등에 대한 보호를 강화하고, 피성년후견인 등과 거래하는 상대방을 보호하기 위하여 성년후견 등에 관하여 등기로 공시하도록 하였다.

제한능력자제도는 의사표시를 요소로 하는 법률행위의 영역에서 그 적용이 된다. 따라서 매장물 발견, 점유의 취득이나 가족법상의 법률행위에는 그 적용이 없다고 할 것이다.

2) 미성년자
① 성년기

> **민법 제 4 조(성년)** 사람은 19세로 성년에 이르게 된다.

청소년의 신체적·정신적 성숙과 성년연령을 낮추는 세계적 추세와 「공직선거법」 등의 법령 및 사회·경제적 현실을 반영하여 성년에 이르는 연령을 만 20세에서 만 19세로 바꾸었다(2013년 7월 1일부터 시행함). 만 19세에 달하지 않은 자라도 혼인을 한 경우에는 성년자로 의제한다.

② 동의와 취소
미성년자도 권리만을 얻거나 의무만을 면하는 행위, 처분이 허락된 재산의 처분행위, 영업의 허락을 얻은 경우의 그 영업은 법정대리인의 동의없이 할 수 있다. 단 부담부증여, 상속을 승인하는 행위, 채무변제의 수령 등은 이로써 이익을 얻는 반면 의무부담이나 채권상실의 불이익도 아울러 받게 되므로 단독으로는 하지 못한다. 법정대리인은 미성년자가 법률행위를 하기 전에 한해서는 그가 한 동의를 취소할 수 있다. 다만 이미 법률행위를 한 후에는 전에 한 동의를 취소할 수 없고 확정적으로 유효한 것으로 된다.

---

4) 부칙에 의해 2013년 7월 1일부터 시행함.

3) 피성년후견인

① 정 의　　정신적 제약으로 사무를 처리할 능력이 지속적으로 결여된 자에 대하여 법원은 일정한 자의 청구에 의하여 성년후견개시의 심판을 하게 되는데 그 심판을 받은 자를 피성년후견인이라고 한다(민법 제9조).[5]

② 요 건

> **민법 제 9 조(성년후견개시의 심판)** ① 가정법원은 질병, 장애, 노령, 그 밖의 사유로 인한 정신적 제약으로 사무를 처리할 능력이 지속적으로 결여된 사람에 대하여 본인, 배우자, 4촌 이내의 친족, 미성년후견인, 미성년후견감독인, 한정후견인, 한정후견감독인, 특정후견인, 특정후견감독인, 검사 또는 지방자치단체의 장의 청구에 의하여 성년후견개시의 심판을 한다.
> ② 가정법원은 성년후견개시의 심판을 할 때 본인의 의사를 고려하여야 한다.

피성년후견인의 원인은 질병, 장애, 노령, 그 밖의 사유로 인한 정신적 제약으로 사무를 처리할 능력이 지속적으로 결여된 경우이다. 그러므로 정신적 제약이 아닌 신체적 장애만으로는 이에 해당하지 않는다.

가정법원이 성년후견개시의 심판을 할 때에는 본인의 의사를 고려하여 심판하여야 하며, 위의 요건들이 충족되면 가정법원은 가족관계 등록사무 및 후견등기사무를 처리하는 사람에게 이를 가족관계등록부에 기록할 것과 후견등기부에 등기할 것을 촉탁하여야 한다.

③ 피성년후견인의 능력

> **민법 제10조(피성년후견인의 행위와 취소)** ① 피성년후견인의 법률행위는 취소할 수 있다.
> ② 제1항에도 불구하고 가정법원은 취소할 수 없는 피성년후견인의 법률행위의 범위를 정할 수 있다.
> ③ 가정법원은 본인, 배우자, 4촌 이내의 친족, 성년후견인, 성년후견감독인, 검사 또는 지방자치단체의 장의 청구에 의하여 제2항의 범위를 변경할 수 있다.
> ④ 제1항에도 불구하고 일용품의 구입 등 일상생활에 필요하고 그 대가가 과도하지 아니한 법률행위는 성년후견인이 취소할 수 없다.

---

5) 참고적으로 종전의 금치산자제도는 다음과 같았다. 금치산자는 심신상실 상태에 있는 자에 대하여 법원에 의하여 금치산선고를 받은 자이다. 금치산자는 법정대리인이나 후견인의 동의를 얻어서 한 행위일지라도 취소할 수 있다. 그 이유는 법정대리인의 동의가 있어도 단독으로 유효한 법률행위를 할 수 없고 그 행위는 취소할 수 있는 것이 되기 때문이다.

피성년후견인은 정신적 제약으로 사무처리능력이 지속적으로 결여된 사람이
므로 그가 한 법률행위는 취소할 수 있다(민법 제10조 제1항). 그리고 성년후견인
의 동의가 있더라도 동의를 한대로 법률행위를 할 것이라는 기대가 없는 점에서
피성년후견인 또는 성년후견인이 취소할 수 있다(민법 제140조).

④ 성년후견인   가정법원이 성년후견개시심판을 하는 경우에는 그 심판
을 받은 사람의 성년후견인을 두어야 하며(민법 제929조, 제936조 제1항) 성년후견
인은 피성년후견인의 법정대리인이 된다(민법 제938조 제1항). 그리고 가정법원은
성년후견인이 사망, 결격, 그 밖의 사유로 없게 된 경우에도 직권으로 또는 피성
년후견인, 친족, 이해관계인, 검사, 지방자치단체의 장의 청구에 의하여 성년후
견인을 선임하며(민법 제936조 제2항) 성년후견인이 선임된 경우에도 필요하다고
인정하면 직권으로 또는 민법 제936조 제2항의 청구권자나 성년후견인의 청구에
의하여 추가로 성년후견인을 선임할 수 있다(민법 제936조 제3항). 한편 가정법원
이 성년후견인을 선임할 때에는 피성년후견인의 의사를 존중하여야 하며, 그 밖
에 피성년후견인의 건강, 생활관계, 재산상황, 성년후견인이 될 사람의 직업과
경험, 피성년후견인과의 이해관계의 유무(법인이 성년후견인이 될 때에는 사업의 종류
와 내용, 법인이나 그 대표자와 피성년후견인 사이의 이해관계의 유무를 말한다) 등의 사정
도 고려하여야 한다(민법 제936조 제4항). 성년후견인은 피성년후견인의 법률행위
에 대하여 동의권은 갖지 않고 대리권과 취소권을 가질 뿐이다.

성년후견인제도 이전에는 한정치산·금치산이 선고되면 일정범위의 근친이
후견인으로 선임되었는데, 이들 후견인과 이해관계가 대립하고 배우자로서 당연
후견인이 되는 경우, 고령인 경우가 대부분이어서 후견의 실효성에 문제가 있다
는 비판에 따라, 종전의 규정(민법 제933조~제935조)을 삭제하고 가정법원이 여러
사정을 고려하여 직권으로 성년후견인을 선임하는 것으로 바꾸었다.[6] 그리고 종
전에는 후견인의 감독기관으로 친족회를 두었는데(민법 제960조~제970조) 본 제도
가 제 기능을 하지 못한다는 비판에 따라 삭제를 하고 가정법원이 임의기관으로
성년후견감독인을 선임할 수 있는 것으로 변경하여 이 후견감독인이 종전에 친족
회에 인정되었던 권한을 수행하게 된다(민법 제940조의4 제1항 등).

---

6) 김준호, 민법강의, 법문사, 2014, 94면.

⑤ 성년후견의 종료　　성년후견개시의 원인이 소멸된 경우에는 가정법원은 본인, 배우자, 4촌 이내의 친족, 성년후견인, 성년후견감독인, 검사 또는 지방자치단체의 장의 청구에 의하여 성년후견종료의 심판을 한다(민법 제11조).

4) 피한정후견인

① 정　의　　피한정후견인은 정신적 제약으로 사무를 처리할 능력이 부족한 사람에 대하여 가정법원이 일정한 자의 청구에 의하여 한정후견개시의 심판을 하는데(민법 제12조), 그 심판을 받은 자를 피한정후견인이라고 한다.[7]

② 요　건

> **민법 제12조(한정후견개시의 심판)** ① 가정법원은 질병, 장애, 노령, 그 밖의 사유로 인한 정신적 제약으로 사무를 처리할 능력이 부족한 사람에 대하여 본인, 배우자, 4촌 이내의 친족, 미성년후견인, 미성년후견감독인, 성년후견인, 성년후견감독인, 특정후견인, 특정후견감독인, 검사 또는 지방자치단체의 장의 청구에 의하여 한정후견개시의 심판을 한다.
> ② 한정후견개시의 경우에 제9조 제2항을 준용한다.

한정후견인의 원인은 질병, 장애, 노령, 그 밖의 사유로 인한 정신적 제약으로 사무를 처리할 능력이 부족한 경우이다(민법 제12조 제1항). 정신적 제약의 상태가 지속적으로 결여된 피성년후견인과 달리 경미한 경우로서 사무처리를 할 능력이 부족한 자로 본인 등 일정한 자가 가정법원에 그 청구를 하여야 한다. 가정법원이 직권으로 하지 못하며 그 심판을 할 때에는 본인의 의사를 고려하여야 한다(민법 제12조 제2항).

③ 능　력

> **민법 제13조(피한정후견인의 행위와 동의)** ① 가정법원은 피한정후견인이 한정후견인의 동의를 받아야 하는 행위의 범위를 정할 수 있다.
> ② 가정법원은 본인, 배우자, 4촌 이내의 친족, 한정후견인, 한정후견감독인, 검사 또는 지방자치단체의 장의 청구에 의하여 제1항에 따른 한정후견인의 동의를 받아야만 할 수 있는 행위의 범위를 변경할 수 있다.
> ③ 한정후견인의 동의를 필요로 하는 행위에 대하여 한정후견인이 피한정후견인의 이

---

7) 참고적으로 종전의 한정치산제도는 다음과 같았다. 한정치산자는 심신이 박약한 자 또는 재산의 낭비로 가족의 생활을 궁박하게 할 염려가 있는 자로서 일정한 자의 청구에 의하여 가정법원으로부터 선고를 받은 자이다. 미성년자와 동일하게 법정대리인의 동의를 받은 경우 권리만을 얻거나 면하는 행위, 처분이 허락된 재산의 처분행위 등은 가능하다.

익이 침해될 염려가 있음에도 그 동의를 하지 아니하는 때에는 가정법원은 피한정후견인의 청구에 의하여 한정후견인의 동의를 갈음하는 허가를 할 수 있다.

④ 한정후견인의 동의가 필요한 법률행위를 피한정후견인이 한정후견인의 동의 없이 하였을 때에는 그 법률행위를 취소할 수 있다. 다만, 일용품의 구입 등 일상생활에 필요하고 그 대가가 과도하지 아니한 법률행위에 대하여는 그러하지 아니하다.

가정법원은 본인 등 일정한 자의 청구에 의하여 피한정후견인이 한정후견인의 동의를 받아야 하는 행위의 범위를 정할 수 있다. 한정후견인의 동의를 필요로 하는 행위에 대하여 한정후견인이 피한정후견인의 이익이 침해될 염려가 있음에도 그 동의를 하지 아니하는 때에는 가정법원은 피한정후견인의 청구에 의하여 한정후견인의 동의를 갈음하는 허가를 할 수 있다. 동의가 필요한 행위를 피한정후견인이 단독으로 한 경우, 피한정후견인 또는 한정후견인은 그 법률행위를 취소할 수 있다(민법 제13조 제4항, 제140조). 다만, 일용품의 구입 등 일상생활에 필요하고 그 대가가 과도하지 아니한 법률행위에 대하여는 그러하지 아니하다(민법 제13조 제4항).

④ **한정후견인**   가정법원으로부터 한정후견개시의 심판이 있는 경우에는 그 심판을 받은 사람의 한정후견인을 두어야 하며(민법 제959조의2), 한정후견인은 가정법원이 직권으로 선임한다(민법 제959조의2 제1항). 그리고 한정후견인에 대하여는 성년후견인에 관한 내용을 준용하고 있다(민법 제930조 제2항·제3항, 제936조 제2항부터 제4항까지, 제937조, 제939조, 제940조 및 제949조의3, 제959조의3 제2항). 한정후견인인은 동의가 필요한 행위에 대하여 동의권과 피한정후견인이 동의 없이 한 행위에 대하여 취소권을 가진다.

5) 피특정후견인

① **정 의**   가정법원은 정신적 제약으로 일시적 후원 또는 특정한 사무에 관한 후원이 필요한 사람에 대하여는, 가정법원은 일정한 자의 청구에 의하여 특정후견의 심판을 하는데 그 심판을 받은 자를 피특정후견인이라고 한다(민법 제14조의2 제1항).

민법 제14조의2(특정후견의 심판) ① 가정법원은 질병, 장애, 노령, 그 밖의 사유로 인한 정신적 제약으로 일시적 후원 또는 특정한 사무에 관한 후원이 필요한 사람에 대하여 본인, 배우자, 4촌 이내의 친족, 미성년후견인, 미성년후견감독인, 검사 또는 지방자치단체의 장의 청구에 의하여 특정후견의 심판을 한다.

② 특정후견은 본인의 의사에 반하여 할 수 없다.

③ 특정후견의 심판을 하는 경우에는 특정후견의 기간 또는 사무의 범위를 정하여야 한다.

② 심 판　　특정후견의 경우에도 정신적 제약을 원인으로 하므로 성년후견이나 한정후견과 본질적으로 다른 것은 아니다. 다만 특정후견은 지속적인 것이 아닌 일시적인 후원 또는 특정한 사무에 관한 후원이 필요한 경우에 하는 것이므로 개시와 종료를 별도로 심판할 필요는 없고 특정후견의 기간이나 사무의 범위를 정하여 한다(민법 제14조의2 제3항).

③ 능 력　　피특정후견인이 법률행위를 하는 데 동의를 받아야 한다거나 그 법률행위를 취소할 수 있다고 규정하지 않은 점에 비추어, 피특정후견인의 행위능력은 특별히 제한되지 않는 것으로 해석된다.[8]

④ 특정후견인　　피특정후견인의 능력은 제한되고 있지 않기 때문에 특정후견인은 취소권과 동의권을 갖지 않으며 특정후견인이 대리권을 갖는 경우에도 피특정후견인은 스스로 법률행위를 할 수 있다.

6) 성년후견제도의 요약

민법 개정으로 기존의 금치산·한정치산제도 대신 본인의 의사와 잔존능력의 존중을 기본 이념으로 하는 성년후견제도가 2013. 7. 1. 시행되었다. 이와 관련하여 성년후견제도의 주요내용은 다음과 같다.

① 개정 법령의 성년후견제도 관련 주요내용　　민법 일부개정법률으로 금치산·한정치산제도 대신 성년후견, 한정후견, 특정후견, 임의후견제도를 도입하고 후견등기에 관한 법률(2013년 법 제11732호)에 의해 후견등기부에 공시하도록 하였다(민법 제11조).

---

8) 김준호, 전게서, 97면.

② 성년후견, 한정후견, 특정후견, 임의후견 비교표

내 용	성년후견	한정후견	특정후견	임의후견
개시사유	정신적 제약으로 사무처리 능력의 지속적 결여	정신적 제약으로 사무처리 능력의 부족	정신적 제약으로 일시적 후원 또는 특정사무 후원의 필요	정신적 제약으로 사무처리 능력의 부족
후견개시 시점	성년후견개시 심판 확정시	한정후견개시 심판 확정시	특정후견 심판 확정시	임의후견감독인 선임 심판 확정시
본인의 행위능력	원칙적 행위능력상실자	원칙적 행위능력자	행위능력자	행위능력자
후견인의 권한	원칙적으로 포괄적인 대리권, 취소권	법원이 정한 범위 내에서 대리권, 동의권, 취소권	법원이 정한 범위 내에서 대리권	각 계약에서 정함

3. 법 인

(1) 법인의 본질 및 종류

법인은 하나의 관념적인 존재에 불과하지만 사람과 더불어 권리능력을 가진다. 사단법인은 여러 사람이 공동의 목적을 위하여 결합한 단체에 권리능력을 부여한 것이고, 재단법인은 일정한 목적을 위하여 출연한 재산을 중심으로 하여 그 관리체에 권리능력이 주어진다.

1) 법인의 본질

권리의무의 주체는 자연인인 개인에 한해야 한다는 전제 하에 자연인이 아니면서 법인이 권리·의무의 주체가 될 수 있는 것은 법률이 그것을 자연인에 의제한 결과라고 한다. 그러나 자연인의 법인격도 법률에 의하여 부여된다는 점에서 오늘날의 법사상과 부합하지 않는다.

일정한 목적을 위하여 인적·물적 요소가 결합된 목적구속적 조직체이다.

2) 법인의 종류

① 영리법인　　　영리를 목적으로 하는 사단법인을 말한다. 영리법인은 구성원의 사익을 도모하고 법인의 기업이익을 구성원 개인에게 분배하여 경제적 이

익을 주는 것을 목적으로 하는 법인이므로 구성원이 없는 재단법인은 영리법인이 될 수 없다. 가장 전형적인 영리법인은 상법상의 회사이다. 영리사단법인에는 민사회사(민법 제39조)와 상사회사(상법 제169조)가 있다.

② **비영리법인**　　영리 아닌 사업을 목적으로 하는 사단법인 또는 재단법인을 말한다. 민법의 법인에 관한 규정은 주로 비영리법인을 대상으로 한다. 재단법인은 일정한 목적으로 출연된 재산으로 이루어진 단체로 법인격을 부여한다. 사단법인은 자연인 이외의 권리·의무의 주체가 될 수 있는 자로서 일정한 목적 아래 결합한 사람의 단체에 법인격이 부여된 것을 말하여 단체로서의 단일성이 표면에 나타나고 개개의 구성원의 존재는 배후로 물러난다. 그래서 사단법인은 단체성이 강한 사람의 단체를 말한다.

(2) 법인의 설립

법인은 법률의 규정에 의함이 아니면 성립하지 못한다. 법인은 설립등기에 의하여 성립한다(민법 제33조).

1) 법인설립에 관한 입법주의

우리나라는 자유설립주의를 제외한 여러 입법주의를 병용하고 있다. 예컨대 자유설립주의·준칙주의·인가주의·허가주의·특허주의·강제주의 등이 있다. 우리 민법은 "법인은 법률의 규정에 의함이 아니면 성립하지 못한다(민법 제31조)"고 규정함으로서 자유설립주의를 배제하고 있다

2) 비영리사단법인의 설립

① 목적이 비영리성이어야 한다.

② 2인 이상의 설립자가 법인의 근본규칙을 정하여 이를 서면에 기재하고 기명 날인하여야 한다(정관작성).

※ 재산출연의 귀속시기는 출연자와 법인 사이에서는 법인성립 이외에 등기를 필요로 하는 것은 아니지만 제3자에 대한 관계에서는 법인 앞으로 등기를 하여야 대항할 수 있다.

③ 주무관청의 허가

④ 설립등기

3) 비영리재단법인의 설립

① 목적이 비영리성이어야 한다. 학술·종교·자선·기예·사교·기타 영리아닌 사업을 목적으로 정하여야 한다(민법 제32조). 그러나 반드시 공익을 목적으로할 필요는 없다.

② 재산출연과 정관작성

재단법인의 설립자는 1인이라도 좋고, 2인 이상이라도 상관없다.

③ 주무관청의 허가를 받아야 한다.

④ 설립등기는 주된 사무소의 소재지에서 설립등기를 함으로써 성립한다(민법 제33조).

(3) 법인의 권리능력

1) 법인의 권리능력

법인은 법률의 규정에 좇아 정관으로 정한 목적의 범위 내에서 권리와 의무의 주체가 된다. 법인이 향유할 수 없는 권리에는 생명권·친권·부권·정조권이있다. 법인이 향유할 수 있는 권리에는 재산권·명예권·성명권·신용권이 있다

2) 법인의 불법행위의 요건

① 대표기관의 행위일 것   대표기관(이사와 임시이사, 특별대리인, 청산인)의행위가 있어야 한다. 그러나 사원총회와 감사, 이사가 선임한 대리인, 지배인 등은 대표기관이 아니므로 사용자배상책임(민법 제756조)은 성립할 수는 있지만 법인의 불법행위는 성립할 수 없다.

② 대표기관이 직무에 관하여 타인에게 손해를 가했을 것   대표기관의 행위일 지라도 직무에 관한 행위가 아니면 법인의 불법행위가 성립하지 않고 대표기관 개인의 불법행위가 될 뿐이다.

③ 대표기관의 행위가 불법행위의 일반적 요건을 갖출 것   법인의 이사가책임능력이 있어야 하고, 고의 또는 과실이 있어야 하며, 가해행위가 위법하고피해자가 손해를 입어야 한다.

3) 법인의 불법행위의 효과

① 손해배상책임   법인은 대표기관의 선임, 감독상의 과실 없음을 이유로항변하지 못한다. 따라서 무과실책임을 진다.

② 기관 개인의 책임 가해행위를 한 대표기관 개인도 법인 자신과 연대하여 피해자에게 손해배상책임을 진다. 따라서 피해자는 법인과 대표기관 개인에 대해 선택적으로 손해배상을 청구할 수 있고, 이 양자의 책임은 부진정연대책임으로 해석한다.

(4) 법인격의 남용과 부인론

판례는 법인의 형식을 이용하는 자와 법인이 실질적으로 동일하여 「법인의 허수아비화」된 경우 또는 법률의 적용을 회피하기 위하여 법인격을 남용하는 경우에는 법인격을 부인하고 법인의 배후에 있는 실질적인 지배자에 대하여 책임을 묻는다.

Ⅳ. 의사표시

1. 개 념

의사표시라 함은 일정한 법률효과를 바라는 의사의 표시로서 법률행위의 불가결한 본질적 구성요소가 되는 법률사실이다. 이 의사표시는 단독으로 또는 다른 의사표시나 기타의 법률사실과 결합하여 법률행위를 형성한다.

법률상 일정한 효과의 발생을 원하는 내심의 의사를 '효과의사'라고 한다. 예컨대 아파트를 매입하겠다는 마음을 결심하고(효과의사), 이를 매입하겠다고 말함으로써(표시행위) 청약이라는 의사표시가 성립하게 된다. 이와 같이 의사표시는 표의자가 내심적으로 법률효과를 바라는 효과의사가 있고 이를 외부에 표현하는 언어·문자·거동 등에 의한 표시행위에 따라 성립한다. 효과의사는 법률효과를 의욕하는 내심의 의사이다. 따라서 법률효과를 의욕하지 않는 단순한 호의나 사교 또는 만취 후에 하는 행동·잠자는 중의 거동 등은 의사표시라고 할 수 없다.

2. 의사와 표시의 불일치

의사표시에 있어 의사와 표시가 일치해야 법률효과가 발생하게 되는데 여러 가지 사정으로 인하여 표의자의 내심의 의사와 표시가 일치하지 않는 경우가 있게 된다. 위와 같이 의사와 표시가 일치하지 않는 유형으로는 진의 아닌 의사표시·통정허위표시 그리고 착오가 있다.

(1) 진의 아닌 의사표시(심리유보)

> **민법 제107조(진의 아닌 의사표시)** ① 의사표시는 표의자가 진의아님을 알고 한 것이라도 그 효력이 있다. 그러나 상대방이 표의자의 진의아님을 알았거나 이를 알 수 있었을 경우에는 무효로 한다.
> ② 진의 아닌 의사표시의 무효는 선의의 제3자에게 대항하지 못한다.

진의 아닌 의사표시가 효력을 발생하기 위해서는 다음과 같은 요건을 충족해야 한다. 의사와 진의가 일치하지 않아야 한다. 즉, 내심적 효과의사와 표시행위가 일치하지 않아야 한다. 표의자가 스스로 이와 같은 진의와 표시의 불일치를 알고 있어야 한다. 그러나 표의자가 진의 아닌 의사표시를 하는 이유나 동기는 묻지 않는다.[9]

(2) 통정허위표시

> **민법 제108조(통정한 허위의 의사표시)** ① 상대방과 통정한 허위의 의사표시는 무효로 한다.
> ② 통정한 허위의 의사표시의 무효는 선의의 제3자에게 대항하지 못한다.
> **민법 제406조(채권자취소권)** ① 채무자가 채권자를 해함을 알고 재산권을 목적으로 한 법률행위를 한 때에는 채권자는 그 취소 및 원상회복을 법원에 청구할 수 있다. 그러나 그 행위로 인하여 이익을 받은 자나 전득한 자가 그 행위 또는 전득당시에 채권자를 해함을 알지 못하는 경우에는 그러하지 아니하다.

상대방과 통정하여 하는 진의 아닌 의사표시를 '통정허위표시'라고 한다. 이는 진의 아닌 의사표시를 표의자가 하는 것에 대하여 상대방도 알고 있는 경우이다. 즉, 표의자가 진의가 아닌 줄을 알면서 의사표시를 하는 데에 대하여 상대방과의 사이에 서로 합의가 있는 경우이다. 통정허위표시는 표의자뿐만 아니라 상대방도 안다는 점에서 표의자만의 비진의의사표시와는 구별된다. 예컨대 강제집행을 면탈할 목적으로 채무자 소유의 부동산을 친구에게 매매한 것처럼 가장하여 등기이전을 하는 경우이다. 판례는 허위표시에 의하여 은닉된 법률행

---

9) 박재우, 민법총칙론, 225면; 이광신, 민법총칙, 174면; 송덕수, "의사표시의 일반이론(하)", 고시연구(1991. 11.); 대법원 1980. 7. 8. 선고 80다639 판결; 대법원 1980. 10. 14. 선고 79다2168 판결.

위를 '은닉행위'라고 한다. 예컨대 자식에게 부동산을 증여하면서 증여세를 면
탈하기 위해 매매의 형식을 빌리는 경우 그 외형상의 형태인 매매는 통정허위
표시이고 실질적인 증여는 은닉행위에 해당한다. 이러한 은닉행위는 증여로서
의 효력이 발생한다. 판례는 "매도인이 경영하던 기업이 부도가 나서 그가 주식
을 매도할 경우 매매대금이 모두 채권자 은행에 귀속될 상황에 처하자 이러한
사정을 잘 아는 매수인이 매매계약서상의 매매대금은 형식상 금 8,000원으로
하고 나머지 실질적인 매매대금은 매도인의 처와 상의하여 그에게 적절히 지급
하겠다고 하여 매도인이 그와 같은 주식매매계약을 체결한 경우, 매매계약상의
대금 8,000원이 적극적 은닉행위를 수반하는 허위표시라 하더라도 실지 지급하
여야 할 매매대금의 약정이 있는 이상 위 매매대금에 관한 외형행위가 아닌 내
면적 은닉행위는 유효하고 따라서 실지매매대금에 의한 위 매매계약은 유효하
다"고 판시하고 있다.[10]

한편 신탁행위는 당사자 사이에 권리를 이전하려는 진의가 있으므로 허위표
시라고 볼 수 없다. 따라서 신탁행위에 기초하여 새로운 이해관계를 맺은 제3자
는 악의일지라도 보호받는다.

통정허위표시에 의한 효력이 발생하기 위해서는 다음과 같은 요건을 충족해
야 한다. 우선 의사표시가 있어야 하며, 내심의 효과의사와 표시가 일치하지 않
아야 한다. 그리고 위와 같은 불일치를 표의자가 스스로 알고 있어야 한다. 다시
말해서 진의와 다른 표시를 하는 데 대하여 상대방과의 사이에 통정, 즉 합의가
있어야 한다. 그러나 통정을 하여 의사표시를 하는 이유나 동기는 묻지 않는다.

(3) 착오에 의한 의사표시

착오란 표의자의 내심적 효과의사와 그에 기한 표시가 일치하지 않는 의사
표시로서, 그 불일치된 의사표시를 표의자 자신이 알지 못하는 경우이다. 이러한
점은 표의자가 표시와 진의의 불일치를 알면서 하는 비진의의사표시나 허위표시
와는 구별된다.[11]

---

10) 대법원 1993. 8. 27. 선고 93다12930 판결.
11) 곽윤직, 민법총칙, 415~416면; 김용한, 민법총칙, 295면.

3. 하자있는 의사표시

의사표시가 완전히 유효하기 위해서는 그것이 자유로이 결정된 의사에 기하여 의사표시를 하여야 하는데 타인의 위법한 간섭으로 말미암아 방해된 상태에서 자유롭지 못하게 행하여지는 경우는 이를 '하자있는 의사표시'라고 하여 취소할 수 있도록 하고 있다. 이러한 하자있는 의사표시에는 사기에 의한 의사표시와 강박에 의한 의사표시가 있다.

(1) 사기에 의한 의사표시

사기라 함은, 사람을 기망하여 착오에 빠지게 하는 행위를 말한다. 이에 의한 의사표시를 '사기에 의한 의사표시'라고 한다. 사기에 의한 의사표시는 의사표시를 결정하는 데 있어서 타인의 부당한 간섭이 있는 경우이므로 이를 완전히 유효한 법률행위로 하는 것은 표의자에게 가혹한 결과가 될 것이므로 그 효력에 일정한 제한을 가하는 것이다.[12]

사기는 표의자가 타인의 기망행위에 의하여 착오에 빠지고 그에 기하여 의사표시를 하였기 때문에 일반착오와는 달리 법률행위의 내용에 중요부분의 착오가 없더라도 취소할 수 있다.

(2) 강박에 의한 의사표시

강박이라 함은 위법하게 해악을 표시하여 외포(畏怖)를 일으키게 하는 행위를 말하며, 이로 인한 의사표시를 강박에 의한 의사표시라고 한다.

강박에 의한 의사표시가 성립하기 위해서는 강박자의 고의가 있어야 한다. 즉 상대방에게 외포심(畏怖心)을 일으키게 하고, 이 외포(畏怖)로 인하여 의사표시를 시키려고 하는 2단의 고의가 있어야 하는 것은 사기에 있어서와 같다. 그리고 강박행위가 있어야 한다. 이는 상대방에게 외포심을 일으키게 하는 행위이다. 행위의 태양에는 제한이 없다. 이미 위해에 빠져 있는 자를 구조하지 않는 것도 경우에 따라서는 강박행위가 될 수 있다.

공포를 일으켰어야 한다. 강박행위로 인하여 외포, 즉 공포를 일으켰음을 요한다. 그리고 강박으로 인하여 의사표시를 했어야 한다. 다만, 인과관계가 주관

---

12) 이근식, "하자있는 의사표시", 고시계(1985. 9.).

적인 것으로서 족한 것은 사기의 경우와 마찬가지이다. 이외에도 강박이 위법해야 한다. 그 이유는 사기에 있어서와 마찬가지이지만, 강박에 있어서 특히 문제가 된다. 실제상 가장 문제가 되는 것은, 불법행위를 한 자를 고발 또는 고소하겠다고 위협하는 경우이다. 부정한 이익을 얻으려고 하는 때에는 일반적으로 위법성을 띤다.13)

의사표시는 모든 효력발생요건이 갖추어진 때에 효력을 발생한다. 특히 상대방 있는 의사표시의 효력발생시기에 관하여는 표백주의·발신주의·수신주의(도달주의)·요지주의의 4가지가 있다. 민법은 일반적인 원칙으로서 수신주의(도달주의)를 취하고(민법 제111조 제1항), 특별한 경우에 예외적으로 발신주의를 취한다. 그 중 계약의 승낙은 가장 대표적인 것이다(민법 제531조, 그밖에 민법 제15조·제131조·제455조 등이 있다).14)

4. 의사표시의 효력발생시기

상대방 있는 의사표시는 그 통지가 상대방에게 도달한 때로부터 그 효력이 생긴다(민법 제111조 제1항).

도달이라 함은 의사표시가 상대방의 세력범위 내에 들어가는 것, 즉 사회관념상 일반적으로 요지할 수 있는 객관적 상태를 일으켰다고 인정되는 것이다. 그리고 도달주의의 원칙은 상대방 있는 의사표시에 관하여는 격지자 간에서나 대화자 간에서나 모두 적용된다.15)

V. 무효와 취소

1. 법률행위의 무효

(1) 무효의 의의

무효(Nichtigkeit)라 함은 어느 누구의 주장도 기다리지 아니하고 당연히 절대적인 효력이 없는 것이다. 그러나 법률행위 무효는 법률행위의 부존재 또는 불

---

13) 고상용, 민법총칙, 493면.
14) 김용희, "의사표시의 효력발생시기에 대한 소고", 고시연구(1980. 6.).
15) 김상용, 민법총칙, 579면; 이영준, 민법총칙, 421, 424, 429면.

성립과는 구별하여야 한다. 왜냐하면, 법률행위의 유효·무효가 문제되는 것은 법률행위가 성립한 다음의 문제이기 때문이다.

(2) 무효의 일반적 효과

법률행위가 무효이면 그 법률행위의 내용에 따른 효과가 생기지 않는다. 법률행위의 내용에 따른 효과가 생기지 않을 뿐이므로 그 이외의 효과가 생기는 수도 있다. 예컨대, 이미 이행된 부분이 있는 경우에는 부당이득반환의 문제가 생기는 등의 경우이다. 그러나 법률행위의 내용에 따른 효과는 생기지 않으므로 물권행위가 무효이면 물권변동이 생기지 않고, 채권행위가 무효이면 채권은 발생하지 않는다.

무효는 제3자에 대한 관계에 있어서도 주장할 수 있음이 원칙이다. 그러나 거래안전을 위하여 제한되는 경우가 있다(민법 제107조 제2항, 제108조 제2항 등 참조).

(3) 무효행위의 추인

무효행위는 법률행위로서 효과가 발생하지 않는 것으로 확정하여 있으므로, 후에 어떤 행위로 인하여 유효로 되지 않는다(민법 제139조 본문). 그러나 당사자가 무효인 것을 알면서 추인한 때에는 새로운 법률행위를 한 것으로 본다(동조 단서). 민법은 당사자의 의사를 추측하고 그 편의를 위하여 한정된 범위 안에서 무효행위의 추인을 인정하고 있다. 추인에는 소급적 및 비소급적 추인이 있다.[16]

(4) 무효행위의 전환

갑이라는 법률행위로서의 무효인 행위가 을이라는 행위로서의 요건을 갖추고 있는 경우에 갑행위를 을행위로서 효력을 인정하는 것을 무효행위의 전환(Umdeutung, Konversion)이라고 한다. 구민법은 이에 관한 일반적 규정을 두고 있지 않았으나, 이를 인정하는 것이 통설이다. 그런데 현행 민법은 독일 민법의 영향을 본받아 이에 관한 규정을 두어 정면으로 인정하고 있다.

요건으로는 무효행위가 법률행위의 요건을 구비하였을 것과, 당사자가 무효를 알았더라면 다른 법률행위를 하는 것을 의욕하였으리라고 인정될 것을 요건으로 한다.[17]

---

16) 대법원 1995. 4. 11. 선고 94다53419 판결; 대법원 1992. 5. 12. 선고 91다26546 판결; 대법원 1998. 12. 22. 선고 97다15715 판결.

17) 대법원 1995. 4. 11. 선고 94다53419 판결; 대법원 2001. 5. 24. 선고 2000므1493 판결; 대법원

2. 법률행위의 취소

(1) 취소의 의의

법률행위의 취소(Rechtsgeshäfts anfechtbarkeit)라 함은 일단 유효하게 성립한 법률행위를 행위자의 제한능력 또는 사기·강박·착오 등을 이유로 특정인(취소권자)의 의사표시(취소)에 의하여 소급적으로 무효로 하는 것을 말한다. 취소할 수 있는 지위를 취소권이라고 하고, 그 성질은 일종의 형성권이다

민법 제140조 이하에서 규정하는 취소는 당사자와 제한능력 또는 사기·강박·착오를 이유로 하는 것에 한한다. 그러므로 이러한 사유 이외의 사유에 의한 취소는 민법총칙의 취소와는 다른 규정의 적용을 받는다. 그 예로서는 ① 의사표시 이외의 것의 취소(민법 제10조·제13조·제22조·제29조 등), ② 법률행위의 취소라도 위의 이유에 의한 것이 아닌 경우(예컨대, 채권자취소권의 민법 제406조) 서면에 의하지 아니한 증여의 취소(민법 제555조 등), ③ 신분행위의 취소(예컨대 혼인 및 입양의 취소, 민법 제816조 이하·제884조 이하 참조) 등이다.[18]

(2) 취소권자

민법 제140조(법률행위의 취소권자) 취소할 수 있는 법률행위는 제한능력자, 착오로 인하거나 사기·강박에 의하여 의사표시를 한 자, 그의 대리인 또는 승계인만이 취소할 수 있다.

취소의 원인이 있어 취소할 수 있는 상태에 있는 법률행위를 취소할 수 있는 법률행위라고 하고, 취소할 수 있는 법률행위를 취소할 수 있는 자는 취소권자이다. 민법 제140조는 취소권자를 한정적으로 열거하고 있다. 그러므로 본조에 열거하지 않은 자는 취소권자가 될 수 없다.

(3) 취소의 방법과 효과

1) 취소의 방법

취소의 방법은 곧 취소권의 행사방법이다. 취소권은 형성권이므로 취소권자의 단독 의사표시로써 한다. 소송 기타 특별한 형식에 의할 필요는 없다. 취소는

1994. 5. 24. 선고 93므119 판결; Münchener Kommentar § 140, Rdnr. 15.

18) 대법원 2002. 12. 10. 선고 2002다56031 판결; 대법원 2002. 11. 22. 선고 2001다13952 판결.

하나의 의사표시이므로 의사표시에서의 결과취소라고 인정할 수 있는 행위가 있으면 된다.

상대방이 확정되어 있는 경우에는 상대방에 대한 의사표시로써 한다(민법 제142조). 그 상대방이라고 하는 것은 취소할 수 있는 행위의 상대방을 말한다. 예컨대, 강박을 이유로 하여 취소하는 경우에는 강박에 의한 의사표시의 상대방이고, 이 자로부터 목적물을 전득한 제3자에 대하여는 취소의 효과를 주장할 수 있을 뿐이다.

상대방이 특정되지 아니한 경우에는 객관적으로 취소의 의사표시로 인정되는 행위가 있으면 된다.

2) 취소의 효과

민법 제141조(취소의 효과) 취소한 법률행위는 처음부터 무효인 것으로 본다. 다만, 제한능력자는 그 행위로 인하여 받은 이익이 현존하는 한도에서 상환할 책임이 있다.

민법 제748조(수익자의 반환범위) ① 선의의 수익자는 그 받은 이익이 현존하는 한도에서 반환할 책임이 있다.

② 악의의 수익자는 그 받은 이익에 이자를 붙여 반환하고 손해가 있으면 이를 배상하여야 한다.

취소한 법률행위는 소급하여 무효인 것으로 본다(민법 제141조 본문). 당사자의 제한능력을 이유로 취소하는 경우에는 모든 제3자에게 그 효과를 주장할 수 있다. 예컨대 미성년자 A가 B에게 매각한 부동산이 C·D로 이전된 경우에도 A가 B에게 취소를 하게 되면 C·D의 등기는 전부 소급하여 원인무효의 등기가 된다. 따라서 선의의 제3자에게도 대항할 수 있다. 그러나 착오·사기·강박으로 취소하는 경우에는 선의의 제3자에게 대항하지 못한다.

취소를 하게 되면 처음부터 무효가 되기 때문에 아직 이행을 하지 않았다면 이행할 필요가 없고 이행을 한 때에는 부당이득으로 반환할 의무가 생긴다. 따라서 목적물에 갈음하여 가액 반환을 하여야 한다. 예컨대 '갑'이 사기를 당하여 주택을 '을'에게 매도하고 '을'은 이를 모르는 '병'에게 매도한 경우 '갑'은 사기를 이유로 '병'에게 취소하더라도 소유권을 반환받을 수 없기 때문에 '을'을 상대로 주택반환에 갈음하여 가액반환을 부당이득으로 청구할 수 있다(민법 제741조). 그러나 제한능력자는 받은 이익이 '현존하는 한도' 내에서만 반환하면 된다(민법 제141조 단서). 이익의 현존이란 취소할 수 있는 범위에 의하여 취득한 이득이 현재 남아 있거나 또는 변형되어 남아 있는 것을 의미한다. 예컨대 유흥비나 자선으로 지출한 금액은 그 이익이 현존하지 않기 때문에 반환할 필요가 없지만, 채무의 변제에 충당한 금액이라든가 병원의 치료비 등은 모두 현존하는 이익이므로 무능력자라도 반환해야 할 것이다. 또한 당사자가 부담하는 의무는 원상회복 의무가 아닌 부당이득이기 때문에 수익자가 선의인 때에는 그 받은 이익이 현존하는 한도에서 반환하면 되지만, 악의인 때에는 받은 이익에 이자를 붙여 반환하여야 하고 그에 따른 손해가 있으면 그것까지도 배상하여야 한다(민법 제748조 제1항·제2항).

(4) 취소할 수 있는 법률행위의 추인과 법정추인

1) 취소할 수 있는 법률행위의 추인

> **민법 제143조(추인의 방법, 효과)** ① 취소할 수 있는 법률행위는 제140조에 규정한 자가 추인할 수 있고 추인 후에는 취소하지 못한다.
> ② 전조의 규정은 전항의 경우에 준용한다.
> **민법 제144조(추인의 요건)** ① 추인은 취소의 원인이 소멸된 후에 하여야만 효력이 있다.
> ② 제1항은 법정대리인 또는 후견인이 추인하는 경우에는 적용하지 아니한다.

추인(Bestätigung)이라 함은 취소할 수 있는 법률행위를 취소하지 않겠다는 일방적인 의사표시로서 취소권의 포기이다. 따라서, 추인을 하면 취소할 수 있는 법률행위가 확정적으로 유효한 것으로 된다.

임의추인이 되기 위해서는 다음과 같은 요건을 충족해야 한다. 첫째, 추인할 수 있는 법률행위는 법률행위의 취소권자가 할 수 있고 추인한 후에는 다시 취소하지 못한다(민법 제143조). 즉, 취소권을 확정적으로 포기하는 것이다. 둘째, 이러한 추인은 취소의 원인이 종료한 후에 하여야 한다(민법 제144조 제1항). 따라서 제한능력자가 능력자가 된 후에 하여야 하고, 착오·사기·강박에 의한 의사표시를 한 자는 이 상태에서 벗어난 뒤에 하여야 한다. 그러나 법정대리인과 후견인이 추인하는 경우에는 그러한 제한이 없다(민법 제144조 제2항). 그런데 후견인은 피후견인의 법정대리인이 되고(민법 제938조 제1항) 여기에 속하는 것으로 미성년후견인과, 성년후견인이 있다(민법 제932조, 제936조). 이에 대해 한정후견인, 특정후견인, 임의후견인은 가정법원의 처분에 의해 대리인으로 선임되거나 본인과의 계약에 의해 대리인이 되는데(민법 제959조의4, 제959조의11, 제959조의14) 민법 제144조 제2항 소정의 후견인은 이들을 의미한다.[19]

그러므로 피성년후견인 이외의 제한능력자가 법정대리인의 동의를 얻어서 이들 행위를 한 경우나 법정대리인과 후견인은 취소의 원인이 종료하기 전이라도 추인할 수 있다.

셋째, 이 추인은 취소권의 포기이므로 취소할 수 있는 것을 알고 하여야 한다.

넷째, 당사자 일방에게 취소권의 원인이 두 개 이상이 있는 경우 이를 알고 추인한 때에는 취소권이 모두 소멸하지만 그중 하나만을 알고 추인한 때에는 다른 원인에 의한 취소권은 소멸하지 않는다.

추인이 있으면 그 후로는 취소할 수 없고 그 법률행위는 완전히 유효한 것으로 확정된다(민법 제143조 제1항).

2) 법정추인

> **민법 제145조(법정추인)** 취소할 수 있는 법률행위에 관하여 추인의 요건에 해당하여 추인할 수 있는 후에 다음 각 호의 사유가 있으면 추인한 것으로 본다. 그러나 이의를 보류한 때에는 그러하지 아니하다.
> 1. 전부나 일부의 이행
> 2. 이행의 청구
> 3. 경개
> 4. 담보의 제공
> 5. 취소할 수 있는 행위로 취득한 권리의 전부나 일부의 양도
> 6. 강제집행

취소할 수 있는 법률행위를 묵시적으로 할 수 있다. 그러나 묵시적으로 추인을 하는 경우에는 당사자 간에 분쟁의 소지가 발생할 수 있기 때문에 민법은 제144조의 추인요건을 갖춘 후에 취소할 수 있는 행위에 관하여 사회 일반인이 추인이라고 인정할 만한 일정한 사실이 있는 경우에는 취소권자의 추인 여부를 묻지 않고 법률상 당연히 추인한 것으로 보고 있다. 이를 법정추인이라고 한다.[20]

---

19) 김준호, 전게서, 390면.
20) 김상용, 전게서, 769면.

(5) 취소권의 소멸

민법은 취소권에 관하여 단기의 존속기간을 정하였다(민법 제146조). 취소할 수 있는 행위를 오랫동안 불확정한 상태에 놓이게 하는 것은, 상대방이나 일반 제3자의 처지를 곤란하게 하기 때문이다. 즉, 취소권은 "추인할 수 있는 날로부터 3년 안"에 또는 "법률행위를 한 날로부터 10년 안"에 행사하여야 한다. 따라서 이 기간이 만료하면 취소권은 소멸한다. 그리고 이 기간의 성질은 소멸시효기간이 아니라 제척기간이다.[21]

제 2 절 물권법

I. 서 설

1. 물권법의 의의

물권법(Sachenrecht)은 각종의 재화에 대한 사람의 지배관계를 규율하는 사법으로 채권법과 더불어 재산법(Vermögensrecht, Law of Property)을 이루고 있다. 이러한 물권법의 사회적 기능은 사람의 물질계 지배에 질서를 부여하는 기능을 한다. 이를 실질적 의의의 물권법의 작용이요, 기능(Funktion)이라 할 수 있다.

이에 반하여, 형식적 의의의 물권법이라 할 때에는 민법전의 제2편 물권편(민법 제185조 내지 제372조)을 가리킨다. 동편은 총칙·점유권·소유권·지상권·지역권·전세권·유치권·질권·저당권의 9장, 총 190개조로 구성되어 있다.

물권은 특정의 물건을 직접 지배하여 이익을 얻는 것을 내용으로 하는 배타적인 권리로서 다음과 같은 특징을 가지고 있다. 우선 물권은 특정물건을 직접 지배하는 권리로서 다른 누구의 협력이나 동의를 요하지 않고서 직접 물건을 지배한다. '직접으로'라고 함은 채권에 있어서는 그 권리의 실현을 위하여 채무자의 행위를 필요로 함에 대하여, 물권에 있어서는 권리의 실현을 위하여 타인의 개재를 필요로 하지 않는다는 뜻이다. 그리고 물권은 지배권이다. 권리를 청구

---

21) 곽윤직, 전게서, 525면; 김용한, 전게서, 416면; 이영준, 전게서, 705면.

권·지배권·형성권으로 분류한다면, 채권은 청구권임에 반하여 물권은 지배권에 속한다.[22)]

하나의 물건에 대하여 어떤 자의 지배가 성립하면 그 물적 이익에 관하여는 다른 자의 지배를 인정할 수 없게 된다. 이를 물권의 배타성이라 한다. 예컨대 동일물 위에 소유권이 두 개 있을 수 없다는 것이다. 다만 성질을 달리하는 소유권과 제한물권은 동일물 위에 병존할 수 있다. 이와 반대로 채권에 있어서는, 같은 채무자에 대하여 같은 내용의 채권이 동시에 여러 개 병립할 수 있고, 또 그 사이에 우열의 차이가 없다. 따라서, 물권의 배타성은 제3자에 대한 영향이 크기 때문에, 그 존재를 나타내는 공시방법을 갖추어야 한다. 그리고 물건의 직접 지배에 대한 권리를 모든 사람에게 주장할 수 있는 권리를 절대권이라 한다. 이에 반해 상대권이라 함은 채권적인 성격을 가지고 있는 것으로 특정인을 상대로 하여 주장할 수 있는 권리이다.

2. 물권의 객체

물권의 객체가 되는 것은 민법상의 의의의 물건인 유체물 및 전기 기타 관리 가능한 자연력을 말한다. 물권의 객체인 물건은 특정되어야 하고, 한 개의 물건에 한한다.

(1) 특정·독립의 물건

물권의 객체는 원칙적으로 물건이어야 하며 그 물건은 유체물·전기 및 관리할 수 있는 자연력을 말한다. 다만 지상권·전세권·준점유 등은 권리를 물권의 객체로 하고 있다.

물권의 객체인 물건은 특정, 현존하여야 한다. 물권은 물건에 대한 직접적인 지배를 본질적인 내용으로 하고 있기 때문에 특정되어 있고 현존하고 있는 물건이어야 한다. 예컨대 사과 1박스와 같은 종류물 내지 불특정물 위에는 채권은 성립할 수 있어도 구체적으로 어느 맥주 1상자인지를 알 수 없기 때문에 물권은 성립하지 못한다. 같은 맥락에서 현존하지 않은 물건에 대해서는 물권은 성립할 수 없다.

---

22) 김상용, 물권법, 법문사, 1993, 19면.

물권의 객체인 물건은 독립한 물건이어야 한다. 독립한 물건이란 거래하는 데 하나의 독립한 물건으로서 인정되는 물건을 말한다. 따라서 물건의 일부라든가 구성부분 등은 물권의 객체가 되지 못한다. 그러나 용익물권과 구분소유권에 대하여는 건물 또는 토지의 일부에도 설정할 수 있다.

> 토지의 개수는 지적법에 의한 지적공부상의 토지의 필수를 표준으로 하여 결정되는 것으로 1필지의 토지를 수필의 토지로 분할하여 등기하려면 먼저 위와 같이 지적법이 정하는 바에 따라 분할의 절차를 밟아 지적공부에 각 필지마다 등록이 되어야 하고 지적법상의 분필절차를 거치지 아니하는 한 1개의 토지로서 등기의 목적이 될 수 없는 것이며 설사 등기부에만 분필의 등기가 실행되었다 하여도 이로써 분필의 효과가 발생할 수는 없는 것이므로 결국 이러한 분필등기는 일부동산 일등기용지의 원칙에 반하는 등기로서 무효라고 할 것이다(대법원 1990. 12. 7. 선고 90다카25208 판결).

건축 중의 건물은 그 기능과 효용 면에서 적어도 기둥과 지붕, 주벽만이라도 있어야 독립된 건물이라고 할 수 있다. 따라서 4개의 나무기둥을 세우고 유지로 만든 지붕을 얹고 벽이라고 볼 만한 시설이 되어 있지 아니한 물건은 건물이라고 할 수 없다.

(2) 일물일권주의

하나의 물건 위에는 그 내용이 동일한 물권이 다시 성립할 수 없다는 것으로 이는 물권의 절대성·배타성의 당연한 귀결로서 인정되는 것이다. 이 원칙으로부터 다시 하나의 물건의 일부분에는 독립한 물권이 존재할 수 없고, 또한 수 개의 물건 전체 위에도 하나의 물권이 성립할 수 없다는 원칙이 파생적으로 발생하게 된다. 다만 용익물권의 경우와 같이 물건의 일부나 집합물 위에 물권을 설정하여야 할 필요성이 있을 때는 인정한다.

위와 같은 일물일권주의는 두 가지 의미를 가지고 있는데, 첫째, 하나의 물건 위에는 앞의 물권과 동일한 내용을 갖는 물권은 다시 성립할 수 없고, 둘째, 하나의 물권은 하나의 독립된 물건 위에만 성립될 수 있다는 것이다.

3. 물권법정주의

(1) 물권법정주의의 의의

민법 제185조는 "물권은 법률 또는 관습법에 의하는 외에 임의로 창설하지 못한다"고 규정함으로써 물권법정주의를 선언하고 있다. 물권법에 있어서는 채권법에 있어서와 같이 당사자의 의사표시의 합치에 의하여 계약의 종류와 내용을 정할 수 없다. 물권의 종류와 내용은 물권법에 정해진 것에 한하고 당사자간에 임의로 창설하지 못한다. 위와 같은 이유는 물권법이 강행법규적인 성질을 가지고 있기 때문이다.

(2) 물권의 종류

민법이 규정하는 물권은 점유권·소유권·지상권·지역권·전세권·유치권·질권·저당권의 8종이 민법이 인정하고 있는 물권이다.

점유권은 물건을 지배할 수 있는 법률상의 권리가 있는지의 여부와 관계없이 물건을 사실상 지배하고 있는 그 자체를 보호하는 것을 목적으로 하는 물권이다. 이에 반해 본권은 물건의 사실상 지배 여부를 묻지 않고 정당한 권원에 의하여 물건을 점유할 수 있는 권리이다.

소유권은 객체인 물건을 전면적으로 지배할 수 있는 물권으로서, 물건이 가지는 사용가치와 교환가치의 전부를 지배할 수 있는 권리이다. 반면 제한물권은 물권이 가지는 사용가치나 교환가치에 대해서 제한적으로만 지배할 수 있는 권리이다.

용익물권은 물건이 가지는 사용가치만의 지배를 목적으로 하여 성립하는 물권이다. 용익물권의 종류에는 지상권·지역권·전세권이 있다. 담보물권은 채권담보를 위하여 물건이 가지는 교환가치만의 지배를 목적으로 하여 성립하는 것으로서 유치권·질권·저당권이 있다. 이 중 유치권은 법률의 규정에 의하여 당연히 성립하는 법정담보물권이고 질권과 저당권은 당사자의 합의에 의하여 성립하는 약정담보물권이다.

관습법상 인정되는 물권에는 분묘기지권·관습법상의 법정지상권·양도담보권 등이 있다. 이 중 분묘기지권은 타인의 토지 위에 분묘를 설치하는 때에는 일정한 요건 하에 지상권에 유사한 물권인 분묘기지권이 성립한다.

그리고 관습법상의 법정지상권은 동일인의 소유에 속하는 대지와 그 지상건물이 매매 등으로 각각 소유자를 달리하게 된 경우에는, 특히 그 건물을 철거한다는 특약이 없는 한, 건물의 소유자는 그 대지 위에 관습법상 법정지상권을 취득한다.

4. 물권의 효력

물권은 그 종류마다 각각 특수한 효력이 있지만, 여기서 고찰하려고 하는 것은 모든 물권에 공통된 일반적 효력(Allgemeineswirkung)이다. 그러한 효력으로서 이른바 우선적 효력과 물권적 청구권을 들 수 있다. 이 효력은 물권의 객체에 대한 배타적 지배권이라는 본질로부터 나오는 것이다.

물권도 권리이기 때문에 그 침해가 있을 때에는 불법행위에 따른 손해배상이나 부당이득을 주장하여 구제받을 수 있다. 그러나 이에 관해서는 채권법에서 규정하고 있고 물권법에서는 민법이 인정하는 물권의 종류로 8종류가 있으며 그 각각의 물권에는 특유한 효력이 있다. 그리고 그 각 물권마다의 공통적인 효력이 있는데 이것이 '물권의 우선적 효력'과 '물권적 청구권'이다.

5. 물권적 청구권

(1) 물권적 청구권의 의의

물권내용의 실현이 침해를 받거나 또는 받을 염려가 있을 경우에 그 방해의 제거 또는 예방에 필요한 행위를 청구할 수 있는 권리이다. 이는 물권이 목적물에 대한 직접적인 지배권의 성질을 가지고 있기 때문이다.

(2) 물권적 청구권의 성질

1) 의 의

물권적 청구권은 특정인에 대하여 일정한 행위를 청구하는 것이 그 내용이므로 채권적인 성격을 가지고 있다. 물권적 청구권은 물권에 의존하는 권리이므로 언제나 물권과 운명을 같이 한다. 즉, 물권이 이전하거나 소멸하면 물권적 청구권도 이전하거나 소멸한다. 그렇지만 물권적 청구권만을 양도할 수는 없다. 그리고 물권은 채권에 우선하므로 물권적 청구권은 채권적 청구권에 우선한다.

2) 물권적 청구권의 소멸시효

물권적 청구권은 소멸시효에 걸리지 않는다고 보는 것이 다수설이다. 다만 소유권에 기한 물권적 청구권은 소멸시효에 걸리지 않으나 제한물권에 기한 물권적 청구권은 소멸시효에 걸린다고 보는 것이 통설이다.

3) 물권적 청구권과 손해배상청구

물권적 청구권은 방해자의 고의나 과실을 요구하지 않으나,[23] 불법행위에 의한 손해배상청구권에 있어서는 언제나 고의·과실이 요구된다. 물권적 청구권은 방해의 제거와 예방에 필요한 행위를 요구할 수 있는 권리이고, 손해배상청구권은 물권적인 침해가 불법행위인 경우 물권자에게 손해배상청구권을 인정하는 권리이다. 불법행위에 기한 손해배상청구권은 그 손해를 금전으로 환가해서 배상요구할 수 있다. 따라서 물권에 대한 불법적인 침해로 말미암아 손해가 발생하였을 경우에는 물권적 청구권과 손해배상청구권이 병존하게 된다.

(3) 물권적 청구권의 종류

1) 물권적 반환청구권

물권의 객체인 목적물의 점유를 침탈하거나 반환을 거부함으로써 물권이 침해되는 경우에 성립하는 청구권으로서 물권자는 점유자에 대하여 손해배상과 목적물의 반환을 청구할 수 있다.

2) 물권적 방해제거청구권

물권의 목적물에 대한 점유의 침탈 및 반환거부 이외의 방법에 의하여 물권의 행사가 방해되고 있는 경우에 성립하는 청구권으로서 물권자는 방해자에 대하여 방해의 제거 및 손해배상청구를 할 수 있다.

3) 물권적 방해예방청구권

물권의 목적물에 대한 침해가 현재는 발생하고 있지 않지만 장래 발생할 염려가 있는 경우에 침해가 발생할 원인의 제거 또는 담보의 제공을 청구할 수 있다.

---

23) 대법원 1993. 1. 26. 선고 92다48693 판결.

Ⅱ. 물권의 변동

1. 물권변동의 의의

물권의 변동(dingliche Rechtsänderung)이란 물권의 변동·발생·소멸을 총칭하는 것으로, 물권의 주체를 중심으로 보면 물권의 득실·변경이 일어난다고 할 수 있다.

위와 같은 물권의 득실변경은 법률행위에 의한 물권변동과 법률행위에 의하지 않은 물권변동으로 나누어 볼 수가 있는데, 우선 법률행위에 의한 물권변동이란 당사자가 물권변동을 목적으로 하는 의사표시의 합치에 의하여 일어나는 것을 의미하는 것이고, 법률행위에 의하지 않는 물권변동이란 당사자의 의사에 의하지 않고 법률의 규정에 의하여 물권변동이 발생하는 것을 말한다.

민법은 사적 자치를 기본원리로 하고 있기 때문에, 물권법에서도 역시 물권변동을 일으키는 모든 법률요건 중에서 법률행위가 가장 중요하다. 법률의 규정에 의한 물권변동 중 중요한 것으로는 민법이 규정하는 것으로, 취득시효(민법 제245조 이하), 유실물습득(민법 제253조), 매장물 발견(민법 제254조), 첨부(부합·혼화·가공, 민법 제256조 내지 제261조), 상속(민법 제1005조) 등이 있고, 민법 이외의 법률이 규정하는 것으로, 공용징수·몰수 등이 있다.

2. 물권변동에 있어서 공시의 원칙과 공신의 원칙

(1) 공시의 원칙

공시의 원칙(Grundsatz der Oftenkundigkeit)이란 물권은 배타성이 있으므로 공시성을 수반해야 하고, 그 공시방법은 동산에 있어서는 점유, 부동산에 있어서는 등기이다. 그러나 물권은 그 귀속관계가 고정되어 있는 것이 아니라, 빈번히 변동하므로 물권의 공시성이 관철되기 위하여는 물권의 변동이 있을 때마다 그것이 공시되지 않으면 안 된다. 이것이 물권변동에 있어서 공시의 원칙이다.[24]

현대법은 모두 공시의 이상을 실현하기 위하여 어느 정도 이를 강제하는 방법을 쓰고 있다. 그 방법에는, 첫째, 공시방법을 갖추지 않으면 물권변동의 효력

---

24) 장경학, 물권법, 143~144면.

을 발생하지 않게 하는 형식주의(성립요건주의)이고, 둘째, 물권변동을 목적으로 하는 의사표시만 있으면 당사자 사이에는 그 효력이 생기지만 제3자에 대한 관계에 있어서는 그 효력을 주장하지 못하는 의사주의(대항요건주의)가 있다. 우리 민법과 독일 민법은 형식주의를 취하고, 구민법과 프랑스 민법은 의사주의를 취하고 있다.[25]

(2) 공신의 원칙

1) 의 의

진실한 권리보다 거래의 안전을 더 중시하여, 등기 또는 점유를 신뢰하고 거래한 자를 진실한 권리자보다 더 보호하여야 한다는 원칙을 공신의 원칙(Grundsatz des öffentlichen Glaubens)이라고 부른다. 공시의 원칙은 물권이 있으면 공시가 이에 따라야 한다는 것임에 반하여, 공신의 원칙은 공시가 있으면 물권이 이에 따라야 한다는 원칙이다. 우리 민법은 동산에 관해서만 공신의 원칙을 인정하고 부동산에 관하여는 이를 인정하지 않는다.[26]

2) 동산 물권에 있어서의 공신의 원칙

로마법에 있어서는 "어느 누구도 자기가 가지는 이상의 권리를 타인에게 줄 수 없다(Nemo plus juris ad alium transferre potest quam ipse habet)" 또는 "내 물건을 발견한 곳에서 나는 그것을 도로 찾는다"라는 원칙이 동산·부동산을 통하여 관철되어 있었으므로, 로마법에서는 공신의 원칙이 인정될 여지가 없었다. 이에 반하여 게르만법에서는 "자기가 믿음을 둔 곳에서 그 믿음을 도로 찾아야 한다(Wo mon olinen Glauben gelassen hat, da muss man ihn suchen)", "손이 손을 지킬지어다(Hand wahre Hand)"라는 원칙이 행하여져 공신의 원칙이 인정되었다. 우리 민법도 근대의 다른 민법에 있어서와 같이 동산에 관하여 공신의 원칙을 인정하였다(민법 제249조 이하). 그리하여, 동산에 관하여는 평온·공연·선의·무과실로 점유한 자는 즉시 그 동산 위에 행사하는 권리(소유권·질권)를 취득한다.

3) 부동산 물권에 있어서 공신의 원칙

부동산 물권의 표상인 등기에 공신력을 부여하는 것도 독일에서 먼저 저당

---

25) 곽윤직, 물권법, 61면; 김용한, 전게서, 77면; 김증한, 전게서, 42면 참조; Palandt, Kurz—Kommentar zum BGB, Einf. v. §328, s. 5.

26) 김증한, 전게서, 35~38면.

권의 취득에 관하여 시작되어, 다음에 부동산 소유권 기타의 부동산 물권에 미치게 되었다. 그러나 우리 민법은 형식주의를 취한 점에 있어서는 독일 민법과 같으면서도 부동산에 관하여 구민법에 있어서와 마찬가지로 공신의 원칙을 인정하지 않았다.

4) 공신의 원칙의 확장

공신의 원칙은 진실한 권리관계가 존재하는 것 같이 보이는 외형을 신뢰하는 자를 보호하려고 하는 하나의 제도의 표현이다. 이러한 제도는 물권에 한하는 것은 아니다. 근대 거래법의 모든 영역에 걸쳐서 대단히 많다. 예컨대, 표현대리(민법 제125조 이하), 채권의 준점유자·영수증 소지자 또는 증권적 채권의 소지인에 대한 변제(민법 제470조·제471조·제518조·제524조) 등이 현저한 것들이다.

3. 물권행위

(1) 물권행위의 개념

물권행위는 채권행위를 전제로 하여 행하여지게 되는 것이 보통이며 이러한 채권행위를 물권행위에 대한 관계에서 원인행위라고 부른다. 물권행위는 직접 물권변동을 가져오는 것을 목적으로 하기 때문에 채권행위와는 달리 이행의 문제를 남기지 않는다. 예컨대 갑이 그 소유건물에 대하여 을과 매매계약을 체결한 경우, 양 당사자는 채권채무를 발생시키고 그에 따라 이행이라는 문제를 남기게 된다. 즉, 갑은 소유권을 넘겨주어야 할 채무를 부담하고 을은 잔금을 지급하여야 할 채무를 부담하게 되는 것이다. 매매계약은 체결하였지만 아직 을에게 소유권이전은 되어 있지 않은 상태이고 갑 역시 잔금을 지급받지는 못한 상태이기 때문이다. 따라서 갑은 을에게 등기를 넘겨주어야 할 채무를 부담하고 을은 잔금을 지불해야 한다는 이행의 문제를 남기게 된다. 이들 채무를 이행하기 위해서 갑과 을은 잔금지급과 상환으로 소유권이전등기의 합의인 물권행위를 하고, 이에 따라 등기와 인도라는 공시방법을 갖추게 되면 이행의 문제가 생기지 않는 물권변동이 발생하게 된다.

(2) 물권행위와 공시방법

물권행위는 물권의 변동을 목적으로 하는 법률행위이다. 이러한 물권변동이 당사자의 의사표시만으로 발생하느냐 아니면 등기·인도라는 공시방법까지 갖추어야만 물권변동이 일어나느냐 하는 문제로 두 개의 입법주의가 대립하고 있다.

1) **성립요건주의**(형식주의)

물권의 변동을 목적으로 하는 당사자의 의사표시(물권행위) 외에 부동산은 등기, 동산은 인도라는 공시방법을 갖추어야 비로소 물권변동이 일어난다고 하는 입법주의이다. 따라서 이러한 공시방법을 갖추지 않으면 제3자에 대한 관계에 있어서는 물론이고 당사자 사이에서도 물권변동의 효과가 발생하지 않게 된다. 우리 민법이 취하고 있는 입법주의로서 물권변동의 존부와 시기가 명료하여 거래의 안전을 꾀할 수 있다는 장점이 있는 반면에 형식을 갖출 것을 요건으로 함에 따라 거래의 신속성이 원활하지 못하다.

2) **대항요건주의**(의사주의)

당사자 간에는 물권행위만으로 물권변동의 효과가 생기지만 그것을 제3자에게 대항하기 위해서는 공시방법을 갖추어야만 비로소 물권변동이 일어난다고 하는 주의이다. 즉, 물권변동은 당사자의 의사표시만으로써 발생하며, 그밖에 어떠한 형식(공시)을 갖출 필요가 없다는 입법주의이다. 여기서 형식이란 부동산에 관해서는 등기, 동산은 점유를 의미한다. 다만, 의사주의 하에서도 물건의 공시는 필요로 하지만 그것은 제3자에게 대항하기 위해서 형식주의를 필요로 한다. 즉, 의사주의 하에서도 물권변동의 효력을 제3자에게 주장하기 위해서는 공시방법을 갖추어야만 대항할 수 있다.

의사주의는 사적 자치의 원칙에 의거하여 거래의 신속을 가져올 수 있는 반면, 법률관계가 확실·안전하지 못하다.

4. 법률행위로 인한 부동산 물권의 변동

(1) 의 의

민법 제186조는 "부동산에 관한 법률행위로 인한 물권의 득실변경은 등기하여야 그 효력이 생긴다"고 규정함으로써 법률행위에 의한 부동산 물권변동에 관하여 이른바 형식주의를 취하고 있다. 즉, 법률행위에 의한 부동산 물권의 변동은 물권행위와 등기의 두 가지 요건을 갖추었을 경우에 비로소 성립 내지 효력을 발생하게 된다. 위와 같은 부동산 물권변동에 관하여 물권행위와 등기가 요구되는 물권에는 소유권·지상권·지역권·전세권·저당권·권리질권 6가지가 있다. 점유권과 유치권은 점유하고 있다는 사실에 기하여 이 사실이 계속되고 있는 동안에만 인정되는 권리이므로 등기를 요하지 않는다.

(2) 물권행위와 등기의 요건

법률행위에 의한 부동산 물권변동의 효력이 일어나려면 물권행위와 그와 부합하는 등기가 있어야 한다. 예컨대, 주택을 이전등기하기로 하였는데 임야로 등기하였다면 그 등기는 무효가 된다.

(3) 부동산 등기

1) 등기의 의의

공시의 원칙은 근대 물권법의 대사상이고, 그 공시방법은 부동산에 있어서는 등기이다. 등기(Grundbuchwesen)라 함은 등기부라고 불리는 일종의 공부(Öffentliches Grundbuch)에 일정한 사항을 기재(Eintraung)하는 것이고, 등기에는 법인등기·상업등기·부부재산계약의 등기 등 여러 가지가 있지만, 여기서는 부동산등기를 말하는 것이다. 부동산등기는 등기공무원이 부동산에 관한 권리관계를 등기부에 기재함을 말한다. 이것은 공법상의 행위이다. 또 등기라는 용어로써 행하여진 기재 그 자체를 가리키기도 한다. 등기는 등기사무를 담당하는 국가기관인 등기소에서 담당하고, 등기소에서 등기사무를 처리하는 공무원을 등기공무원이라고 부른다. 부동산등기부는 토지등기부와 건물등기부의 2종으로 나뉘며, 각각 1필의 토지 또는 1동의 건물에 대하여 원칙적으로 1용지를 사용한다. 등기부의 편성방법에는 인적 편성주의와 물적 편성주의가 있는바, 우리나라의 등기부는 물적 편성주의이다.[27]

2) 등기의 형식적 유효요건

등기가 형식적인 유효요건에 충족하기 위해서는 다음과 같은 요건을 충족해야 한다. 부동산 물권변동을 가져올 등기는 부동산등기법이 정하는 절차에 따라 적법하게 행하여져야 하며 등기가 있어야 한다. 등기는 효력발생요건이고 효력존속요건이 아니기 때문에 일단 유효하게 존재하였던 등기가 멸실되거나 또는

---

27) 김용한, 전게서, 76면; 김증한, 전게서, 40면.

[서식] 등기부등본

등기사항전부증명서(말소사항 포함)
- 집합건물 -

고유번호 1162-1996-013469

[집합건물] 서울특별시 송파구 잠실동 27 잠실주공아파트

【 표 제 부 】 (1동의 건물의 표시)

표시번호	접 수	소재지번,건물명칭 및 번호	건 물 내 역	등기원인 및 기타사항
1 (전 1)	1998년9월1일	서울특별시 송파구 잠실동 27 잠실주공아파트	철근콘크리트조 스라브지붕 15층 아파트 1층 1106.80㎡ 2층 1108.10㎡ 3층 1108.10㎡ 4층 1108.10㎡ 5층 1108.10㎡ 6층 1108.10㎡ 7층 1108.10㎡ 8층 1108.10㎡ 9층 1108.10㎡ 10층 1108.10㎡ 11층 1108.10㎡ 12층 1108.10㎡ 13층 1108.10㎡ 14층 1108.10㎡ 15층 1108.10㎡ 지하실 937.50㎡	부동산등기법 제177조의 6 제1항의 규정에 의하여 1999년 04월 07일 전산이기
2		서울특별시 송파구 잠실동 27 잠실주공아파트 [도로명주소] 서울특별시 송파구 송파대로 567	철근콘크리트조 스라브지붕 15층 아파트 1층 1106.80㎡ 2층 1108.10㎡ 3층 1108.10㎡ 4층 1108.10㎡ 5층 1108.10㎡ 6층 1108.10㎡ 7층 1108.10㎡ 8층 1108.10㎡ 9층 1108.10㎡	도로명주소 2013년4월22일 등기

(대지권의 목적인 토지의 표시)

표시번호	소 재 지 번	지 목	면 적	등기원인 및 기타사항
1 (전 1)	1. 서울특별시 송파구 잠실동 27 2. 서울특별시 송파구 잠실동 27-7	대 공원	296846.1㎡ 6637.9㎡	1998년9월1일 부동산등기법 제177조의 6 제1항의 규정에 의하여 1999년 04월 07일 전산이기

【 표 제 부 】 (전유부분의 건물의 표시)

표시번호	접 수	건 물 번 호	건 물 내 역	등기원인 및 기타사항
1 (전 1)	1978년8월11일	제8층 제803호	철근콘크리트조 110.81㎡	도면편철장 11책468장 부동산등기법 제177조의 6 제1항의 규정에 의하여 1999년 04월 07일 전산이기

(대지권의 표시)

표시번호	대지권종류	대지권비율	등기원인 및 기타사항
1 (전 1)	1, 2 소유권대지권	303484분의 80.98	1986년4월30일 대지권 1986년4월30일 부동산등기법 제177조의 6 제1항의 규정에 의하여 1999년 04월 07일 전산이기

[집합건물] 서울특별시 송파구 잠실동 27 잠실주공아파트 제503동 제8층

【 갑　　구 】 （ 소유권에 관한 사항 ）

순위번호	등기목적	접수	등기원인	권리자 및 기타사항
1 (전 3)	소유권이전	1987년4월30일 제50614호	1987년4월29일 매매	소유자 김　　　0529-＊＊＊＊＊＊ 　서울 송파구 잠실동 27 아파트 503동 부동산등기법 제177조의 6 제1항의 규정에 의하여 1999년 04월 07일 전산이기
1-1	1번등기명의인표시 변경		2011년10월31일 도로명주소	김　　　주소 서울특별시 송파구 송파대로 　567，　　　；(잠실동, 아파트) 2013년11월11일 부기
2	압류	2001년2월20일 제10353호	2001년2월19일 압류(세울13410 -1309)	권리자 송파구
3	압류	2002년2월18일 제17390호	2002년2월18일 압류(지권1612- 896)	권리자 국민건강보험공단송파지사
4	3번압류등기말소	2002년3월8일 제27987호	2002년3월8일 해제	
5	2번압류등기말소	2002년3월9일 제28826호	2002년3월8일 해제	
6	압류	2005년4월18일 제32698호	2005년3월22일 압류(세무1-186 2)	권리자 서울시송파구

【 을　　구 】 （ 소유권 이외의 권리에 관한 사항 ）

순위번호	등기목적	접수	등기원인	권리자 및 기타사항
1 (전 1)	근저당권설정	1982년12월31일 제156481호	1982년12월23일 설정계약	채권최고액 금이백일십만원정 채무자 이 　서울 강동구 잠실동 27 아파트 519동 근저당권자 한국주택은행 　서울 중구 태평로1가 61-1 　(영업2부) 공동담보 토지27,27의7
1-1	1번근저당권이전	2006년1월27일 제5831호	2001년11월1일 회사합병	근저당권자 주식회사국민은행 110111-2365321 서울 중구 남대문로2가 9-1 　(잠실중앙지점)
16-5	16번등기명의인표시 변경	2019년7월18일 제104884호	2018년11월7일 전거	장　　의 주소 서울특별시 성동구 성수일로4길 　26,105동 　　(성수동2가,서울숲힐스테이트)
16-6	16번근저당권부채권 근질권설정	2019년7월18일 제104886호	2019년7월18일 설정계약	채권최고액 금1,080,000,000원 채무자 장 　서울특별시 성동구 성수일로4길 26,105동 　(성수동2가,서울숲힐스테이트) 채권자 주식회사조은저축은행 110111-0129612 　서울특별시 강남구 강남대로 574, 2,3층 　(논현동,전기공사공제조합)
17	근저당권설정	2015년6월2일 제45016호	2015년6월2일 설정계약	채권최고액 금76,000,000원 채무자 김 　서울특별시 송파구 송파대로 567, 503동 　(잠실동, 아파트) 근저당권자 장　　　1106-＊＊＊＊＊＊＊ 　서울특별시 성동구 성덕정길 56-7, 가동 　(성수동1가,진흥빌라)
18	12-3번질권, 15-2번질권 등기말소	2015년6월3일 제45302호	2015년6월2일 해지	

새 등기부에 이기되는 과정에서 빠진 경우에는 그 등기가 표상하였던 물권은 소멸하지 않는다고 보는 것이다.

등기는 관할등기소에 해야 한다. 소유권 보존등기의 경우 등기명의인이 동일인인 경우 먼저 이루어진 소유권보존등기가 원인무효가 되지 아니하는 한 뒤에 한 소유권보존등기는 무효가 된다. 그리고 부동산등기법이 정하는 신청절차에 따라 등기를 해야 한다.

3) 등기의 실질적 유효요건

등기는 물권행위와 일치하여야 한다. 따라서 실질적인 권리관계와 일치하지 않는 등기가 이루어진 경우에는 비록 형식적 요건이 갖추어져 있다고 하더라도 원칙적으로 물권변동의 효력은 발생하지 않게 된다.

4) 등기의 종류

① 기입등기   소유권보존등기·소유권이전등기·저당권설정등기 등과 같이 새로운 등기원인에 의하여 새로이 등기용지에 기입하는 등기를 말한다.

② 경정등기   등기를 하였는데 그 절차상의 착오 또는 유루(遺漏, 빠져있음)로 인하여 이를 시정하기 위하여 하는 경우이다(예: 신청인 또는 등기관의 고의·과실로 원시적으로 주소를 오기하거나 일부를 빠뜨린 때).

③ 변경등기   등기가 행하여진 후에 등기된 사항에 변경이 생겨서 이를 시정하기 위하여 하는 등기를 말한다. 즉, 등기가 이루어진 후 후발적 등기사항에 변경이 생겨 하는 등기를 말한다(예: 주소가 변경되거나 성명이 변경된 때 또는 저당권의 이율이 변경된 때). 경정등기와 변경등기의 차이점은 등기와 실체관계의 불일치가 원시적 하자이냐 아니면 후발적 하자이냐에 있다.

④ 말소등기   등기된 권리나 객체가 원시적이나 후발적으로 존재하지 않는 경우에 이미 있는 등기를 주말(예: 말소할 권리를 빨간색의 줄로 삭제함)하고 그 취지를 기재하는 등기이다. 예컨대 피담보채권을 전부 변제하여 저당권이 소멸한 경우에 저당권 설정등기를 지워버리기 위한 등기이다.

⑤ 회복등기   기존의 등기가 있음에도 불구하고 부당하게 소멸한 경우 이를 부활하게 하는 등기이다. 회복등기에는 구등기의 전부 또는 일부가 말소된 등기를 회복하는 말소회복등기와 등기부가 부당하게 멸실된 경우에 회복하는 멸

실회복등기가 있다.

⑥ **멸실등기**   멸실등기는 부동산이 전부 멸실된 경우에 하는 등기로 표제부의 기재를 주말하고 그 등기용지를 폐쇄하는 방법으로 한다. 토지나 건물의 일부가 멸실된 때에는 변경등기를 하여야 하고 멸실등기를 하지 않음을 주의하여야 한다. 따라서 멸실등기는 사실의 등기로서 목적부동산 위의 권리는 모두 소멸하여 등기용지를 폐쇄를 하게 된다.

[등기의 종류]

내 용		등기부 종류
권리관계	사실의 등기	사실의 등기는 부동산의 표시에 관한 등기로서 표제부에 등기한다(위치·목적·면적).
	권리의 등기	그 부동산의 권리관계에 대한 사항을 등기한다(갑구·을구).
권리등기 세분	보존등기	미등기의 부동산에 대하여 그 소유자의 신청으로 처음으로 행하여지는 등기이다(건물신축).
	권리변동등기	보존등기를 기초로 하여 그 후의 권리변동에 관한 등기
등기내용의 분류	기입등기	새로운 등기원인에 의하여 등기용지에 새로운 사항을 등기 (소유권보존등기·소유권이전등기·저당권설정등기)
	경정등기	원시적으로 등기와 실체관계가 일치하지 않아 이를 바로 잡기 위한 등기(주소오기·등기공무원의 착오·유루)
	변경등기	등기와 실체관계간의 후발적 불일치를 시정(주소가 변경·저당권이율 변경·일부멸실)
	말소등기	등기된 권리나 객체가 원시적으로 존재하지 않거나 후발적으로 존재하지 않게 된 경우 등기를 주말하고 그 취지를 기재하는 등기
	회복등기	기존등기가 부당하게 말소되거나 멸실된 경우 이를 부활하는 등기(말소회복등기·멸실회복등기)
	멸실등기	부동산이 멸실된 경우에 표제부의 기재를 주말하고 그 등기용지를 폐쇄
등기의 방식	주등기	독립된 번호를 붙여서 하는 독립등기로 갑·을구의 순위번호난에 하는 등기를 말한다.
	부기등기	기존의 등기와 동일한 등기이거나 기존의 등기와 동일한 순위를 갖는 등기(주등기의 순위가 그대로 유지된다)
등기의 효력	종국등기	물권변동의 효력을 발생시키는 등기로서 본등기라 한다(기입·경정·변경·말소·회복·멸실등기).
	예비등기	물권변동의 효력을 직접발생케 하는 것은 아니고 간접적으로 이에 대비하는 등기(가등기·예고등기)

5) 등기의 절차

등기는 등기권리자와 등기의무자가 공동으로 신청하는 것이 원칙이다. 등기권리자란 등기를 함으로써 권리를 취득할 자로서 법률상의 이익을 얻을 자를 뜻하고, 등기의무자란 권리를 상실하거나 불이익을 받게 되는 자를 의미한다.

등기권리자와 등기의무자가 공동으로 신청하지 않더라도 등기의 진정을 보장할 수 있는 경우에는 단독으로 신청하는 것도 가능하다. 예컨대 상속으로 인한 등기·판결에 의한 등기·멸실회복등기·소유권보존등기·부동산의 표시의 변경등기·등기의무자가 행방불명된 경우의 말소등기 등은 단독신청이 가능하다.

6) 등기청구권

등기는 공동으로 신청하는 것이 원칙이다. 그러므로 등기의무자가 등기의 신청에 협력하지 않는다면 등기권리자는 등기를 할 수 없게 된다. 따라서 등기권리자는 등기의무자에게 등기신청에 협력하여 줄 것을 요구할 수 있는 권리가 필요한데 이 권리를 등기청구권이라 한다. 위와 같은 등기청구권은 등기공무원이라는 국가기관에 대하여 등기를 신청할 수 있는 공법상의 권리인 등기신청권과는 구별된다고 할 수 있다.

7) 등기의 효력

① 권리변동적 효력　　등기는 물권행위와 더불어 물권변동을 일으키는 요건으로서 등기 중에서 가장 중요한 효력을 가진다. 물권변동의 효력은 등기를 신청한 때 생기는 것이 아니고 등기부에 기재한 때 발생한다.

② 순위확정력　　동일한 부동산에 설정된 수 개의 권리의 순위는 다른 법률에 규정이 없으면 등기의 전후 내지 선후에 의하여 결정된다. 그리고 등기의 전후는 등기용지 중 동구에서 한 등기는 순위번호에 의하고 별구에서 한 등기는 접수번호에 의하여 정하여 진다. 그러나 부기등기의 순위는 주등기의 순위에 의하고, 부기등기 상호간의 순위는 그 전후에 의한다.

③ 추정적 효력　　등기가 존재하더라도 실체적인 권리관계가 존재하지 않으면 그 등기는 무효이다. 하지만 그 등기가 말소될 때까지는 외관상 실체적인 권리관계가 존재하는 것으로 추정할 수 있을 것이다. 이를 추정적 효력이라고 하는데 이는 단순한 추정에 불과하기 때문에 반증에 의하여 얼마든지 깨어질 수 있다.

④ **대항력**　　부동산제한물권과 부동산환매권·임차권에 관하여 존속기간·지료·전세금·피담보채권·환매특약 등을 등기하게 되면 이를 제3자에게 대항할 수 있게 된다. 예컨대 등기가 허용되는 일정한 사항에 관하여 등기를 하고 있지 않으면 채권적인 효력만이 있어 제3자에게 대항할 수 없지만 등기를 하게 되면 제3자에게도 주장할 수 있다는 것이다.

⑤ **형식적 확정력**　　등기가 일정한 절차에 의하여 이루어져 있는 이상, 무효인 등기일지라도 등기절차에 의하지 않고는 말소할 수 없다.

⑥ **공신력**　　등기에는 공신력이 없다. 따라서 위조등기를 믿고 부동산이전 등기를 하더라도 소유권을 취득할 수는 없게 된다.

8) 무효등기의 유용

무효인 근저당권등기의 유용은 판례로써 확정된 이론이므로 금융기관이 실무처리상 필요한 경우에는 이를 이용할 수 있음은 물론이다. 금융기관이 무효인 근저당권등기의 유용이 필요하게 될 경우를 구체적으로 알아보면 근저당권에 의하여 담보된 채권거래가 종료되었거나 금융기관이 동의하여 담보해제를 함으로써 근저당권이 소멸하였으나 등기말소를 하지 않고 있던 중 다시 대출을 받게되는 일이 있게 되면 전번과 같은 근저당권 설정계약서를 맺고 미말소등기를 유용하는 사례가 발생하게 된다. 금융기관의 근저당권 설정계약서는 획일적으로 정형화되어 그 내용은 소정서식을 이루고 있으므로 피담보채무자와 근저당권 설정한 금액만 동일하면 그 이전의 근저당권 설정계약서와 그 내용에 있어 동일하다고 할 것이다. 따라서 금융기관은 무효인 근저당권 설정등기를 유용하고자 할 때에는 채무자와 근저당권 설정한도액이 그 이전과 동일한 근저당권 설정계약서를 청구하는 한편 근저당권 설정등기를 유용한다는 합의서와 등기부등본을 첨부하여 두는 것이 관례로 되어 있다.

5. 법률의 규정에 의한 부동산 물권변동

민법 제187조(등기를 요하지 아니하는 부동산물권취득)　상속, 공용징수, 판결, 경매 기타 법률의 규정에 의한 부동산에 관한 물권의 취득은 등기를 요하지 아니한다. 그러나 등기를 아니하면 이를 처분하지 못한다.

(1) 원 칙

상속·판결·경매 기타 법률의 규정에 의한 물권의 변동에는 등기를 요하지 않는다(민법 제187조). 이러한 경우에는 등기를 갖추지 않더라도 법률상 당연히 물권변동의 효과가 발생하기 때문이다. 그러나 취득자가 제3자에게 이전하고자 할 경우에는 자기 앞으로 등기를 한 다음에 이전하여야 물권변동의 효력이 발생하게 된다. 이러한 법률행위에 의하지 않고 법률의 규정에 의하여 당연히 물권변동의 효력이 생기는 것을 법률의 규정에 의한 물권변동이라고 한다.

등기를 하지 않더라도 법률의 규정에 의하여 물권변동의 효력이 생기는 물권의 종류는 다음과 같다.

① 상속으로 인한 물권변동   상속등기를 하지 않더라도 물권변동이 발생한다.

② 공용징수로 인한 물권변동

③ 판결로 인한 물권변동   판결은 그 내용에 따라 이행판결·확인판결·형성판결로 나누어지는데 등기 없이 부동산 물권변동이 생기는 판결을 형성판결이라 한다. 확인판결이란 "소유권의 경계가 불분명한 경우 이 토지소유자는 원고의 소유임을 확인한다"는 경우에 하고, 이행판결은 "매매를 원인으로 소유권을 이전하라"는 판결로 모두 등기를 요한다. 형성판결은 공유물 또는 합유물의 분할청구에 기한 분할판결(민법 제269조 제1항, 제274조)·사해행위 취소판결(민법 제406조)·상속재산 분할판결(민법 제1013조) 등이 있다.

④ 경매로 인한 물권변동   민법 제187조에 따라 경락인이 잔금을 납부한 때 소유권을 취득한다.

⑤ 신축건물의 소유권취득   건물을 신축하고 이를 양도하는 경우에 보존등기를 하고서 그 다음에 양수인 명의로 이전등기를 하거나, 아니면 양수인 명의로 보존등기를 하는 경우도 있다.

⑥ 관습법상 법정지상권과 법정지상권 등이 있다.

⑦ 재단법인의 설립시 출연재산에 대한 귀속시기와 관련하여 판례는 대내적(출연자와 법인)으로는 출연재산의 법인에의 귀속에는 등기를 요하지 않으나 대외적으로는 필요로 한다.[28]

---

28) 대법원 1979. 12. 11. 선고 78다481·482 전원합의체 판결.

(2) 예 외

일반점유취득시효로 인한 소유권취득은 법률행위로 인한 물권변동은 아니지만 등기를 한 때 물권변동의 효력이 생기게 된다.

Ⅲ. 기본물권

1. 점유권

(1) 점유의 의의

현행 민법상의 점유권은 물건에 대한 사실상의 지배(Tatsächliche Herrschaft, Domination)만으로써 성립한다(민법 제192조 제1항). 사실상의 지배라 함은 사회관념상 물건이 사실상의 지배만으로써 충분하여 그 밖에 어떤 특별한 의사는 이를 필요로 하지 않는다. 그러나 적어도 사실상의 지배관계를 가지려는 자연적 의사인 점유설정의사는 필요하다는 것이 통설이다.[29]

(2) 점유태양

1) 점유보조자

점유는 물건에 대한 사실상 지배가 있는 경우에 성립하나, 일정한 경우에는 본인이 직접 사실상 지배를 하지 않더라도 타인을 통하여 점유가 성립한다. 바꾸어 말하면 어떤 자가 물건을 사실상 지배하고 있더라도 그 자는 물건의 점유자가 되지 못하고, 그 자와 특별한 관계에 있는 자만이 법률상 점유자로 되는 경우가 있다. 이때에 물건을 사실상 지배하고 있지만 점유자가 되지 못하는 자를 점유보조자라고 한다. 민법은 제195조에서 가사상·영업상 기타 유사한 관계에 의하여 타인의 지시를 받아 물건에 대한 사실상 지배를 하는 때에는 그 타인만을 점유자로 한다고 규정함으로써 점유보조자의 사실상 지배를 보호하지 않는다. 예컨대, 주인의 주택을 사실상 지배하고 있는 가정부나 금고를 관리하는 은행의 출납원은 그 주택이나 금고 속의 금전의 점유자가 될 수 없으며, 민법상 점유자로서 보호되는 것은 그 주택의 주인이나 은행(법인) 자신인 것이다.[30]

---

29) 대법원 1992. 4. 19. 선고 91다24755 판결; 대법원 2001. 1. 16. 선고 98다20110 판결; 대법원 1999. 3. 23. 선고 98다58924 판결.
30) 곽윤직, 전게서, 231면; 김용한, 전게서, 187면; 장경학, 전게서, 298면

2) 직접점유와 간접점유

점유자와 물건 사이에 타인을 개재함이 없이 점유자가 물건을 직접적으로 지배하거나 점유보조자를 통하여 지배하는 것이 직접점유이고, 어떤 자가 전세권, 임대차, 지상권, 사용대차, 질권 등과 같이 일정한 법률관계에 기하여 타인에게 점유를 이전한 경우 그에게 인정되는 점유가 간접점유이다.

3) 자주점유와 타주점유

소유자로서(소유의 의사로서) 점유하는 것(예컨대, 소유자·도인 등)이 자주점유 (Eigenbesitz)이고, 그렇지 않은 것이 타주점유(Fremdbesitz)이다(예컨대, 질권자·용익권자·수치인 등). 이 구별은 권원의 성질에 의하여 객관적으로 정하여진다.[31]

2. 소유권

(1) 소유권의 법률적 성질

소유권은 물건을 전면적으로 지배할 수 있는 권리이며, 다음과 같은 특성을 가지고 있다고 일반적으로 설명된다.

1) 관념성과 전면성

소유권은 물건의 현실적인 지배와는 분리되어서 물건을 지배할 수 있는 관념적인 물적 지배로서 구성된다. 이를 소유권의 관념성이라고 한다. 그리고 소유권이 가지는 물적 지배의 권능은 물건이 가지는 사용가치와 교환가치에 관하여 그 전부에 전면적으로 미친다.

2) 혼일성과 탄력성

소유권은 그가 가지는 권능의 단순한 집합은 아니며, 그러한 권능은 원천인 혼일한 지배권능에서 유출하는 것이다. 또한 소유권은 지상권 그 밖의 제한물권의 제한을·받으면 공허한 소유권이 되어 버리지만 그러한 제한은 유한하며, 그 유한성이 해소되면 본래의 원만한 상태로 되돌아간다. 이것을 소유권의 탄력성이라고 한다. 그리고 항구성은 소유권 자체의 존립에 관하여는 존속기간의 제한도 없으며 또한 소멸시효에도 걸리지 않는다(민법 제162조 제2항). 이것을 소유권

---

31) 대법원 1997. 10. 10. 선고 96다29991 판결; 대법원 1987. 9. 8. 선고 87다카758 판결.

의 항구성이라고 한다.[32)

(2) 소유권의 내용과 한계

1) 소유권의 내용

소유권 내용에 관하여 민법은 소유자는 법률의 범위 내에서 그 소유물을 사용·수익할 권리가 있다(민법 제211조)고 규정하고 있다. 그러나 이러한 권능은 소유권의 권능에 관한 예시로서 기타의 권능도 행사할 수 있는 것이다. 이러한 소유권의 권리는 법률의 범위 안에서 행사할 수 있다.

2) 소유권의 권한

근대 초기, 즉 18·19세기에는 소유권의 자유를 강조한 나머지, 그것은 법 이전에 존립하는 신성불가침의 것으로서 국가에 의하여서도 아무런 제약을 받지 않는다고 하였다. 이른바 '소유권 절대의 원칙'은 사적 자치의 원칙과 더불어 근대 사법의 기본원칙을 이루고 있었다.

위와 같은 근대 초기의 소유권 절대의 원칙은 20세기 전후를 통하여 수정을 받게 되었다. 즉, 자본주의의 발전은 인류문명의 급격한 발전을 가져왔으나, 한편 많은 병폐가 그에 따랐다. 그 시정을 위하여 사유재산권의 행사는 공공의 복리에 따라야 하고, 또한 남용하여서는 안 된다는 법사상이 생겼다. 그에 따라 소유권의 내용을 법률에 의하여 필요하면 얼마든지 제한할 수 있다고 하게 되고, 이른바 소유권의 자유는 그러한 법률의 제한이 없는 한도에서의 자유로 해석되었다. 오늘날에 있어서는 소유권은 공공복리를 위하여서는 법률에 의하여 제한되는 포괄적·전면적인 지배권에 지나지 않는다. 실제로 소유권의 내용을 제한하는 법률은 일일이 이를 열거할 수 없을 만큼 대단히 많다.[33)

3) 토지소유권의 범위

토지소유권은 정당한 이익이 있는 범위 안에서 토지의 상하에 미친다(민법 제212조). 토지의 효용을 완전히 향수할 수 있도록 보장하려는 규정이다. 따라서 아무런 이해관계 없는 상공이나 지저는 소유권의 내용에 포함되지 않는다고 새겨야 한다.[34)

---

32) 장경학, 전게서, 367면; 정권섭, 물권법, 23면.
33) Bauer, Fritz, Lehrbuch des Sachenrechts, München−Köln, 1978, ss. 208~210 ff.
34) 대법원 1980. 2. 26. 선고 79다2094 판결.

4) 상린관계

부동산 특히 토지는 상호 인접해 있기 때문에 이를 인정하는 부동산 소유권 사이에서 각자의 이용을 다하게 하기 위하여 소유권의 내용을 조절하는 규정들 이다.[35]

① **건물의 구분소유자 사이의 상린관계** 건물의 구분소유자 사이에는 건 물과 그 부속물 중 공용하는 부분(복도·벽·공동변소 등)은 그들 구분소유자의 공 유로 추정되며(민법 제215조), 그 보존비 기타의 비용은 각자의 소유부분의 가액 에 비례하여 부담한다(민법 제215조 제2항).

② **이웃 토지 사용청구권** 토지소유자가 경계나 그 근방에서 담·건물을 축조하거나 수선하려는 때에는 필요한 범위에서 이웃 토지의 사용을 청구할 수 있 다. 그러나 그 주거에 들어가려면 이웃 사람의 승낙을 받아야 한다(민법 제216조).

③ **안온방해의 금지와 인용** 안온방해라 함은 이른바 '임밋시온'(Immission) 을 말한다. 임밋시온이라 함은 연기·열기체·액체·음향·진동 기타의 유해한 것 으로 이웃 토지의 사용을 방해하거나 이웃 거주자 생활에 고통을 주는 것을 말 한다. 토지소유자는 '임밋시온'으로 이웃 토지의 사용을 방해하거나, 이웃 주거자 의 생활에 고통을 주지 않도록 적당한 조치를 취할 의무가 있다(민법 제217조 제1 항). 그러나 위의 방산물이 이웃 토지의 통상의 용도에 적당한 때에는 이를 인용 할 의무가 있다(민법 제217조 제2항).

④ **수도 등의 시설권과 주위토지통행권** 토지소유자는 수도·소수관·까 스관·전선 등이 필요한 경우에는 이웃 토지를 통과해서 시설할 수 있다(민법 제 218조). 그리고 어느 토지의 공로와의 사이에 통로가 없는 경우에는, 그 토지소유 자는 공로에 출입하기 위하여 이웃 토지를 통행할 수 있고, 필요한 경우에는 통 로를 개설할 수도 있다(민법 제219조). 토지의 분할 또는 일부 양도로 공로의 출입 이 막힌 경우에는, 다른 분할자의 토지나 양도 당사자의 토지를 통행할 수 있다 (민법 제220조).

⑤ **자연적 배수권과 인공적 배수권** 토지소유자는 이웃 토지로부터 자연 히 흘러나오는 물을 막지 못한다(민법 제221조 제1항). 흐르는 물이 저지에서 막힌

---

35) §649 Code Civil de France.

때에는 고지의 소유자는 자비로 소통에 필요한 공사를 할 수 있다(민법 제222조 제1항). 한편 고지소유자는 이웃 토지에서 필요로 하는 자연유수를 정당한 사용 범위를 넘어서 막지 못한다(민법 제221조 제2항).

⑥ **용수권과 경계표·담의 설치권**　공유하천의 연안에서 농·공업을 경영 하는 자는 타인의 용수를 방해하지 아니하는 범위에서 필요한 인수를 하고, 또 한 공작물을 설치할 수 있다(민법 제231조). 그러한 인수나 용수로 지하 연안의 용 수를 방해한 때에는, 이를 제거하고 손해를 배상하여야 한다(민법 제232조). 공유 하천 용수권자가 수로 기타 공작물 또는 기업을 양도하면, 그 승계인은 전주의 용수에 관한 권리의무를 승계한다(민법 제233조). 인접한 토지소유자는 공동으로 경계표나 담을 설치할 수 있다(민법 제237조 내지 제239조 참조).

⑦ **경계부근의 건축제한과 차면시설의무**　건물을 축조함에는 특별한 관 습이 없으면 반 미터 이상의 거리를 두어야 한다. 이에 위반한 때에는 건물의 변 경이나 철거를 청구할 수 있다. 그러나 건축에 착수한 후 1년을 경과하거나 건물 이 완성한 후에는 손해배상만을 청구할 수 있다(민법 제242조). 그리고 경계로부 터 2미터 이내의 거리에서 이웃 주택의 내부를 관망할 수 있는 창이나 마루를 설치하는 경우에는 적당한 차면시설을 하여야 한다(민법 제243조).

(3) 소유권의 취득

소유권의 취득원인으로서 가장 중요한 것은 법률행위이며 그 밖에 상속·토 지수용에 의해서도 소유권이 취득되나, 민법은 제245조 이하에서 취득시효·선 의취득·선점·습득·부합·혼화·가공 등의 특수한 소유권의 취득원인에 관하여 규정하고 있다. 그 중 법률행위에 의한 소유권 취득은 물권변동의 원칙이 그대 로 적용되며 법률의 규정에 의한 물권변동은 원시취득이다(민법 제245조, 제248조, 제249조, 제251조, 제252조, 제253조, 제254조, 제255조, 제256조, 제264조 참조).[36]

(4) 부동산 실권리자명의 등기에 관한 법률(약칭: 부동산실명법)

1) 의의 및 목적

부동산 실권리자명의 등기에 관한 법률은 부동산에 관한 소유권과 그밖의 물권을 실체적 권리관계와 일치하도록 실권리자 명의(名義)로 등기하게 함으로써

---

36) 장경학, 전게서, 430면.

부동산등기제도를 악용한 투기·탈세·탈법행위 등 반사회적 행위를 방지하고 부동산 거래의 정상화와 부동산 가격의 안정을 도모하여 국민경제의 건전한 발전에 이바지함을 목적으로 한다(부동산실명법 제1조).

2) 실권리자명의 등기의무 등

누구든지 부동산에 관한 물권을 명의신탁약정에 따라 명의수탁자의 명의로 등기하여서는 아니 된다. 그리고 채무의 변제를 담보하기 위하여 채권자가 부동산에 관한 물권을 이전받는 경우에는 채무자, 채권금액 및 채무변제를 위한 담보라는 뜻이 적힌 서면을 등기신청서와 함께 등기관에게 제출하여야 한다(부동산실명법 제3조).

3) 명의신탁약정의 효력

> **부동산 실권리자명의 등기에 관한 법률 제4조(명의신탁약정의 효력)** ① 명의신탁약정은 무효로 한다.
> ② 명의신탁약정에 따른 등기로 이루어진 부동산에 관한 물권변동은 무효로 한다. 다만, 부동산에 관한 물권을 취득하기 위한 계약에서 명의수탁자가 어느 한쪽 당사자가 되고 상대방 당사자는 명의신탁약정이 있다는 사실을 알지 못한 경우에는 그러하지 아니하다.
> ③ 제1항 및 제2항의 무효는 제3자에게 대항하지 못한다.

명의신탁은 크게 등기명의신탁과 계약명의신탁으로 구분할 수 있다.

㈎ 등기명의신탁

등기명의신탁은 다시 2자간 명의신탁과 3자간 명의신탁으로 구분할 수 있다. "2자간 명의신탁"이란 명의신탁자 본인 명의로 되어 있는 명의를 수탁자 명의로 이전하는 경우이다. 예컨대 실소유자 X가 그의 등기명의를 Y에게 이전하는 경우이다. X가 Y에게 등기명의를 이전하기 위하여 체결한 약정서와 등기 모두가 무효가 해당되어(부동산실명법 제4조 제2항). X가 Y를 상대로 물권적 방해배제청구권에(민법 제214조) 근거하여 소유권이전등기청구를 행사하여 반환청구할 수 있다.

그리고 "3자간 명의신탁"이란 명의신탁자가 원소유자의 부동산을 매입하면서 제3자 명의로 등기를 하는 경우이다. 예컨대 J 소유의 부동산을 X가 매매계약을 체결하고 이에 대한 대금지불도 하면서 단지 소유명의만을 J에서 Y명의로 바로 이전등기를 하는 경우이다. 이때 Y명의 등기는 무효에 해당하며 소유자는 여전히 J이다. 따라서 J는 Y를 상대로 물권적 방해배제청구권의 성질에 따라 소유권이전등기청구를 행사할 수 있다. 그리고 X와 J의 매매계약은 유효하기 때문에 X는 Y명의 소유권을 이전받기 위하여 J를 대위하여 Y명의 소유권을 말소청구하고 이후 J에게 이전한 소유권이전등기를 청구할 수 있다.

(나) 계약명의신탁

① 매도인의 선의/악의   신탁자가 수탁자와 명의신탁약정에 따라 수탁자가 매도인과 매매계약을 체결하고 수탁자 명의로 등기를 하는 경우이다.

예컨대 매매계약을 매도인 J와 수탁자 Y 사이에 체결하고 Y 명의로 소유권이전등기를 하는 경우이다. 그리고 매매대금은 X가 매도인 J에게 지불하지만, 매매계약은 체결하지 않는다. 이때 Y 명의 소유권등기는 J가 선의/악의 여부에 따라 달라진다. J가 선의이면 Y 명의 소유권등기는 유효하지만 악의인 경우에는 Y 명의 소유권등기는 무효에 해당한다(부동산실명법 제4조 제2항 단서). 그러므로 Y 명의 소유권등기가 유효한 경우에 있어서는 우선 X와 Y 사이에 명의신탁약정이 무효에 해당하고(부동산실명법 제4조 제1항) 전소유주 J에 대해서도 소유권을 주장할 수 있으므로 Y는 유효한 소유권을 취득하게 된다(부동산실명법 제4조 제2항 단서).

판례는 "부동산 실권리자명의 등기에 관한 법률 제4조 제2항 단서는 부동산 거래의 상대방을 보호하기 위한 것으로 상대방이 명의신탁약정이 있다는 사실을 알지 못한 채 물권을 취득하기 위한 계약을 체결한 경우 그 계약과 그에 따른 등기를 유효라고 한 것이다. 명의신탁자와 명의수탁자가 계약명의신탁 약정을 맺고 명의수탁자가 당사자가 되어 매도인과 부동산에 관한 매매계약을 체결하는 경우 그 계약과 등기의 효력은 매매계약을 체결할 당시 매도인의 인식을 기준으로 판단해야 하고, 매도인이 계약 체결 이후에 명의신탁약정 사실을 알게 되었다고 하더라도 위 계약과 등기의 효력에는 영향이 없다. 매도인이 계약 체결 이후 명의신탁약정 사실을 알게 되었다는 우연한 사정으로 인해서 위와 같이 유효하게 성립한 매매계약이 소급적으로 무효로 된다고 볼 근거가 없다. 만일 매도인이 계약 체결 이후 명의신탁약정 사실을 알게 되었다는 사정을 들어 매매계약의 효력을 다툴 수 있도록 한다면 매도인의 선택에 따라서 매매계약의 효력이

좌우되는 부당한 결과를 가져올 것이다"고 판시하고 있다.[37]

판례 입장은 명의신탁자와 명의수탁자가 계약명의신탁약정을 맺고 명의수탁자가 당사자가 되어 매도인과 부동산에 관한 매매계약을 체결하는 경우, 계약과 등기의 효력을 판단하는 기준은 매매계약을 체결할 당시에 매도인의 인식이 선의/악의에 따라 달라지는 것으로 보며 매도인이 계약 체결 이후 명의신탁약정 사실을 알게 되었다는 이유로 위 계약과 등기가 무효로 되지는 않는다고 보고 있다.

② 제3자에 대한 대항력   "명의신탁약정에 따른 무효"(부동산실명법 제4조 제1항)와 "명의신탁약정에 따른 등기로 이루어진 부동산에 관한 물권변동이 무효"에 해당하더라도(부동산실명법 제4조 제2항) 제3자에게는 대항하지 못한다(동법 제4조 제3항). 예컨대 X와 Y 사이에 이루어진 명의신탁이 J가 악의인 상태에서 Y가 소유권을 취득하여 무효인데도, Y가 제3자인 K에게 소유권을 이전한 경우 K의 소유권은 유효하게 된다.

부동산실명법은 악의의 제3자에게도 대항할 수 없도록 함으로써(부동산실명법 제4조 제3항) 거래의 안전을 도모할 뿐만 아니라 신탁자의 지위를 불안하게 하여 명의신탁을 하지 못하도록 하는 입법취시도 살릴 수가 있기 때문에[38] 명의신탁약정의 무효와 명의신탁약정에 따른 등기로 이루어진 부동산에 관한 물권변동의 무효는 제3자인 K에게 대항하지 못하고 제3자는 선의/악의 불문하고 유효하게 소유권을 취득하게 된다(부동산실명법 제4조 제3항).

판례는 "양자간 등기명의신탁에서 명의수탁자가 신탁부동산을 처분하여 제3취득자가 유효하게 소유권을 취득하고 이로써 명의신탁자가 신탁부동산에 대한 소유권을 상실하였다면, 명의신탁자의 소유권에 기한 물권적 청구권, 즉 말소등기청구권이나 진정명의회복을 원인으로 한 이전등기청구권도 더 이상 그 존재 자체가 인정되지 않는다. 그 후 명의수탁자가 우연히 신탁부동산의 소유권을 다시 취득하였다고 하더라도 명의신탁자가 신탁부동산의 소유권을 상실한 사실에

---

37) 대법원 2018. 4. 10. 선고 2017다257715 판결; 대법원 2015. 12. 23. 선고 2012다202932 판결. 판례는 "판결명의신탁자와 명의수탁자가 계약명의신탁약정을 맺고 명의수탁자가 당사자가 되어 명의신탁약정이 있다는 사실을 알지 못하는 소유자와 부동산 취득에 관한 계약을 체결한 경우" 계약의 효력은 유효하며 이에 따른 수탁자의 등기도 유효한 것으로 보고 있다.
38) 명순구, 민법학원론, 박영사, 2018, 428면.

는 변함이 없으므로, 여전히 물권적 청구권은 그 존재 자체가 인정되지 않는다" 고 판시하고 있다.[39] 판례의 입장은 양자간 등기명의신탁에 있어서 명의신탁자 는 신탁부동산의 소유자로서 명의수탁자를 상대로 원인무효를 이유로 소유권이 전등기의 말소를 구할 수 있을 뿐 아니라 진정한 등기명의의 회복을 원인으로 한 소유권이전등기절차의 이행을 구할 수 있다고 보고 있다.[40] 그러나 부동산실 명법 제4조 제3항의 "제1항 및 제2항의 무효는 제3자에게 대항하지 못한다"는 규정에 따라, 무효인 명의신탁등기 명의자, 즉 명의수탁자가 신탁부동산을 임의 로 처분한 경우, 특별한 사정이 없는 한 그 제3취득자는 유효하게 소유권을 취득 하게 되고, 이로써 명의신탁자는 신탁부동산에 대한 소유권을 상실한다고 보고 있다.[41]

4) 명의신탁위반에 따른 과징금과 벌칙

명의신탁약정에 따른 무효의 행위를 한 명의신탁자와 명의신탁약정에 따른 등기로 이루어진 무효인 부동산에 관한 물권변동을 한 채권자 및 이에 따른 서 면에 채무자를 거짓으로 적어 제출하게 한 실채무자에 대하여 해당 부동산 가액 (價額)의 100분의 30에 해당하는 금액의 범위에서 과징금(부동산실명법 제5조 제1 항), 5년 이하의 징역 또는 2억 원 이하의 벌금에 처하도록 하고 있다(부동산실명 법 제7조 제1항).

Ⅳ. 용익물권

제한물권 가운데서 특히 타인의 물건을 일정한 목적을 위하여 사용·수익하 는 것을 내용으로 하는 것을 용익물권이라고 한다. 민법은 동산 용익물권은 인 정하지 않고, 부동산에 관해서만 인정한다. 그러한 부동산 용익물권으로는 지상 권·지역권·전세권의 3가지가 있다.

---

39) 대법원 2013. 2. 28. 선고 2010다89814 판결.
40) 대법원 2002. 9. 6. 선고 2002다35157 판결.
41) 대법원 2003. 5. 16. 선고 2002다69556 판결.

1. 지상권

(1) 지상권의 의의

지상권(Erbbaurecht, Superfieies, Superficies)이라 함은 타인의 토지에서 건물 기타의 공작물이나 수목을 소유하기 위하여 그 토지를 사용할 수 있는 물권이다(민법 제279조). 그 성질을 분설하면 다음과 같다. 첫째, 지상권은 타인의 토지에 대한 권리이다. 그 토지는 일필의 토지임을 원칙으로 하나 일필의 토지의 일부라도 상관없고, 지상권이라고 하지만 지표상·지상에 한하지 않고, 지하의 사용을 그 내용으로 하는 것도 상관없다. 둘째, 건물 기타의 공작물이나 수목을 소유하는 것을 목적으로 하는 권리이다. 따라서 지상권자가 설치한 공작물이나 식재한 수목은 지상권자에게 귀속한다(민법 제256조 단서). 농업의 대상이 되는 벼·보리·야채·뽕나무 등의 수목은 포함하지 않는다(이설 있음). 또한 타인의 토지사용을 목적으로 하는 용익물권이다. 그리고 토지사용의 대가인 지료의 지급은 지상권의 요소가 아니다.[42]

(2) 지상권의 취득

1) 법률행위에 의한 취득

지상권은 토지소유자와 그 토지를 이용하고자 하는 자 사이의 설정계약에 의하여 성립하는 것이 원칙이다. 즉, 지상권설정을 목적으로 하는 물권적 합의와 등기를 함으로써 취득한다. 그 밖의 법률행위에 의한 취득으로는 유언, 지상권의 양도를 들 수 있다.[43]

2) 법률의 규정에 의한 취득

상속·판결·경매·공용징수·취득시효 등에 의해서도 지상권이 성립될 수 있으며 이때 취득시효의 경우를 제외하고는 등기를 하지 않아도 지상권이 성립한다. 이를 '법률의 규정에 의한 지상권'이라 한다.

우리의 법제는 토지와 건물을 별개의 부동산으로 보아 독립된 소유권을 인정하고 있다. 따라서 토지소유권이 없는 자가 그 토지 위에 건물을 소유하고자 신

---

42) 대법원 1994. 12. 2. 선고 93다52297 판결; 대법원 1999. 9. 3. 선고 99다24874 판결.
43) 곽윤직, 전게서, 375면; 김용한, 전게서, 362면; 김증한, 전게서, 258면.

축을 할 경우는 토지소유자와 이용관계를 맺어 임차권이나 지상권을 설정하고 건물을 짓는 것이 일반적이다. 그러나 이런 합의없이 지상권을 법률상 당연히 인정해 줄 수밖에 없는 경우가 있는데 그러한 경우를 '법정지상권'이라고 한다. 즉, 각각 소유자가 다른 토지소유자와 건물소유자간의 토지이용에 대해서 아무런 합의가 없다고 하더라도 건물소유자에게 법률상 토지를 이용할 수 있도록 하여주는 것으로, 이는 건물소유자가 토지이용권 내지 사용권이 없어서 건물을 철거해야 하는 비경제적인 성질을 개선하여 일정한 요건하에 건물소유자에게 당연히 토지사용권을 인정하여 주어 사회경제적으로 합리성을 추구한 제도라고 할 수 있다.

토지와 건물이 동일한 소유자에게 속한 경우에, 건물에 전세권을 설정한 후 토지소유자만이 변경되었을 때 새로운 토지소유주는 전세권을 설정한 자에 대하여 지상권을 설정하여 준 것으로 본다. 이 경우 법정지상권을 취득하는 자는 전세권자가 아니고 전세권을 설정한 자이다.[44] 즉, 건물소유자가 법정지상권을 취득하게 된다는 것이다.

토지와 건물이 동일인에게 귀속하던 중 저당권이 설정되고 그 저당권실행으로 토지소유자와 건물소유자가 다르게 되었을 때 토지소유자는 건물을 낙찰받은 건물소유주에게 지상권을 설정하여 준 것으로 본다(민법 제366조 전단). 그러나 지료는 당사자의 협의가 이루어지지 않을 경우 당사자의 청구에 의하여 법원이 이를 정할 수 있다(민법 제366조 후단). 이외에 토지와 입목이 동일인에게 속하고 있다가 경매 기타의 사유로 토지와 입목의 소유자가 다르게 되었을 때 토지소유자는 입목소유자에게 지상권을 설정하여 준 것으로 본다.

(3) 지상권의 효력

지상권자는 설정행위로 정하여진 목적의 범위 내에서 토지사용권을 가진다. 그리고 지상권은 토지사용권이 있으므로 당연히 토지를 점유할 권리를 포함한다. 따라서 지상권의 내용의 실현이 방해된 때에는 소유권에 있어서와 마찬가지로 물권적 청구권이 생긴다(민법 제290조·제213조·제214조). 그리고 상린관계에 관한 제216조 내지 제244조의 규정은 지상권자와 이웃 토지의 이용자(소유자·지상권자 등) 사이에 준용된다(민법 제290조).

---

44) 김증한, 전게서, 318면; 대법원 1988. 9. 27. 선고 88다카4017 판결.

지상권자는 그 투자자본을 회수하기 위하여 지상권을 양도할 수도 있고, 또한 존속기간 내에서 그 토지를 임대할 수도 있다(민법 제282조). 당사자 사이의 양도·임대금지의 계약은 그들 사이에서 채권적 효력이 있을 뿐이다. 또한 지상권은 저당권의 목적이 된다(민법 제371조).

(4) 관습법상 법정지상권

위에서 법정지상권을 설명하였으나, 이는 우리나라의 법제가 건물을 토지와 별개의 부동산으로 취급하는 특수성에 기인하는 것이다. 그런데 판례는 법이 정한 법정지상권이 성립하는 경우 이외에도, 일정한 요건 하에서 관습법상의 법정지상권을 인정한다. 즉, 토지와 건물이 같은 소유자의 소유에 속하였다가 그 건물 또는 토지가 매각 또는 그 밖의 원인으로 각각 소유자를 달리하게 된 때에는 특히 그 건물을 철거한다는 특약이 없는 한 건물소유자는 토지소유자에 대하여 관습법상의 법정지상권을 취득한다. 또한 그 효력에 있어서는 민법의 지상권에 관한 규정이 준용된다.

(5) 분묘기지권

판례에 의하면 타인의 토지에 분묘를 설치한 경우에 일정한 경우에 법정지상권과 유사한 분묘기지권이 성립한다고 한다. 판례에 의하여 분묘기지권이 성립하는 경우를 보면, 첫째, 소유자의 승낙을 얻어 그의 소유지 안에 분묘를 설치한 때와, 둘째, 타인 소유의 토지에 소유자의 승낙 없이 분묘를 설치한 때에는 20년간 평온·공연하게 그 분묘를 점유함으로써 시효취득한다. 셋째, 자기토지에 분묘를 설치한 자가 후에 그 분묘기지권에 대한 소유권을 유보하고서, 또는 분묘도 함께 이전한다는 특약이 없이, 토지를 매매 등으로 처분한 때에는, 그 분묘를 소유하기 위한 분묘기지권을 취득한다.[45]

2. 지역권

(1) 의 의

지역권(Grunddienstbarkeit, Servitus Praediorum, Easement)이라 함은 일정한 목적

---

45) 곽윤직, 전게서, 398면; 김용한, 전게서, 389면; 장경학, 전게서, 574면; 대법원 2000. 9. 26. 선고 99다14006 판결; 대법원 1997. 9. 5. 선고 95다51182 판결; 대법원 1996. 6. 14. 선고 96다14036 판결.

을 위하여 타인의 토지를 자기 토지(승역지)의 편익에 이용하는 것을 내용으로
하는 용익물권이다(민법 제291조).

(2) 지역권의 취득과 존속기간

지역권은 설정계약과 등기에 의하여 취득됨은 물론이다. 그 밖에 유언·양
도·상속도 된다. 또한 계속되고 표현된 지역권은 시효에 의하여도 취득된다(민법
제297조). 민법은 지역권의 존속기간에 관하여 아무런 규정을 두고 있지 않으나,
토지의 이용의 조절이란 지역권의 작용에 비추어 영구적 지역권의 설정도 무방
하다고 해석된다. 또한 당사자가 약정하는 존속기간은 유효하며, 이를 등기할 수
도 있다.[46]

(3) 지역권의 효력

1) 승역지사용권

지역권자는 그 목적의 범위 내에서 승역지를 사용할 수 있다(민법 제291조).
그러나 승역지의 사용에는 그 필요한 범위 내에서 승역지 소유자에게 손해가 가
장 적은 방법으로 사용해야 한다.

2) 지역권에 기한 물권적 청구권

지역권도 물권이므로 그 지배가 방해당하는 때에는 그에 기한 물권적 청구
권이 생긴다. 그러나 지역권은 점유를 수반하지 않는 물권이므로 반환청구권은
생기지 않고, 다만 방해배제청구권과 방해예방청구권만이 생긴다.

3) 승역지 소유자의 의무

승역지 소유자는 지역권의 내용에 따라 지역권자의 행위를 인용하고 일정
한 이용을 하지 않을 부작위의무를 부담하는데 이를 승역지 소유자의 의무라
한다.[47]

3. 전세권

(1) 전세권의 의의 및 성질

전세권은 전세금을 지급하고서 타인의 부동산을 그 용도에 좇아 사용·수익

---

46) 곽윤직, 전게서, 408면; 김용한, 전게서, 399면; 김증한, 전게서, 282면.
47) 곽윤직, 전게서, 411면; 김용한, 전게서, 404면; 장경학, 전게서, 590면.

하는 용익물권이며, 전세권이 소멸하면 목적부동산으로부터 전세금의 우선변제
를 받을 수 있는 효력이 있는 것이다(민법 제303조). 따라서 전세권은 용익물권이
지만, 한편으로는 담보물권의 특질도 아울러 가지고 있는 특수한 물권이다. 민법
은 타인의 부동산을 이용하는 자를 보호하기 위하여 종래의 채권적 전세의 관습
을 토대로 하여 일종의 물권으로 인정한 것이다.

(2) 전세권의 취득과 존속기간

1) 전세권의 취득

전세권은 부동산 소유권자와 전세권을 취득하고자 하는 자 사이의 전세권
설정계약과 등기에 의하여 취득됨은 물론이나, 전세권에 전세금의 지급이 요소
로 되어 있으므로 전세금의 수수도 있어야 전세권이 성립한다. 또한 전세권은
다른 물권에 있어서와 마찬가지로 상속·양도 및 취득시효 등으로도 취득된다.[48]

2) 전세권의 존속기간

전세권은 설정행위에 의하여 임의로 그 존속기간을 정할 수 있으나, 그 최장
존속기간은 10년을 넘지 못한다. 당사자의 약정기간이 10년을 넘을 때에는 10년
으로 단축된다(민법 제312조 제1항). 약정의 존속기간이 만료한 때에는 존속기산을
약정으로 갱신할 수 있으나, 이때에도 그 기간은 갱신한 날로부터 10년을 넘지
못한다(민법 제312조 제3항).

전세권에 대한 전세권의 존속기간은 1년 미만으로 정한 때에는 이를 1년으
로 한다(민법 제312조 제2항). 당사자 사이에 존속기간의 약정이 없는 경우에는 각
당사자는 언제든지 소멸을 통고할 수 있고, 통고한 날로부터 6개월이 지나면 전
세권은 소멸한다. 그러나 이때에도 말소등기를 하여야 전세권이 소멸한다.

3) 계약갱신의 간주

건물의 전세권자가 전세권의 존속기간 만료 전 6월부터 1월 사이에 전세권
자에 대하여 갱신거절의 통지 또는 조건을 변경하지 아니하고 갱신하지 아니한
다는 뜻의 통지를 하지 아니한 경우에는 그 기간이 만료된 때에 전 전세권과 동
일한 조건으로 다시 전세권을 설정한 것으로 본다(민법 제312조 제4항).

---

48) 곽윤직, 전게서, 430면; 김용한, 전게서, 426면.

(3) 전세권의 효력

전세권자는 목적부동산을 용도에 좇아 사용·수익할 권리가 있다(민법 제303조 제1항). 이에 위반한 사용·수익을 하면 설정자는 전세권의 소멸을 청구할 수 있다(민법 제311조 제1항). 이때에 설정자는 원상회복 또는 손해배상의 청구도 할 수 있다(민법 제311조 제2항).

전세권자는 그의 전세권을 처분하여 투하자본을 회수할 수 있다. 즉, 전세권자는 전세권을 양도 또는 담보로 제공할 수 있을 뿐만 아니라, 그 존속기간 내에서 목적물을 타인에게 전전세 또는 임대할 수 있다(민법 제306조 본문). 그러나 이러한 처분은 설정행위로 금할 수 있다(민법 제306조 단서). 이 처분 금지는 등기하여야 제3자에게 대항할 수 있다(부동산등기법 제72조). 전세권설정자가 전세금의 반환을 지체하면 전세권자는 목적부동산의 경매를 청구할 수 있고, 그 대금에서 우선변제를 받을 수 있다(민법 제318조·제303조 제1항 후단 참조).49)

V. 담보물권

채권담보제도란 일반적으로 채무불이행에 대비하여 채권자에게 채무의 변제를 확보하는 일종의 수단, 즉 담보(Sicherung)이다.

민법은 채무자의 일반재산이 부당하게 감소하는 것을 막기 위하여 채권자대위권(민법 제404조)과 채권자취소권(민법 제406조)이란 제도를 인정하고 있으나 특정한 채권의 담보로서도 매우 불충분한 까닭에 채권담보제도로서 인적 담보와 물적 담보를 두고 있다. 전자는 채무자 이외의 제3자의 일반재산이 담보가 되어 이로부터 변제받을 수 있는 것을 말하며, 보증채무·연대채무가 대표적이다. 후자는 채무자 또는 제3자의 일정한 재산에 관하여 우선적으로 변제받을 수 있는 담보방법으로 질권·저당권 등의 담보물권이 이에 속한다.

양자를 비교하면, 인적 담보제도는 담보하는 자의 일반재산 상태에 담보력에 의존하므로 효력이 불확실한 반면에 물적 담보제도는 오직 담보목적물의 경제적 가치에 의존하므로 그 물건이 멸실하거나 가치가 하락하지 않는 한 확실하

---

49) 대법원 2001. 7. 2.자 2001마212 결정; 대법원 2002. 2. 5. 선고 2001다62091 판결.

게 담보의 목적을 달성할 수 있다. 이러한 까닭으로 오늘날 금융거래에는 거의 물적 담보제도가 이용되고 있다.50)

1. 유치권

(1) 의 의

유치권(Zurückbehaltungsrecht, Lien)이란 타인의 물건이나 유가증권을 점유한 자가 그 물건이나 유가증권에 관하여 생긴 채권이 변제기에 있는 경우에는 변제 받을 때까지 그 물건이나 유가증권을 유치하여 채무자의 변제를 간접적으로 강제하는 법정담보물권을 말한다(민법 제320조 제1항). 예컨대, 시계를 수선한 시계수선공이 그 수선대금을 받을 때까지 또는 임차인이 임차물에 지출한 필요비 또는 유익비를 상환받을 때까지 그 물건을 유치할 수 있는 것과 같은 것이다.51)

(2) 유치권의 성립

유치권은 다음과 같은 성립요건을 갖춘 때에는 법률상 당연히 성립한다.

1) 유치권의 목적물

동산과 부동산 또는 유가증권이다. 법정담보물권이므로 부동산의 등기나, 유가증권의 배서는 불요하다.

2) 피담보채권과 목적물간의 견련관계가 있을 것

피담보채권은 '그 물건이나 유가증권에 관하여 생긴 것'이어야 한다.

3) 채권이 변제기에 있을 것

채권이 변제기에 있지 않은 동안은 유치권이 발생하지 않는다(민법 제302조 제1항).

4) 유치권자의 점유가 계속될 것

유치권자는 '타인의 물건 또는 유가증권의 점유자'이어야 한다(민법 제320조 제1항). 여기서 타인이란 채무자뿐만 아니라 제3자도 포함한다고 하는 것이 통설·판례이다. 점유의 형태는 직접점유이든 간접점유이든 상관없다. 점유를 잃으면 유치권은 소멸하며(민법 제328조), 압류 이전에 점유를 하고 있어야 한다. 그리

---

50) 김상용, 물권법해설, 청림출판, 1995, 251면.
51) Leemann, Kommentar, Ⅰ. Art. 884. ff.

고 점유가 불법행위로 인한 것이어서는 안 된다(민법 제320조 제2항). 그와 같은 불법점유자에 대해서는 상대방과의 공평을 고려할 여지가 없기 때문이다.

5) 특약이 없을 것

당사자 사이에 유치권의 발생을 배제하는 특약이 있는 경우에는 계약자유의 원칙으로 유치권이 생기지 않기 때문이다.52)

6) 경매개시결정등기 이전에 목적물을 점유

경매개시결정의 기입등기가 경료되어 압류의 효력이 발생한 이후에 채무자가 위 부동산에 관한 공사대금 채권자에게 그 점유를 이전함으로써 그로 하여금 유치권을 취득하게 한 경우, 그와 같은 점유의 이전은 목적물의 교환가치를 감소시킬 우려가 있는 처분행위에 해당하여 민사집행법 제92조 제1항, 제83조 제4항에 따른 압류의 처분금지효에 저촉되므로 점유자로서는 위 유치권을 내세워 그 부동산에 관한 경매절차의 매수인에게 대항할 수 없다.53)

(3) 유치권의 효력

유치권자는 그의 채권 변제를 받을 때까지 목적물을 유치할 수 있고 경매권, 과실수취권, 비용상환청구권의 효력이 있다.

2. 저당권

(1) 의 의

저당권(Hypothekenrecht, Mortgage)이란 채권자 또는 제3자(물상보증인이란 채무자의 채무를 위하여 자기 소유의 재산을 담보물로 제공한 채무자 이외의 제3자를 말한다)가 담보제공자로부터 목적물의 인도를 받지 아니하고 그 목적물을 다만 관념상으로만 지배하여 채무의 변제가 없는 경우 다른 채권자보다 그 목적물로부터 우선변제를 받는 약정담보물권을 말한다(민법 제356조). 이는 고대 로마법상 hypotheca 제도에서 유래한다.

(2) 저당권의 성립

현행법상 저당권이 성립하는 경우는, 당사자 사이의 저당권설정계약에 의한

---

52) 곽윤직, 전게서, 473면; 김용한, 전게서, 477면; 김증한, 전게서, 339면; 장경학, 전게서, 663면.
53) 대법원 2005. 8. 19. 선고 2005다22688 판결.

경우, 부동산공사수급인의 저당권설정청구권의 행사로 성립하는 경우(민법 제666조), 법률상 당연히 성립하는 법정저당권의 경우로 나눌 수가 있다.

저당권은 약정담보물권으로서 당사자 간의 저당권설정계약에 의한 경우가 원칙이라고 볼 수 있다.

(3) 저당권의 효력

저당권의 대표적인 효력은 목적물이 경매로 진행할 때 배당을 받을 수 있는 우선변제건이 있다는 점이다. 이외에도 저당권의 효력은 저당부동산에 부합된 물건과 종물에도 미친다.

(4) 근저당

근저당이란 계속적인 거래관계로부터 생기는 불특정다수의 채무를 장래의 결산기에 있어서 일정한 한도액까지 담보하려는 저당권을 말한다(민법 제357조). 이는 저당권의 부종성이 완화된 장래의 채권을 위한 담보제도이다.[54]

보통의 저당권과는 달리 피담보채권이 장래의 증감변동하는 불특정한 채권이며, 결산기까지 이르는 도중에 피담보채권이 일시 변제·소멸되더라도 영향이 없는 까닭에 존립에 있어 부종성을 이탈한 점, 등기에 있어 피담보채권액은 그 최고액(한도액)이 등재되는 특성을 가진다.

(5) 포괄근저당

포괄근저당이란 채권발생의 기초가 되는 계속적인 거래계약(기본계약)에 의해 발생하는 채권뿐만 아니라, 당사자 사이에 발생하는 현재 및 장래의 일체의 채권을 일정한도액까지 담보하려는 근저당권이다.

---

54) 곽윤직, 전게서, 650면; 김용한, 전게서, 584면; 이영준, 전게서, 940면.

제3절 채권법

Ⅰ. 채권법총론

1. 채권의 목적

(1) 채권의 변동

채권은 채권자가 채무자에게 일정한 행위를 청구하는 것을 내용으로 하는 것으로 그 발생에서 소멸에 이르는 과정을 살펴보면 다음과 같다. 우선 채권의 발생원인으로는 크게 법률행위로 인한 매매·임대차·교환 등과 법률의 규정에 의한 사무관리·부당이득·불법행위가 있고, 채권의 효력보장으로는 강제이행(강제집행), 손해배상청구권, 채권자대위권·채권자취소권 등이 있다.

그리고 채권의 이전으로는 채권양도·채무인수 등과 다수당사자의 채권관계로 분할채권·불가분채권관계·연대채무·보증채무 등이 있고 채권의 소멸로는 변제·대물변제·공탁·상계·경개·면제·혼동 등으로 이전과 소멸이 나타난다.

(2) 목적에 의한 채권의 종류

채권의 목적이란 채권자가 채무자에 대하여 청구할 수 있는 일정한 행위를 의미한다. 예컨대, 매도인이 매매목적물의 소유권을 이전하는 것이 채권의 목적이고 재산권의 객체가 되는 물건이 급부의 목적물이 된다. 위와 같은 채권의 목적은 급부의 종류로서 특정물채권(민법 제374조), 종류채권(민법 제375조), 금전채권(민법 제376조 내지 제378조), 이자채권(민법 제379조), 선택채권(민법 제380조 내지 제386조)의 5가지가 있다. 이들 급부는 각종의 계약으로부터 발생할 뿐만 아니라 법정채권 발생원인인 사무관리, 부당이득, 불법행위에 의해서도 발생한다. 위 5가지는 주로 주는 급부를 염두에 둔 것이다.

2. 채권의 효력

(1) 채무불이행과 구제

급부장애란 채무의 내용실현이 이행불능, 이행지체 또는 불완전이행되어 마땅히 행해져야 할 상태대로 이행되지 않은 상태를 의미한다. 이러한 급부장애

가운데에서 그 책임을 채무자에게 물을 수 있는 일정한 요건으로 채무자의 귀책사유가 있는 경우에 채권자를 구제하는 방안으로 인정하는 제도가 채무불이행제도이다.

채무불이행에 따라 채권자가 그 계약을 해제하기 위해서는 다음과 같은 요건이 필요하다. 첫째, 채무의 내용에 좇은 이행이 행해지지 않고 있을 것, 둘째, 채무자의 책임으로 돌릴 수 있는 귀책사유가 있을 것, 셋째, 책임능력이 있을 것, 넷째, 위법성이 존재할 것이다.

(2) 채권자지체

채무자가 이행기에 채무의 내용에 좇은 이행의 제공을 하였으나 채권자가 이를 수령하지 않거나 필요한 협력을 하지 않는 경우에 이행을 완료할 수 없게 된 채무자가 채권자의 수령지체중에도 여전히 채권관계의 구속을 받게 된다면 그것은 채무의 부당한 연장을 의미하게 된다. 따라서 채권자가 수령 기타 협력행위를 지체함으로써 발생하는 부당한 채무의 연장을 피하고 공평의 관념에 따라 이때는 채무자의 주의의무가 경감되어 채무자는 고의 또는 중대한 과실이 있을 때에만 불이행책임을 지며(민법 제401조), 채권이 이자있는 것이더라도 채무자는 그 이자의 지급의무를 부담하지 않는다(민법 제402조). 그리고 채권자지체로 인하여 목적물의 보관 또는 변제의 비용이 증가된 때에 그 증가액은 채권자의 부담으로 한다(민법 제403조).

(3) 채권의 대외적 효력

① 책임재산의 보전(채권자대위권과 채권자취소권)

㉠ 채권자대위권

ⓐ 의 의: 채권자는 자기 채권의 보전을 위하여 그의 채무자나 제3채무자에 대하여 가지는 채권을 채무자에 갈음하여 행사할 수 있는 권리를 가진다. 이러한 권리를 채권자대위권이라 한다.

ⓑ 요 건

• 채권자가 자기의 채권을 보전할 필요성이 있을 것

• 채권자의 채권이 변제기에 있을 것

• 대위의 객체인 권리가 채무자의 일신의 전속한 권리가 아닐 것

• 채무자가 스스로 그의 권리를 행사하지 않고 있을 것

ⓒ 채권자대위권의 행사

• 채권자는 채무자의 이름이 아니라 자기의 이름으로 채권자대위권을 행사한다.

• 채권자는 채권의 보전범위 내에서 채무자의 재산을 관리하는 행위로서의 대위권을 행사할 수 있을 뿐 처분행위로서의 대위권 행사는 할 수 없다.

• 채권자는 채무자에게 이 사실을 통지하여야 한다.

ⓓ 효 력

• 채권자대위권의 행사에 의하여 채권자는 채무자의 권리를 행사는 것이므로 그 행사의 효과는 직접 채무자에게 귀속한다.

• 채권자는 채무자의 권리를 대위 행사하기 위해 지출한 비용을 채무자에게 청구할 수 있다.

• 채무자가 채권자의 대위권 행사로 인해 채권자와 제3채무자 사이에 소송이 있음을 알게 된 경우에는 채무자에게도 그 판결의 효력이 미친다고 하여, 일정한 요건하에서 채무자에게 대위소송의 판결의 효력을 인정하고 있다.[55]

ⓛ 채권자취소권

ⓐ 의 의: 채권자취소권은 채무자가 채권자를 해함을 알면서 자기의 일반재산을 감소시키는 행위(사해행위)를 한 경우에 채권자가 소송으로 그 행위를 취소하고 재산을 원상으로 회복하는 권리를 말한다(민법 제406조).

ⓑ 요 건: 채무자가 채권자를 해함을 알고 재산권을 목적으로 한 법률행위를 한 때에는 채권자는 그 취소 및 원상회복을 법원에 청구할 수 있다. 그러나 그 행위로 인하여 이익을 받을 자나 전득한 자가 그 행위 또는 전득 당시에 채권자를 해함을 알지 못한 경우에는 그러하지 아니하다(민법 제406조 제1항).

• 채권자의 사해행위: 채무자가 채권자를 해하는 재산권을 목적으로 한 법률행위를 하였어야 한다.

• 사해의 의사 내지 인식: 채권자취소권을 행사하려면 채무자 및 수익자(또는 전득자) 모두에게 사해행위의 의사가 있어야 한다.

---

55) 대법원 1975. 5. 13. 선고 74다1664 판결.

ⓒ 행 사

• 행사의 방법: 채권자취소권은 채권자가 자기의 이름으로 행사해야 한다. 채무자의 사해행위를 취소하고 원상회복을 청구하는 방식으로 한다. 채권자는 채무자의 법률행위를 취소하는 한편 전득자를 상대로 원상회복을 청구한다.

• 행사의 범위: 사해행위 취소의 범위는 취소채권자의 채권액을 기준으로 한다.

• 취소소송의 상대방: 채권자취소소송에서 원고는 채권자이고 피고는 수익자 또는 전득자이며 채무자를 피고로 삼을 수 없다.[56] 채권자취소권에 있어서의 채무자 사해행위의 취소는 절대적인 취소가 아니라 악의의 수익자 또는 악의의 전득자에 대한 관계에 있어서만 상대적으로 취소하는 것이므로 채무자에 대하여서는 행사할 수 없다 할 것이고 따라서 채무자를 상대로 취소청구는 할 수 없다.[57]

ⓓ 효 력

• 상대적 효력: 사해행위 취소판결의 기판력은 그 취소권을 행사한 채권자와 그 상대방인 수익자 또는 전득자와의 상대적인 관계에서만 미칠 뿐 그 소송에 참가하지 아니한 채무자 또는 채무자와 수익자 사이의 법률관계에는 미치지 아니한다.[58]

• 효력의 내용

- 채무자에 대한 효과: 채무자에 대하여는 취소의 효과가 미치지 않으므로 채무자명의로 회복된 재산은 채권자가 강제집행을 하기 위한 형식상의 수단에 불과한 것이고, 그로 인해 채무자가 권리를 취득하는 것이 아니다.

- 채권자에 대한 효과: 취소와 원상회복은 모든 채권자의 이익을 위하여 그 효력이 있다(민법 제407조). 민법 제406조에 의한 사해행위의 취소에 따른 원상회복은 원칙적으로 그 목적물 자체의 반환에 의하여야 하는바, 이때 사해행위의 목적물이 동산이고 그 현물반환이 가능한 경우에는 취소채권자는 직접 자기에게 그 목적물의 인도를 청구할 수 있다.

- 수익자(전득자)에 대한 효과: 수익자(전득자)는 목적물을 채무자에게 반환

---

56) 대법원 1991. 8. 13. 선고 91다13717 판결.
57) 대법원 1987. 12. 26. 선고 67다1839 판결.
58) 대법원 1988. 2. 23. 선고 87다카1989 판결.

할 의무를 진다. 이때 수익자는 채무자에게 부당이득반환청구를 할 수 있다.

② 제3자에 의한 채권침해   제3자의 채권침해에 대한 구제방법으로는 두 가지 방안이 있다. 하나는 재산권의 침해를 이유로 불법행위책임(민법 제750조)을 묻는 것이고 다른 하나는 권리의 불가침성을 이유로 지배권으로서의 물권에 인정되는 방해배제청구권을 채권에도 인정하는 것이다. 예컨대, 공시방법을 갖추거나 주택의 인도와 주민등록전입을 갖춘 부동산임차권의 경우에 한해서는 제한적으로 이를 인정한다.

3. 수인의 채권자·채무자

(1) 분할채권과 불가분채권

① 분할채권   채권자나 채무자가 수인인 경우에 특별한 의사표시가 없으면 각 채권자 또는 각 채무자는 균등한 비율로 권리가 있고 의무를 부담한다(민법 제408조). 예컨대, 甲·乙·丙 3인이 공유물을 300만원에 매각한 경우에 각자 100만원의 대금채권을 가지는 반면 공동으로 300만원에 물건을 매수한 경우에 각자 100만원의 대금채무를 지는 관계가 해당된다.

② 불가분채권   불가분채권관계는 불가분의 급부를 목적으로 하는 다수 당사자의 채권관계로서 채권자가 다수인 불가분채권과 채무자가 다수인 불가분 채무가 있다. 예컨대, 甲·乙이 공동으로 주택을 매수한 경우 甲·乙은 공동으로 불가분채권으로 목적물의 인도를 청구할 수 있다. 반면 甲·乙이 공동소유하는 주택을 매도한 경우에는 서로 나눌 수 없는 채무로서 인도의무를 매수인에게 부담한다.

(2) 연대채무

① 발 생   연대채무는 계약이나 법률의 규정에 의하여 발생한다(예: 공동불법행위자의 연대책임, 공동임차인의 연대채무, 공동차주의 연대채무 등). 다만, 공동불법행위자의 연대책임은 부진정연대로 해석한다.

② 대외관계   각 채무는 대외적으로 독립적이다. 채권자는 수인의 연대채무자 또는 어느 한 사람에 대하여 채무의 전부나 일부를 청구할 수 있고, 모든 채무자에 대하여 동시에 또는 순차로 채무의 전부나 일부의 이행을 청구할 수

있다.

③ **대내관계**   다른 연대채무자에 대하여 구상권을 행사할 수 있다. 부담부분에 대하여 특약이 없는 경우 균등한 것으로 추정한다.

④ **특 징**   민사채무는 분할채무가 원칙이나, 수인이 그 1인 또는 전원에게 상행위가 되는 행위로 인하여 채무를 부담한 때에는 연대하여 변제할 책임이 있다(상법 제57조 제1항). 연대채무는 채무자 사이에 공동목적에 의한 주관적인 관련이 있으나 부진정연대채무는 주관적인 공동관계가 없기 때문 구상관계가 원칙적으로 생기지 않는다.

(3) 보증채무

① **발생원인**   주채무자가 채무를 이행하지 않는 경우 보증인이 이를 이행하여야 할 채무로서 채권자와 보증인 사이에 체결된 계약에 의하여 발생한다. 연대채무는 각 채무가 독립성을 가지는 반면 보증채무는 주채무에 종속하는 관계로 독립성이 없다.

② **대외관계**   보증인은 주채무자의 변제자력이 있는 사실 및 그 집행이 용이하다는 사실을 증명하여 먼저 채무자에게 그 재산에 대하여 집행할 것을 항변하는 최고·검색의 항변권이 있다.

③ **대내관계**

㉠ 주채무자의 부탁으로 보증인이 된 경우: 주채무자에 대하여 보증인이 과실없이 변제 기타의 출재(出財)로 주채무를 소멸하게 한 때에는 면책된 날 이후의 법정이자 및 피할 수 없는 비용 기타 손해배상을 포함하여 구상권을 행사할 수 있다(민법 제441조).

㉡ 주채무자의 부탁없이 보증인이 된 경우: 보증인이 변제 기타 자기의 출재(出財)로 주채무를 소멸하게 한 때에는 주채무자는 그 당시에 이익을 받은 한도에서 배상하여야 한다(민법 제444조 제1항).

㉢ 주채무자의 의사에 반하여 보증인이 된 경우: 보증인이 변제 기타 자기의 출재(出財)로 주채무를 소멸하게 한 때에는 주채무자는 현존이익의 한도에서 배상하여야 한다(민법 제444조 제2항).

(4) 연대보증

연대보증은 보증인이 보증계약에서 주채무자와 연대하여 부담하기로 하는 보증채무이다. 연대보증인은 최고·검색의 항변권은 갖지 못하나 보증채무와 동일하게 구상권은 행사할 수 있다. 주채무자 상행위로 인한 것인 때나 보증이 상행위인 경우에는 주채무자와 연대하여 변제할 책임이 있다.

(5) 신원보증

① 서 설 신원보증은 피용자의 행위로 사용자가 받은 손해를 배상할 것을 약정하는 계약이다. 이는 신원보증법에 의한 규제를 받는다.

② 존속기간 기간을 정하지 않은 신원보증계약은 그 성립일로부터 2년간 효력을 인정받고, 기간을 정하지 않은 경우에도 2년을 초과하지 못한다.

③ 사용자의 통지의무 신원보증인의 책임을 야기할 염려가 있음을 안 때 또는 피용자의 업무나 임지를 변경함으로써 신원보증인의 책임을 가중하거나 그 감독이 곤란하게 된 때에는 지체없이 그 사실을 신원보증인에게 통지하여야 한다.

④ 책임의 한도 금액을 정함에 있어서 법원은 피용자의 감독에 관한 사용자의 과실유무나 신원보증을 하게 된 사유 및 이를 함에 있어서 주의를 한 정도, 피용자의 임무 또는 신원의 변화 기타 모든 사정을 참작하여야 한다(신원보증법 제6조 제3항).

4. 채권양도와 채무인수

(1) 채권의 양도

① 의 의 채권양도란 채권의 동일성을 유지하면서 계약에 의하여 채권을 이전하는 것을 말한다.

② 지명채권의 양도

㉠ 양도성의 원칙: 채권자가 특정되어 있는 채권이 지명채권이며 지시채권과 무기명채권과 같이 증권을 필요로 하지 않고 채권자의 변경이 처음부터 예정되어 있는 증권적 채권이 아닌 보통의 채권이다. 지명채권은 원칙적으로 양도할 수 있다.

ⓛ 양도방법

ⓐ 효력요건: 양도인과 양수인 사이의 낙성·불요식의 계약에 의한다.

ⓑ 대항요건: 양도인이 채무자에게 통지하거나 채무자가 승낙하지 아니하면 채무자 기타 제3자에게 대항하지 못한다(민법 제450조 제1항). 단, 채무자 이외의 제3자에 대항하기 위해서는 확정일자 있는 증서에 의하여야 한다(민법 제450조 제2항).

③ 증권적 채권의 양도

㉠ 서 설: 증권적 채권이란 증권으로 표창되어 채권의 성립·존속·행사·양도 등 모든 것이 그 증권에 의하여 행해지는 것으로서 유가증권의 일종이다. 이것은 채권자를 정하는 방법에 따라 기명채권, 지시채권, 무기명채권, 지명소지인출급채권으로 구분한다.

㉡ 지시채권의 양도: 지시채권은 특정인 또는 그가 지시하는 자에게 변제하여야 하는 증권이다(예: 어음, 수표, 화물상환증, 창고증권, 선하증권 등). 이는 상법이나 어음법 또는 수표법의 적용을 받기 때문에 민법이 적용될 여지는 없다. 지시채권은 증권에 배서하여 교부하는 방식으로 한다. 채무자는 소지인의 전자에 대한 인적 관계의 항변으로 소지인에게 대항하지 못한다(인적 항변의 절단).

㉢ 무기명채권의 양도: 무기명채권은 특정의 채권자의 이름을 기재하지 않고 그 증권의 정당한 소지인에게 변제하여야 하는 증권적 채권이다(예: 무기명사채, 상품권, 승차권, 극장입장권 등). 무기명채권은 양수인에게 교부함으로써 효력이 발생한다.

㉣ 지명소지인출급채권의 양도: 증서에 특정한 채권자를 지명하는 한편 그 증서의 소지인에 대해서도 변제할 수 있다는 뜻을 기재한 증권적 채권으로 소지인출급의 배서는 약식배서와 같은 효력이 있다(민법 제512조).

④ 유가증권

㉠ 의 의: 유가증권이란 재산적 가치가 있는 사권을 표창하는 증권으로서 그 권리의 발생·행사 또는 이전에 있어서 증권의 소지를 요하는 것으로 무형의 권리가 유형의 증권과 결합한 것이다.

㉡ 유가증권과 유사한 제도

ⓐ 증거증권: 증거증권은 어떠한 사실을 증명하는 증서이며, 채권자가 다른

방법으로 그 권리를 증명하는 방법이 있으면 증권없이도 권리를 행사할 수 있다
(예: 영수증, 차용증서, 예금통장, 운송장, 보험증권).

ⓑ 면책증권: 채무자가 악의 또는 중대한 과실없이 증권의 소지자에게 채무를 이행하면 그 소지인이 정당한 권리자가 아닌 경우에도 채무를 면하는 증권
(예: 보관표, 적하수령증, 철도수화물상환증, 주차표, 예금통장)을 말한다.

ⓒ 금 액: 그 자체가 법률상 특정한 가치를 보유한 증권으로 재산권이 표창되어 있기 때문에 가치가 있는 것이 아니고 그 증권자체가 가치를 가지는 증권(예: 지폐, 우표, 수입인지 등)을 말한다.

ⓒ 유가증권의 종류

ⓐ 완전유가증권과 불완전유가증권: 증권상의 권리발생·행사·이전 등의 모든 경우에 증권의 소지를 요하는 것을 완전유가증권(예: 어음, 수표)이고, 그 중 어느 일부의 경우에만 증권의 소지를 요하는 것을 불완전유가증권(예: 주권, 사채권, 화물상환증, 창고증권, 선하증권)이라 한다.

ⓑ 기명증권·지시증권·무기명증권·선택무기명증권: 이는 증권상에 권리자를 표시하는 방법에 따른 분류이다.

• 기명증권: 증권면에 권리자의 성명·명칭이 기재되어 있는 증권으로 지정된 특정인만이 권리를 행사할 수 있다.

• 지시증권: 증권에 기재된 자 또는 그로부터 배서에 의하여 양도받은 자가 권리를 행사한다(예: 어음, 수표, 화물상환증, 창고증권).

• 무기명증권: 증권면에 권리자의 기재가 없고 그 증권의 소지인이 권리를 행사한다.

• 선택무기명증권: 성명이 증권에 기재된 자 또는 증권소지인이 권리를 행사한다.

ⓒ 요인증권·무인증권: 원인관계의 효력이 증권상의 권리에 영향을 미치는 증권은 요인증권이고 미치지 않는 증권은 무인증권이다(예: 수표, 어음).

ⓓ 설정증권·비설정증권

• 설정증권: 증권상의 권리가 증권의 작성에 의해 창설되는 증권을 말한다
(예: 수표·어음 등의 완전유가증권).

• 비설정증권: 증권의 작성과 증권상 권리의 발생과는 무관하고 기존의 권리를 증권에 표창하는 것에 불과한 증권(예: 화물상환증)을 말한다.

㉣ 증권의 분실과 제권판결: 유가증권을 분실하거나 도난당한 경우 공시최고의 절차에 의하여 그 증권을 무효로 할 수 있다. 공시최고를 신청하여 3월 이후까지 신고가 없는 때에는 법원은 증권의 무효를 선언하는 제권판결을 한다(민사소송법 제496조). 무효화를 선언한 다음에만 증권없는 권리행사와 재발행을 청구할 수 있다.

(2) 채무인수

① 의　의　　채권양도와 함께 채권관계 변경의 한 형태이며, 학설이나 판례가 일반적으로 인정하여 오던 것을 민법 제453조 내지 제459조에서 규정을 하고 있다.

② 종　류

㉠ 의　의: 채무인수에는 제3자(인수인)가 채무를 인수함으로써 채무가 채무자로부터 인수인에게 이전하여 채무자가 책임을 면하는 면책적 채무인수와 인수인이 종래의 채무자와 병존하여 같은 내용의 채무를 부담하는 병존적 채무인수(이를 중첩적 채무인수 또는 첨가적 채무인수라고도 한다), 그리고 채무자가 부담하는 특정의 채무의 변제의무를 인수인이 채무자에 대하여 부담하는 이행인수의 세 가지가 있다.

㉡ 종　류

ⓐ 면책적 채무인수

• 요　건: 채권자·채무자·인수인의 3면계약으로 할 수 있고, 채무자의 의사에 반하지 않는 한 채권자와 인수인과의 계약으로도 할 수 있다(민법 제453조). 또한, 채무자와 인수인과의 계약으로도 할 수 있는데, 이 때에는 채권자의 승낙에 의하여 그 효력이 생긴다(민법 제454조).

• 효　력: 인수의 효과로서 채무는 동일성을 잃지 않고 인수인에게 이전한다. 채무자는 채무를 면하고, 인수인은 채무자가 가졌던 모든 항변권을 수계(受繼)한다(민법 제458조). 담보물권과 보증채무는 채무자가 설정한 담보물권을 제외하고는 인정하지 않는다(민법 제459조 본문). 그러나 보증인이나 제3자가 채무인수

에 동의한 경우에는 보증채무나 담보물권이 이전한다(민법 제459조 단서).

ⓑ 병존적 채무인수: 채권자와 인수인 사이의 계약으로 인수인이 채무자의 채무와 같은 내용의 채무를 병립하여 부담하고, 채무자는 여전히 채무를 면하지 않는 것을 말하며, 중첩적 채무인수 또는 첨가적 채무인수라고도 한다.

5. 채권의 소멸

(1) 변 제

① **변제의 의의**   변제란 채무의 내용인 급부를 이행함으로써 채권이 만족으로 얻게 되는 것을 말하며, 변제에 의하여 채권은 소멸한다.

② **변제에 관한 기준**

㉠ 변제자: 변제자는 채무자이나 일신전속적 채무가 아닌 경우에는 제3자도 변제할 수 있다.

㉡ 수령자: 원칙은 채권자가 수령하나 대리인이나 채권추심의 수임자도 수령권한을 갖는 경우가 있다.

㉢ 변제의 장소: 특정물의 인도는 채권성립당시에 물건이 있었던 장소, 특정물 이외의 변제는 채권자의 현주소 또는 현영업소에서 한다.

㉣ 변제의 시기: 변제는 변제기에 하는 것이 원칙이지만 기한이익을 포기하고 변제기 전에도 변제할 수 있다.

㉤ 변제의 비용: 특약이 없는 한 채무자가 부담한다.

③ **변제의 충당**   변제의 제공이 그 채무 전부를 소멸케 하지 못하는 때에는 당사자 사이에 합의가 있으면 그에 따르고, 그것이 없으면 당사자의 지정에 의한 충당에 의하고, 그 지정이 없으면 법률의 규정에 의해 충당한다. 변제는 비용, 이자, 원본의 순서로 충당한다.

(2) 대물변제

대물변제란 채권자의 승낙을 얻어 채무자가 부담하는 본래의 급부에 갈음하여 다른 급부를 현실적으로 함으로써 채권을 소멸시키는 것을 말한다. 또한, 채권자는 대물변제의 예약을 등기원인으로 하여 소유권이전청구권 보존의 가등기를 할 수 있다. 단, 담보의 범위 내에서만 효력을 인정받을 수 있다.

(3) 상 계

① **상계의 의의**　　상계란 채무자가 채권자에 대하여 자기도 동종의 채권을 갖는 경우에 채무자의 상계의 의사표시만으로 그 채권과 채무를 대등액에서 소멸시키는 것을 말한다.

② **상계의 요건**

㉠ 상계적상(相計適狀): 채권자·채무자 쌍방이 서로 같은 종류의 채권을 부담하고 이행기에 도래하여야 한다.

㉡ 상계가 금지되지 않은 채무일 것: 당사자의 의사표시에 의하여 상계가 금지되지 않았어야 한다. 그러나 선의의 제3자에게 대항하지 못한다. 또한, 고의의 불법행위로 인한 것인 때에는 그 채무자는 상계로 채권자에게 대항하지 못한다.

③ **상계의 방법**　　상계는 단독행위이기 때문에 조건을 붙이지 못한다.

④ **상계의 효과**　　액수가 동일하지 않을 때에는 일부의 상계가 있게 된다.

⑤ **상계계약**　　당사자간의 특약으로 상계에 관한 약정을 할 수 있다.

Ⅱ. 채권법각론

민법은 사회에서 행하여지는 수많은 계약 중에서 빈번하게 이용되는 계약을 유형화하여 15종의 전형계약으로 규정하고 있다. 민법에서 규정하고 있는 15가지 전형계약은 그 목적에 따라 ① 재산권의 이전을 목적으로 하는 증여·매매·교환과, ② 물건의 이용을 목적으로 하는 소비대차·사용대차(무상)·임대차(유상), ③ 노무의 급부를 목적으로 하는 고용·도급·현상광고·위임·임치, ④ 기타의 계약으로 조합·종신정기금·화해·여행계약 등이 있다.

1. 증여·매매·교환

(1) 증 여

당사자의 일방이 무상으로 재산을 상대방에게 준다는 의사표시를 하고, 상대방이 그것을 승낙함으로써 성립하는 계약이다(민법 제554조). 무상·낙성·편무·불요식계약이다. 증여는 전형적인 무상계약인 점에 특색이 있다. 오늘날 자본주의 경제사회에서는 그 사회적·경제적 작용이 매우 적으며, 자선·종교·교육·문화 또는 학술 등의 특수한 목적을 위한 증여, 예컨대 기부 등이 큰 의의를 가진다.

(2) 매 매

매매란 당사자의 일방이 일정한 재산권을 상대방에게 이전할 것을 약정하고 상대방은 이에 대하여 대금을 지급할 것을 약정함으로써 효력이 생기는 낙성·유 상·쌍무·불요식의 계약이다(민법 제563조). 매매는 양 당사자의 의사표시에 합치 가 있으면 성립하는 낙성계약이다.

(3) 교 환

교환은 당사자 쌍방이 금전 이외의 재산권을 상호 이전할 것을 약정함으로 써 그 효력이 생기는 계약을 말한다(민법 제596조). 교환계약이 낙성·쌍무·유상· 불요식계약이라는 점에서는 매매와 동일하나, 교환은 대상 목적물을 금전 이외 의 것을 요구하는 점에서 매매와 차이가 있다.

2. 임대차·소비대차·사용대차

(1) 임대차

임대차는 당사자 일방이 상대방에게 목적물을 사용, 수익하게 할 것을 약정 하고 상대방이 이에 대하여 차임을 지불할 것을 약정함으로써 효력이 발생하는 낙성·유상·쌍무·불요식계약이다.

타인의 물건을 사용·수익하는 점에서 소비대차 및 사용대차와 동일하지만 소비대차와 다른 점은 임대차는 그 목적물을 반환하여야 하고 소유권을 취득하 지 않는 점에 있고, 사용대차와 다른 점은 임대차는 차임을 지불한다는 점에서 구별된다. 즉, 소비대차는 당사자 일방이 금전 기타 대체물의 소유권을 상대방에 게 이전할 것을 약정하고 상대방은 그와 같은 종류·품질 및 수량으로 반환할 것 을 약정함으로써 성립하는 낙성·불요식계약을 말한다(민법 제598조). 단, 대차형 의 계약이면서도 차주가 빌린 물건 그 자체를 반환하지 않고 다른 동종·동질· 동량의 것을 반환하면 된다는 점에서, 다른 대차형의 계약인 사용대차·임대차와 는 다르다.

(2) 소비대차

당사자의 일방이 금전 기타 대체물의 소유권을 상대방에게 이전할 것을 약정하고, 상대방이 동종·동질·동량의 물건을 반환할 것을 약정함으로써 성립하는 계약이다(민법 제598조 내지 제608조). 예컨대, 금전이나 쌀 등을 빌어 소비하고, 나중에 다른 금전이나 쌀로 갚는 경우와 같다. 차주가 빌린 물건 그 자체를 반환하지 않고 다른 동종·동질·동량의 것으로 반환하는 점에서 사용대차나 임대차와 구별된다. 소비대차의 법률적 성질은 낙성·무상·편무·불요식계약임이 원칙이나 이자부 소비대차나 상인 간의 금전소비대차(상법 제55조)는 유상·쌍무계약이다. 여기서 이자를 지급하기로 특약을 한 이자부 소비대차는 유상계약이면서 쌍무계약이 되나, 무이자부 소비대차는 당사자 일방만이 목적물을 인도할 의무를 부담하므로 편무계약이며 무상계약이 된다.

(3) 사용대차

당사자의 일방이 상대방에게 무상으로 사용·수익하게 하기 위하여 목적물을 인도할 것을 약속하고, 상대방은 이것을 사용·수익한 후 그 물건을 반환할 것을 약정함으로써 성립하는 계약이다(민법 제609조 내지 제617조). 무상이라는 점에 본질적 특징이 있고, 이 점에서 임대차와 구별된다. 그리고 차용물 자체를 그대로 반환하는 점에서는 임대차와 같고, 소비대차와는 다르다.

3. 고용·도급·여행계약·현상광고·위임·임치

(1) 고 용

당사자 일방이 상대방에 대하여 노무를 제공할 것을 약정하고, 상대방이 이에 대하여 보수를 지급할 것을 약정함으로써 성립하는 계약이다(민법 제655조).

(2) 도 급

당사자의 일방이 어떤 일을 완성할 것을 약정하고, 상대방이 그 일의 결과에 대하여 보수를 지급할 것을 약정함으로써 성립하는 계약이다(민법 제664조 내지 제674조). 도급은 어떤 일의 완성을 목적으로 하는 낙성·유상·쌍무·불요식계약이다. 도급은 고용이나 위임과 같이 노무공급계약의 일종이나 특히 '일의 완성'을 목적으로 하는 점에 특색이 있어서 고용이나 위임과 구별된다.

(3) 여행계약

여행계약은 당사자 한 쪽이 상대방에게 운송, 숙박, 관광 또는 그 밖의 여행 관련 용역을 결합하여 제공하기로 약정하고 상대방이 그 대금을 지급하기로 약정함으로써 효력이 생긴다(민법 제674조의2). 여행자는 여행을 시작하기 전에는 언제든지 계약을 해제할 수 있다. 다만, 여행자는 상대방에게 발생한 손해를 배상하여야 한다(민법 제674조의3). 부득이한 사유가 있는 경우에는 각 당사자는 계약을 해지할 수 있다. 다만, 그 사유가 당사자 한쪽의 과실로 인하여 생긴 경우에는 상대방에게 손해를 배상하여야 한다. 부득이한 사유에 따라 계약이 해지된 경우에도 계약상 귀환운송(歸還運送) 의무가 있는 여행주최자는 여행자를 귀환운송할 의무가 있다.

여행에 하자가 있는 경우에는 여행자는 여행주최자에게 하자의 시정 또는 대금의 감액을 청구할 수 있다. 다만, 그 시정에 지나치게 많은 비용이 들거나 그 밖에 시정을 합리적으로 기대할 수 없는 경우에는 시정을 청구할 수 없다. 여행자는 시정청구, 감액청구를 갈음하여 손해배상을 청구하거나 시정청구, 감액청구와 함께 손해배상을 청구할 수 있다(민법 제647조의6 등). 여행자는 여행에 중대한 하자가 있는 경우에 그 시정이 이루어지지 아니하거나 계약의 내용에 따른 이행을 기대할 수 없는 경우에는 계약을 해지할 수 있다. 계약이 해지된 경우에는 여행주최자는 대금청구권을 상실한다. 다만, 여행자가 실행된 여행으로 이익을 얻은 경우에는 그 이익을 여행주최자에게 상환하여야 한다. 여행주최자는 계약의 해지로 인하여 필요하게 된 조치를 할 의무를 지며, 계약상 귀환운송 의무가 있으면 여행자를 귀환운송하여야 한다. 이 경우 상당한 이유가 있는 때에는 여행주최자는 여행자에게 그 비용의 일부를 청구할 수 있다(민법 제674조의7).

여행계약에 따른 권리는 여행 기간 중에도 행사할 수 있으며, 계약에서 정한 여행 종료일부터 6개월 내에 행사하여야 한다(민법 제674조의8). 여행계약은 강행규정으로 본 규정을 위반하는 약정으로서 여행자에게 불리한 것은 효력이 없다.

(4) 현상광고

광고자가 어떤 행위를 한 자에게 일정한 보수를 지급할 의사표시를 하고, 응모자가 그 광고에 정한 행위를 함으로써 완료성립하는 계약(민법 제675조)이다.

광고는 청약이고 지정행위의 완료는 승낙이며 그 합치로써 효력이 생기기 때문에 요물계약이며, 유상·편무계약이다. 지정행위의 완료자는 보수청구권을 취득한다(민법 제676조 제1항). 수인이 동시에 완료하면 균등한 비율로 보수를 받으나, 분할할 수 없는 보수이면 추첨으로 당선인을 정한다(민법 제676조 제2항). 수인이 공동으로 완료하면 보수청구권은 다수당사자의 채권이 된다.

(5) 위 임

① **위임의 의의**　위임인이 사무의 처리를 위탁하고 수임인은 승낙함으로써 성립하는 계약이다. 위임에 있어서 사무의 처리는 법률상 또는 사실상의 모든 행위를 포함한다.

② **위임의 효력**

㉠ 수임인의 의무

ⓐ 위임사무의 처리는 선량한 관리자의 주의로써 위임사무를 처리하여야 한다.

ⓑ 수임인은 위임인의 청구가 있는 때에는 위임사무의 처리사항을 보고하고, 위임이 종료한 때에는 지체없이 그 전말을 보고하여야 한다. 또한 취득물의 인도와 이전을 해야 할 의무가 있다. 금전을 자기를 위하여 소비한 때에는 소비한 날 이후의 이자를 지급하여야 하며 그 외에 손해가 있으면 배상하여야 한다.

㉡ 수임인의 권리

ⓐ 보수청구권

ⓑ 비용선급청구권

ⓒ 비용상환청구권

③ **위임의 종료**　위임의 특별한 종료원인으로서 당사자의 사망이나 파산, 수임인의 성년후견개시의 심판, 해지에 의하여 종료한다(민법 제690조).

(6) 임 치

① **임치의 의의**　임치는 임치인이 수치인에게 금전·유가증권·물건의 보관을 위탁하고 상대방이 승낙함으로써 발생하는 계약이다(법 제693조).

② **임치의 효력**

㉠ 임치물의 보관의무

ⓐ 무상임치인 경우는 자기재산과 동일한 주의로 보관하여야 한다.

ⓑ 유상임치인 경우는 선량한 관리자의 주의로 보관하여야 한다.

ⓛ 임치물의 반환의무: 임치가 종료한 때 수치인은 받은 목적물 자체를 반환하여야 한다.

ⓒ 임치인의 보수지급의무: 유상임치의 경우 임치인은 보수지급의무를 진다.

③ 임치의 특수형태

㉠ 혼장임치: 목적물이 대체물인 경우 동질의 물건을 혼합하여 보관하고 그 중 어느 것을 반환하여도 무방하다(예: 증권, 석유).

㉡ 소비임치: 수치인이 임치물을 소비하고 이와 동종·동질·동량의 것을 반환하는 계약(예: 은행의 예금을 말한다). 이때는 소비대차와 동일하므로 소비대차에 관한 규정을 준용한다.

4. 조합·종신정기금·화해

(1) 조 합

2인 이상이 상호 출자하여 공동사업을 경영하기로 약정하는 계약(민법 제703조 내지 제724조)을 말한다. 출자는 금전 및 그 밖의 재산·노무·신용 등 재산적 가치가 있으면 되고, 종류·성질에는 제한이 없다. 예컨대 1명만이 이익을 보는 사자조합이나 익명조합 등은 민법상의 조합이 아니다. 조합계약의 법률적 성질은 낙성·유상·쌍무계약이다. 그러나 보통의 쌍무계약과는 달라 각 조합원의 채무가 공동목적을 위하여 모두 결합되어 있다는 점이 특색이기 때문에 쌍무계약에 관한 일반규정을 조합에 적용함에는 일정한 제한을 받는다.

(2) 종신정기금

당사자 일방이 자기 상대방 또는 제3자의 종신까지 정기로 금전, 기타의 물건을 상대방 또는 제3자에게 지급할 것을 약정함으로써 성립하는 계약이다(민법 제725조).

(3) 화해(화해계약 또는 합의서)

1) 의 의

당사자가 서로 양보하여 그들 사이의 분쟁을 종식시키는 계약이다(민법 제731

조). 화해가 성립하면 당사자 사이의 법률관계는 확정되고 화해 이전의 주장은 하지 못하게 된다. 즉, 화해계약이 성립되면 당사자의 한편이 양보한 권리는 소멸되고, 상대편이 화해로 인하여 그 권리를 취득하는 효력이 생긴다(민법 제732조). 화해계약은 착오가 있더라도 취소하지 못하는 것이 원칙이지만, 화해의 목적인 분쟁 이외의 사항에 착오가 있을 때에는 취소할 수 있다(민법 제733조). 예를 들면, 금전채권에 관하여 그 금액에 분쟁이 있어서 이 금액에 관한 화해를 하였으면, 그 금액에 착오가 있어도 취소하지 못한다. 그러나 그 금전채권의 존부 자체에 관한 착오가 있으면 취소가 가능하다. 당사자가 함부로 처분하지 못하는 법률관계(예: 상속인의 결정 등)에 대하여는 화해계약이 성립될 수 없다.

2) 법적 성질

화해는 당사자가 서로 양보하여 손실을 입는 점에서 유상계약이며 쌍무계약, 낙성, 불요식 계약의 법적 성질을 가지고 있다.

3) 성립요건

① 당사자 사이에 분쟁이 존재할 것   다툼이 없고 단지 법률관계가 불명확한 경우에 이를 확정하기 위한 확인서 등은 화해가 아니다.

② 당사자 상호간의 양보가 있을 것   분쟁이 있는 것을 전제로 서로 양보하여 화해계약을 체결해야 하며 어느 일방만이 양보하는 화해계약은 화해계약으로 볼 수 없다. 그리고 화해계약에 의하여 당사자는 새로운 권리의무가 확정되는 것이므로 화해의 목적이 될 수 있는 분쟁사항은 당사자가 자유로이 처분할 수 있는 성질의 것으로 당사자 쌍방이 서로 어떤 불이익을 부담하는 것을 승인하는 것으로 보고 있다(다수설). 따라서 가족법상의 법률관계인 부양관계, 친족관계의 확인 등은 해당되지 않는다.

③ 당사자 자격을 갖출 것   분쟁의 대상이 된 법률관계의 당사자이어야 한다. 따라서 화해계약을 체결할 때는 당사자의 신분증을 복사하여 첨부할 필요가 있다.

4) 효 력

화해계약은 당사자 일방이 양보한 권리가 소멸되고 상대방이 화해로 인하여 그 권리를 취득하는 효력이 있다(민법 제732조). 이러한 화해는 채권계약으로서 당사자는 화해계약에서 정해진 내용에 따라 이행할 의무를 지며 법률행위의 무효, 취소에 관한 규정과 계약의 해제에 관한 규정은 화해계약에도 적용된다.

화해가 성립하면 다툼의 대상은 당사자가 합의한 대로 확정되는 효과가 생긴다. 그리고 당사자 간에 다툼의 대상이 된 분쟁사항은 화해계약의 내용에 따라 변경, 확정된다. 본조는 이를 "당사자 일방이 양보한 권리가 소멸되고 상대방이 화해로 인하여 그 권리를 취득하는 효력이 있다"고 표현하고 이러한 효력을 창설적 효력이라고 정의한다. 화해 전의 법률관계 중 화해의 전제가 된 분쟁에 해당하지 않는 것은 그대로 존속한다. 그리고 화해계약은 당사자와 그 특별승계인(매매나 증여 등)에게만 효력이 미칠 뿐 제3자에게 미치지 않는다.

5) 화해계약과 착오의 관계

화해계약은 착오를 이유로 하여 취소하지 못한다. 그러나 화해 당사자의 자격 또는 화해의 목적인 분쟁 이외의 사항에 착오가 있는 때에는 그러하지 아니하다(민법 제733조).

여기서 화해의 목적인 분쟁 이외의 사항이란 "분쟁의 대상이 아니라 분쟁의 전제 또는 기초가 된 사항으로서 쌍방 당사자가 예정한 것이어서 상호양보의 내용으로 되지 않고 다툼이 없는 사실로 양해된 사항"으로 보고 있다.[59]

그래서 화해계약이 성립되면 특별한 사정이 없는 한 그 창설적 효력에 의하여 종전의 법률관계를 바탕으로 한 권리의무관계는 말소되는 것으로서 계약당사자간에는 종전의 법률관계가 어떠하였느냐를 묻지 않고 화해계약에 의하여 새로운 법률관계가 생기는 것이고, 화해계약의 의사표시에 착오가 있더라도 이것이 당사자의 자격이나 화해의 목적인 분쟁 이외의 사항에 관한 것이 아니고 분쟁의 대상인 법률관계 자체에 관한 것인 때에는 이를 취소할 수 없다.[60]

그러나 교통사고 발생에 가해자의 과실이 경합되었는데도 피해자 측이 피해자의 일방적 과실에 의한 것으로 착각하고 실제 손해액보다 훨씬 적은 금원의 합의금을 받고 일체의 손해배상청구권을 포기하기로 합의한 경우, 그 합의의 착오 취소를 인정하였고,[61] 의사의 치료행위 직후 환자가 사망하여 의사가 환자의

---

59) 대법원 2005. 8. 19. 선고 2004다53173 판결.
60) 대법원 1989. 9. 12. 선고 88다카10050 판결.
61) 대법원 1997. 4. 11. 선고 95다48414 판결.

유족에게 거액의 손해배상금을 지급하기로 합의하였으나 그 후 환자의 사망이 의사의 치료행위와는 전혀 무관한 것으로 밝혀진 사안에서, 의사에게 치료행위 상의 과실이 있다는 점은 위 합의의 전제이었지 분쟁의 대상은 아니었다고 보아 착오를 이유로 화해계약의 취소를 인정한 경우도 있다.[62]

Ⅲ. 채권의 발생원인 · 강제이행 · 손해배상액의 산정

1. 채권의 발생원인

(1) 의 의

채권은 특정인이 다른 특정인에 대하여 일정한 행위를 청구할 수 있는 권리 이다. 이러한 채권은 당사자의 의사표시에 의한 법률행위와 법률의 규정에 의하 여 발생한다.

(2) 법률행위에 의한 채권의 발생

1) 단독행위

유언, 재단법인의 설립[63]

2) 계 약

법률행위에 의해 채권이 발생하는 가장 전형적인 것은 계약이다.

3) 합동행위

사단법인의 설립행위는 공동의 목적을 위한 의사표시가 평행적, 구심적으로 향해 있는 점에서 설립자 간에 채권, 채무가 발생하는 것으로 보기는 어렵다는 것이 통설이다.

(3) 법률의 규정에 의한 채권의 발생

(개) 사무관리(민법 제734조)

1) 의 의

사무관리란 의무없이 타인을 위하여 사무를 관리하는 자는 그 사무의 성질 에 좇아 가장 본인에게 이익이 되는 방법으로 이를 관리하게 하는 제도이다(민법

---

62) 대법원 2001. 10. 12. 선고 2001다49326 판결.
63) 재단법인이 그 설립자에 대해 재산출연의 이행을 청구할 수 있는 채권을 취득한다.

제734조 제1항).

2) 요 건

- 타인의 사무를 관리할 것
- 타인의 위한 의사가 있을 것
- 법률상의 의무가 없을 것
- 본인에게 불리하거나 본인의 의사에 반하지 않을 것

3) 효 력

- 비용상환청구권 인정
- 무과실 손해배상청구권 인정
- 보수청구권은 부정

㈏ 부당이득(민법 제741조)

1) 민법 제741조에 따른 부당이득

① 의 의   부당이득이라 함은 법률상 원인없이 타인의 재산 또는 노무로 인하여 이익을 얻고, 이로 인하여 타인에게 손해를 가한 경우에 그 이익을 손실자에게 반환시키는 제도를 말한다(민법 제741조). 계약이 효력이 없는데도 급부가 이루어졌다고 한다면 그 이익을 보유하는 것은 정당하지 않으므로 이를 반환하여야 하는데 이를 부당이득이라고 한다(민법 제741조~제749조). 예컨대 계약에 기해 급부가 행하여졌는데, 그 계약이 무효가 되거나 취소된 경우, 그 계약이 해제된 경우 원상회복의무가 발생하지만 그 본질은 부당이득이다.

재화의 정당한 귀속을 실현하기 위해 일정한 요건이 성립하면 당연히 부당이득반환채권·채무가 발생하는 것으로 법률로 규정한 점에서 부당이득은 사무관리 및 불법행위와 같이 법률의 규정에 의한 채권의 발생원인이 된다.

② 요 건

- 법률상 원인없이
- 타인의 재산 또는 노무로 인하여 이득을 얻고 그로 인하여(인과관계) 타인에게 손해를 가한 경우

③ 효 력

- 이득자가 손실자에게 그 이득을 반환할 의무를 부담

- 선의수익자는 그 받은 이익이 현존하는 한도에서 반환의무

- 수익자가 이익을 받은 후 법률상 원인 없음을 안 때에는 그 때부터 악의 수익자로서 이익반환의 책임이 있다(민법 제749조 제1항). 여기서 선의의 수익자가 패소한 때에는 그 소를 제기한 때부터 악의의 수익자가 된다(민법 제749조 제2항).

2) 비채변제(민법 제742조)와 변제자 대위(민법 제481조)

① **비채변제**　　비채변제란 지급자가 채무없음을 알고 이를 변제한 때에 그 반환을 청구하지 못하는 경우를 의미한다(민법 제742조). 그런데 민법 제742조의 비채변제는 지급자가 채무 없음을 알면서도 임의로 지급한 경우에만 성립하고, 채무 없음을 알고 있었다 하더라도 변제를 강제당한 경우나 변제거절로 인한 사실상의 손해를 피하기 위하여 부득이 변제하게 된 경우, 반환청구권을 유보하고 변제한 경우 등 그 변제가 자기의 자유로운 의사에 반하여 이루어진 것으로 볼 수 있는 사정이 있는 때에는 지급자가 그 반환청구권을 상실하지 않는다.[64]

예컨대 부동산경매에서 대항력의 요건을 갖춘 중간주택임차인이 선순위 담보권자의 피담보채권액을 대위변제한 경우, 이는 매수인이 이로 인한 사실상의 손해를 피하기 위하여 부득이 한 행위이고 그 변제가 자유로운 의사에 의한 것이라고 보기 어려우므로[65] 채무자를 상대로 이로 인하여 취득한 금원을 부당이득으로 반환청구할 수 있을 것이다.

② **변제자 대위**　　변제자 대위는 임의대위와 법정대위(민법 제481조)로 구분할 수 있다. 임의대위란 채무자를 위하여 변제한 자는 변제와 동시에 채권자의 승낙을 얻어 채권자를 대위할 수 있는 경우를 의미한다(민법 제480조). 그리고 법정대위란 변제할 정당한 이익이 있는 자는 변제로 당연히 채권자를 대위하는 관계로 상대방의 동의를 요하지 않고 법정대위할 수 있는 경우를 의미한다(민법 제481조). 이렇게 임의대위나 법정대위로 채권자를 대위한 자는 자기의 권리에

---

64) 대법원 1992. 2. 14. 선고 91다17917 판결; 대법원 1996. 12. 20. 선고 95다52222, 52239 판결.
65) 민법 제742조의 비채변제는 지급자가 채무 없음을 알면서도 임의로 지급한 경우에만 성립하고, 채무 없음을 알고 있었다 하더라도 변제를 강제당한 경우나 변제거절로 인한 사실상의 손해를 피하기 위하여 부득이 변제하게 된 경우, 반환청구권을 유보하고 변제한 경우 등 그 변제가 자기의 자유로운 의사에 반하여 이루어진 것으로 볼 수 있는 사정이 있는 때에는 지급자가 그 반환청구권을 상실하지 않는다(대법원 1992. 2. 14. 선고 91다17917 판결; 대법원 1996. 12. 20. 선고 95다52222 판결 등 참조).

의하여 구상할 수 있는 범위에서 채권 및 그 담보에 관한 권리를 행사할 수 있다(민법 제482조).

여기서 민법 제481조에 따른 변제할 정당한 이익이 있는 자의 범위와 관련하여 통설은 담보권의 실행으로 변제를 받지 못하게 될 우려가 있는 경우와 같이 담보물이 부담하게 싼 가격으로 처분되는 때의 일반채권자도 이에 해당한다고 보고 있다.[66] 그리고 판례도[67] "갑"이 그 소유부동산을 "을"에게 매도 후 등기 이전 전에 "병"에 대한 채무담보의 목적으로 "병" 앞으로 이전등기를 경료한 경우 "을"은 "갑"에 대한 등기청구권자로서 "갑"의 채무를 변제할 정당한 이해관계 있는 제3자이므로 특별한 사정이 없는 한 "병"에게 "갑"의 채무를 변제한 후 "갑"을 대위하여 "병" 앞으로 된 소유권이전등기의 말소청구를 할 수 있다고 판시하고 있다. 그리고 부동산경매에서 매수인이 채무자의 불법행위에 따른 증축 등으로 손해를 입게 되어 경매신청권자의 담보액을 변제하고 경매를 취소한 경우 변제자인 매수인은 경매신청권자가 보유하고 있었던 담보권을 대위 행사할 수 있을 것이다

변제자 대위는 제3자 등이 채권을 변제한 때에는 그 채권은 소멸하지만 그것은 채권자와 채무자 사이의 상대적 관점에서 소멸할 뿐이고, 변제자는 채무자에 대한 구상권의 확보를 위해 종전 채권자의 채권 및 담보권을 행사할 수 있다(민법 제482조). 제3자 등의 변제로 채무자가 종전에 비해 유리해질 이유가 없는 점에서도 그러하다. 통설은 채권자의 권리가 당연히 법률상 당연히 변제자에게 이전되는 것으로 보고 있다.

㈐ **불법행위**(민법 제750조)

1) **의 의**

불법행위는 고의 또는 과실로 인한 위법행위로 타인에게 손해를 가한 행위로서, 가해자는 피해자에 대해 그 손해를 배상할 책임을 진다(민법 제750조). 이는 채무불이행과 더불어 법률이 허용하지 않는 위법행위이다. 타인에게 손해를 입힌 점에서 민법이 가해자에게 그 손해배상의무를 부과하는 법률의 규정에 의한

---

66) 김준호, 전게서, 1263면.
67) 대법원 2012. 7. 16.자 2009마461 결정; 대법원 1971. 10. 22. 선고 71다1888, 1889 판결.

채권의 발생원인이 된다.

2) 불법행위의 성립요건

㈎ 일반 불법행위의 성립요건

• 가해자의 고의 또는 과실(증명책임은 피해자)

• 가해자의 책임능력: 민법은 책임무능력자로서 미성년자로서 행위의 책임을 변식할 지능이 없는 자와(민법 제753조) 심신상실자를(민법 제754조) 규정하고 있다.

• 가해자의 위법성: 불법행위는 가해자의 가해행위로 인해 타인의 권리나 법익을 침해하는 것을 요건으로 하는 점에서 위법성을 판단하는 데에는 침해되는 이익과 침해행위의 양자를 고려하여 판단하여야 한다. 즉 법에 의해 보호되는 권리나 이익은 고정된 것이 아니라 시대에 따라 부단히 변천한다. 그러므로 위법성은 침해되는 이익의 종류와 침해행위의 모습을 상관적으로 고려하여 결정하여야 한다. 예컨대 물권 기타 절대권이 침해된 경우에는 침해행위의 모습을 특별히 고려할 필요없이 위법성이 인정되지만, 자유경쟁이 허용되는 채권의 침해에서는 그 침해의 모습이 사회질서에 위반되는 경우에만 위법성이 인정된다고 할 수 있다.[68]

• 피해자의 손해발생

• 피해자의 손해발생과 위법성 사이에 인과관계

㈏ 특수 불법행위의 성립요건

민법상의 특수불법행위: 특수불법행위는 자기의 고의나 과실에 기인하는 행위에 의함이 없이 원칙적으로 발생하는 무과실책임으로 책임무능력자의 감독자의 책임(민법 제755조), 사용자의 책임(민법 제756조), 공작물의 점유자 및 소유자의 책임(민법 제758조), 동물점유자의 책임(민법 제759조) 등이 있으며 고의 또는 과실에 대한 증명책임을 가해자에게 전환한 중간책임으로 규정되어 있다. 그리고 공동불법행위의 책임에 관한 규정(민법 제760조)은 공동불법행위자 간에 연대책임을 인정함으로써 책임을 무겁게 하고 있다.

---

68) 김준호, 전게서, 836면.

2. 강제이행

(1) 의 의

강제이행이란 채무자가 채무의 이행이 가능함에도 임의로 채무를 이행하지 아니한 때에 채권자는 확정판결 등 집행권원을 국가기관에 제출하여 국가기관의 강제력에 의하여 채권의 만족을 얻을 수 있는데, 이를 '강제이행'이라고 하며 집행의 측면에서는 '강제집행'이라고 한다.

강제이행은 이행이 가능함에도 이행하지 않는 경우에 그 구제방법이 되는 것이고 이행불능의 경우에는 본래의 급부에 대한 이행의 강제를 구할 수 없다. 다만 이행불능에 따른 손해배상배상의무에 대해서는 강제이행을 구할 수 있다. 예컨대 매매계약을 체결하기 이전에 목적물이 화재로 멸실된 경우 목적물에 대한 이전은 요구할 수 없지만 그 이행불능에 따른 손해배상은 금전으로 청구가 가능하다.

(2) 강제이행의 요건

강제이행을 하기 위해서는 채권자가 집행권원을 보유하고 있어야 한다. 집행권원이란 실체법상의 청구권의 존재와 범위를 표시하고 집행력을 인정한 공문서를 말한다. 이러한 집행권원에는 확정된 종국판결, 가집행, 지급명령, 소액판결, 배상명령, 공정증서 등이 있다. 이러한 집행권원에 대하여 제1심법원으로부터 집행문을[69] 원칙적으로 부여야 강제이행을 할 수 있다.

(3) 강제이행의 순서

민법 제389조와 민사집행법[70]은 채무의 이행에 따른 여러 가지 강제이행의 방법을 정하고 있는데 다음과 같은 순서에 따라 강제이행을 허용할 것이다.[71]

① 금전의 지급을 목적으로 하는 채무 및 물건의 인도는 직접강제에 의하며, 직

---

[69] 집행문이란 집행권원의 존부 등을 증명하기 위해서 집행권원을 제1심 법원의 사무관에게 제출하면 "원고가 피고에 대한 강제집행을 실시하기 위해 본 정본을 내어 준다"라는 문구가 적힌 증서를 받게 되는데 이를 집행문이라고 하고, 이러한 집행문을 부여 받은 집행권원을 "집행력 있는 정본"이라고 한다.

[70] 민사집행법 제61조~제256조에서는 제2장 금전채권에 기초한 강제집행에 과한 규정을 두고 있고, 동법 제257조~제261조까지는 금전채권 외의 채권에 기초한 강제집행으로 대체집행, 간접강제 등의 규정을 두어 강제이행(강제집행)에 관한 구체적인 실현방법에 대하여 규정하고 있다.

[71] 김준호, 전게서, 1106면.

접강제가 가능한 채무에는 대체집행 또는 간접강제는 허용되지 않는다.[72] ② 채무자 이외의 자가 하더라도 관계없는 대체집행의 경우에는 이 방법만이 허용되고 간접강제는 인정되지 않는다. ③ 채무자만이 할 수 있는 일신전속적 채무인 부대체적 급부에서는 간접강제에 의한다.

(4) 강제이행의 방법

민법은 제389조에서 강제이행에 관한 규정을 두고 있으며, 구체적인 강제이행의 실현방법 등에 대해서는 민사집행법에서 규정하고 있다.

1) 직접강제

직접강제란 '주는 채무'로서 국가기관의 힘에 의해서 채무자의 의사에 불문하고 물건의 인도나 금전의 지급과 같은 경우에 인정하는 강제 이행방법을 말한다.

물건(동산·부동산)의 인도를 내용으로 하는 강제이행은 집행관은 채무자로부터 점유를 빼앗아 채권자에게 인도하는 방법으로 한다(민사집행법 제258조).

그리고 금전의 지급에 대한 강제이행의 방법은 채무자가 자신의 채무를 임의로 이행하지 않으면 법원의 판결을 얻어 채무자가 소유하고 목적물에 대하여 압류와 환가조치를 하여 그 환가된 금액으로부터 채권자가 만족을 얻는 것을 말한다.

2) 대체집행

대체집행이란 '하는 채무'로서 채무자가 해야 할 급부를 채무자에 갈음하여 채권자 또는 제3자로 하여금 실현케 하고, 이에 대한 비용을 채무자에게 추심하는 강제이행의 방법을 말한다(민사집행법 제260조 제2항). 예컨대 건물의 철거, 물품의 운송 등이 대체집행에 해당한다.

3) 간접강제

간접강제는 채무의 성질이 간접강제를 할 수 있는 경우에 제1심 법원은 채

---

72) 직접강제는 채무자의 협력을 필요로 하지 않고 그의 의사를 구속하는 것도 아니면서 이행의 상제를 실현하는 점에서 인격존중의 이상에 적합한 방법이다(김준호, 전게서, 1106면). 따라서 민법 제389조 제1항 단서인 "채무자가 임의로 채무를 이행하지 아니한 때에는 채권자는 그 강제이행을 법원에 청구할 수 있다. 그러나 채무의 성질이 강제이행을 하지 못할 것인 때에는 그러하지 아니하다"는 규정은 직접강제가 허용되지 않는 강제이행을 말한다. 예컨대 유아인도채무에 있어서 유아의 인격이 침해될 경우에는 원칙적으로 직접강제는 인정되지 않고 간접강제의 방법이 이용되어야 하는데, 이는 민법 제389조 제1항 단서의 경우에 해당한다.

권자의 신청에 따라 간접강제를 명하는 결정을 한다. 그 결정에는 채무의 이행
의무 및 상당한 이행기간을 밝히고, 채무자가 그 기간 이내에 이행을 하지 아니
하는 때에는 늦어진 기간에 따라 일정한 배상을 하도록 명하거나 즉시 손해배상
을 하도록 명할 수 있는 방법으로 행한다(민사집행법 제261조 제1항). 다시 말해서
간접강제는 채무자만이 할 수 있는 일신전속적 채무(부대체적 작위채무)에 대해서
할 수 있는데, 증권에 서명할 의무, 재산목록의 작성의무, 정정보도문의 게재의
무, 지연기간에 따른 손해배상 등이 이에 해당한다. 만약 채무자가 그 기간 이내
에 이행을 하지 아니하는 때에는 늦어진 기간에 따라 일정한 배상을 하도록 명
하거나 즉시 손해배상을 하도록 명할 수 있다.

4) 의사표시 의무를 해야 할 채무에 대한 강제이행

의사표시를 하여야 할 채무에 대해 법원은 채무자에게 일정한 의사표시를
할 것을 명하는 판결을 함으로써 채무자에 의해 그와 같은 의사표시가 행해진
것과 동일한 법률효과를 발생케 하는데,[73] 이를 의사표시를 해야 할 채무에 대
한 강제이행이라고 한다.

예컨대 채무가 법률행위를 목적으로 한 때에는 채무자의 의사표시에 갈음할
재판을 청구할 수 있고, 채무자가 권리관계의 성립을 인낙한 때에는 그 조서로,
의사의 진술을 명한 판결이 확정된 때에는 그 판결로 권리관계의 성립을 인낙하
거나 의사를 진술한 것으로 볼 수 있다(민법 제389조 제2항 전단, 민사집행법 제263조).

5) 부작위채무에 대한 강제이행

그 채무가 부작위를 목적으로 한 경우에 채무자가 이에 위반한 때에는 채무
자의 비용으로써 그 위반한 것을 제각하고 장래에 대한 적당한 처분을 법원에
청구할 수 있다(민법 제389조 제3항). 예컨대 건축금지약정을 위반하고 건축을 한
경우에 채권자는 채무자의 비용으로써 그 위반한 것을 제각하고 장래를 위한 적
당한 처분으로 물적 설비의 설치, 담보의 제공 등을 법원에 청구할 수 있다. 또
한 영업금지약정에 위반하여 영업을 하는 경우에는 간접강제의 방법으로 손해배
상청구를 하는 강제이행방법을 사용할 수 있다.

---

73) 김형배 외, 민법학강의, 신조사, 2016, 900면.

(5) 강제이행과 손해배상

강제이행을 실행하더라도 손해배상의 청구에 영향을 미치지 아니한다(민법 제389조 제4항). 강제이행은 본래의 채무의 이행을 강제하는 것이고 채무불이행으로 인한 손해배상청구는 이와는 별개의 것이기 때문이다. 따라서 채무불이행으로 인한 손해가 발생한 경우에는 강제이행과 별도로 손해배상을 청구할 수 있다.

3. 손해배상액의 산정

(1) 범 위

채무불이행에서 손해배상의 방법을 규정한 민법 제390조는 불법행위에도 준용하여 손해배상의 범위는 불법행위와 상당인과관계에 있는 모든 손해로서 통상손해를 원칙으로 하고, 예외적으로 특별손해를 인정하고 있다.

1) 통상손해(민법 제393조 제1항)

채무자가 채무의 내용에 좇은 이행을 아니한 때에는 채권자는 손해배상을 청구할 수 있다. 그러나 채무자의 고의나 과실없이 이행할 수 없게 된 때에는 채무불이행책임을 부담하지 않는다. 위와 같은 채무불이행으로 인한 손해배상은 통상의 손해를 그 한도로 한다.

2) 특별손해(민법 제393조 제2항)

특별손해는 가해자가 그 사정을 알았거나 알 수 있었을 때에 한하여 배상할 책임이 있다.

(2) 방 법

㈎ 기 준

1) 재산적 손해

㉠ 적극적 손해(통): 기존이익의 멸실 또는 감소로 인한 손실(예: 치료비, 장례비 등)

- 실질적극손해＝적극적 손해×과실상계(채무자)

㉡ 소극적 손해(일실이익)(특): 장래의 이익의 획득이 방해됨으로써 받는 손실(예: 봉급생활자 등의 수입액＋수입가능기간－생활비와 치료비 등의 공제)

- 실질일실이익 = (일실이익 - 손익상계) - (중간이자) × 과실상계(채무자)

2) 정신적 손해(특)

민법 제750조, 제751조(정신상 고통), 제752조(타인의 생명을 해한 자)를 포함하는 정신적 손해로 이에 대한 금전배상을 위자료라고 한다(과실상계하지 않음).

(나) 시 기

- 이행불능 당시 목적물의 가격
- 채무불이행지의 가격

(다) 중간 이자공제

소극적 손해(장래의 수입을 일시금 배상)

(라) 과실상계(민법 제396조)

- 채권자에게 과실
- 법원은 손해배상의 책임 및 그 금액을 정함에 참작
- 매도인의 담보책임 유추적용
- 채무불이행, 불법행위 등 적용

(마) 손익상계

채무불이행으로 인하여 채권자에게 손해가 발생한 경우, 채무자가 채무를 이행하였더라도 발생된 손해는 공제한다(예: 의료과오로 사망한 경우 손해배상액에서 생활비 공제나 상품인도불능이 발생한 경우 운반비용의 공제 등).

(바) 손해배상액의 예정(민법 제398조)

- 위약금의 약정은 손해배상액의 예정 추정
- 손해배상액의 예정은 이행의 청구나 계약의 해제에 영향 없다.
- 손해배상의 예정액이 부당히 과다한 경우 법원은 감액

(사) 손해배상자의 대위(민법 제399조)

1) 요 건

채무자가 채권의 목적인 물건 또는 권리의 가액 전부를 배상해야 한다.

2) 효 력

채권의 목적인 물건 또는 권리가 등기 또는 인도 등의 요건을 갖출 필요없이 배상자(채무자)에게 이전한다(예: 임치물을 제3자가 훼손하여 수치인이 임치인에게 그

물건의 가격을 손해배상을 하면 임치인이 제3자에게 가지는 손해배상청구권에 대해 배상자에 게 임치물에 대한 권리를 인정함).

(3) 채무불이행에 대한 증명책임

민법 제390조 본문은 "채무자가 채무의 내용에 쫓은 이행을 하지 아니한 때 에는 채권자는 손해배상을 청구할 수 있다"고 정하고 있는데, 여기서 다음과 같 이 증명책임이 구분되어 있다.

1) 금전채무불이행에 대한 특칙

• 채권자는 손해의 증명을 요구하지 않으며, 채무자는 무과실책임으로 과실 없음을 이유로 항변하지 못한다(민법 제397조 제2항).

• 금전채무불이행에 의한 손해배상액은 원칙적으로 법정이율 연 5%에 의하 여 정하여진다(민법 제379조 제1항). 그러나 법령의 제한에 위반하지 아니한 약정 이율이 있으면 그 이율에 의한다.

2) 금전채무 이외 채무불이행 손해배상

• 채권자 증명책임: 채무자에게 채무가 있고 이를 이행하지 않은 사실과 그 로 인해 일정한 손해의 발생과 그 손해액을 증명하여야 한다. 이에 따른 손해배 상의 범위는 통상손해와 특별손해의 기준에 따라 정하여진다(민법 제393조).

• 채무자의 증명책임: 채권자가 이러한 증명을 하면 곧바로 손해배상을 청 구할 수 있고, 이에 대해 채무자가 면책을 주장하려면 자신에게 고의/과실(귀책사 유)이 없음을 증명하여야 한다.[74] 이점은 '불법행위(민법 제750조)로 인한 손해배 상청구'에 있어서 피해자가 가해자의 고의나 과실을 증명하여야 한다는 점과 차 이가 있다.

4. 결 론

위와 같이 채권은 크게 당사자의 의사표시에 의한 법률행위와 그 이외 것인 법률의 규정에 의하어 발생하게 되는데, 이에 대한 손해배상액을 산정하여 보면 다음과 같다.

---

74) 대법원 1987. 11. 24. 선고 87다카1875 판결.

(1) 사실관계

예컨대 갑은 3층에서 을(피고)이 운영하는 L 주점에서 졸업식 뒷풀이를 하면서 술을 마시던 중, 창문 문틀 위에 올라가 춤을 추다가 열려져 있던 접이식 창문 앞에서 중심을 잃고 넘어져 창문 밖 10m 아래 추락하여 사망하였고 원고 A는 갑(망인)의 부, 원고 B는 갑의 모, 원고 C, D는 갑의 누나들이 있을 경우 원고들에게 다음과 같은 손해배상책임이 발생한다.

(2) 손해배상책임의 발생(관련규정 및 판례)

피고는 이 사건 주점을 운영함에 있어 창문이 접이식이고 바닥으로부터 창문의 높이가 높지 않은 사실을 알았으면 추락방지를 위해 창문에 안전장치를 설치하고, 창문의 개폐여부를 점검하며, 손님이 문틀 위에 올라가는 행위를 제지하는 등 안전관리를 하고 사고를 미연에 방지할 업무상 주의의무가 있음에도 이를 게을리하고 창문 바로 앞에 소파나 현수막을 설치하여 위험한 상황을 초래하였고, 그 결과 이 사건 사고가 발생하였으므로, 피고는 원고들에게 민법 제758조에 따라 이 사건 사고로 인한 손해를 배상할 책임이 있다. 판례는 "공작물의 설치 또는 보존의 하자로 인하여 타인에게 손해를 가한 때에는 1차적으로 공작물의 점유자가 손해를 배상할 책임이 있고 공작물의 소유자는 점유자가 손해의 방지에 필요한 주의를 해태하지 아니한 때에 비로소 2차적으로 손해를 배상할 책임이 있다"고 판시하고 있다.

(3) 과실상계(책임의 제한)

이 사건 주점 내에 있는 창문 문틀은 높이가 50cm에 이르고, 폭이 32cm에 불과한 사실이 인정되는바, 창문 문틀이 올라가서 춤을 추는 용도로 설치된 것이 아님에도 갑(망인)이 창문 문틀에 올라가 춤을 추다가 추락하게 된 점에 비추어 볼 때 피고의 책임 비율은 60%에 해당한다.

(4) 손해배상책임의 범위

1) 일실수입(소극적 손해)

① 인적사항   갑(망인)은 1994. 3. 10.생의 남자로 사고 당시 18세 11개월 남짓이다.

② 기대여명   59.7년

③ 소득 및 가동기간   갑(망인)이 군 복무를 마치고 2016. 1. 15.부터 가동
연한인 만 60세가 될 때까지 도시 보통인부로서 일용노동에 종사할 수 있었으므
로, 도시일용노임 84,166원을 적용하고, 월 가동일수는 22일이다.

④ 생계비의 공제   수입의 1/3

⑤ 계 산   월 5/12%의 비율에 의한 중간이자를 공제하는 호프만식 계
산법에 따라 사고 당시의 현가로 산정하고, 원 미만은 버린다.

84,166원×22일×(267.2982−32.6801)×2/3(생계비 공제)=289,709,595원

⑥ 책임의 제한(과실상계)   289,709,595원×60%=173,825,757원

2) 치료비·장례비(적극적 손해) 및 책임의 제한(과실상계)

8,447,700원×60% = 5,068,620원

3) 위자료

이 사건 사고의 경위 및 결과, 갑(망인)의 나이 및 원고들과의 관계 등 이 사
건 변론에서 드러난 제반 사정을 참작하여 위자료의 액수를 아래와 같이 정한다.

① 갑(망인)   12,000,000원

② 원고 A, B   가 7,000,000원

③ 원고 C, D   각 1,000,000원

4) 상속관계

원고 A, B는 갑의 제1순위 공동상속인으로서, 상속분은 각 1/2이므로, 갑의
재산상 손해의 합계 173,825,757원과 위자료 12,000,000원을 합한 185,825,757
원의 1/2인 92,912,878원이 원고 A, B에게 각 상속되었다.

5) 소 결

따라서 피고는 원고 A에게 104,981,498원(갑으로부터 상속받은 92,912,878원+
치료비·장례비 5,068,620원+자신의 위자료 7,000,000원), 원고 B에게 99,912,878원(갑으
로부터 상속받은 92,912,878원+자신의 위자료 7,000,000원), 원고 C, D에게 각 1,000,000
원(위자료) 및 위 각 손해배상금에 대하여 이 사건 사고일인 2013. 2. 15.부터 청
구취지 및 원인변경신청서 송달일인 2014. 3. 26.까지는 민법이 정한 연 5%의,
그 다음날부터 다 갚는 날까지는 「소송촉진 등에 관한 특례법」이 정한 연 20%의
각 비율에 따른 지연손해금을 지급할 의무가 있다.

제4절 가족법(친족·상속법)

Ⅰ. 총 설

1. 가족관계의 법적 규제

(1) 가족관계와 가족법

인류사회에서 부부 간의 협동관계와 부모의 자녀에 대한 양육관계는 역사적으로 볼 때 어느 시대나 사회에도 존재하였다고 볼 수 있다. 이와 같이 인류가 혼인관계와 친자관계를 형성하고 그 발달의 결과로서의 가족관계, 그리고 그것이 팽창, 분파된 결과로서의 친족관계를 형성하였다고 볼 수 있다. 혼인관계, 친자관계 및 친족관계는 반드시 그 시대 그 사회에서 결정된 방식에 따라서 존재한다. 이리하여 사회가 정립되는 방식에 따른 조직을 유지하는 것이 가족법의 주목적이다. 즉 사람의 종족보존 본능에 기한 남녀의 결합과 거기에서 생기는 혈연적 친족관계를 국가가 사회적 관점에 입각하여 규율하고 분쟁을 해결하는 기준이 되는 법규범을 가족법이라 칭한다.

(2) 가족관계와 재산제도

사법관계는 자기 보존 본능에 기한 경제적 생활관계와 종족보존 본능에 기한 친족적 공동생활관계로 유형화되며 민법은 전자를 규율하는 물권법, 채권법으로 그리고 후자를 규율하는 친족법, 상속법을 가족법(가족관계의 동 등에 관한 법률)으로 체계화되어 있다. 이에 따라 민법은 타산적, 대립적, 이익사회적인 데 반해 가족법은 비타산적, 협조적, 공동사회적이라 할 수 있다.

2. 가족법상의 권리와 법률행위

친족적 가족관계에 따른 생활상의 이익을 내용으로 하는 권리를 신분권이라 하며, 친권과 같은 지배권적 신분권과 부양청구권과 같은 청구권적 신분권이 있다. 민법 중에 법원, 신의성실의 원칙, 권리남용의 법리에 관한 총칙의 제1조, 제2조 그리고 반사회질서 위반 법률행위(제103조) 등은 가족법에도 적용된다.

3. 가족관계 등록법

(1) 가족관계 등록법의 제정취지

2007. 4. 27. 호주제 폐지에 따른 호적법의 대체법으로 「가족관계의 등록 등에 관한 법률」이 제정, 2007. 5. 17. 법률 제8435호로 공포되어 2008. 1. 1.부터 시행되고 있으며 획기적으로 달라지는 가족제도의 절차법으로 개인의 존엄과 양성평등의 헌법이념을 구체화할 수 있는 ① 부성주의 원칙의 수정, ② 성(姓)변경, ③ 친양자 제도 등이 있다.

구 호적법 체제 하에서는 호주를 중심으로 가(家)단위로 호적을 편제하였지만 새로운 「가족관계의 등록 등에 관한 법률」(이하 "가족관계 등록법")에서는 국민 개인별로 등록기준지에 따라 가족관계등록부를 편제한다.

[구 호적과 비교]

구 호적법	가족관계의 등록 등에 관한 법률
호적(부)	가족관계등록(부)
호적등·초본(1가지)	가족관계기록사항 증명서(5가지)
본적	등록기준지
전적	등록기준지 변경
취적	가족관계 등록창설

구 호적법에 따르면 자녀는 아버지의 호적에 입적하고, 여자가 혼인할 경우에는 남편의 호적에 입적하였을 뿐만 아니라 가족관계 등에 관한 증명은 호적등본 하나로 모두 기재되었다. 그러나, 현재의 가족관계등록제도는 호적등본을 기능에 따라 기본증명서(출생, 사망, 국적변경, 미성년자의 친권자), 가족관계증명서(본인, 부모, 배우자, 자녀를 기록), 혼인관계증명서(혼인과 이혼) 등 5종의 증명서로 구분하고 있다.

모든 국민이 각자 본인을 중심으로 위의 증명서를 발급받게 되므로, 더이상 입적과 전적 등의 절차는 사라졌다. 특히, 과거에는 이혼한 여자의 경우 그 자녀가 남편의 호적에만 기재되어 자녀가 있는지 확인하지 못하는 경우가 있었으나, 현재의 남녀 모두 그 자녀가 그 가족관계증명서에 기재되므로 이혼전의 자녀가 있는지 여부를 재혼당사자가 확인할 수 있게 되었다.

(2) 신분관계 공시의 필요

일정한 신분관계를 전제로 하여 발생한 권리의무는 일정한 신분관계의 변동에 따라 변동되므로 신분관계를 명확히 하고 쉽게 증명할 수 있는 제도가 필요하다.

[개인호적제의 주요 변경내용]

구 분	구 호적제	가족관계의 등록 등에 관한 법률 시행 이후
명칭	호적	가족관계등록부
기재내용	조부모, 부모, 배우자, 형재자매 등 포함 이혼·개명·전 호적 등 신분관계 변경사항 모두 노출	부모, 배우자, 자녀 3대만 기록 본인의 성명·성별·생년월일·주민번호 이외사항은 목적별 증명서 기재
자녀 성·본	아버지 성과 본을 무조건 따름	부부 혼인신고 때 신고하면 어머니 성 사용가능
성 변경	성·본 변경 불가능	부모 및 본인, 법원에 변경심판 청구 가능
친양자 제도	일반 입양은 친부의 성과 본 유지	만 15세 미만 자녀 친양자 입양 경우 재판 통해 친부의 성과 본으로 변경 가능(단 친부와 법적관계 소멸)

(3) 가족관계 등록법의 목적

가족관계 등록법은 개인의 신분관계를 공인·공시함을 목적으로 한다.

(4) 가족관계 등록법의 편성방법

가족관계 등록법제도는 구 호적법의 호주를 단위로 편성하고 있는 제도에 반해, 호적등본을 기능에 따라 분류하고 있다. 우선 기본증명서에는 출생, 사망, 국적변경, 미성년자의 친권자를 가족관계 증명서에는 본인, 부모, 배우자, 자녀를 혼인관계 증명서에는 혼인과 이혼을 기재하고 있다. 이외에도 입양관계 증명서, 친양자관계 증명서등 5가지의 증명서를 마련하여 본인뿐만 아니라 본인 외의 정보를 최소화 하였다.

[가족관계증명서의 종류]

증명서의 종류	기재사항	
	공통사항	개별사항
가족관계 증명서	본인의 등록기준지·성명·성별·본·출생연월일 및 주민등록번호	부모, 배우자, 자녀의 인적사항 [기재 범위 - 3대(代)에 한함]
기본 증명서		본인의 출생, 사망, 개명 등의 인적 사항(혼인·입양 여부 별도)
혼인관계 증명서		배우자 인적사항 및 혼인·이혼에 관한 사항
입양관계 증명서		양부모 또는 양자 인적사항 및 입양·파양에 관한 사항
친양자입양관계 증명서		친생부모·양부모 또는 친양자 인적사항 및 입양·파양에 관한 사항

(5) 신고의 종류: 보고적 신고, 창설적 신고

1) 보고적 신고

신고의 수리로 신분관계가 창설한다(분가신고·혼인신고·협의이혼신고·인지신고·입양신고·협의파양신고·일가창립신고 등).

2) 창설적 신고

사실이 발생하였을 때 법적 효과가 발생한다(출생신고·유언에 의한 인지신고·인지된 태아의 사산 신고·입양취소 신고·재판에 의한 파양·재판에 의한 혼인신고·혼인취소신고·재판에 의한 이혼·사망신고·실종신고 등).

Ⅱ. 친족법

1. 친족의 개념과 범위

(1) 친족의 개념

법률상 친족의 범위가 확장되어 모계혈족이 부계혈족과 마찬가지로 8촌까지로 되고 인척은 부족인척이 4촌 이내로 줄어든 대신 처족인척이 4촌까지로 늘어났다.

(2) 친족의 종류

민법은 친족의 범위를 '배우자', 혈족 및 인척으로 한다(민법 제767조).

1) 배우자

배우자란 자기의 결혼의 상대자를 말하며 혼인신고가 되어 있지 않은 자는 배우자가 아니다.

2) 혈 족

양친과 양자녀 간을 법정혈족으로 본다.

3) 인 척

혈족의 배우자, 배우자의 혈족, 배우자의 혈족의 배우자를 인척으로 보며 인척관계는 혼인이 취소 또는 이혼으로 인하여 소멸하며, 부부의 일방이 사망한 경우 생존배우자가 재혼한 경우에도 소멸한다.

(3) 친족의 범위

민법 또는 다른 법률에 규정이 없는 한 8촌 이내의 혈족, 4촌 이내의 인척, 배우자이다.

(4) 친족관계의 발생원인

1) 출생으로 인하여 발생하는 친족관계

친생자와 부모 및 8촌 이내의 혈족 간이고 혼외자와 모 및 8촌 이내의 모계혈족간이다.

2) 혼인으로 인하여 발생하는 친족관계

배우자간, 처와 부의 4촌 이내의 모계혈족 및 4촌 이내의 모계혈족 간, 준정으로 인한 혼외자녀와 부모 및 8촌 이내의 혈족 간이다.

3) 인지로 발생하는 친족관계

혼외자녀와 부 및 8촌 이내의 부계혈족 간이다.

2. 혼 인

(1) 서 설

혼인은 인간의 자연적·성적본능에 기한 남녀의 결합관계로서 첫째, 결합의 영속을 목적으로 하고, 둘째, 사회에 의하여 정당하다고 인정된 관계이어야 하며, 셋째, 인간의 이성에 의해 규제된 혼인질서에 합치된 것이어야 한다.

(2) 약 혼

1) 약혼의 의의

약혼은 장래에 부부로 되고자 하는 합의 내지 불원간 혼인적 신분관계를 창설하려는 계약이다.

2) 약혼의 성립요건

① 약혼은 당사자 간의 합의에 의하여 성립하며, 방식을 필요로 하지 않는다.

② 남자는 만 18세, 여자는 만 16세에 달하면 부모 또는 후견인의 동의를 얻어서 성년자는 자유로이 약혼할 수 있다.

3) 약혼의 효과

① 당사자는 성실하게 교제하고 가까운 장래에 혼인을 성립시킬 의무를 지나나 의무의 이행을 강제하지 못하며, 의무이행자에게 손해배상을 청구할 수 있을 뿐이다.

② 약혼관계를 부당하게 침해한 제3자에 대하여 불법행위로 인한 손해배상을 청구할 수 있다.

(3) 혼인의 성립

혼인은 실질적 의미로서 인간의 종족보존을 위한 본능에 기초한 남녀의 결합이다. 또한 남녀 당사자 사이의 행복을 위한 결합관계로 혼인은 혼인을 하려는 당사자 간의 자유의사에 의한 혼인계약이며, 일정한 방식에 의하여 신고하여야 성립하므로 혼인신고라는 일정한 요식행위를 필요로 한다.

(4) 이 혼

혼인은 영속적인 결합을 목적으로 하므로 혼인의 본질에서 본다면 이혼은 정상적인 것이 아니다. 이혼은 완전·유효하게 성립한 혼인을 당사자 쌍방 또는 일방의 의사에 의하여 해소하는 제도이다.

(5) 사실혼

사실혼이란 사실상 혼인생활을 하고 있으면서 법률상의 방식 즉 혼인신고가 없기 때문에 법률상 혼인으로 인정되지 않는 부부관계이다. 따라서 혼인의사를 가지지 않고 본처 있는 남성이 다른 데 여성을 두고 경제적 원조를 하면서 성적

관계를 계속하는 '첩관계' 및 부부공동생활의 실체가 없고 단지 은밀히 정을 통하고 있는데 지나지 않는 '사통관계'와는 다르다.

　최근까지의 판례는 사실혼관계를 '혼인예약'이라고 하여 이를 부당하게 파기한 자는 이 예약의무불이행으로 인한 손해배상의 책임을 지도록 하였다.[75] 그러나 사실혼을 혼인예약이라고 하는 것은 그 실체에 반할 뿐만 아니라 사실혼의 부부와 제3자와의 사이에 문제가 생긴 경우에 그 어느 쪽의 보호를 결여하는 결과를 가져온다. 따라서 근래의 학설은 사실혼은 준혼관계로서 해결하는 입장을 취하고 있다. 판례도 이러한 경향에 맞추어서 혼인예약이란 용어 대신에 사실혼이란 말을 쓰기 시작하였다.

Ⅲ. 상속법

〈설문〉
A녀는 10억 원 상당의 아파트, 50억 원 상당의 빌딩, 30억 원 상당의 토지와 10여 권의 출판등록된 저서를 남기고 사망하였다. 그의 유족으로는 어머니 甲, 사실혼 관계의 乙, 자녀 丙, 결혼한 형제 X와 Y가 있다.

1. 문제제기

　(1) A의 재산은 누가 상속인이 되며 얼마씩을 상속받는가?

　(2) 만약 A가 채무 50억 원의 부담을 않고 사망하였다면 상속인들은 어떻게 해야 하는가?

2. 상속순위[76]

민법 제1000조(상속의 순위) ① 상속에 있어서는 다음 순위로 상속인이 된다.
[개정 90. 1. 13.]
　1. 피상속인의 직계비속
　2. 피상속인의 직계존속

---

75) 대법원 1960. 8. 18. 선고 4292민상995 판결.
76) 전장헌, 민법연습, 범론사, 2011, 309~336면.

3. 피상속인의 형제자매

4. 피상속인의 4촌 이내의 방계혈족

② 전항의 경우에 동순위의 상속인이 수인인 때에는 최근친을 선순위로 하고 동친 등의 상속인이 수인인 때에는 공동상속인이 된다.

③ 태아는 상속순위에 관하여는 이미 출생한 것으로 본다.

제1001조(대습상속) 전조 제1항 제1호와 제3호의 규정에 의하여 상속인이 될 직계비속 또는 형제자매가 상속개시전에 사망하거나 결격자가 된 경우에 그 직계비속이 있는 때에는 그 직계비속이 사망하거나 결격된 자의 순위에 갈음하여 상속인이 된다.

제1003조(배우자의 상속순위) ① 피상속인의 배우자는 제1000조 제1항 제1호와 제2호의 규정에 의한 상속인이 있는 경우에는 그 상속인과 동순위로 공동상속인이 되고 그 상속인이 없는 때에는 단독상속인이 된다.

② 제1001조의 경우에 상속개시 전에 사망 또는 결격된 자의 배우자는 동조의 규정에 의한 상속인과 동순위로 공동상속인이 되고 그 상속인이 없는 때에는 단독상속인이 된다.

3. 한정승인과 상속포기

민법 제1019조(승인, 포기의 기간) ① 상속인은 상속개시있음을 안 날로부터 3월내에 단순승인이나 한정승인 또는 포기를 할 수 있다. 그러나 그 기간은 이해관계인 또는 검사의 청구에 의하여 가정법원이 이를 연장할 수 있다.

② 상속인은 제1항의 승인 또는 포기를 하기 전에 상속재산을 조사할 수 있다.

③ 제1항의 규정에도 불구하고 상속인은 상속채무가 상속재산을 초과하는 사실을 중대한 과실없이 제1항의 기간 내에 알지 못하고 단순승인(제1026조 제1호 및 제2호의 규정에 의하여 단순승인한 것으로 보는 경우를 포함한다)을 한 경우에는 그 사실을 안 날부터 3월내에 한정승인을 할 수 있다. [신설 2002. 1. 14.]

제1020조(제한능력자의 승인·포기의 기간) 상속인이 제한능력자인 경우에는 제1019조 제1항의 기간은 그의 친권자 또는 후견인이 상속이 개시된 것을 안 날부터 기산(起算)한다.

제1021조(승인, 포기기간의 계산에 관한 특칙) 상속인이 승인이나 포기를 하지 아니하고 제1019조 제1항의 기간 내에 사망한 때에는 그의 상속인이 그 자기의 상속개시있음을 안 날로부터 제1019조 제1항의 기간을 기산한다.

제1024조 (승인, 포기의 취소금지) ① 상속의 승인이나 포기는 제1019조 제1항의 기간 내에도 이를 취소하지 못한다. 〈개정 1990. 1. 13.〉

② 전항의 규정은 총칙편의 규정에 의한 취소에 영향을 미치지 아니한다. 그러나 그 취소권은 추인할 수 있는 날로부터 3월, 승인 또는 포기한 날로부터 1년내에 행사하지 아니하면 시효로 인하여 소멸된다.

제1025조(단순승인의 효과) 상속인이 단순승인을 한 때에는 제한없이 피상속인의 권리의무를 승계한다.

제1028조(한정승인의 효과) 상속인은 상속으로 인하여 취득할 재산의 한도에서 피상속인의 채무와 유증을 변제할 것을 조건으로 상속을 승인할 수 있다.
제1030조(한정승인의 방식) ① 상속인이 한정승인을 함에는 제1019조 제1항 또는 제3항의 기간 내에 상속재산의 목록을 첨부하여 법원에 한정승인의 신고를 하여야 한다. 〈개정 2005. 3. 31.〉
② 제1019조 제3항의 규정에 의하여 한정승인을 한 경우 상속재산 중 이미 처분한 재산이 있는 때에는 그 목록과 가액을 함께 제출하여야 한다. 〈신설 2005. 3. 31.〉

(1) 단순승인

단순승인은 적극재산이건 소극재산이건, 즉 현금이건 빚이건 간에 모두 상속받겠다는 것이다. 민법에서는 '상속인이 단순승인을 한 때에는 제한 없이 피상속인의 권리의무를 승계한다'라고 표현하고 있다(민법 제1025조). 아무런 신고를 안 하고 3개월이 지나면 단순승인을 한 것으로 된다(민법 제1026조).

(2) 한정승인

1) 한정승인의 의의

한정승인이란 상속으로 인해 취득할 재산을 한도로 피상속인의 채무와 유증을 변제할 것을 조건으로 상속을 승인하는 것이다(민법 제1028조).

예를 들어 한정승인을 하면 '나는 일단 빚이건 적극재산이건 간에 부모님 재산을 모두 물려받을 것이다. 즉 부모님 빚도 다 내가 물려받아 갚아주겠다. 다만 부모님이 물려주신 재산가액 만큼만 빚을 갚고 물려주신 재산가액을 넘어서는 빚은 갚지 않겠다'는 것이다.

2) 한정승인의 효력

이전에는 단순승인, 한정승인, 상속포기 등의 신고는 피상속인이 상속개시가 있다는 사실을 안 때로부터 3개월 내에 해야 한다. 그리고 아무 신고도 안 하고 3개월이 지나면 단순승인한 것으로 된다. 그러면 이런 경우가 생길 수 있다. 즉 피상속인(부모님)에게 빚이 없는 줄 알고 아무 신고도 안 한 상태로 3개월이 지나 조금 있다 보니까 갑자기 피상속인의 채권자들이 나타나 피상속인 빚이 50억 원이 넘으니 갚으라고 하는 경우이다.

이러한 문제 때문에 우리 민법은 2002. 1. 14. 새로운 조항을 만들었다. 민법 제1019조 제3항은 제1항의 규정에도 불구하고 상속인은 상속채무가 상속재산을 초과하는 사실을 중대한 과실 없이 제1항의 기간 내에 알지 못하고 단순승인(제1026조 제1호 및 제2호의 규정에 의하여 단순승인한 것으로 보는 경우를 포함한다)을 한 경우에는 그 사실을 안 날부터 3월 내에 한정승인을 할 수 있도록 규정하고 있다. 다시 말하면, 피상속인의 빚이 많았는지 여부를 중대한 과실이 없이 알지 못하고 단순승인을 하거나, 그냥 내버려두어 단순승인한 것으로 되었는데, 나중에 알고 보니 빚이 엄청 많은 경우라면, 그 빚이 많다는 사실을 알게 된 때로부터 다시 3개월 내에 한정승인신고를 할 수 있다는 것이다.[77]

이 조항이 없었을 때에 헌법재판소가 민법 제1019조에 있어서 그냥 내버려두는 경우를 무리하게 단순승인으로 간주한다고 하면서 헌법불합치결정을 내렸었다. 그리하여 국회에서도 헌법재판소의 뜻을 따라서 이러한 조항을 신설한 것이다.

한정승인을 했더라도 단순승인으로 취급되는 경우가 있다(민법 제1026조). 즉, 상속인이 한정승인을 해놓고 상속재산을 은닉하거나, 부정소비하거나, 고의로 재산목록에 기입하지 않는 때이다. 한정승인을 하면 피상속인의 재산은 순수하게 상속인의 재산이라고 볼 수 없고, 피상속인의 채권자에게 갚아줄 돈이라 할 것이다. 이 돈을 몰래 숨기거나 함부로 쓰거나, 아니면 처음 한정승인신고를 하면서 이 돈이 적은 것처럼 꾸며서 신고한 것이 나중에 들키면 아예 단순승인한 것으로 보아 상속인이 피상속인 빚을 다 갚도록 한 것이다.

3) 한정승인 절차

상속인은 상속개시가 있다는 사실을 안 날로부터 3개월 이내에 상속재산목록을 작성해서 가정법원에 신청서를 작성하여 제출하여야 한다. 그리고 평균 1~3개월 이후 가정법원으로부터 심판문을 받게 된다. 피상속인은 이후 고인의 채무를 변제하겠다는 2개월 정도의 특정기간을 신문에 공고하고 이 시기 내에

---

77) 일반적으로 상속은 고인이 '사망한 때'로부터 개시되는 것으로 보고 있기 때문에 이를 안 날로부터 3개월 이내에 한정승인 여부를 판단하면 된다(민법 제1019조 제1항). 그러나 상속인은 상속채무가 상속재산을 초과하는 사실을 중대한 과실없이 3개월 기간 내에 알지 못하고 단순승인(제1026조 제1호 및 제2호의 규정에 의하여 단순승인한 것으로 보는 경우를 포함한다)을 한 경우에는 그 사실을 안 날부터 3월내에 한정승인을 할 수 있다(민법 제1019조 제1항). 다시 말해서 이런 경우에는 새로운 채무를 알게 된 날로부터 3개월 이내에 한정승인을 할 수 있다.

채권자들이 채권자 신고를 하지 않으면 제외가 될 수 있다는 내용을 공지한다. 물론 채권자들이 누구인지 알고 있는 경우에는 신문에 공고절차를 생략하고 직접 '내용증명'으로 통지하여 증거를 남기면 된다.

4) 검 토

사안에서 만약 상속재산이 90억 원이고 채무가 50억 원이라면 한정승인을 하여 90억 원에서 50억 원을 갚고 나머지 금액을 상속받아도 문제가 없을 것 같다. 즉 위의 사례에서 상속인인 어머니 甲의 입장에서는 빚보다 재산(적극재산)이 많으면 그냥 내버려두면 된다.

보통 적극재산과 소극재산이 혼재하거나 가액을 정확히 알 수 없는 경우, 포기하자니 적극재산이 더 많을 것 같고 단순승인하자니 채무가 더 많을 때 발생하는 문제로 인해 고민될 때 한정승인의 방법을 채택하는 것이 보통이다. 우리 민법은 모든 개개인을 원칙적으로 권리의무의 독립된 주체로 보기 때문에, 부모님의 빚은 부모님이 해결할 것이지 자녀가 물려받을 필요가 전혀 없고, 얼마만큼 물려받을지 여부는 상속인의 선택에 맡기자는 것이다.

(3) 상속포기

1) 의 미

상속포기는 '부모님이 빚을 남겨두었든 재산을 남겨두었든 나는 아무런 관심이 없다. 나하고는 관계없는 일이니까 알아서들 하라'는 것이다.

2) 주의사항

민법에서는 상속의 순위를 4순위로 정하고 있다(민법 제1000조). 1순위는 피상속인(죽은 자)의 직계비속(아들, 딸), 2순위는 피상속인의 직계존속(아버지, 어머니), 3순위는 피상속인의 형제자매, 4순위는 4촌 이내의 방계혈족(4촌 형제들)이다.

상속포기의 경우 1순위에서 상속받을 자가 없으면 2순위로 넘어가고, 2순위에 없으면 그 다음 순위로 순차적으로 넘어간다. 그리고 동일한 순위에서는 상속분에 따라 나누어 가지는 것이다. 한편 배우자는 1순위, 2순위의 상속에 참여하여 다른 자들의 1.5배를 가지게 된다.

문제는 각 순위의 자가 상속포기를 한 경우 생겨난다. 전혀 예상치 못한 사람이 상속을 받게 되는 경우가 생기는 것이다. 내가 아들, 딸 다 있는데 사촌의 재산을 상속받게 되겠는가, 무심코 설마 내가 상속을 받겠나 싶어서 그냥 두면 상속개시를 안 날로부터 3개월이 지나면 단순승인으로 간주되어 재산을 상속받고 그 빚도 갚아줘야 하는 경우가 생기는 것이다(사실 이런 때를 대비해서 위와 같이 단순승인이 되었더라도 다시 한 번 한정승인을 할 수 있도록 기회를 열어둔 것이다). 예를 들어 아버지가 죽고 상속인이 어머니, 아들, 딸, 할머니, 삼촌(아버지의 형제), 오촌 당숙(아버지의 사촌)이 있다고 하는 경우 어머니, 아들, 딸, 할머니, 삼촌이 순차적으로 상속을 포기해 버리면 오촌당숙이 아버지의 재산을 상속받게 되는 것이다.

3) 상속포기절차

법원에 상속포기서를 써서 제출하면 된다.

4. 상속의 효과

상속인은 상속개시된 때로부터 피상속인의 재산에 관한 포괄적 권리의무를 승계한다. 그러나 피상속인의 일신에 전속한 것은 그러하지 아니하다(민법 제1005조). 수인의 상속인이 존재하는 경우 상속분의 비율에 응하여 권리의무를 취득한다. 공동상속인은 상속재산의 분할이 있기까지 상속분을 양도할 수 있으나 상속분양수인이 상속재산분할에 참가하는 것을 막기 위하여 다른 공동상속인이 상속분을 양수할 수도 있다. 이는 법률의 규정에 의한 상속분의 환매권이라고 할 수 있다(민법 제1011조).

민법 제997조(상속개시의 원인) 상속은 사망으로 인하여 개시된다.

제998조(상속개시의 장소) 상속은 피상속인의 주소지에서 개시한다.

제998조의2(상속비용) 상속에 관한 비용은 상속재산 중에서 지급한다.

제1005조(상속과 포괄적 권리의무의 승계) 상속인은 상속개시된 때로부터 피상속인의 재산에 관한 포괄적 권리의무를 승계한다. 그러나 피상속인의 일신에 전속한 것은 그러하지 아니하다.

제1006조(공동상속과 재산의 공유) 상속인이 수인인 때에는 상속재산은 그 공유로 한다.

제1007조(공동상속인의 권리의무승계) 공동상속인은 각자의 상속분에 응하여 피상속인의 권리의무를 승계한다.

제1009조(법정상속분) ① 동순위의 상속인이 수인인 때에는 그 상속분은 균분으로 한다. ② 피상속인의 배우자의 상속분은 직계비속과 공동으로 상속하는 때에는 직계비속의

상속분의 5할을 가산하고, 직계존속과 공동으로 상속하는 때에는 직계존속의 상속분의 5할을 가산한다.

5. 저작재산권의 상속 여부

저작재산권은 저작권법에 특별한 규정이 있는 경우를 제외하고는 저작자가 생존하는 동안과 사망한 후 70년간 존속한다. 그리고 공동저작물의 저작재산권은 맨 마지막으로 사망한 저작자가 사망한 후 70년간 존속한다(저작권법 제39조). 다시 말해서 저작권의 경우는 저자가 사망한 후에도 70년까지는 저작권을 인정해 주고 있다. 따라서 그 권리는 후손들이 가지고 있는 것이고 기본적으로 저작권도 일반 재산권과 같이 취급된다. 사례에서 책 10여 권은 상속가능한 저작권으로 어머니 甲에게 상속된다고 볼 수 있다.

6. 사례의 해결

이 사례에서 물적 상속재산 90억 원과 저작재산권인 책들은 피상속인 A의 어머니 甲이 단독상속 받게 된다. 자녀 丙이 강제인지를 받아 상속회복청구권을 행사하거나 母가 인지 등을 하게 되면 자녀 丙과 乙이 상속재산을 공동으로 참칭상속인에게 가액반환을 청구할 수도 있다.

A에게 채무 50억 원이 있지만 적극재산이 더 많이 있으므로 단순승인이나 한정승인을 할 수 있을 것이다.

제 4 장

상 법

Ⅰ. 상법의 개념

많은 사람들은 본인 소유의 사업을 하기를 원하며 강력하게 성공할 수 있는 사업의 발상과 계획을 준비하며 이를 뒷받침할 수 있는 법을 생각한다. 이에 따라 사업을 하기 위한 관련된 법은 사업의 특징에 따라 다른 법의 적용을 받게 된다.

사업을 시작하기 위해서는 우선 조직의 형태를 어떻게 할 것인가 생각하여야 한다. 조직의 형태에 따라 세금의 절감, 구성원의 책임 여부 그리고 외부인의 투자에 따른 갈등조절이 달라지게 된다. 만약에 사업을 하고자 하는 사람이 이러한 조직의 형태를 선택하지 않게 되면 자동적으로 기본적인 법이 관련하게 된다. 상법은 상사에 관한 법률관계에 대하여 적용되는 법을 의미하는데 우리 상법 제1조는 "상사에 관하여 본법에 규정이 없으면 상관습법에 의하고 상관습법이 없으면 민법의 규정에 의한다"고 규정하고 있다. 그리고 당사자 중 1인의 행위가 상행위인 때에는 전원에 대하여도 상법을 적용하고 있다(상법 제3조).

그리고 사업형태로는 개인사무소(sole proprietorship), 익명조합, 합자조합(limited partnership), 주식회사(corporation), 유한책임회사(limited liability company), 신탁회사(business trust) 등이 있는데 이에 따른 상법의 적용을 고려하여야 할 것이다.[1] 이 중 상법상 인정한 회사의 종류에는 합명회사, 합자회사, 유한책임회사, 주식회사 그리고 유한회사의 5종류가 있다.

II. 상법의 법원

우리 상법 제1조는 "상사에 관하여 본법에 규정이 없으면 상관습법에 의하고 상관습법이 없으면 민법의 규정에 의한다"고 규정하고 있다. 다시 말해서 상사적인 법률관계에 적용되는 법률로는 우선 상법이 적용되고 상법이 없으면 상관습법 그리고 이러한 법의 규정도 없으면 민법에 따라 상사적인 법률관계에서 발생하는 문제를 해결한다.

III. 상법의 이념과 특성

1. 이 념

상인이란 자기명의로 상행위를 하는 자를 말하며(상법 제4조), 점포 기타 유사한 설비에 의하여 상인적 방법으로 영업을 하는 자는 상행위를 하지 아니하더라도 상인으로 본다. 여기서 상행위란 상인이 영리를 목적으로 실현하는 행위(영리행위, 기업활동)를 의미하며[2] 상인이 영업을 위하여 하는 행위는 상행위로 본다 (제46조). 기본적 상행위로는 다음의 행위를 의미한다. ① 동산, 부동산, 유가증권 기타의 재산의 매매, ② 동산, 부동산, 유가증권 기타의 재산의 임대차, ③ 출판, 인쇄 또는 촬영에 관한 행위, ④ 중개에 관한 행위, ⑤ 위탁매매 기타의 주선에

---

1) Jeffrey F. Beatty, Susan S. Samuelson, Business Law and the legal environment, Thomson Southwestern west, 2004, p. 749.
2) 김영규 외, 신법학개론, 박영사, 2015, 353면; 박상기 외, 법학개론, 박영사, 2014, 286면.

관한 행위 등이 해당한다.

그리고 상인은 상행위에서 생기는 권리·의무의 주체로서 상행위를 하는 것이고, 영업을 위한 행위가 보조적 상행위로서 상법의 적용을 받기 위해서는 행위를 하는 자 스스로 상인 자격을 취득하는 것을 당연한 전제로 한다. 회사가 상법에 의해 상인으로 의제된다고 하더라도 회사의 기관인 대표이사 개인이 상인이 되는 것은 아니다. 대표이사 개인이 회사의 운영 자금으로 사용하려고 돈을 빌리거나 투자를 받더라도 그것만으로 상행위에 해당하는 것은 아니다. 또한 상인이 영업과 상관없이 개인 자격에서 돈을 투자하는 행위는 상인의 기존 영업을 위한 보조적 상행위로 볼 수 없다.[3] 그리고 상인의 행위는 영업을 위하여 하는 것으로 추정하지만(상법 제47조 제2항), 오로지 임금을 받을 목적으로 물건을 제조하거나 노무에 종사하는 자의 행위는 상인으로 보지 않는다(상법 제46조).

2. 특 징

상법은 당사자 중 그 1인의 행위가 상행위인 때에는 전원에 대하여 상법을 적용(상법 제2조)하는 특징을 가지고 있다. 그리고 당사자 쌍방에 대하여 모두 상행위가 되는 행위로 인한 채권뿐만 아니라 당사자 일방에 대하여만 상행위가 되는 행위로 인한 채권도 상법 제64조에서 정한 5년의 소멸시효기간이 적용되는 상사채권에 해당하는 특징을 가지고 있다. 또한 상행위에 해당하는 기본적 상행위(상법 제46조 각호)뿐만 아니라, 상인이 영업을 위하여 하는 보조적 상행위도 포함된다.[4] 예컨대 세탁업체를 운영하던 갑이 을로부터 사업자금 1억 원을 이자 월 2%로 정해 차용하였다면, 갑은 제조·가공 또는 수선에 관한 행위를 영업으로 하는 상인이고(상법 제46조 제3호), 위와 같은 금전차용 행위는 그 영업을 위한 상행위에 해당하므로, 차용금 채권은 상사채권으로서 5년의 소멸시효기간이 적용된다.

---

3) 대법원 2018. 4. 24. 선고 2017다205127 판결.
4) 대법원 2012. 5. 10. 선고 2011다109500 판결.

Ⅳ. 합자조합(limited liability partnership)

1. 의 의

합자조합은 대다수의 미국 주(state)에서 허용하는 파트너십(partnership) 관계의 조합이다. 합자조합에 있어서 중요한 점은 조합의 업무집행자로서 조합의 채무에 대하여 무한책임을 지는 조합원과 출자가액을 한도로 하여 유한책임을 지는 조합원이 상호출자하여 공동사업을 경영할 것을 약정함으로써 그 효력이 생긴다(상법 제86조의2). 그리고 합자조합은 그 조합에서 행한 법률행위에 대하여 권리와 의무를 보유한다.

합자조합이 이루어지기 위해서는 최소한 한 명 이상의 업무집행조합원(general partnership)과 운영을 하지 않고 투자만을 하는 조합원(limited partners)이 구성되어야 한다.

유한책임조합원은 합자조합에 발생하는 채무에 대하여 투자한 금액만큼만 부담하고 이외 책임에 대해서는 부담하지 않는다.[5] 합자조합을 설립하기 위해서는 조합계약을 체결하고 조합의 주된 영업소의 소재지에 등기함으로써 설립된다(상법 제86조의4).

2. 업무집행조합원(General Partners)

(1) 대리인 역할

업무집행조합원은 조합계약에 다른 규정이 없으면 각자가 합자조합의 대리인으로서 업무집행과 대리할 권리와 의무가 있으며(제86조의5 제1항) 합자조합에 대하여는 무한책임을 부담한다.

만약에 한 명 이상의 업무집행 조합원이 존재하고 다른 약정이 없으면 합자조합에 대하여 균등한 권리와 의무가 발생한다. 그리고 둘 이상의 업무집행조합원이 있는 경우에 조합계약에 다른 정함이 없고 각 업무집행조합원의 업무집행에 관한 행위에 대하여 다른 업무집행조합원의 이의가 있는 경우에는 그 행위를

---

5) Jeffrey F. Beatty, Susan S. Samuelson, p. 753; UPA § 306(C).

중지하고 업무집행조합원 과반수의 결의에 따라야 한다(제86조의5 제3항).

(2) 보 상

업무집행조합원은 합자조합을 위하여 지출한 비용에 대하여 조합에 규정되어 있으면 청구할 수 있다. 대다수의 업무집행조합원은 합자조합을 위하여 지출한 비용에 대하여 청구할 수 있도록 규정되어 있다.[6]

(3) 합자조합에 대한 의무

업무집행조합원은 대리인의 법률관계와 유사한 의무를 합자조합에 대하여 부담하며 합자조합에 대하여 충실의무를 부담한다. 다만 이러한 의무는 조합의 약정으로 일부는 수정하여 완화할 수도 있다.

(4) 선량한 관리자의 의무(fiduciary duty)

업무집행조합원은 합자조합에 대하여 회사(corporation)의 업무이사와 같이 선량한 관리자로서 법률행위를 할 의무를 부담한다. 즉 투자자의 이익을 위하여 최선의 주의를 기울여야 하며 투자자의 신뢰와 기대를 배반해서는 안 된다. 이 원칙은 신탁이나 대리행위의 법률관계와 유사하다고 볼 수도 있다. 업무집행조합원의 선량한 관리자의 의무는 합자조합의 메커니즘(mechanism)을 변경하지 않는 한 삭제하기가 어렵다.[7]

3. 유한책임조합원(limited partners)

(1) 무권대리권 및 의무

유한책임조합원은 합자조합에 대하여 구속되지 않으며 운영할 대리권도 존재하지 않는다. 그리고 합자조합에 대하여 의무나 책임 그리고 선관주의 의무도 부담하지 않는다.

(2) 책 임

유한책임조합원은 조합계약에서 정한 출자가액에서 이미 이행한 부분을 뺀 가액을 한도로 하여 조합채무를 변제할 책임이 있으며 합자조합에 이익이 없음에도 불구하고 배당을 받은 금액은 변제책임을 정할 때에 변제책임의 한도액에

---

6) 전장헌, American Law, 형설출판사, 2018, 165면.
7) William A. Klein and J. Mark Ramseyer and Stephen M. Bainbridge, Business Associations, Foundation Press, New York, 2005, pp. 61－63.

더한다(상법 제86조의6).

그리고 유한책임조합원이 합자조합에 대하여 권한을 초과한 행위를 한 경우에는 유한책임조합원에 대하여도 그에 따른 책임을 부담하도록 하고 있다. 다만 이에 대하여는 상대방도 유한책임조합원이 업무집행조합원(general partners)으로 신뢰를 하는 데에 합리적인 이유가 있어야 한다.[8] 예컨대 유한책임조합원이 업무집행조합원과 같은 명함을 상대방(예: 의뢰인 등)에게 건네주고 합자조합에 대하여 업무집행조합원과 같은 행동을 하였다면 이는 상대방이 신뢰하는 데 합리적 (reasonably)인 이유가 존재하기 때문에 유한책임조합원이 상대방에게 손해가 발생한 금액을 배상하여야 한다.

4. 조합원지분의 양도

업무집행조합원은 다른 조합원 전원의 동의를 받지 아니하면 그 지분의 전부 또는 일부를 타인에게 양도(讓渡)하지 못한다. 그리고 유한책임조합원의 지분은 조합계약에서 정하는 바에 따라 양도할 수 있는데, 유한책임조합원의 지분을 양수(讓受)한 자는 양도인의 조합에 대한 권리·의무를 승계한다(상법 제86조의7).

V. 익명조합

1. 의 의

익명조합은 당사자의 일방이 상대방의 영업을 위하여 출자하고 상대방은 그 영업으로 인한 이익을 분배할 것을 약정함으로써 그 효력이 생긴다(상법 제78조). 그리고 익명조합원이 출자한 금전 기타의 재산은 영업자의 재산으로 본다.

2. 익명조합원의 대외관계 및 손실부담

익명조합원은 영업자의 행위에 관하여서는 제3자에 대하여 권리나 의무가 없으며, 익명조합원이 자기의 성명을 영업자의 상호 중에 사용하게 하거나 자기의 상호를 영업자의 상호로 사용할 것을 허락한 때에는 그 사용 이후의 채무에

---

8) RURLPA OF 1976, § 303(a).

대하여 영업자와 연대하여 변제할 책임이 있다.

익명조합원의 출자가 손실로 인하여 감소된 때에는 그 손실을 전보한 후가 아니면 이익배당을 청구하지 못하며 손실이 출자액을 초과한 경우에도 익명조합원은 이미 받은 이익의 반환 또는 증자할 의무가 없다(상법 제81조~제82조).

3. 계약의 해지 및 종료

조합계약으로 조합의 존속기간을 정하지 아니하거나 어느 당사자의 종신까지 존속할 것을 약정한 때에는 각 당사자는 영업연도 말에 계약을 해지할 수 있다. 그러나 이 해지는 6월 전에 상대방에게 예고하여야 한다.

그리고 조합의 존속기간의 약정의 유무에 불구하고 부득이한 사정이 있는 때에는 각 당사자는 언제든지 계약을 해지할 수 있으며 조합계약은 영업의 폐지 또는 양도, 영업자의 사망 또는 성년후견개시 그리고 영업자 또는 익명조합원의 파산 사유가 발생하였을 때 종료한다(상법 제83조~제84조).

제 2 절 회 사

I. 회사법 총설

1. 회사의 의의

상법에서 "회사"란 상행위나 그밖의 영리를 목적으로 하여 설립한 법인을 말한다(상법 제169조). 그리고 상법상 인정되는 5종류의 회사설립은 모두 사원이 기본 구성단위가 되기 때문에 영리성, 법인성 그리고 사단성이라는 특징을 모두 가지고 있어야 한다.

2. 회사의 특징

(1) 영리성

회사의 영리는 회사 자체의 영리적 목적뿐만 아니라 회사의 구성원인 사원에게 경제적 이익을 배분해야 한다. 이 점에서 사원에게 이익이 분배되지 않는 협동조합이나 공법인 익명조합(상법 제78조) 그리고 합자조합(limited partnership)과는 구별된다.

(2) 사단성

회사는 사원을 구성요소로 하는 사단이므로 2인 이상의 사원이 필요하지만 실질적으로 자본을 중심으로 이루어지는 유한책임회사, 주식회사, 유한회사의 경우에는 1인 회사의 경우에도 인정하고 있다(상법 제287조의2, 제543조). 즉 회사는 사단이므로 2인 이상의 사원이 원칙상 필요로 하지만 주식회사, 유한책임회사, 유한회사의 경우에는 그 존재의 특성상 자본을 필요로 하기 때문에 1인 회사의 설립도 인정한다.

(3) 법인성

회사를 설립하기 위해서는 우선 발기인명부와 정관을 작성하고 이어서 출자와 실체적인 기관을 구성하여 설립등기를 함으로써 창설된다.

회사는 법인으로 스스로 권리와 의무의 주체로서 당사자가 되기 때문에 회사재산에 대하여 압류를 하기 위해서는 회사에 대한 집행권원을 취득하여야 강제집행이 가능하다. 회사는 자연인과 마찬가지로 권리능력의 주체가 되고 법인격이 부여되기 때문에 사원의 책임과 회사의 책임은 분리된다. 즉 회사의 채무에 대하여는 원칙상 사원에게 이전되지 않는다. 이러한 점을 악용하여 사원이 개인적 채무면탈 등을 목적으로 법인격을 남용하는 경우에는 그 배후에 있는 실질적인 사원에게도 그 책임을 물을 수 있다.[9]

3. 회사의 종류

상법상 인정하는 회사의 종류에는 합명회사, 합자회사, 유한책임회사, 주식회사와 유한회사의 5종류가 있다(상법 제170조).

4. 회사의 해산과 청산

회사는 법인격 소멸원인이 되는 기간의 만료, 합병, 파산, 해산명령, 사원의

---

9) 대법원 2001. 1. 19. 선고 97다21604 판결.

동의에 의하여 해산한다. 회사는 해산된 이후에도 청산의 목적 범위 내에서는 존재한다. 청산 중인 회사도 목적의 범위 내에서 권리능력이 존재하나 청산업무가 종료하고 청산 종결의 등기를 하면 법인격이 소멸하게 된다.

Ⅱ. 합명회사

합명회사란 회사의 부채에 대해 연대 무한책임을 지는 사원만으로 구성된 회사를 의미한다. 합명회사는 이와 같이 사원 전체가 채권자에 대하여 직접 연대 및 무한책임을 부담하므로 정관에 다른 규정이 없는 한 각 사원은 회사를 대표한다.

수인의 업무집행사원을 정한 경우에 각 업무집행사원은 회사를 대표한다. 정관으로 사원의 1인 또는 수인을 업무집행사원으로 정한 때에는 그 사원이 회사의 업무를 집행할 권리와 의무가 있다. 그러나 정관 또는 총사원의 동의로 업무집행사원 중 특히 회사를 대표할 자를 정한 경우에는 회사를 대표하는 사원은 회사의 영업에 관하여 재판상 또는 재판 외의 모든 행위를 할 권한이 부여된다.

합명회사의 설립에는 2인 이상의 사원이 공동으로 정관을 작성하고 등기를 함으로써 설립되며 사원 지위의 교체는 엄격히 제한되어 사원은 다른 사원의 동의를 얻지 아니하면 그 지분의 전부 또는 일부를 타인에게 양도하지 못하도록 하고 있다. 따라서 합명회사는 일반적으로 친척이나 인적 신뢰가 강한 내부관계에서 일반적으로 창설을 한다.

Ⅲ. 합자회사

합자회사는 합명회사와 같이 무한책임을 부담하는 사원과 유한책임사원으로 구성된 이원적 회사이다(상법 제268조). 합자회사의 정관에는 각 사원의 무한책임 또는 유한책임인 내용을 기재하고 설립등기를 할 때에도 각 사원의 유한책임 또는 무한책임이라는 사실을 등기하여야 한다. 무한책임사원과 다르게 유한책임사원은 그 출자가액에서 이미 이행한 부분을 공제한 가액을 한도로 하여 회사채무를 변제할 책임이 있으며 회사의 업무집행이나 회사대표권은 없고 감독권만이 있다.

무한책임사원은 정관에 다른 규정이 없는 때에는 각자가 회사의 업무를 집행할 권리와 의무가 있다. 유한책임사원은 다른 사원의 동의 없이 자기 또는 제3자의 계산으로 회사의 영업부류에 속하는 거래를 할 수 있고 동종영업을 목적으로 하는 다른 회사의 무한책임사원 또는 이사가 될 수도 있다. 그리고 유한책임사원은 무한책임사원 전원의 동의가 있으면 그 지분의 전부 또는 일부를 타인에게 양도할 수 있다.

합자회사도 합명회사와 같이 일반적으로 친척이나 개성 등의 인적 신뢰를 본질로 하기 때문에 합자회사는 다른 규정이 없으면 합명회사에 관한 규정을 준용한다(상법 제269조).

Ⅳ. 유한책임회사(LLC, Limited Liability Company)

1. 의 의

유한책임회사는 미국의 LLC(limited liability company)를 모델로 하여 2011년 상법개정 때 도입된 회사이다. 유한책임회사는 합명회사나 합자회사와 다르게 유한책임사원만으로 회사를 성립하고 사원이 소유자가 되며 회사에 대하여는 이 법에 다른 규정이 있는 경우 외에는 그 출자금액을 한도로 책임을 부담한다(상법 제287조의7). 유한책임회사는 무한책임사원이 아니더라도 회사경영에 참여하거나 전문가에 의하여 운영되어지며 최소한의 자본금을 요건으로 하지 않는다.

유한책임회사는 1인만으로도 설립이 가능하며 유한책임사원은 금전이나 재산을 출자를 하여야 하고 노무나 신용의 출자는 금지되며 설립 등기시까지 완전한 출자이행을 하여야 한다(상법 제287조의4). 유한책임회사는 유한책임사원만으로 구성된 회사이면서도 일반적으로 인적 신뢰를 바탕으로 이루어진 회사이기 때문에 내부관계에 대하여는 합명회사에 관한 규정을 준용하도록 하고 있다(상법 제287조의18).

2. 지분의 양도

사원은 정관으로 달리 정하지 아니한 사원의 동의를 받지 아니하면 그 지분의 전부 또는 일부를 타인에게 양도하지 못하나 업무를 집행하지 아니한 사원은 업무를 집행하는 사원 전원의 동의가 있으면 지분의 전부 또는 일부를 타인에게 양도할 수 있다. 다만, 업무를 집행하는 사원이 없는 경우에는 사원 전원의 동의를 받아야 한다(상법 제287조의8).

3. 대리권

업무집행사원은 대리에 관한 법에 근거하여 업무집행사원이라는 사실을 밝히고 상대방과 법률행위를 하여야 이에 대한 책임을 부담하지 않고 유한책임회사에 귀속한다. 다만 업무집행사원이 임원이라는 사실과 유한책임을 부담한다는 내용을 상대방에게 굳이 공개하지 않아도 책임을 부담하지 않으나 계약서에는 "유한책임회사"라는 명칭이나 "○○유한책임회사를 위하여 홍길동"이라는 문구는 계약서에 표시하여야 상대방이 유한책임회사의 업무집행사원과 계약을 체결하고 있다는 사실을 알 수 있기 때문에, 이에 따른 책임을 부담하지 않게 된다.

4. 업무집행 및 대표

유한책임회사는 정관으로 사원 또는 사원이 아닌 자를 업무집행자로 정하여야 하며 업무집행자는 유한책임회사를 대표하며 업무집행자가 둘 이상인 경우 정관 또는 총사원의 동의로 유한책임회사를 대표할 업무집행자를 정할 수 있다. 그리고 1명 또는 둘 이상의 업무집행자를 정한 경우에는 업무집행자 각자가 회사의 업무를 집행할 권리와 의무가 있다. 만약 정관으로 둘 이상을 공동업무집행자로 정한 경우에는 그 전원의 동의가 없으면 업무집행에 관한 행위를 하지 못한다(상법 제287조의12).

5. 운영협정

유한책임회사에 관한 운영협정은 회사의 법인화와 유사한 성격을 가지고 있다. 유한책임회사를 운영하기 위해서는 운영구조, 사원들의 투표권 그리고 선관주의의무에 대한 운영협정이 필요하다. 이러한 운영협정에 따라 유한책임회사는 운영되어 진다. 그리고 유한책임회사는 총사원의 동의에 의하여 주식회사로 변경할 수도 있다.

6. 법인격 부인론(Piercing the LLC Veil)

법인격 부인론이라는 의미는 유한책임회사에 재산이 없는 경우 유한책임회사의 실질적인 소유자에게 직접 책임을 청구할 수 있는 제도이다. 다시 말해서 법인격부인이 적용되기 위해서는 회사의 소유자가 유한책임회사의 형태를 빌려 법률적용을 회피하기 위한 수단으로 함부로 쓰여지는 경우에 비록 외견상으로는 회사의 행위라 할지라도 베일에 가려진 유한책임회사를 관통하여 직접 유한책임회사의 소유자에게 책임을 청구할 수 있는 이론이다.

판례는 "회사가 외형상으로는 법인의 형식을 갖추고 있으나 이는 법인의 형태를 빌리고 있는 것에 지나지 아니하고 그 실질에 있어서는 완전히 그 법인격의 배후에 있는 타인의 개인기업에 불과하거나 그것이 배후자에 대한 법률적용을 회피하기 위한 수단으로 함부로 쓰여지는 경우에는, 비록 외견상으로는 회사의 행위라 할지라도 회사와 그 배후자가 별개의 인격체임을 내세워 회사에게 그로 인한 법적 효과가 귀속됨을 주장하면서 배후자의 책임을 부정하는 것은 신의성실의 원칙에 위반되는 법인격의 남용으로서 심히 정의와 형평에 반하여 허용될 수 없고, 따라서 회사는 물론 그 배후자인 타인에 대하여도 회사의 행위에 관한 책임을 물을 수 있다"고[10] 판시하고 있다.

7. 신뢰의무

업무집행자는 유한책임회사를 위하여 사원 전원의 동의를 받지 아니하고는 자기 또는 제3자의 계산으로 회사의 영업부류(營業部類)에 속한 거래를 하지 못하며, 같은 종류의 영업을 목적으로 하는 다른 회사의 업무집행자·이사 또는 집행임원도 되지 못한다(상법 제287조의10). 그리고 업무집행자는 유한책임회사를

---

10) 대법원 2001. 1. 19. 선고 97다21604 판결.

위하여 신뢰와 충실히 근무를 해야 할 의무가 있으며 이는 약정으로도 포기할
수 없다.

8. 해 산

유한책임회사는 주식회사와 유사한 관계로 해산하게 되는데 다음과 같은 사
유가 발생하였을 경우 해산하게 된다. 우선 유한책임회사의 존립기간의 만료 기
타 정관으로 정한 사유의 발생, 총 사원의 동의, 합병, 파산, 그리고 법인격 부인
론에 의하여 법원으로부터 판결을 받을 때 해산하게 된다. 그러나 사원이 1인이
된 경우에는 해산되지 않기 때문에 1인 회사도 가능하다(상법 제287조의38).

Ⅴ. 주식회사

1. 개 념

현대사회의 산업이 급속히 발전되어 가고 대형화와 거대한 자본을 점점 필
요로 하게 되면서 회사의 경영에는 직접 참여하지 않으면서도 투자를 하는 사람
들의 관심이 높아지게 되었다. 특히 회사에 투자를 하는 사람들은 기업이 파산
을 하더라도 채권자로부터 개인 재산에 대해서는 강제집행을 당하지 않을 수 있
는 기업을 필요로 하게 되었는데 이러한 회사가 1811년 미국 뉴욕에서 법인격을
부여하는 주식회사로서 창설되었다.[11]

많은 사람들은 사회가 전문화·분업화 되어가면서 전문적인 법인격을 가진
주식회사 제도의 기업을 선호하게 되었고 주식회사의 장점은 자본금을 충족하는
데 용이할 뿐만 아니라 권리와 의무에 대한 구조가 상당히 체계적으로 잘 되어
있다. 더구나 주식회사는 운영체계가 유한책임회사보다 집중적으로 되어 있을
뿐만 아니라 소유(주주)와 경영체제(임원)도 엄격히 분리되어 있는 장점이 있다.

주식회사는 파트너십(partnership)이나 조합 또는 다른 합명회사 등의 회사조
직보다 책임관계가 엄격히 되어 있다. 만약 주식회사를 운영하는 대표이사가 운
영상에 중대한 과실이 아닌 과실로 타인에게 재산상의 손해를 입혔다고 하더라

---

11) An Act Relative to Incorporation for Manufacturing Purpose, 1811 N.Y. Laws, ch.67, §111.

도 회사에서 책임을 부담하는 것이지 대표회사의 재산에 대하여 손해배상을 청구할 수는 없다. 다시 말해서 대표이사가 정상적인 회사운영을 하다가 타인에게 재산상의 손해를 발생케 하였더라도 회사 재산에서 배상할 책임이 있는 것이지 대표이사 개인의 재산에 대하여는 압류를 할 수는 없는 것이다. 그러나 갑과 을이 동업자(Partnership, 합자조합의 무한책임사원, 합명회사)로 부동산건설업을 하는 경우에는 갑이 회사업무로 타인에게 재산상 손해를 발생하게 한 경우 갑과 을은 회사의 재산이 없는 경우 개인소유의 재산에 대해서도 책임을 부담해야 한다. 그러나 만약 갑과 을이 주식회사를 설립하였다면 주식회사의 재산에 대해서만 책임을 부담하고 갑과 을의 개인재산에 대해서는 손해배상책임을 부담하지 않는다.

2. 주식회사의 설립

상법상 주식회사를 설립하기 위해서는 발기인이 정관을 작성하고 사원을 구성하여 출자금액을 확정하고 이어서 기관구성과 설립등기를 함으로써 설립된다. 그리고 주식회사를 설립할 때에는 크게 발기설립과 모집설립의 두 가지 종류가 있는데 발기설립은 발기인이 정관을 작성하고 주식총수를 인수하여 회사를 설립하는 경우이고 모집설립은 발기인이 정관을 작성하여 주식의 일부를 인수하고 나머지 주식은 새로이 주주를 모집하여 회사를 설립하는 경우를 말한다.

주식회사를 설립함에는 발기인이 정관을 작성하여야 한다. 정관은 공증인의 인증을 받음으로써 효력이 생긴다(상법 제288조). 다만, 자본금 총액이 10억 원 미만인 회사를 발기설립(發起設立)하는 경우에는 각 발기인이 정관에 기명날인 또는 서명함으로써 효력이 생긴다(상법 제298조, 제289조 등). 각 발기인은 서면에 의하여 주식을 인수하여야 하며(상법 제293조), 액면주식 1주의 금액은 100원 이상으로 하여야 한다(상법 제329조). 회사는 정관으로 정한 경우에는 주식의 전부를 무액면주식으로 발행할 수 있다. 다만, 무액면주식을 발행하는 경우에는 액면주식을 발행할 수 없다.

3. 자본금의 확보

주식회사의 자본금확보는 회사설립 시에 행하는 주식의 발행을 통하여 이루어진다. 회사설립 시에 발행하는 주식에 관하여는 발행하는 주식의 종류와 수, 액면주식의 경우에 액면 이상의 주식을 발행할 때에는 그 수와 금액, 무액면주식을 발행하는 경우에는 주식의 발행가액과 주식의 발행가액 중 자본금으로 계상하는 금액에 대하여 정관으로 달리 정하지 아니하면 발기인 전원의 동의로 이를 정한다(상법 제291조).

주주의 책임은 그가 가진 주식의 인수가액을 한도로 하며(상법 제331조), 주식은 타인에게 양도할 수 있으나 정관으로 정하는 바에 따라 그 발행하는 주식의 양도에 관하여 이사회의 승인을 받도록 할 수 있다.

회사는 이익의 배당, 잔여재산의 분배, 주주총회에서의 의결권의 행사, 상환 및 전환 등에 관하여 내용이 다른 종류의 주식(이하 "종류주식"이라 한다)을 발행할 수 있다. 그러나 자기의 명의와 계산으로 자기의 주식을 취득할 수 있으나 모자회사 상호간에 있어서 주식상호보유는 법의 제재를 받는다(상법 제342조의2).

4. 주식회사의 기관

(1) 주주총회

주주총회란 주주로 구성된 회사 최고의 의사결정기관으로 상법 또는 정관에 정하는 사항에 한하여 결의할 수 있으며 총회의 소집은 상법에 다른 규정이 있는 경우 외에는 이사회의 결의로 대표이사가 하나, 소수주주, 감사, 청산인 또는 법원의 명령에 의한 주주총회도 가능하다. 총회의 결의는 상법 또는 정관에 다른 정함이 있는 경우를 제외하고는 출석한 주주의 의결권의 과반수와 발행 주식 총수의 4분의 1 이상의 수로써 하여야 한다.

(2) 이사와 이사회, 대표이사. 집행임원

1) 이 사

이사는 3명 이상이어야 한다. 다만, 자본금 총액이 10억 원 미만인 회사는 1명 또는 2명으로 할 수 있으며 이사의 임기는 3년을 초과하지 못한다(상법 제383조 제1항, 제2항).

이사는 이사회의 승인이 없으면 자기 또는 제3자의 계산으로 회사의 영업부류에 속한 거래를 하거나 동종영업을 목적으로 하는 다른 회사의 무한책임사원이나 이사가 되지 못한다. 그리고 이사가 고의 또는 과실로 법령 또는 정관에 위반한 행위를 하거나 그 임무를 게을리 한 경우에는 그 이사는 회사에 대하여 연대하여 손해를 배상할 책임이 있고(상법 제399조 제1항) 이사가 고의 또는 중대한 과실로 그 임무를 게을리 한 때에는 그 이사는 제3자에 대하여 연대하여 손해를 배상할 책임이 있다(상법 제401조).

2) 이사회

이사회는 각 이사가 소집할 수 있으나 이사회의 결의로 소집할 이사를 정한 때에는 그러하지 아니하다. 이사회는 중요한 자산의 처분 및 양도, 대규모 재산의 차입, 지배인의 선임 또는 해임과 지점의 설치·이전 또는 폐지 등 회사의 업무집행은 이사회의 결의로 한다. 그리고 이사회 결의는 이사 과반수의 출석과 출석이사의 과반수로 하여야 하나 정관으로 그 비율을 높게 정할 수도 있다.

3) 대표이사

회사는 이사회의 결의로 회사를 대표할 이사를 선정하여야 한다. 그러나 정관으로 주주총회에서 이를 선정할 것을 정할 수 있으며 수인의 대표이사가 공동으로 회사를 대표할 것을 정할 수도 있다(상법 제389조).

대표이사는 대외적으로 회사를 대표하고 대내적으로는 업무집행을 담당하는 주식회사의 필요적 상설기관이다. 대표이사는 회사의 영업에 관하여 재판상 또는 재판외의 모든 행위를 할 획일적이며 포괄적인 권한이 있다. 대표이사가 불법행위로 업무상 타인에게 손해를 발생케 한 경우에는 회사는 대표이사와 연대하여 책임을 부담한다.

5. 감사 및 회계

감사는 주주총회에서 선임하며 이사의 직무와 집행을 감사한다. 그리고 감사는 언제든지 이사에 대하여 영업에 관한 보고를 요구하거나 회사의 업무와 재산상태를 조사할 수 있다(상법 제409조~제412조). 그러나 감사가 그 임무를 해태한 때에는 회사에 대하여 연대하여 손해를 배상할 책임이 있으며 악의 또는 중대한 과실로 인하여 그 임무를 해태한 때에는 그 감사는 제3자에 대하여 연대하여 손해를 배상할 책임이 있다.

상법은 주식회사의 회계를 위하여 이사는 결산기마다 대차대조표, 손익계산서 그 밖에 회사의 재무상태와 경영성과를 작성하여 이사회의 승인을 받아야 한다(상법 제447조).

제 5 장

민사소송법

제 1 절 소장의 작성

　　민사소송을 제기하기 위해서는 우선 소장을 작성하여 법원에 제출해야 한다. 소장을 작성하는 방법은 우선 초안을 잡아 수정을 한 다음 정식으로 작성을 하여야 실수가 없다. 그리고 소장은 법원과 상대방에게 송달하여야 하는데 1통만으로는 되지 않고 복사를 하여 최소한 3통은 준비해야 한다. 소장을 작성할 때에는 우선 표지를 작성해야 하는데 이는 모든 소송에 공통되는 사항이다. 표지의 사건명 칸에는 '가옥명도청구'라든가 '대여금청구' 등으로 그 사건의 성질을 기재해야 한다. 그리고 당사자란에는 원고와 피고의 인적사항을 기재하고 청구취지는 원고가 구하고자 하는 소의 핵심적인 사항을, 청구원인에는 그 청구취지를 달성하고자 하는 사실관계와 관련된 법 등을 작성하면 된다.

　　그리고 당사자가 소송에 의하지 않고 자주적·능동적으로 분쟁을 해결할 수 있는 제도로서 공정증서·조정조서·소액소송·지급명령 등을 이용하여 신속하게 집행권원을 받을 수 있다.

Ⅰ. 당사자

1. 당사자의 의의

당사자라 함은 법원에 대하여 판결이나 집행을 요구하는 자와 그와 대립하는 상대방을 말한다. 당사자는 판결절차의 제1심에서는 원고·피고, 제2심에서는 항소인·피항소인, 그리고 제3심에서는 상고인·피상고인이라고 부른다.

그리고 강제집행절차와 독촉절차에서는 채권자·채무자라 하며, 제소 전 화해절차에서는 신청인·상대방이라는 명칭을 쓴다. 소송의 주체인 당사자(원고와 피고)와 소송의 객체인 청구(소송물)를 명확히 알 수 있도록 기재해야 한다. 그리고 당사자가 제한능력자인 경우에는 반드시 법정대리인을 기재하여야 한다.

2. 소송능력

소송능력은 당사자로서 스스로 유효하게 소송행위를 하고 또한 상대방이나 법원으로부터 소송행위를 받을 수 있는 능력을 말한다. 소송무능력자의 범위는 민법상의 제한능력자와 일치한다. 따라서 의사무능력자, 미성년자, 피한정후견인 및 피성년후견인자는 소송무능력자로서 이들은 소송행위를 할 수 없고 법정대리인만 할 수가 있다. 즉 미성년자의 소송행위는 그의 부모가 할 수 있고 남편이 피성년후견인이 되어 부인이 성년후견인으로 법정대리인이 된 경우에는(민법 제936조 제1항, 제938조 제1항) 그 부인이 소송행위를 할 수 있다. 특별한 사유가 없는 한 일반적으로 배우자가 후견인이 되어 법정대리인으로 소송행위를 하게 된다.

종전에는 한정치산자·금치산자로 선고되면 일정범위의 근친자가 후견인으로 선임되었는데, 개정법에서는 이들 후견인과 이해관계가 대립하는 경우가 적지 않고, 배우자로서 당연 후견인이 되는 경우 그 역시 고령인 경우가 대부분이어서 후견의 실효성에 문제가 있다는 비판에 있었다. 그래서 종전의 규정(민법 제933조~제935조)을 삭제하고 가정법원이 여러 사정을 고려하여 직권으로 성년후견인을 선임할 수 있도록 변경하였다.[1]

---

1) 김준호, 민법강의, 법문사, 2014, 94면.

3. 소송상의 대리인

민사소송법상의 대리인이란 대리인임을 표시하고 당사자의 이름으로 당사자에 갈음하여 스스로의 의사결정에 따라 소송행위를 하거나 자기에게 향한 법원이나 상대방의 소송행위를 하는 자를 말한다. 이러한 소송상의 대리인은 법정대리인과 임의대리인으로 구분할 수가 있다.

Ⅱ. 청구취지

1. 의 의

청구취지는 원고가 어떠한 대상에 대해 어떠한 내용과 종류의 판결을 구하는가를 기재하는 소의 결론부분으로서, 한편으로는 판결의 결론인 주문에 해당한다. 청구취지에는 원고가 바라는 판결부분을 기재하고 내용과 범위는 간결·명료하게 표시하여야 한다. 그리고 판결의 청구취지란에는 소송비용에 관한 재판과 가집행선고의 신청을 함께 기재하는 것이 좋다.

청구의 취지는 이를 명확히 알아볼 수 있도록 구체적으로 특정하여야 한다. 청구취지가 소송심사단계에서 분명하지 않으면 재판장은 그 보정을 명하고, 소송계속 중에 발견된 경우에는 석명권을 발동하여 이를 명확히 알 수 있도록 해야 한다.

2. 확정적인 신청

청구의 취지에는 판결을 확정적이며 명확하게 작성하여야 하며 기한이나 조건을 기재해서는 안 된다. 다만 소송 내에서 밝혀진 사실을 조건으로 하여 청구의 취지를 기재하는 것은 허용하는데, 이를 예비적 신청이라고 한다. 예비적 신청에는 다음과 같은 종류가 있다.

(1) 청구의 예비적 병합

청구의 예비적 병합이란 양립할 수 없는 수개의 청구에 대해서 제1차적 청구가 기각되거나 각하될 경우를 대비하여 제2차적 청구에 대하여 심판을 구하는 형태의 병합을 말한다.

[서식] 임대료 청구의 소 소장작성

소 장

원고　갑
경기도 과천시 별양동 221번지
피고　을
경기도 과천시 별양동 123번지

임대료 청구의 소

청구취지

1. 피고는 원고에게 금 1,160만원 및 이에 대한 소장 다음날부터 완제일까지 연 12%의 비율에 의한 돈을 지급하라.
2. 소송비용은 피고의 부담으로 한다.
3. 위 제1항은 가집행할 수 있다.
라는 판결을 구한다.

청구원인

1. 원고는 피고에게 0000. 1. 1.부터 위 거주지의 가옥 중 2층 부분을 월 70만원에 매월 31일에 지급받기로 하고 임대차기간은 2년으로 정하여 임대차계약을 하였습니다.
2. 그런데 피고는 0000. 5.부터 0000. 1. 31.까지 임대료를 지급하지 않으므로 원고는 피고에 대하여 지연임대료 합계 금 1,160만원의 지급 및 이에 대한 지연손해금의 지급을 받기 위하여 이 사건 소에 의한 청구에 이른 것입니다.

증거방법

1. 임대차계약서(갑 제1호증)
1. 기타 변론시 필요에 따라 수시 제출코자 한다.

첨부서류

1. 납부서 1통
1. 소장부본 1통
1. 위 증거서류 1통

0000. 2. 25.
위 원고 갑 (인)

수원지방법원 안양지원 귀중

위의 사례에서 임대인 갑은 두 개의 청구를 병합하여 청구할 수 있다. 우선 주위적 청구로 임대차관계를 원인으로 임대료지급청구를 하고, 임대차관계가 인정되지 않아 기각이 된 경우를 대비하여 예비적 청구로 건물명도청구를 구할 수 있다. 다만 주위적 청구가 인용되면 건물인도청구를 구한 예비적 청구는 소멸하게 된다.

(2) 예비적 반소

예비적 반소는 두 가지가 있다. 하나는 원고의 본소가 이용될 경우를 대비하여 피고가 본소청구의 기각을 해제조건으로 하여 제기하는 반소와, 다른 하나는 주위적 반소청구가 기각될 경우를 대비하여 그 인용을 해제조건으로 하여 제기하는 예비적 반소가 있다.

Ⅲ. 청구원인

청구취지가 원고가 소로써 바라는 권리보호의 형태라고 한다면, 청구원인은 원고의 청구를 이유 있게 하는 사실을 기재하는 부분이다. 따라서 원고는 청구취지에서는 자신이 청구할 내용을 명확하게 기재하여야 하고, 청구원인에서는 왜 그러한 청구를 하게 되었는지 그 사실관계와 관련된 법이나 판례 등을 주장하면 된다.

Ⅳ. 기타의 기재사항

이상에서 살펴본 당사자, 법정대리인, 청구취지, 청구원인 등은 소장의 필요적 기재사항들로서 이것들은 소장에 반드시 기재를 하여야 효력을 발생하게 된다. 이들 외에 임의적 기재사항이 있는데 이는 기재하지 않더라도 소장각하결정을 받지 않을 사항들이다.

제 2 절 관할법원에 소장 제출

Ⅰ. 관할의 의의

전국에는 수십 개의 법원이 있는데 양당사자가 서로 자기에게 유리한 쪽의 법원을 선택하려고 한다면 이해가 대립되어 소송을 제대로 할 수가 없을 것이다. 따라서 이와 같은 문제점을 해결하기 위해 만든 제도가 법원의 관할이다.

Ⅱ. 관할의 종류

1. 의 의

관할이라 함은 우리나라 법원의 재판권이 미침을 전제로 하여 국내의 각종, 각급, 다수의 법원 중 어느 법원이 특정사건을 관장하느냐에 따라 소송사건 분배범위를 정한 것으로, 이와 같은 관할은 여러 가지 기준에 따라 다음과 같이 나눌 수가 있다.

2. 관할의 종류

재판권의 작용이 다름에 따른 직무관할, 법원의 재판권 행사의 지역적 한계에 따른 토지관할, 소송물의 가액에 따른 사물관할로 나눌 수가 있다. 그리고 관할이 생기는 근거가 법률의 규정이면 법정관할, 법원의 결정이면 지정관할, 당사자의 합의에 따라 법원을 정하는 경우는 합의관할, 공익상 필요에 의하여 어느 특별법원에만 관할이 있음을 특정한 경우를 전속관할이라 한다.

(1) 법원의 재판권의 작용에 따른 분류

직무관할, 토지관할, 사물관할로 구분할 수 있다.

(2) 관할의 발생근거에 따른 분류

법정관할, 지정관할, 합의관할, 응소관할로 구분할 수 있다.

(3) 소송법상의 효과에 따른 분류

전속관할, 임의관할로 구분할 수 있다.

전속관할이란 법정관할 가운데서 재판의 적정·공평 등 공익적 견지에서 정해진 것으로서, 특정법원만이 배타적으로 관할권을 가진다.

임의관할은 당사자의 합의와 피고의 본안변론에 의하여 다른 법원에 관할을 발생시키는 것을 말한다.

(4) 부동산 소재지

부동산을 목적으로 한 소송은 부동산 소재지의 관할법원에 제기하여야 한다. 예컨대 채무자 소유의 부동산에 대하여 경매를 신청하기 위해서는 부동산 소재지의 법원에 하여야 한다.

(5) 불법행위

불법행위에 관한 소는 그 행위지의 법원에 제기한다. 예컨대 교통사고, 사기, 살인, 폭행행위 등 불법행위로 인하여 발생하는 손해배상채권은 불법행위를 일으킨 행위지의 법원에 제출한다.

Ⅲ. 단독·합의부사건

법원에 소장이 접수되면 법원은 소송물의 가액에 따라 소액, 단독, 합의부사건으로 진행한다.

1. 단독사건

단독사건은 단독판사에 의하여 진행된다. 그리고 단독사건은 1심법원은 지방법원 단독, 2심법원은 지방법원 항소부, 제3심 법원은 대법원이다. 그리고 소송목적의 값이 3천만 원 초과 2억 원 이하의 사건, 어음·수표사건은 2억 원을 초과하더라도 단독사건의 관할로 한다.

2. 합의부사건

합의부에서 심리하는 사건, 단독판사가 심리하는 사건 중 소송목적물의 값이 2억 원을 초과하는 사건은 합의부에서 관할한다.

합의부는 세 명의 판사가 소송을 진행한다. 그리고 합의부 사건은 1심법원을 지방법원 합의부에 제기하고, 2심법원은 고등법원에, 3심법원은 대법원에 소를 제기한다. 합의부사건은 변호사(지배인 등 법률상 소송대리인 포함)만이 소송대리인이 될 수 있다.

3. 소액사건

(1) 소송물가액이 3천만원 이하의 사건은 단독판사의 관할에 속한다.

(2) 특별한 사유가 없는 한 변론기일날 선고를 하고, 신속하게 재판을 진행한다.

(3) 소액사건 중 다툼의 소지가 없는 경우에는 이행권고결정으로 심판한다.

제3절 소송절차의 개시

I. 법원에 소장 제출

1. 통상의 소제기의 방식

소의 제기는 소장을 법원에 제출함으로써 시작하는데, 소장의 필요적 기재사항으로서 당사자의 표시, 법정대리인의 표시, 청구취지, 청구원인을 기재해야 한다. 그리고 임의적 기재사항으로는 준비서면의 기재사항을 임의적으로 기재할 수가 있다.

2. 특수한 소제기의 방식

(1) 소의 제기로 간주되는 경우

제소 전 화해가 성립되지 아니한 경우에 당사자가 제소신청을 하거나, 독촉절차에서 지급명령에 대한 채무자의 적법한 이의가 있는 경우 또는 민사조정에 대하여 이의신청을 한 경우에는 판결을 받기 위한 통상의 소로 이행하게 된다.

(2) 소액사건에 관한 특수제소방식

구술제소는 법원사무관 등의 면전에서 진술하면 이들이 제소조서를 작성하고 이에 서명날인함으로써 이루어진다.

Ⅱ. 소제기에 대한 법원의 조치

[서식] 답변서 제출 및 응소 안내서

답변서 제출 및 응소 안내서

1. 소장을 읽은 다음 응소할 의사가 있으면 되도록 빨리(소액사건의 경우에는 소장 부본을 받은 날로부터 10일 안에) 답변서를 제출하시기 바랍니다. 다만, 원고의 청구를 그대로 인정하는 경우에는 답변서를 제출하지 아니하여도 무방합니다.

2. 답변서에는 사건번호와 당사자, 원고의 주장에 대한 답변을 기재하여 우편이나 인편으로 제출하되, 원고의 수만큼의 부본을 함께 제출하셔야 합니다.

3. 원고의 주장에 대한 답변은 구체적, 개별적으로 기재하여야 하고, 그에 대한 증거 방법과 입증취지도 명시하여야 합니다. 답변서를 제출하더라도 구체적인 내용 없이 단순히 부인한다 또는 모른다고 기재한 채 변론기일에 출석하지 아니할 때에는 진정으로 원고의 제소에 방어할 의사가 없다고 인정되어 불이익을 받을 수도 있습니다.

4. 답변서 기타 준비서면을 제출하지 아니하고 변론기일에도 출석하지 아니하면 원고의 주장사실을 그대로 인정하는 것으로 보게 되고, 또 답변서의 제출이 시기에 늦으면 실권의 제재나 소송비용부담의 불이익을 받게 될 수 있습니다.

5. 증거로 제출할 서류는 반드시 원본과 함께 미리 사본(상대방 수+1통)을 준비하고 증인은 그 주소, 성명을 알아두었다가 가능한 한 가장 빠른 시기에 필요한 증거를 일괄하여 제출 또는 신청하시기 바랍니다. 그 시기가 늦을 경우에 이를 받지 않을 수도 있습니다.

6. 변론기일에 본인 또는 소송대리인만이 출석하여 변론할 수 있습니다. 소송대리인(변호사)을 선임할 뜻이 있다면 가급적 빠른 시일 안에 선임하여 소송절차에 관여하도록 하는 것이 소송수행이나 촉진에 도움이 될 것입니다.

7. 합의사건에서는 변호사만이 소송대리인으로 될 수 있고, 단독사건에서는 변호사 외에 당사자의 친족, 고용 기타 특별한 관계가 있는 자 중에서 법원의 허가를 받은 자는 소송대리인이 될 수 있습니다. 그리고 소액사건에서는 당사자의 배우자, 직계혈족, 형제자매 또는 호주는 법원의 허가 없이도 소송대리인으로 될 수 있습니다.

8. 당사자나 소송물의 관련 등 서로 관련성이 있는 사건이 재판중이거나 또는 재판을 하였던 사실이 있을 경우에는 답변서의 여백이나 적당한 곳에 "관련사건"이라고 기재하고 그 사건번호와 사건명을 적어주시기 바랍니다.

9. 질병 기타 부득이한 사정으로 변론기일에 출석하지 못할 때에는 그 사유를 기재한 기일변경신청서와 의사의 진단서 기타 소명자료와 함께 미리 제출하시기 바랍니다. 다만 신청이 이유 있다고 법원이 인정할 경우에만 기일이 변경됩니다.

10. 법률의 규정에 의하여 구체적인 사정에 따라서는 위 안내내용과 달리 처리되는 경우도 있을 수 있습니다.

1. 재판장의 소장심사 및 후속조치

소장이 관할법원에 제출되면 재판장은 소장을 심사하여 부적법한 소장은 명령으로 각하한다. 다만 경미한 흠결이 있는 때에는 원고에게 보정명령(잘못된 내용을 바로 잡음)을 하여 다시 제출할 것을 명할 수 있다. 이때 원고가 보정기간 내에 보정을 하여 제출하지 않으면 소장을 각하한다.

2. 소장의 송달 및 변론기일의 지정

법원에 제출된 소장이 방식에 맞는다고 인정되면 재판장은 법원사무관으로 하여금 송달부본(송달원본을 복사한 것)을 피고에게 송달한다. 이때 송달부본은 소송을 신청한 자가 상대방의 수만큼 복사하여 법원에 제출한다.

3. 변론기일

변론기일이란 법원, 당사자, 기타의 소송관계인이 모여서 소송행위를 하기 위한 기간을 뜻한다. 당사자 일방이 변론기일에 불출석하였거나 출석하더라도 본안 변론을 하지 않은 경우 그가 제출한 소장, 답변서, 기타 준비서면에 기재한 사항을 진술한 것으로 간주하여 출석한 상대방에게 변론을 하게 한다. 이때 변론기일에 상대방의 주장에 대하여 침묵을 하는 것은 자백한 것으로 취급을 한다.

Ⅲ. 소제기의 효과

소장의 부본이 피고에게 송달된 때에 소송이 진행되는데 그 소송의 법적 효과로서 원고는 동일한 내용을 가지고 중복제소를 하지 못한다.

소송의 청구가 동일한 중복소송일 경우에는 법원은 직권으로 조사하여 부적법 각하를 한다. 한편 원고가 제기한 소송은 그 권리에 대한 소멸시효중단의 효력을 발생케 하는데 이때에 소멸시효 중단의 효력은 원고가 법원에 소장을 제출한 때 발생한다.

제 4 절   소송심리의 과정

I. 당사자의 변론

1. 1차 변론기일의 변론의 준비

(1) 변 론

2002년 7월 1일부터 시행된 민사소송법 제280조, 제287조에 의하면 변론방식은 다음과 같이 변경되었다. 원고가 소장을 법원에 제출하면 법원은 소장부본을 피고에게 송달하면서 30일 내에 답변서를 법원에 제출하도록 하고 있다. 답변서를 받은 법원은 원고에게 다시 답변서를 보내서 원고가 피고의 답변서 내용에 대하여 반박할 서증(문서)이나 준비서면을 작성하도록 하고 있다.

(2) 제1차 변론기일 재판개시

변론기일에 당사자가 법원에 출석하면 법정경위가 법정에 출석한 당사자로 하여금 일어서게 한다. 재판장이 착석을 한 후 당사자들이 의자에 앉게 된다. 이어 재판장은 사건번호와 원고·피고의 호명으로 재판을 개시한다.

(3) 송달부분 송달 여부에 따른 재판진행관계

변론이 시작되면 담당판사는 피고에게 소장부본이 송달되었는지 여부와 원고·피고가 변론기일날 출석하였는지 여부 등을 확인한 후 재판을 진행한다.

1) 피고에게 소장부본이 송달된 경우

소장부본 및 변론기일소환장이 피고에게 송달되어 피고가 원고의 주장사실을 검토한 후 전적으로 인정할 수 있는 사실관계라면 구태여 재판준비나 변론기일날 법원에 나가지 않아도 된다. 그러나 원고의 주장이 사실과 다른 경우에는 피고는 소장부본을 송달받은 날로부터 30일 이내에 답변서를 제출하여 항변을 해야 할 것이다.

2) 피고에게 소장부본이 송달되지 않은 경우

피고에게 소장부본 및 변론기일이 송달되지 않은 경우에는 법원은 변론기일날 재판을 진행하지 않고 원고에게 송달이 되도록 보정명령을 내린다.

(4) 답변서

[서식] 답변서

답 변 서

사건 2020가소2205 대여금
원고 갑
피고 을
위 당사자간 귀원 2020가소2205호 대여금 청구사건에 관하여 피고는 다음과 같이
답변을 합니다.

청구취지에 대한 답변

1. 원고의 청구를 기각한다.
2. 소송비용은 원고의 부담으로 한다.
라는 판결을 구합니다.

청구원인에 대한 답변

1. 피고가 원고로부터 2020년 2월 2일 금 1억원을 대여하였다는 내용은 인정합니다.
2. 그러나 피고는 2020년 2월 2일 이중 5천만원을 갚았습니다.
3. 따라서 원고가 주장하는 청구금액은 부당합니다.

입증방법

1. 을 제1호증(영수증)
2. 을 제2호증(녹취)

2020. 3. 12
피고 을 (인)

1) 답변서

답변서란 원고의 주장이 사실과 현저하게 다른 경우 피고가 답변서를 준비절차기간 내에 법원에 제출하여 원고의 주장에 대하여 항변하는 것을 말한다. 답변서를 제출하지 않거나 변론기일날 출석도 하지 않은 경우에는 원고의 주장을 인정한 것으로 간주하여 원고에게 승소판결을 내릴 수 있다.

2) 답변서 제출

피고는 답변서를(상대방수＋법원제출용 1통) 작성하고 답변서 표지에는 인지를 붙이지 않은 상태에서 법원에 제출한다.[2] 답변서 제출기간은 소장부본을 받은 날로부터 30일 내에 제출해야 한다. 소장부본을 받은 날로부터 답변서를 30일 내에 제출하지 아니한 경우에는 원고의 주장에 대해 피고가 의제자백을 한 것으로 보아 법원이 일방적으로 원고에게 승소판결을 할 수 있다.

2. 변론의 준비

(1) 준비서면의 제출

민사소송법 제256조 제1항은 "피고가 원고의 청구를 다투는 경우에는 소장의 부본을 송달받은 날부터 30일 이내에 답변서를 제출하여야 한다"라고 규정하면서 동법 제3항에서는 "법원은 답변서의 부본을 원고에게 송달하여야 한다"라고 규정하고 있다.

그리고 법원은 준비서면 제출기간과 관련하여 "변론준비절차는 기간을 정하여, 당사자로 하여금 준비서면, 그 밖의 서류를 제출하게 하거나 당사자 사이에 이를 교환하게 하고 주장사실을 증명할 증거를 신청하게 하는 방법으로 진행한다"라고 규정을 하고 있다(민사소송법 제280조 제1항). 따라서 변론기일 전에 양당사자가 법원 외에서 서면공박을 충분히 하고, 쟁점사항이 어느 정도 정리되면 법원 내에서 변론기일날에 집중적으로 심리토록 하고 있다.

---

2) 최근에는 '법원전자소송'이 시행되고 있어, 법원에 직접 가서 소장 등을 제출하지 않고, 법원전자소송 홈페이지에서 인터넷으로 소장, 준비서면, 답변서 등을 제출할 수 있다. 대한민국법원 전자소송 사이트(http://ecfs.scourt.go.kr/ecf/index.jsp)에 회원가입을 하고 공인인증서로 접속하여 제출하면 된다.

(2) 준비서면제출의 효과

[서식] 준비서면

준 비 서 면

사건 0000가단2205 대여금
원고 갑
피고 을
위 당사자간 귀원 0000가단2205호 대여금 청구사건에 관하여 원고는 다음과 같이 변론을 준비합니다.

- 다 음 -

1. 피고는 0000년 7월 7일 답변서에서 대여금 1억원 중 금 5천만원을 변제하였다고 주장하면서 을 제1호증(영수증)과 을 제2호증(녹취)을 증거로 제출하였습니다.
2. 그러나 이는 사실과 다른 주장이므로 피고는 위 대여금을 변제한 사실이 없습니다.
3. 다만 피고가 주장하는 을 제1호증(영수증)은 임대차보증금으로 수령한 것입니다. 그리고 을 제2호증(녹취)부분은 증거로서 인정할 수 없습니다.
4. 따라서 피고의 변제주장은 사실과 다른 주장이므로 이유가 없습니다.

첨부서류

1. 갑 제1호증 임대차계약서 사본 1통

0000. 3. 29.

원고 갑 (인)

1) 진술간주

변론기일 또는 준비절차에 결석하거나 출석하여 본안변론을 하지 아니한 때에는 그 준비서면으로 제출한 내용을 진술한 것으로 간주한다.

2) 의제자백

준비서면에 기재된 사실은 준비서면 제출자가 불출석한 경우에도 준비서면의 내용을 주장한 것으로 본다.

(3) 준비서면 불제출의 효과

양당사자는 변론기일날 준비서면에 기재하지 아니한 내용에 대해서는 상대방이 출석하지 아니한 때에는 변론에서 주장할 수 없으므로 이를 주장하기 위해서는 준비서면을 제출하여야 한다. 준비서면에는 주장하려고 하는 사실이나 반박의 내용을 명확·간결하게 기술하고 이에 대한 증거서류가 있을 때는 이를 첨부하여 제출한다.

3. 변론주의의 내용

(1) 법원은 당사자가 변론에서 주장하지 아니한 사실은 판결의 기초로 삼을 수 없다(주장책임).

(2) 당사자간에 다툼이 없는 내용에 대해서는 그대로 판결의 기초로 삼아야 한다(자백의 구속력).

(3) 다툼 있는 내용에 대해서 인정을 받으려면 당사자는 증거를 제출하여 이에 대해 인정받아야 한다(증거신청).

4. 변론의 종결

재판장은 원고와 피고의 변론과 증거자료를 통하여 주장과 증명을 다했다고 판단되면 구두로 변론을 종결하고 다음기일에 선고하겠다고 한다.

Ⅱ. 새로운 민사재판 심리방식

1. 의 의

지금까지 소송실무상을 보면 변론기일을 열더라도 단지 준비서면의 교환과 그 진술 그리고 증거신청만으로 기일이 진행되는 예가 적지 않아 소송절차가 상당히 지연되는 폐단이 많이 발생하고 있었다. 이에 따라 2002년 7월 1일부터 시행되고 있는 민사재판 심리방식에서는 심리의 촉진과 능률을 기하기 위하여 예외적인 사정이 없는 한 변론기일을 지정하기 전에 사건을 변론준비절차에 부침으로써 양당사자가 서로 서면으로 서증(문서)이나, 준비서면, 증거신청, 석명처분 등을 먼저 하고, 미진한 부분은 변론준비기일을 열어서 집행하도록 하고 있다. 이때 변론준비절차는 서면진행방식만으로도 변론의 준비를 위한 진행을 할 수 있도록 하되, 주장 및 증거를 정리하기 위하여 필요하다고 인정하는 때에는 따로 변론준비기일을 열어 심리하도록 하고 있다. 그 결과 구체적인 사건의 특성에 맞추어 다양한 방법으로 변론을 사전에 준비할 수 있도록 하였고 이에 따라 소송진행은 더욱 신속성과 능률적인 심리방식으로 변화를 기하게 되었다.

2. 변론준비절차

변론준비절차란 변론기일에 앞서 변론이 효율적이고 집중적으로 진행될 수 있도록 당사자의 주장과 증거를 정리하는 절차를 말한다.[3] 변론준비절차 때에는 변론기일과 달리 소송관계를 명확하게 할 필요는 없으며, 서면방식과 변론준비기일의 순서로 진행한다.

일반적으로 서면방식은 준비서면, 답변서, 그리고 증거를 신청하는 등의 방법에 의한다. 그리고 변론준비기일 때는 양쪽 당사자를 출석하게 하여 최종적으로 쟁점과 증거를 정리한다.

민사소송법 제256조, 제258조, 제280조(변론준비절치의 진행)의 규정에 따라 답변서와 준비서면은 변론기일 이전에 양당사자가 충분히 주고 받아 서면으로 공방을 마칠 수 있도록 하였다. 즉 법원은 변론준비절차의 진행으로 변론준비절

---

3) 이시윤, 신민사소송법, 박영사, 2014, 359면.

차의 진행은 기간을 정하여, 당사자로 하여금 준비서면, 그 밖의 서류를 제출하게 하거나 당사자 사이에 이를 교환하게 하고 주장사실을 증명할 증거를 신청하게 하는 방법으로 진행한다(민사소송법 제280조 제1항).

　양당사자는 변론준비절차 기간동안에 준비서면 그 밖의 서류를 제출하거나 당사자 사이에 이를 교환하고 주장사실을 증명할 증거를 신청하여 변론준비절차 기간 내에 쟁점부분에 대해서 충분히 공박을 한다. 그렇게 하여 변론준비절차에서는 변론이 효율적이고 집중적으로 진행되도록 당사자의 주장과 증거를 정리하여 소송관계를 미리 뚜렷하게 밝혀 분쟁의 핵심이 되는 부분을 가려낸다. 이때 피고가 답변서를 제출하지 않거나 방어의 의사를 표시하지 않을 때는 무변론판결을 내리는데, 다만 이외의 사유로서 사건의 내용상 변론준비절차를 거칠 필요가 없다고 인정되는 경우를 제외하고는 사건을 변론준비절차에 회부하여 심리를 열도록 하고 있다. 변론준비절차에서는 재판장이 기간을 정하여 준비서면 등을 법원에 제출하도록 하여 당사자에게 교환하며, 증거를 신청하는 방법으로 절차를 진행한다. 이때 재판장은 증인심문을 제외하고는 증거결정과 증거조사를 할 수도 있다. 그리고 재판장은 변론준비절차를 진행하는 동안에 당사자의 주장과 증거를 정리하기 위하여 필요하다고 인정하는 때에는 아래에서 설명하고 있는 변론준비기일을 열어 당사자를 출석하게 하기도 한다.

　재판장 등은 변론준비절차를 진행하는 동안에 주장 및 증거를 정리하기 위하여 필요하다고 인정하는 때에는 변론준비기일을 열어 당사자를 출석토록 하고 있다(민사소송법 제282조 제1항). 재판장 등은 변론준비기일이 끝날 때까지 소장과 답변서, 준비서면 및 석명으로 최종적인 쟁점 및 증거의 정리, 화해의 권고 및 변론기일 진행의 협의 등 변론의 준비를 위한 모든 처분을 하여야 하고(민사소송법 제282조 제4항·제5항), 당사자는 변론준비기일이 끝날 때까지 변론의 준비에 필요한 주장과 증거를 정리하여 제출하여야 한다(민사소송법 제282조 제4항). 사건이 변론준비절차에 부쳐진 뒤 변론준비기일이 지정됨이 없이 4월이 지난 때에는 즉시 변론준비기일을 지정하거나 변론준비절차를 끝내도록 하고 있다(민사소송법 제282조 제2항). 그리고 사건을 부친 뒤 6월이 지난 때나, 당사자가 재판장 등이 정한 기간 내에 준비서면 등을 제출하지 아니하거나 증거의 신청을 하지 아니한 때, 당사자가 변론준비기일에 출석하지 아니한 때에는 변론준비절차를 종결하되, 변론의 준비를 계속하여야 할 상당한 이유가 있는 때에는 그러하지 아니하다(민사소송법 제284조 제1항).

변론준비기일을 종결한 효과로 변론준비기일에 제출하지 아니한 공격방어방법은 원칙적으로 더 이상 새로운 공격방어 방법을 제출할 수 없다. 단, 다음에서 설명하고 있는 사유로 인한 경우는 주장을 할 수가 있다(민사소송법 제285조 제1항).

① 그 제출로 인하여 소송을 현저히 지연시키지 아니하는 때

② 중대한 과실 없이 변론준비절차에서 제출하지 못하였다는 것을 소명한 때

③ 법원이 직권으로 조사할 사항인 때

다만 소장 또는 변론준비절차 전에 제출한 준비서면에 적힌 사항은 제285조 제1항의 규정에 불구하고 변론에서 주장할 수 있다. 그러나 변론준비절차에서 철회되거나 변경된 때에는 그러하지 아니하다(민사소송법 제285조 제3항).

즉, 변론준비기일까지 열어 진행한 사건은 집중심리의 실효를 거두기 위하여 그 뒤 변론에서 모든 자료를 제출하지 못하도록 하고 있는데, 이를 '변론준비기일의 종결효'라고 한다.

3. 변론준비절차를 마친 뒤의 변론기일

법원은 변론준비절차를 마친 이후에는 첫 변론기일을 정하게 되는데 가급적 이때는 1회의 변론으로 심리를 종결한다(민사소송법 제287조 제1항). 이 변론기일날에는 그동안에 제출된 소장, 답변서, 준비서면의 결과를 상정하여 진술에 갈음한 후 바로 핵심적인 심리에 들어가서 변론준비절차에서 정리된 결과에 따른 증거조사를 하고 변론을 종결하게 된다(민사소송법 제287조 제2항·제3항). 즉, 당사자는 변론에서 중요한 법률상 사실을 진술하고 법원은 당사자로부터 쟁점 확인과 중요쟁점에 관한 의견진술의 기회를 주도록 한다. 따라서 변론기일날은 증인신문 등의 증거조사를 주된 내용으로 하고 심리를 종결한다.

Ⅲ. 증 거

1. 증거의 의의

원고와 피고의 주장이 다를 때 재판장은 원고와 피고의 일방적인 주장만을 듣고서는 판결을 내리기가 힘들 것이다. 따라서 재판장은 당사자들이 주장하는 사실에 대한 증거에 대하여 심증이 갈 만한 확신이 있을 때 판결을 내리게 된다. 여기서 증거란 사실상의 주장을 상대방이 부인하는 경우에 이를 증명하기 위하여 하는 행위를 말한다. 이러한 증명방법에는 제한이 없으나 계약서 등 문서를 제출하여 증명하는 것을 서증이라 하며, 증인을 내세워 하는 증인심문을 인증이라 한다. 그리고 이외 검증·감정·당사자 본인심문 등의 증거방법도 해당한다.

2. 증거를 신청하는 방법

(1) 증거의 신청

영수증을 분실한 경우 계약서를 작성할 때 같이 있던 사람을 증인으로 신청하거나 또는 계약서나 영수증과 같은 서증에 대해 위조나 변조된 것을 이유로 필적이나 인영의 대조를 법원에 신청할 수도 있을 것이다. 이와 같은 증거신청은 원고나 피고가 주장하는 일정한 사실에 대하여 이를 증명하기 위하여 법원에 청구하는 증거조사방법을 말한다.

(2) 증거의 신청방법

증거신청은 구두나 서면으로 할 수 있다. 예컨대 피고가 영수증을 분실하여 재판장에게 증인을 신청한다고 구두로 말하면 재판장은 그 여부를 판단하여 증인채택을 허락한다. 그리고 피고는 허락된 증인채택에 대하여 서면으로 신청서를 작성하여 제출하면 된다.

3. 증거방법

증거방법이라 함은 원고와 피고의 증거신청이 있는 경우 법원이 그 외관의 작용에 대하여 조사할 수 있는 유형물을 말한다. 이러한 증거방법에는 인증(증인·감정·당사자 본인), 서증(문서), 검증(물증) 등이 있다.

(1) 서 증

서증이란 법원에 증거로 제출하는 문서를 말한다. 서증으로 채택된 문서는 법원의 재판기록에 철해 놓아야 하기 때문에 반환하여 주지 않는다. 따라서 문서를 증거로 제출하는 경우에는 사본(복사본)을 제출하는 것이 좋다. 서증을 증거로 제출하는 경우로서 원고가 제출하는 문서는 "갑호"라고 하고 피고가 제출하는 문서는 "을호"라고 한다. 원고가 제출하는 문서가 여러 개인 경우는 "갑 제1호증", "갑 제2호증"으로 만들어 제출하고, 피고가 제출하는 경우에는 "을 제1호증", "을 제2호증"이라고 번호를 붙여서 제출하면 된다. 서증은 처음에 한꺼번에 제출하는 것보다 변론기일 때마다 필요한 서증을 제출하여 소송을 이끌어 나아가는 것이 좋다. 서증을 법원에 제출할 때는 법원용 1통과 상대방용 1통을 준비하여 제출하면 된다. 물론 본인 것도 준비하여야 한다.

[서식] 서증: 영수증

영 수 증

금 五阡萬원 整(50,000,000원)

위 금액을 임대차보증금으로 0000. 2. 2 정히 수령함

0000. 7. 7.

위 영수인 갑 (인)
서울시 ○○○ ○○○ ○번지

을 제1호증

(2) 증 인

1) 증인신청방법

원고와 피고는 증인이 될 수 없고 제3자가 증인이 될 수 있다. 단 제3사일지라도 가까운 사이의 사람을 증인으로 내세우면 증언의 신빙성이 떨어질 것이기 때문에 가능한 친척은 증인으로 세우지 않는 것이 좋다. 증인신청은 변론기일에서 재판장에게 구두나 서면으로 신청할 수 있다. 증인을 당사자가 신청하였다고

판사가 다 받아들이지는 않고 필요하다고 인정할 때에만 인정을 하고 있다.

2) 증인신청서 제출

증인신청이 채택된 때에는 다음 재판기일 10일 전까지 증인신청서 1통과 증인신문사항 4통을 작성하여 법원에 제출해야 법원은 상대방에게 증인신문사항을 송달하여 반대신문할 사항을 준비하게 된다.

3) 증인심문방식

증인은 구술로 진술하는 것이 원칙이고 예외적으로 복잡한 내용에 대해서는 문서를 보면서 할 수 있다.

① 주심문(직접심문)   증인은 증인신청을 한 자가 증명할 사항에 관하여 먼저 신문한다. 주심문은 증명할 사항을 뒷받침하는 유리한 증언을 얻고자 한다.

② 반대심문   증인을 신청한 자가 먼저 심문을 하고 나면 상대방이 심문을 한다.

③ 재주심문   증인을 신청한 자는 반대심문이 끝나면 다시 증인을 상대로 반대심문에서 나타난 사항이나 이와 관련된 내용에 대해서 심문을 할 수 있는데 이를 재주심문이라 한다. 재주심문이 끝나면 다시 상대방이 재반대심문, 재재주심문 등을 재판장의 허가를 얻어 계속할 수 있게 된다.

(3) 감 정

감정이라 함은 법관의 판단능력을 보충하기 위하여 감정인으로 하여금 전문적 지식 혹은 의견을 보고하게 하는 증거조사를 말한다.

(4) 검 증

검증이란 토지의 경계상황, 소음, 녹음테이프 등과 같이 직접 사물의 현상을 검사하여 그 결과를 증거자료로 하는 증거조사방법을 말한다.

(5) 사실조회

사실조회라 함은 관공서나 기관에 대하여 특정사항에 관한 조사보고를 요구함으로써 증거를 수집하는 절차를 말한다.

(6) 당사자심문

당사자심문이란 원고, 피고 또는 법정대리인에 대하여 그가 알고 있는 사실에 관하여 신문하고 그 응답을 증거자료로 하는 증거조사방법을 말한다.

(7) 증거보전신청

증거보전신청은 자동차의 충돌이나 문서의 소멸과 같이 사물의 현상을 영구히 보존하기 어려운 경우, 그 사실관계를 미리 보관하여 이후 변론과정에서 이를 증거로 이용하기 위하여 하는 것을 말한다.

제5절 소송절차의 종료

Ⅰ. 소송의 종료

재판장이 변론과 증거자료를 검토한 결과 양측이 주장과 증명을 다했다고 판단되면, 재판장은 구두로 선고기일을 언제 하겠다고 통고하고 재판을 종료한다. 즉 재판장이 더 할 것이 있느냐고 묻고 더 할 것이 없다고 하면 '결심'을 한다. 결심이란 심리를 끝낸다는 것이다. 이후 재판장은 변론종결일부터 2주일 내에 판결을 선고하게 된다. 다만 번잡한 사건이나 특별한 사정이 있을 경우에는 4주 이내에 할 수도 있다. 판결을 선고하면 원고와 피고에게 판결문을 송달하게 되는데, 당사자가 본 판결문을 수령한 후 2주일 이내에 항소를 하지 않으면 판결은 확정된다.

1. 소송의 종료사유

소송은 법원의 확정판결 이외의 소의 취하, 청구의 포기나 인낙, 재판상 화해에 의해서도 종료를 하게 된다.

(1) 소의 취하

소의 취하는 원고가 법원에 대하여 요구한 심판의 일부 또는 전부를 철회하는 소송상의 의사표시를 말한다. 이와 같은 소의 취하는 원고가 법원에 대하여 단독적으로 하는 소송행위이다. 이는 소송 외에서 당사자가 합의하는 소취하계약과는 다르다. 소의 취하는 소송의 계속 중 판결의 확정 전이면 자유로이 할 수가 있다.

(2) 청구의 포기·청구의 인낙

1) 청구의 포기

원고가 변론 또는 준비절차에서 스스로 자기의 소송상 청구가 이유 없음을 자인하는 것으로 법원에 대한 일방적 진술이다.

2) 청구의 인낙

피고가 자기에 대한 원고의 청구가 이유 있다고 승인하는 진술로 법원에 대한 소송상의 진술을 말한다.

(3) 양당사자의 재판상 화해

재판상 화해란 분쟁의 당사자가 법원에서 그 주장을 양보하여 분쟁을 종료시키는 행위를 말한다. 재판상 화해는 '제소전 화해'와 '소송상의 화해'로 구분할 수 있다. 제소전 화해는 당사자가 다툼을 하고 있는 문제에 대하여 소송사건으로 진행되지 않도록 청구의 취지와 원인인 쟁의사실을 명시하여 상대방의 소재지 지방법원에 신청을 하면 법원이 화해기일날 당사자를 소환하여 화해조서를 작성하는 것을 말한다. 화해조서가 작성되면 그 조서는 확정판결과 동일한 효력이 있기 때문에 채무자가 이행을 하지 않는 경우 채무자가 소유하고 있는 목적물에 대하여 강제집행을 할 수 있다. 예컨대 채권자 '갑'이 채무자 '을'에게 1억원의 채권을 가지고 있는데 채무자 '을'이 변제를 계속 지체하여 채권자와 채무자가 화해조서를 작성하기로 합의하고 담당판사 앞에서 화해조서를 작성하였다면 그 화해조서는 확정판결과 동일한 효력이 있게 된다. 이후 채무자가 변제기일이 지나도록 변제를 하지 않게 되면 채권자는 그 화해조서를 가지고 채무자 소유의 부동산에 대하여 경매를 신청하여 낙찰대금으로부터 변제받을 수 있게 된다. 그리고 소송상의 화해는 당사자 쌍방이 소송계속중 변론기일에서 청구에 대한 주장에 대하여 서로 양보한 결과를 법원에 대하여 진술하고 소송을 종료시키는 것을 말한다. 이때도 담당판사 앞에서 화해조서를 작성하는데 본 화해조서는 확정판결과 동일한 효력이 인정되기 때문에 추후 채무자가 이행을 하지 않으면 강제집행을 할 수 있다.

2. 판결의 선고

(1) 판결의 선고

원고와 피고가 주장과 증명을 다했다고 판단되면 재판장은 변론을 종결하고, 2주일 내에 판결선고를 하게 된다. 판결의 선고는 공개된 법정에서 재판장이 판결원본에 의하여 주문을 낭독하여야 한다. 판결을 선고한 후에는 2주일 내에 그 정본을 당사자에게 송달하고 있다. 판결문을 수령한 패소자는 2주일 내에 항소를 할 수가 있다. 만약 2주일 내에 항소를 하지 않았다면 그 판결은 확정되고 다시는 재심에 의하지 않고는 항소를 할 수 없다. 원고가 승소를 하였다면 원고는 피고에게 판결문대로 이행을 구두로 요구하고, 이를 이행하지 않을 경우에는 민사집행(강제집행)을 신청하면 된다. 그러나 피고가 판결문을 수령한 날로부터 2주일 내에 항소를 할 수 있기 때문에 2주일을 기다렸다가 민사집행을 신청하여야 한다. 확정된 판결문이 금전의 지급을 명하는 판결문이라면 채무자의 재산에 대하여 강제집행을 법원에 신청하면 되고, 가옥의 명도를 이행하라는 판결문이라면 판결문과 송달증명원 그리고 집행비용을 준비하여 집행관 사무실에 접수하면 명도를 할 수가 있다.

(2) 가집행선고

판결서 주문에는 일반적으로 "가집행할 수 있다"라는 문구가 들어가는데 이는 아직 본 판결문이 확정되지는 않았지만 확정된 경우와 마찬가지로 집행력을 주는 것을 말한다. 이와 같이 확정되지 않은 종국판결에 대하여 확정된 경우와 마찬가지의 집행력을 인정하여 강제집행(민사집행)을 할 수 있게 하는 것은 패소자가 강제집행의 지연을 목적으로 상소하는 것을 막고, 조속한 집행의 이익을 인정하기 위해서이다. 가집행선고는 피고의 재산에 대하여 조속히 집행을 하기 위하여 인정하고 있지만 판결의 확정 전에 이루어지는 것이기 때문에 본안판결이 상급심에서 취소되거나 변경되는 경우도 발생한다. 그렇게 본안판결이 상급심에서 취소되거나 변경되면 가집행선고도 실효되므로 원고는 피고에게 무과실책임으로 원상회복과 손해배상의 의무를 지게 된다. 이렇게 하여 가집행선고가 실효되면 이미 강제집행이 개시되었어도 집행의 정지나 취소를 구할 수가 있다. 그러나 경락인(매수인)이 이미 잔금을 지급한 상태라면 그 번복을 요구할 수는 없다.

[서식] 판결문

서울지방법원 서부지원
판 결

사건 0000가소2002호 대여금

원고 갑
　　서울시 마포구 아현동 222번지
피고 을
　　서울시 마포구 공덕동 325번지

변론종결 0000. 7. 1.

주문
1. 피고는 원고에게 금 100,000,000원과 이에 대하여 0000. . . 부터 송달부본 도착일까지는 연 5%, 그 다음 날로부터 갚는 날까지는 연 12%의 각 비율에 의한 금액을 지급하라.
2. 소송비용은 피고부담으로 한다.
3. 제1항은 가집행할 수 있다.

청구취지　　주문과 같다

이유
1.
2.

　　　　　　　　　0000. . .

　　　　　　판사 ○○○ (인)

Ⅱ. 확정판결

1. 의 의

1심에서 설사 판결을 받았다고 하더라도 그 판결은 확정된 것은 아니다. 만약 패소자가 상급법원에 항소를 제기하여 승소판결을 받게 되면 제1심 판결은 무효가 되기 때문에 1심법원의 판결 여부만 가지고서는 강제집행을 할 수가 없게 된다. 법원의 심급제도는 확실한 판결을 위하여 민사소송구조를 3심제로 하고 있다. 1심에서 패소한 자는 항소를 할 수 있고, 항소심에서도 패소를 하였을 때는 법률관계의 적용에 있어 위법한다는 것을 이유로 대법원에 상고를 할 수가 있다.

민사집행을 신청할 수 있는 판결문은 확정된 판결문이어야 하는데, 확정된 판결문은 패소자가 항소하지 않겠다는 합의를 한 경우나, 상소기간 내(예: 원심판결이 양당사자에게 송달된 후 14일 이내)에 상소를 하지 않은 경우, 상소를 취하한 때, 상소를 제기하였으나 상소 각하판결이 나거나 상소장 각하명령이 있는 등의 사유가 있을 경우 원심판결은 확정이 되고 민사집행을 신청할 수 있는 집행권원이 된다.

2. 집행권원

집행권원이란 민사집행(강제집행)에 의해서 실현될 일정한 사법상의 이행청구권의 존재와 범위가 표시되고, 법률에 의하여 그 청구권을 실현할 수 있는 집행력을 인정한 공정증서를 말한다. 이와 같은 집행권원의 종류에는 확정된 종국판결, 가집행선고 있는 종국판결, 소송상의 화해조서 및 제소전 화해조서, 인락조서, 확정된 지급명령, 가압류명령, 가처분명령, 조정조서 등이 이에 해당한다. 채권자가 소송에서 확정판결을 받은 경우에는 소송기록이 있는 법원에서 판결확정증명을 받아야 하고, 확정 전에 가집행선고가 있는 경우라면 판결정본 송달증명을 받아 그 판결문에 집행문을 부여받고 상대방의 재산 등에 민사집행을 신청하면 낙찰대금으로부터 채권을 회수할 수 있게 된다.

3. 집행문

여기서 집행문이란[4] 승소판결을 근거로 판결문에 강제집행을 할 수 있다는 것을 법원이 공적으로 증명하여 주는 것을 말한다. 이러한 집행문을 부여받아야 하는 집행권원의 종류에는 확정된 판결문 외에 화해조서, 조정조서, 청구인낙조서, 공정증서 등이 해당되는데 실질적으로 강제집행을 신청하기 위해서는 위의 집행권원에 집행문을 부여받아야 강제경매를 신청할 수 있게 된다. 다만 이행에 조건이 붙어 있는 집행권원의 경우에는 조건이 성취되었음을 증명하여야 집행문을 내어 준다. 예컨대 "원고가 피담보채무를 먼저 이행하면 피고는 담보등기를 말소하라"는 판결에서 원고가 피담보채무를 변제한 서류를 제출해야 하며, 토지거래허가구역에서 "주무관청의 허가가 있으면 소유권을 이행"하라는 판결에서는 주무관청의 허가서를 제출해야 집행문을 부여받을 수 있다. 집행문은 민사신청과에 위의 집행권원(확정된 판결문이나 화해조서 등)의 원본을 가지고 가면 원본이 맞는지 확인 후 집행권원 말미에 집행문을 찍어준다.

4. 집행력있는 정본

채권자가 승소판결문을 받고 채무자의 재산에 대하여 민사집행을 신청하기 위해서는 '집행력 있는 정본'을 법원에 제출해야 한다. '집행력 있는 정본'은 고등법원이나 대법원에서 확정판결을 받았더라도 1심 법원에 집행문을 부여하여 줄 것을 신청하여야 한다. 1심 법원은 확정판결문의 진의를 확인한 후 이상이 없으면 판결문 정본에 "강제집행을 허용한다"는 취지의 집행문을 철해 준다. 이것이 바로 강제집행을 신청할 수 있는 '집행력 있는 정본'[5]에 해당한다. 집행문 부여는 강제집행을 신청하기 위해 집행권원(예: 가집행선고, 인도명령결정문, 민사조정조서

---

4) 집행문이란 집행권원에 집행력이 현존한다는 것과, 집행력이 미치는 주관적(인적)·객관적(물적) 범위 및 강제집행에 적합함을 집행문부여기관이 집행권원정본의 말미에 부기하여 공증하는 문언을 말한다. 법원에 확정된 판결문을 가지고 가서 집행문을 부여하여 줄 것을 신청하면 법원은 확정된 판결문의 진의를 심사한 후 "강제집행을 허용한다"는 취지의 집행문을 확정된 판결문에 찍어 준다. 이것을 "집행력 있는 정본"이라 하고 바로 강제경매를 신청할 수 있는 문서가 된다.
5) 집행권원에 집행문을 부기한 문서를 "집행력 있는 정본"이라 하며, 강제집행은 이에 의하여 행하여진다(민사집행법 제28조 제1항).

등)에 받아야 함이 원칙이나 확정된 지급명령, 확정된 이행권고결정문, 부동산관리명령 등의 경우와 같이 간이·신속한 집행의 필요상 법이 특히 집행문 부여를 요하지 아니하는 경우나 법문상 집행력있는 집행권원 또는 집행력있는 민사판결 정본과 같은 효력이 인정되는 '과태료의 집행', 법관이 한 재산형의 집행을 위한 검사의 집행명령(형사소송법 제477조), 금전지급을 조건으로 하지 않은 부동산이전등기 이행판결, 감치결정에는 집행문을 요하지 않고 바로 강제집행을 할 수 있다.

5. 압류신청

채권자가 '집행력 있는 정본'과 채무자의 등기부등본, 강제경매신청서, 예납금을 준비하여 부동산 소재지 관할 법원 민사신청과에 제출을 하면 채무자가 보유하고 있는 목적물에 대하여 압류를 할 수 있다. 법원은 채권자가 신청한 부동산압류를 집행하기 위하여 관할등기소에 경매개시결정기입등기를 촉탁하고, 이어서 집행관에게는 임대차 현황조사보고 명령을 하고, 감정평가사에게는 채권자가 신청한 채무자의 목적물에 대한 감정평가의 명령을 한다.

Ⅲ. 재 심

1. 의 의

판결이 확정되었는데도 불구하고 판결절차나 소송자료에 중대한 하자가 있는 경우 이에 불복하여 다시 변론과 재판을 하여줄 것을 신청하는 불복신청방법을 말한다.

재심의 소는 재심의 대상이 될 확정판결의 효력을 받은 날로부터 30일 내에 하든가, 아니면 판결의 확정 후 5년 내에 제출해야 한다. 소장에는 재심의 대상이 되는 확정판결과 등기부등본을 인지액과 송달료를 계산하여 판결을 내린 법원에 제출하여야 한다.

2. 재심사유

① 법률에 의하여 판결법원을 구성하지 아니한 때

② 법률상 그 재판에 관여하지 못할 법관이 재판에 관여한 때

③ 판결에 증거된 문서, 기타 물건이 위조나 변조된 것인 때

④ 판결에 영향을 미칠 중요한 사항에 관하여 판단을 유탈한 때

⑤ 증인·감정인·통역인 또는 선서한 당사자나 법정대리인의 허위진술을 판결의 증거로 한 때

[서식] 판결문

서울지방법원 서부지원
판   결

사건 0000가단0000호 대여금

원고 갑
    서울시 마포구 아현동 222번지

피고 을
    서울시 마포구 공덕동 325번지

변론종결 0000. 5. 1.

주 문

1. 피고는 원고에게 금 100,000,000원과 이에 대하여 0000. . . 부터 송달부본 도착일까지는 연 5%, 그 다음 날로부터 갚는 날까지는 연 12%의 각 비율에 의한 금액을 지급하라.

2. 소송비용은 피고부담으로 한다.

3. 제1항은 가집행할 수 있다.

청구취지   주문과 같다

이유

1.

2.

0000. . .
판사   ○○○(인)

제6절 상 소

Ⅰ. 상 소

1. 의 의

민사소송은 3심제로 이루어져 있기 때문에 설사 1심에서 승소를 하였더라도, 패소자가 상급법원에 상소를 하게 되면 판결은 확정되지 않고 소송은 계속 진행하게 된다. 상소는 하급법원이 내린 미확정 판결의 취소나 변경을 구하고자 상급법원에 신청하는 불복방법이다. 상소에는 1심 판결에 불복하는 항소와 2심 판결에 불복하는 상고, 그리고 결정이나 명령에 대하여 불복하는 항고제도가 있다. 3심제는 1심(지방법원)과 2심(지방법원 항소부 및 고등법원)은 사실심이고 3심(대법원)은 법률심이다. 이와 같은 상소제도를 두게 된 이유는 하급심 법원에서 내린 판결의 오판 및 구체적 정의에 부합하지 않는 재판결의를 시정함으로써 사법에 대한 신뢰 및 당사자의 권리구제를 확보하고 법령의 해석과 적용에 있어서 전국적 통일을 기함을 그 목적으로 하고 있다.

2. 상소의 기간 및 효력

재판이 확정되지 않은 상태에서 당사자가 상급법원에 그 재판의 취소·변경을 구하는 소를 상소라 하는데 이에 해당하는 불복방법은 항소·상소·항고가 있다. 각기 상소를 할 수 있는 기간이 다르다. 일전에 모 변호사 사무실에서 항고의 기간을 항소와 꼭 같은 줄 알고 10일째 되는 날 했다가 항고를 할 수 없는 사고가 발생한 경우가 있다.

상소기간에 있어 항소와 상고(대법원)는 판결이 송달된 날로부터 2주일 내에 하여야 하는데 이때 상소법원이 아닌 원심법원에 해야 한다. 그리고 즉시항고와 특별항고는 재판의 고지를 받은 날로부터 1주일 내에 해야 한나. 이때도 역시 상급법원이 아닌 원심법원에 제출을 하여야 한다.

Ⅱ. 항소심절차

1. 의 의

항소란 항소심 법원에 대하여 1심의 종국판결에 대한 판결을 다시 하여 줄 것을 구하기 위하여 상급법원에 대하여 하는 불복신청방법을 말한다. 불복이유에 대하여는 사실문제이거나 법률문제이거나 제한이 없고, 잘못된 재판으로부터 당사자의 권리를 보호하는 데 그 목적이 있다.

2. 항소장 작성방법

1심 법원에서 패소한 자는 판결문을 송달받은 날로부터 2주일 이내에 1심재판을 한 법원에 항소장을 제출하고, 이를 접수한 법원은 다시 상급법원인 항소법원에 제반소송서류를 이송하게 된다. 1심 재판을 한 법원에 항소장을 제출하면 1심 법원은 항소법원에 관련된 소송자료를 모두 상급법원에 송부하게 된다. 이어 항소법원은 약 1개월 후 피항소인(원고)과 항소인(피고)에게 변론기일을 통지하고 항소인에게는 항소이유서와 추가적인 증거를 제출하라고 안내장을 보낸다. 그리고나서 피항소인과 항소인은 변론기일에서 만나 1심 법원에서 했던 변론과정을 통하여 판결을 선고받게 된다. 항소심에서도 1심에서와 같이 변론을 계속한다.[6] 항소인과 피항소인은 1심에서 하는 것과 같이 준비서면이나 증인신청서, 감정신청서, 서증 등을 항소법원에 제출하여 재판을 진행하게 된다. 그리고 항소장에 붙이는 인지액은 1심의 1.5배이다.

3. 항소심의 종국판결

항소심에서 변론이 종결되면 판결을 선고하게 된다. 항소법원이 종국판결을 함에 있어 항소가 부적법하면 각하결정을 하여야 할 것이고, 항소가 이유 없을 때에는 항소기각결정을 하게 된다. 그러나 항소가 이유 있을 때에는 이를 인용해야 하는데 이때는 1심 판결을 취소하고 항소법원에서 새로운 판결을 내리거나

---

6) 민사소송법 제410조는 "제1심의 변론준비절차는 항소심에서도 그 효력을 가진다"라고 규정을 하고 있다.

1심 법원으로 환송 또는 이송하는 판결을 내리게 된다. 항소법원의 심판은 당사
자처분권주의의 원칙상 당사자가 항소 또는 부대항소로서[7] 불복한 범위에 한하
여 판결을 내려야 한다. 그러다 보면 항소법원에서는 1심 판결보다 원칙상 더 불
리하게 판결을 내릴 수가 없게 된다. 예컨대 금 1억 5천만원의 대여금청구소송
에서 1심이 1억원만 인용을 하여 원고가 이에 불복하고 항소를 하였을 경우, 항
소법원은 설사 원고의 청구 전부가 이유 없다고 하더라도 1심에서 원고승소 판
결을 내린 1억원의 지급판결까지 취소하여 원고청구 전부를 기각할 수는 없다.

Ⅲ. 상고심절차

1. 의 의

상고란 2심 판결에 패소한 자가 판결문을 송달받은 날로부터 2주일 이내에 대
법원에 하는 불복신청방법을 말한다. 상고는 2심 법원과 달리 법률적인 측면에서
만 심사할 것을 구하는 불복신청이다. 이는 하급심법원에서 내린 판결에 대한 오
판방지와 법령해석·적용의 전국적 통일을 기하기 위해서 상고를 인정하고 있다.

고등법원이나 지방법원의 합의부가 선고한 종국판결이 상고심의 대상이 된
다. 상고는 판결에 영향을 미친 헌법·법률·명령 또는 규칙의 위반이 있을 경우
에 한하여 할 수 있다. 이와 같이 상고심은 원심의 사실인정을 기초로 원 판결이
법령에 위반된 여부만을 심사하므로 당사자는 새로운 청구, 새로운 사실주장이
나 새로운 증거방법을 원칙상 제출할 수 없다. 대법원에 상소를 할 수 있는 상고
심 제도를 두게 된 첫째 이유는, 항소법원에서 내린 잘못된 판결을 고쳐서 당사
자의 권리를 구제하고자 하는 데 있을 것이고, 둘째는 통일적인 법형성과 법령
해석이라고 할 수 있다. 전국의 각 법원에서 법령해석이 통일되지 않으면 법의
해석이나 적용에 있어서 혼란이 초래될 수 있기 때문이다.

---

7) 부대항소란 피항소인이 항소에 의하여 개시된 항소심 절차 중에 있어서 항소심판의 범위를 자
기에게 유리하게 확장시켜서 원판결의 취소나 변경을 구하는 신청을 말한다. 항소인은 항소가 기
각된 경우에도 원판결에서 승소한 부분까지 불이익으로 변경되는 경우는 없다(항소인 불이익금
지의 원칙). 이와 같이 항소인에게 유리하게 작용하는 항소에 대항하여 피항소인이 이 부대항소
의 방식에 의하여 원판결을 본인에게 유리하게 작용하도록 소를 제기함으로써 항소인에게 불이
익금지변경의 제한을 배제하는 역할을 하게 된다.

2. 상고심절차

상고장의 작성은 항소장의 작성방법과 동일하다. 다만 상고장에 붙이는 인지액은 1심 인지액의 2배에 해당한다. 상고장에 상고이유를 기재하지 아니한 때에는 소송기록을 송부받은 날로부터 20일 내에 상고이유서를 제출하도록 강제하고 있다. 만약 상고인이 이 기간 내에 상고이유서를 제출하지 아니한 때에는 상고법원은 변론없이 상고기각의 결정을 한다. 상고인이 상고이유서를 제출하면 대법원은 상고이유서의 부본이나 등본을 지체없이 상대방에게 송달하고 이를 송달받은 상대방은 그 송달을 받은 날로부터 10일 이내에 제출할 수가 있다. 상고이유서의 송달을 받기 전에 답변서를 제출하여도 무방하다. 답변서가 제출되면 대법원은 이를 상고인에게 송달한다.

상고법원은 상고가 적법하다고 인정되더라도 변론을 여는 일은 드물고 상고장, 상고이유서, 답변서, 기타의 소송기록을 조사하여 변론없이 판결을 할 수가 있다. 법률심인 상고심에서는 상고이유의 유무에 관하여 서면심리만으로 충분하므로 서면심리가 원칙이다.

3. 상고심의 재판

상고심은 기록을 송부받은 날로부터 5월 이내에 불복신청의 범위 내에서 종국판결을 하여야 한다. 상고심판결에도 불이익변경금지의 원칙이 적용되어 피상고인이 부대상고를 하지 않는 한 상고인에게 원 판결 이상으로 불이익한 판결을 할 수 없다. 상고심판결은 선고와 동시에 확정된다. 상고심판결도 소의 취하, 청구의 포기·인낙, 화해 등의 사유로 종료될 수 있다. 상고법원은 다음과 같은 사항에 따라 재판을 진행한다.

(1) 상고각하판결

상고요건이 흠결되어 상고가 부적법한 경우에는 판결로 상고를 각하한다.

(2) 상고기각판결

상고가 이유 없다고 인정된 때 또는 상고인이 기간 내에 상고이유서를 제출하지 아니한 때에는 상고기각의 판결을 한다. 이때는 선고를 요하지 아니하고

[서식] 항소장

항 소 장

항소인(피고)　　을
피항소인(원고)　갑

대여금청구항소사건
위 당사자간 00지방법원 0000가압1005호 대여금 청구사건에 관하여 피고는 동원이
0000. . . 선고한 판결에 대하여 전부 불복이므로 이에 항소를 제기합니다.

원 판결의 표시

1. 피고는 원고에게 100,000,000원 및 이에 대한 0000. . . 부터 완제에 이르기까지 연 12%의 비율에 의한 돈을 지급하라.
2. 소송비용은 피고의 부담으로 한다.
3. 위 제1항에 한하여 가집행할 수 있다.
(피고는 위 판결정본을 0000. . 송달 받았음)

항소취지

1. 원판결을 취소한다.
2. 원고의 청구를 기각한다.
3. 소송비용은 모두 원고의 부담으로 한다.
라는 판결을 구한다.

항소이유

추후 제출하겠습니다.

첨부서류

1. 납부서　　1통
2. 항소장부본 1통

0000년 월 일
위 항소인(피고) 을 (인)

○○고등법원 귀중

상고인에게 송달함으로써 그 효력이 발생하게 된다.

(3) 상고가 이유 있다고 인정된 때에는 원칙적으로 원심판결을 파기하여 환송 또는 이송의 판결을 한다. 다만 원심의 인정사실에 의하여 더 이상 사실심리를 할 필요가 없을 경우나 사건이 법원의 권한에 속하지 않는 것을 이유로 판결을 파기하는 때에는 상고법원에서 스스로 판결을 한다.

Ⅳ. 항고절차

1. 의 의

항고란 판결 이외의 재판인 결정·명령에 대한 불복신청방법으로서 상급법원에 한다. 일반적으로 항고는 비교적 중요성이 크지 않은 사항에 관한 것으로, 소송절차가 진행됨에 따라 생겨나는 절차상의 파생적 다툼을 종국판결의 상소시까지 기다리지 않고도 간이절차를 거쳐 신속하게 처리하고자 할 때 한다.

2. 항고의 종류

(1) 통상항고와 즉시항고

통상항고는 불복신청기간이 정하여진 바 없고 원 재판의 취소를 구할 이익이 있는 한 언제나 제기할 수 있는 항고를 말한다. 이에 대하여 즉시항고란 속결의 필요상 재판고지일로부터 1주일 이내의 불변기간을 두고 그 기간 내에 즉시항고장을 결정 또는 명령을 한 원심법원에 하는 항고를 말한다. 즉시항고를 하기 위해서는 그 기간 내에 해야 하고 법률에서 즉시항고를 할 수 있는 규정이 있는 경우에 한하여 할 수 있는 반면 통상항고는 항고를 할 수 있는 기간의 제한이 없고 원심법원에서 내린 판결에 대하여 취소를 구할 실익이 있는 한 언제든지 제기할 수 있다는 점에 차이가 있다. 집행절차에 관한 집행법원의 재판에 대한 즉시항고는 집행정지의 효력을 가지지 아니한다(민사집행법 제15조 제6항).

강제집행절차의 재판에 대한 즉시항고는 2심의 효과와 확정차단의 효력이 있기 때문에 집행정지의 효력은 없게 된다. 그러나 부동산경매에 있어서의 즉시항고는 집행정지의 효력이 없으나 매각허가결정이 확정이 되어야 대금납부 통지

의 효력이 발생하므로 매각허가(낙찰허가)에 대한 즉시항고를 한 경우에는 항고심
의 확정까지는 매각허가결정이 확정되지 아니하므로 그 허가결정에 따른 후속조
치로 잔금기한일 통지서를 발송할 수 없게 된다. 따라서 부동산집행절차가 결과
적으로 정지하게 되는 현상이 나타난다. 예컨대 입찰자가 법원경매를 통하여 낙
찰을 받았는데 이해관계인이 즉시항고를 제기하면 매각허가결정은 확정이 되지
않기 때문에 결과적으로 매수인은 잔금을 납부할 수가 없고 경매절차도 즉시항
고가 기각이 될 때까지 정지를 하게 된다.

(2) 최초의 항고와 재항고

항고는 심급에 따라 제1심에서 내려진 결정·명령에 대한 항고를 최초의 항
고라 하고, 이에 대한 항고심의 결정에 대한 불복과 고등법원 또는 항소법원의
결정·명령에 대한 불복을 재항고라고 한다. 최초의 항고에 대하여는 항소의 규
정이 적용되며 재항고에는 상고의 규정과「상고심절차에 관한 특례법」의 규정이
준용된다.

(3) 특별항고와 일반항고

특별항고는 불복을 신청할 수 없는 결정이나 명령에 대하여 재판에 영향을
미친 헌법 또는 법률의 위반이 있음을 이유로 하는 때에 한하여 대법원에 하며
그렇지 않은 항고를 일반항고라 한다.

3. 항고에 있어 집행정지의 효력

결정 또는 명령은 고지에 의하여 효력이 발생함과 동시에 집행력이 발생하
기 때문에 항고에는 집행정지의 효력이 없는 것이 원칙이다. 다만 항고법원이나
원심법원은 항고에 대한 결정이 있을 때까지 명령이나 결정에 대하여 집행정지
나 기타의 처분을 명할 수는 있다(민사소송법 제448조).

4. 항고심의 심판

항고는 결정으로 완결되는 사건이므로 반드시 변론을 열지는 않고 한다. 다
만 항고법원이 필요하다고 인정한 때에는 항고인, 이해관계인 기타 참고인을 심
문하여 재판을 하는 경우는 있다. 항고법원의 재판에는 항소심의 재판에 관한

규정이 준용된다. 따라서 항고법원의 심판범위는 불복신청의 한도에서 해야 하고 항고인은 언제든지 새로운 소송자료를 제출할 수 있고 불복신청의 범위를 확장하거나 변경할 수도 있다. 항고법원은 항고가 항고요건을 갖추지 못한 경우에는 각하를 하고, 항고의 이유가 없거나 원심재판이 결과에 있어서 정당하다고 인정되는 경우에는 항고를 기각하여 원심법원으로 되돌려 보낸다.

그러나 항고가 이유 있다고 인정되는 때에는 원심재판을 취소하고 항고법원에서 스스로 재판을 하기도 하고, 원심법원에 환송(돌려보냄)하는 경우도 있다.

제 6 장

민사집행법

제1절 집행보조절차

채권자가 집행권원에 기하여 채무자의 목적물에 대하여 강제집행을 하고자 할 때 채무자의 목적물이 무엇이 있는지 알기가 쉽지 않을 것이다. 이때에는 법원에 재산명시신청이나 재산조회신청을 하여 채무자 자신이 자발적으로 신고한 재산이나 일정한 기관에서 조회한 재산으로부터 강제집행을 용이하게 할 수 있다. 그래도 제대로 집행을 할 수 없는 경우에는 채무불이행자명부에 등재하여 각종 재산상의 거래에서 채무자에게 불이익을 당하게 할 수 있게 되는데 이러한 제도들을 '집행보조절차'라고 한다.

Ⅰ. 재산명시절차

1. 의 의

재산명시명령은 법원이 채무자에 대하여 명시기일에 출석하여 재산관계를 명시한 재산목록을 제출하고 그 진실성을 선서하게 함으로써 채무자의 재산상태를 채무자 자신이 공개하는 절차이다.

2. 요 건

금전집행권원을 내용으로 하는 집행권원에 따라 서면으로 신청하며 채권자가 채무자의 재산을 쉽게 찾을 수 없어야 한다. 따라서 강제집행의 경우에 적용하는 것이지 담보권의 실행에는 적용하지 않는다. 그리고 가집행선고가 있는 판결이나 가집행있는 배상명령도 제외된다.

신청서에는 ① 채권자·채무자와 그 대리인의 표시, ② 집행권원의 표시로서 채무자가 이행하지 아니하는 금전채무액, ③ 신청취지와 신청사유를 기재한다. 관할은 보통재판적이 있는 곳으로 자연인은 주소, 법인은 주된 사무소에 신청한다. 집행채무자는 소송능력과 선서능력이 있어야 한다. 따라서 소송무능력자는 법정대리인이 대신 하여야 하는데, 다만 16세 이상인 자인 경우에는 본인이 선서하여야 한다.

3. 재산명시명령에 대한 이의신청

이의신청은 명시명령을 한 법원에 한다. 채무자는 재산명시명령을 송달받은 날로부터 1주 이내에 이의신청을 할 수 있으며 이의신청은 집행이의신청에 관한 규정을 준용한다. 재산명시신청의 요건을 갖추지 않았다는 것을 이유로 이의할 수 있다.

재산명시결정이 채무자에게 송달되면 시효중단의 효력이 있다.

4. 명시기일의 지정

명시명령에 대한 이의를 하지 아니하거나 채무자의 재산을 쉽게 찾을 수 있는 경우에는 기각한다. 법원은 재산명시를 위한 기일을 정하여 채무자에게 출석할 것을 요구하여야 하고 채권자에게도 통지한다. 채무자의 출석요구서 송달은 채무자 본인에게 하여야 하며 채무자는 명시기일날 법원에 출석하여야 하나 채권자는 출석의무가 없다.

[서식] 재산명시명령신청서

재산명시명령신청

채권자 : ○○은행
　　　　서울 강남구 ○○동 ○○○○
　　　　대표이사 ○○○
채무자 : ○○○
　　　　서울 서초구 ○○동 ○○○○

1. 집행권원의 표시
위 당사자간 귀원 ○○○○가단 ○○○호 대금청구 사건의 확정판결
2. 불이행금전채무액
금50,000,000원(집행권원상의 채무금전액)

신 청 취 지
채무자는 재산상태를 명시한 재산목록을 제출하라는 명령을 구합니다.

신 청 이 유
1. 채권자는 채무자에 대하여 위와 같은 집행권원을 가지고 있는 바, 채무자가 위 채무를 이행하지 아니하고 있습니다.
2. 채권자는 강제집행을 하기 위하여 채무자의 재산을 백방으로 탐색하였으나, 채무자는 소유했던 부동산을 타인 앞으로 명의변경을 하고 동산 등 기타 재산을 숨기는 등 교묘한 방법으로 재산을 감추고 있어 강제집행을 할 수 없는 실정입니다.
3. 그러므로 채무자로 하여금 재산상태를 명시한 재산목록을 제출하도록 명령하여 주시기 바랍니다.

첨 부 서 류
　　1. 집행력 있는 판결정본　　1통
　　1. 송달증명서　　　　　　　1통

0000.　.　.

위 채권자 ○○은행
대표이사 ○○○

서울중앙지방법원 귀중

① 채무자는 명시기일에 다음의 재산목록을 법원에 제출하여야 한다.

㉠ 강제집행의 대상이 되는 재산

㉡ 재산명시명령이 송달되기 전 1년 이내(명시명령이 채무자에게 송달된 날부터 소급하여 1년 이내 이하 같음)에 채무자가 한 부동산의 유상 양도

㉢ 재산명시명령이 송달되기 전 1년 이내에 채무자가 배우자, 직계혈족 및 4촌 이내의 방계혈족과 그 배우자, 배우자의 직계혈족과 형제자매에게 한 부동산 외의 재산의 유상양도

㉣ 재산명시명령이 송달되기 전 2년 이내에 채무자가 한 재산상 무상처분(다만 의례적인 선물은 제외)

㉤ 재산목록에 적을 사항과 범위는 아래와 같이 민사집행규칙 제28조 제2항에 정해져 있다.

② 채무자의 재산목록 기재시 기준(민사집행규칙 제29조 제3항·제4항)

㉠ 권리의 이전이나 그 행사에 등기·등록 또는 명의개서가 필요한 재산으로서 제3자에게 명의 신탁되어 있는 신탁재산으로 등기 등이 되어 있는 것도 적어야 하며, 이 경우에는 명의자와 그 주소를 표시하여야 한다.

㉡ 위 재산목록에 적어야 할 재산 제8호 및 제11호 내지 제19호에 규정된 재산의 가액은 재산목록을 작성할 당시의 시장가격에 따르며, 만약 시장가격을 알기 어려운 경우에는 그 취득가액에 따른다.

㉢ 어음·수표·주권·국채·공채·회사채 등 유가증권의 가액은 액면금액으로 하며, 만약 시장가격이 있는 증권의 가액은 재산목록을 작성할 당시의 거래가격에 따른다.

㉣ 위 재산목록에 적어야 할 재산 제1호 내지 제4호에 규정된 것 가운데 미등기 또는 미등록인 재산에 대하여는 도면·사진 등을 붙이거나 그 밖에 적당한 방법으로 특정하여야 한다.

㉤ 법원은 필요한 때에는 채무자에게 재산목록에 적은 사항에 관한 참고자료의 제출을 명할 수 있다.

[서식] 재산명시결정문

서울중앙지방법원
결 정

사건 0000카명 ○○○ 재산명시

채권자 : 주식회사 ○○은행
　　　　서울 강남구 ○○○○○
　　　　대표이사 ○○○
채무자 : ○○○
　　　　서울 서초구 서초동 ○○○

집행권원 : 위 당사자 사이의 이 법원 000가단 000대여금사건의 확정판결

주 문

채무자는 재산상태를 명시한 재산목록을 재산명시기일까지 제출하라

이 유

　채권자의 위 집행권원에 기초한 이 사건 신청은 이유 있으므로 민사집행법 제62조 제1항에 따라 주문과 같이 결정한다.

0000. . .

판사 ○○○인

[서식] 재산목록에 적어야 할 재산

재산목록에 적어야 할 재산(규칙 28조 2항)

1. 부동산에 관한 소유권·지상권·전세권·임차권·인도청구권과 그에 관한 권리이전청구권
2. 등기 또는 등록의 대상이 되는 자동차·건설기계·선박·항공기의 소유권, 인도청구권과 그에 관한 권리이전청구권
3. 광업권·어업권, 그 밖에 부동산에 관한 규정이 준용되는 권리와 그에 관한 권리이전청구권
4. 특허권·상표권·저작권·의장권·실용신안권, 그 밖에 이에 준하는 권리와 그에 관한 권리이전청구권
5. 50만원 이상의 금전과 합계액 50만원 이상의 어음·수표
6. 합계액 50만원 이상의 예금과 보험금 50만원 이상의 보험계약
7. 합계액 50만원 이상의 주권·국채·공채·회사채, 그 밖의 유가증권
8. 50만원 이상의 금전채권과 가액 50만원 이상의 대체물인도채권(같은 채무자에 대한 채권액의 합계가 50만원 이상인 채권을 포함), 저당권 등의 담보물권으로 담보되는 채권은 그 취지와 담보물권의 내용
9. 정기적으로 받을 보수·부양료, 그 밖의 수입
10. 소득법세상의 소득으로서 제9호에서 정한 소득을 제외한 각종 소득 가운데 소득별 연간 합계액 50만원 이상인 것
11. 합계액 50만원 이상의 금·은·백금 제품
12. 품목당 30만원 이상의 시계·보석류·골동품·예술품과 악기
13. 품목당 30만원 이상의 의류·가구·가전제품 등을 포함한 가사비품
14. 합계액 50만원 이상의 사무가구
15. 품목당 30만원 이상의 가축과 농기계를 포함한 각종 기계
16. 합계액 50만원 이상의 농·축·어업생산품(1월 안에 수확할 수 있는 과실을 포함), 공업생산품과 재고상품
17. 제11호 내지 제16호 규정된 유체동산에 관한 인도청구권·권리이전청구권, 그 밖의 청구권
18. 제11호 내지 제16호에 규정되지 아니한 유체동산으로 품목당 30만원 이상인 것과 그에 관한 인도청구권·권리이전청구권, 그 밖에 청구권
19. 가액 30만원 이상의 회원권, 그 밖에 이에 준하는 권리와 그에 관한 이전청구권
20. 그 밖에 강제집행의 대상이 되는 것으로써 법원이 범위를 정하여 적을 것을 명한 재산

[서식] 재산명시명령에 대한 이의신청서

재산명시명령에 대한 이의신청

사건 0000카기 ○○○재산명시

    채권자 : 주식회사 ○○은행
       서울 강남구 ○○동 ○○○○
       대표이사 ○○○
    채무자 : ○○○
       서울 서초구 서초동 ○○○○

위 당사자간 재산명시명령신청사건에 따른 재산명시명령에 관하여 채무자는 전부 불복하므로 이의를 신청합니다.

    0000 . . .

    채무자 ○○○

서울중앙지방법원 귀중

---

5. 명시의무자에 대한 제재

1) 감치결정

채무자가 명시기일에 정당한 사유없이 출석하지 아니하거나, 재산목록의 제출을 거부 또는 선서를 거부한 경우에는 법원은 결정으로 20일 이내의 감치에 처한다(민사집행법 제68조 제1항 제1호). 채무자가 감치의 집행 중에 재산명시명령을 이행하겠다고 신청한 때에는 법원은 바로 명시기일을 열어야 하고 채무자가 그 기일에 출석하여 재산목록을 내고 선서하거나 신청채권자에 대한 채무를 변제하고 이를 증명한 때에는 감치결정을 취소하고 석방하도록 명한다.

채무자가 제출하여야 할 재산목록에는 채무자의 이름·주소와 주민등록번호 등을 적고 유상양도 또는 무상처분을 받은 사람의 이름·주소·주민등록번호 등과 그 거래내역을 적어야 한다.

구체적으로 채무자는 다음의 재산목록을 제출하여야 한다.

2) 형사처벌

채무자가 재산목록을 제출하였으나 그 내용이 허위인 경우에는 3년 이하의 징역 또는 500만원 이하의 벌금에 처한다. 그러나 재산명시신청에 성실이 응하지 아니하였다는 이유로 바로 형사처벌을 한다는 것은 무리가 있다는 지적에 따라 감치결정을 할 수 있도록 규정을 두고 있다.

6. 재산목록의 열람·복사

채무자가 명시기일에 제출한 재산목록은 명시신청을 하지 아니한 채권자도 열람 및 복사할 것을 신청할 수 있다(민사집행법 제67조). 다만 그밖의 채권자는 집행력있는 정본과 강제집행의 개시에 필요한 문서를 붙여 열람·복사를 청구할 수 있다.

Ⅱ. 재산조회절차

1. 의 의

재산조회는 민사집행법에서 새로 도입한 제도로서 재산명시절차을 진행하였으나 집행채권의 만족을 얻을 수 없는 경우 채권자의 신청에 따라 법원이 개인의 재산을 신용에 관한 전산망을 관리하는 공공기관·금융기관·단체 등에 채무자 명의의 재산에 관한 조회를 하고 그 결과를 채무자 제출의 재산목록에 준하여 관리하는 제도이다. 재산명시제도가 채무자의 자발적의 협조에 의한 것이라면 재산조회제도는 법원이 적극적으로 채무자의 재산을 조회하는 제도이다.

2. 요 건

1) 재산명시신청 절차가 끝난 후에 재산명시신청을 한 채권자만이 할 수 있다(민사집행법 제74조 제1항).

2) 채무자가 정당한 사유없이 명시기일에 출석하지 아니하거나 재산명시기일에 출석하였더라도 재산목록의 제출을 거부 또는 선서를 거부하거나 거짓의

재산목록을 제출한 경우이다. 그리고 재산목록을 제출하였더라도 제출한 재산목록만으로 집행채권의 만족을 얻을 수 없는 경우에 신청할 수 있다.

3. 신청방식

재산조회신청을 하고자 할 때는 서면으로 하여야 하며 신청의 사유를 소명하여야 한다. 신청서에는 채무자의 주소·주민등록번호 등 그 밖에 채무자의 인적사항에 관한 자료를 제출해야 한다.

채권자의 재산조회신청이 그 요건을 갖추고 사실이 소명되어 이유 있다고 인정된 경우에는 법원은 조회시에 채무자의 인적사상을 적은 문서에 의하여 조회할 기관장·단체장에게 그 기관·단체가 전산망으로 관리하는 채무자 명의의 재산에 관하여 실시한다. 금융기관에 대한 조회시에는 해당하는 금융기관에 일괄조회하는 것에 한하며 모든 금융기관에 예치된 예금채권을 조회할 수 없다. 그러나 채권자는 조회할 금융기관을 여러 곳 선택하여 신청할 수는 있다.

4. 재산조회서의 기재사항

① 채무자의 이름과 주소, 주민등록번호 등 채무자의 인적사항
② 조회할 재산의 종류
③ 조회에 대한 회답기한
④ 조회에 대한 취지와 조회기간

5. 조회의 결과

공공기관·금융기관·단체 등은 정당한 사유없이 재산조회 등에 대하여 거부하지 못한다. 만약 조회받은 기관·단체의 장이 정당한 사유없이 거짓 자료를 제출하거나 자료제출을 거부한 때에는 법원은 결정으로 500만원 이하의 과태료에 처할 수 있다. 재산조회의 결과는 강제집행의 목적 이외에는 사용할 수 없으며 이에 위반하여 사용한 경우에는 2년 이하의 징역이나 500만원 이하의 벌금에 처할 수 있도록 규정하고 있다(민사집행법 제76조).

[서식] 재산조회명령신청서

재산조회명령신청

　　　　　　　　　　채권자 : ○○은행
　　　　　　　　　　　　　　서울 강남구 ○○동 ○○○○
　　　　　　　　　　　　　　대표이사 ○○○
　　　　　　　　　　채무자 : ○○○
　　　　　　　　　　　　　　서울 서초구 서초동 ○○○○

1. 집행권원의 표시
　　위 당사자간 귀원 0000가단 000호 대여금청구 사건의 확정판결
2. 불이행금전채무액
　　금 50,000,000원(집행권원상의 채무금전액)

신 청 취 지

별지 목록기재 공공기관 및 금융기관에 대하여 채무자의 재산조회를 실시한다
라는 명령을 구합니다.

신 청 이 유

　1. 채권자는 채무자에 대하여 위와 같은 집행권원을 가지고 있는 바, 채무자가 위 채무를 이행하지 아니하고 있습니다.
　2. 채권자는 강제집행을 하기 위하여 채무자의 재산을 백방으로 탐색하였으나, 채무자는 소유했던 부동산을 타인 앞으로 명의변경을 하고 동산 등 기타 재산을 숨기는 등 교묘한 방법으로 재산을 감추고 있어 강제집행을 할 수 없는 실정입니다.
　3. 그리하여 채권자는 귀원의 재산명시명령신청을 하여 귀원 0000카기 000호로 재산명시절차를 진행하였으나, 채무자는 기일에 출석하지 아니하여(또는 채무자가 제출한 재산목록은 재산적 가치가 없어 이를 강제집행하여도 채권자의 채권을 만족할 수 없으므로) 별지 공공기관 및 금융기관에 대하여 채무자의 재산조회를 하여 주실 것을 신청합니다.

　조회할 공공기관 재산의 종류

첨 부 서 류

　　　　　　　1. 집행력 있는 판결정본 : 1통
　　　　　　　1. 송달증명서 : 1통
　　　　　　　1. 재산명시명령결정 : 1통
　　　　　　　1. 주민등록표 : 1통

20 .　 .　 .

위 채권자 ○○은행
대표이사 ○○○

서울중앙지방법원 귀중

Ⅲ. 채무불이행자명부

1. 의 의

채무불이행자명부는 일정한 금전채무를 일정기간 내에 이행하지 아니하거나 재산명시절차에서 감시·처벌대상이 되는 행위를 한 채무자에게 한다. 법원은 재판에 따라 채무자에 관한 일정한 사항을 채무불이행자명부에 등재하여 일반인의 열람에 제공한다.

2. 신청요건

① 금전의 지급을 명한 집행권원이 확정된 후 또는 집행권원을 작성한 후 채무를 이행하지 않은 때 할 수 있다. 여기서 가집행선고가 있는 판결은 제외한다.

② 쉽게 강제집행을 할 수 있다고 인정할 만한 명백한 사유가 없어야 한다.

③ 채권자의 서명에 의한 신청이 있어야 한다.

④ 채무자의 보통재판적이 있는 곳의 지방법원에 한다.

⑤ 정당한 사유없이 재산명시기일에 출석하지 아니한 때, 재산명시명령에 의한 재산목록의 제출을 거부한 때, 재산명시기일에 선서를 거부한 때, 재산명시기일에 허위의 재산목록을 제출한 때 할 수 있다.

3. 신청방식

채무불이행명부신청은 재산명시신청에 관한 규정을 준용하여 채권자와 채무자, 대리인의 표시, 집행권원의 표시, 채무자가 이행하지 아니하는 금전채무액, 신청취지와 신청사유, 채무자의 주소를 소멸하는 자료 등을 서면으로 작성하여 신청한다.

[서식] 채무불이행자명부등재신청서

채 무 불 이 행 자 명 부 등 재 신 청

　　　　　　　　　채권자 : 주식회사 ○○은행
　　　　　　　　　　　　 서울 강남구 ○○동 ○○○○
　　　　　　　　채무자 : ○○○

　　　　　　　　　　　 서울 서초구 서초동 ○○○○

1. 집행권원의 표시
위 당사자간 귀원 0000가단 ○○○호 대여금청구 사건의 확정판결
2. 불이행금전채무액
금50,000,000원(집행권원상의 채무금전액)

신 청 취 지

채무자를 채무불이행자명부에 등재한다.
라는 재판을 구합니다.

신 청 이 유

1. 채권자는 채무자에 대하여 위와 같은 집행권원을 가지고 있습니다.
2. 위 판결은 20 　.　 　. 확정되었는 바, 그 후 6개월이 지나도록 채무자는 위 채무를 이행하지 아니하고 있습니다.
3. 그러므로 신청취지 기재와 같은 재판을 구하고자 이 사건 신청을 합니다.

첨 부 서 류

1. 확정판결 정본 : 1통
1. 채무이행최고서 : 1통
1. 주민등록표 : 1통

20 　.　 　.　

위 채권자 ○○은행
대표이사 ○○○

서울중앙지방법원 귀중

4. 등재신청에 대한 재판 및 명부의 비치

1) 재 판

채무불이행명부등재신청이 정당한 이유가 있는 때에는 법원은 채무자를 채무불이행 명부에 올리는 결정을 한다. 등재신청에 정당한 이유가 없거나 쉽게 강제집행할 수 있다고 인정할 만한 명백한 사유가 있는 때에는 법원은 결정으로 신청을 기각한다

2) 명부의 비치

채무불이행명부는 등재결정을 한 법원에 원본을 비치한다. 법원은 채무불이행명부의 부본을 채무자의 주소지 시·구·읍·면의 장에게 보내야 한다(민사집행법 제72조 제2항).

법원은 채무불이행명부의 부본을 일정한 금융기관의 장이나 금융기관 관련 단체의 장에게 보내어 채무자에 대한 신용정보로 활용하게 할 수 있다(민사집행법 제72조 제3항). 채무불이행명부나 그 부본은 누구든지 보거나 복사할 것을 신청할 수 있다(민사집행법 제72조 제4항). 그러나 인쇄물 등으로 공표되어서는 안 된다(민사집행법 제72조 제5항).

5. 명부등재의 말소

명부등재는 다음과 같은 사유가 있을 때 신청이나 직권으로 말소한다.

① 변제, 그 밖의 사유로 채무가 소멸되었다는 것이 증명된 때 당사자의 신청으로 말소신청한다.

② 채무불이행명부에 오른 다음 해부터 10년이 지난 때에 법원은 직권으로 말소하는 결정을 한다.

[서식] 채무불이행자명부등재결정

서 울 중 앙 지 방 법 원

결   정

사건 0000카명 ○○○ 채무불이행자명부등재

채권자 : 주식회사 00은행

　　　　서울 강남구 ○○동 ○○○

　　　　대표이사 ○○○

채무자 : ○○○

　　　　서울 서초구 서초동 ○○○

주   문

채무자를 채무불이행자명부에 등재한다.

이   유

채무자는 이 법원 0000. . .선고 0000가단000호 대여금청구사건의 판결이 확정된 후 6개월 이내에 금50,000,000원의 채무금을 이행하지 아니하였으므로 민사집행법 제71조 제1항에 따라 주문과 같이 결정한다.

20 . . .

판사 ○○○인

제2절 **압류절차**

Ⅰ. 경매절차의 개시

1. 서 설

압류에 대하여 통설과 판례는 처분금지적인 효력에 따라[1] "압류 이후에 권리를 취득한 자는 선의·악의를 불문하고 압류권자에게 대항할 수 없는 것으로 보고 있다. 이러한 압류에 대하여 부동산은 경매개시결정의 기입등기, 즉 압류등기로 공시가 된 때에, 채권은 제3채무자에게 압류결정이 송달된 때 그리고 동산은 목적물에 봉인이 된 때에 압류의 효력이 발생한다. 예컨대 부동산에 압류(경매개시결정등기)가 이루어졌는데도 제3자가 소유권을 취득한 경우에는 선의·악의를 불문하고 압류 이후의 처분행위를 원인으로 한 소유권이전등기는 말소등기의 대상이 된다"[2]고 보고 있다

채권자가 부동산에 대하여 압류 신청하면 집행법원은 신청서와 첨부서류를 형식적으로 심사하여 적법하다고 인정되면 강제경매개시결정을 하며, 그 하자가 보정될 수 없는 것인 때에는 결정으로 신청을 각하한다.[3] 신청자는 각하를 한 것에 대하여 즉시항고를 제기할 수 있다. 집행법원은 경매신청에 하자가 없다고 인정되면 신청서 접수일로부터 2일 이내에 강제경매개시결정을 한다(송민91-5).[4][5]

---

1) 이시윤, 신민사집행법, 박영사, 2009, 236면.
2) 법원실무제요, 민사집행 Ⅱ-부동산 집행, 법원행정처, 2003, 48면.
3) 각하란 민사소송법상 소가 소송요건을 구비하지 아니하거나 상소가 그 요건을 구비하지 아니한 때, 소 또는 상소를 부적법한 것으로 하여 본안재판을 하지 않고 소송을 종료시키는 것을 말한다. 한편 기각은 민사소송법상 신청의 내용을 종국적 재판에서 이유없다고 하여 배척하는 것을 말한다.
4) 경매신청하기 위해서는 다음과 같은 요건이 필요하다.
   ① 강제경매: 집행당사자(집행관에 의한 집행절차에 있어서는 대리인의 자격이 필요 없으나 집행법원, 수소법원 집행절차에 있어서는 원칙적으로 변호사가 대리인이 될 수 있다. 다만 집행법원, 수소법원이 단독판사일 경우에는 변호사가 아닌 자도 법원의 허가를 얻어 대리인이 될 수 있다), 집행력 있는 집행권원, 집행권원에 대한 송달증명서, 반환의무의 이행 또는 이행의 제공(주택임차인이 판결에 의한 경매를 신청하는 경우는 주택임대차보호법 제3조의2 제1항에 의하여 임대인에게 명도를 하여 주지 않고도 할 수 있다) 등이 필요하다.
   ② 임의경매: 담보권의 존재를 증명하는 서류(담보권의 존재를 증명하는 등기부등본 1통), 피담보채권을 소멸할 서류(피담보채권을 증명할 수 있는 서류 1통). 전세권자인 경우(전세권자의 전세목적물인도 및 전세권설정등기말소의무와 전세권설정자의 전세금반환채무는 동시이행의 관계

2. 조사할 사항

경매신청서가 접수되면 다음과 같은 사항을 심리하여, 하자가 보정될 수 있는 것인 때에는 보정명령을 내리고, 그 하자가 보정될 수 없는 것인 때에는 각하를 한다.

① 신청서 방식의 흠결 여부

② 관할의 적법 여부(부동산소재지 관할법원)

③ 경매의 집행개시요건

④ 목적물에 대한 조사[6]

에 있기 때문에 전세권자가 경매를 신청하는 경우는 목적물에 대한 인도의무 및 전세권설정등기의 말소의무에 대한 이행을 하여 전세권설정자를 이행지체에 빠뜨려야 한다)는 반대급부의 이행을 제공해야 한다.

5) 부동산 '갑구' 란에 "강제경매" 또는 "임의경매"라고 등기를 하는데 이를 압류라고 한다. 또는 경매가 시작된다는 의미로 경매개시결정기입등기를 하였다고 하기도 한다.

6) 미등기부동산에 대하여 경매신청권자가 다음과 같은 서류를 첨부하여 경매를 신청하면 집행법원은 경매신청서 부동산 표시란에 미등기라는 취지를 기재하고 관할등기소에 소유권보존등기를 촉탁하게 된다. 촉탁등기를 받은 등기관은 직권으로 소유권보존등기를 하고 그 등기부에 경매개시결정등기를 한 다음 집행법원에 등기부를 송부한다.

① 등기부의 기재와 일치해야 한다. 부동산 목록의 기재가 등기부와 일치하지 않는 경우에는 경매개시결정을 하기 전에 채권자에 보정명령을 내린다.

② 미등기부동산에 대해서는 채무자의 소유를 증명할 수 있는 서류를 제출하여야 한다. 예컨대 토지인 미등기부동산에 관하여는 토지대장, 소유권확인판결, 피상속인이(재산을 물려줄 사람) 토지대장 또는 임야대장에 소유자로서 등기되어 있는 경우, 수용으로 소유권을 취득한 자 등이다. 건물인 경우는 가옥대장, 건축물대장, 피상속인이 소유자로서 등기되어 있는 것을 증명하는 자, 판결 또는 시·구·읍·면장의 서면에 의하여 자기의 소유임을 증명하는 자, 수용으로 소유권을 증명하는 자 등이 해당한다.

[서식] 경매개시결정

서울중앙지방법원
결 정

사 건 : 0000타경8482 부동산 임의경매

채권자 : 주식회사 고려은행(리스크관리부) : 서울 중구 남대문로 2가 8의1

　　　　　대표이사 이 균 중

채무자 : 동흥국제주식회사 : 서울 송파구 신천동 11의 9 한신코아오피스텔 810호

　　　　　대표　박 철 수

주 문

채무자 소유의 별지 기재 부동산에 대한 경매절차를 개시하고, 채권자를 위하여 이를 압류한다.

청구금액

금 342,390,771원 및 위 금원 중 금 16,542,029원에 대하여는 0000. 3. 20.부터 각 완제일까지 연 1할 8푼의 비율에 의한 연체금

이 유

위 채권에 대한 저당권의 실행을 위하여 0000. 2. 19. 채권자가 한 신청은 이유 있으므로 주문과 같이 결정한다.

0000. 2. 24

판사 한 정 일

Ⅱ. 경매신청기입등기의 촉탁

1. 의 의

집행법원이 경매개시결정을 하였을 때에는 그 사유를 등기부에 기입할 것을 관할등기소에 촉탁한다. 위와 같이 경매개시결정등기를 하는 이유는 그 부동산에 대하여 압류가 되었다는 점을 공시하여 제3자를 보호하기 위함이다.[7]

2. 촉탁의 요령

집행법원은 경매개시결정이 나면 채무자와 등기소에 송달한다. 그러나 채무자에게 송달하기 전 관할등기소에 먼저 경매개시결정기입등기를 촉탁한다. 이는 경매개시결정기입등기가 완료되기 전에 채무자가 제3자에게 권리를 이전하여 채권자가 피해를 당하는 것을 미연에 방지하기 위해서이다.

[서식] 등기촉탁서(기입)

서울중앙지방법원 **등기촉탁서(기입)** 판사 : 한정일(인) 사건 0000타경 8482   부동산임의경매   강남등기소장 귀하 부동산의 표시   별지와 같음 등기권리자   주식회사 고려은행(리스크관리부) : 서울 중구 남대문로 2가 8의1 대표이사   이균중 등기의무자   박철수 : 서울강남구 대치동 65 쌍용아파트 8동 1008호 등기원인과 그 년월일 0000. 2. 24. 부동산 임의경매개시결정 등기목적   부동산임의경매신청기입등기 과세표준   금 342,390,771원 등록세   금   684,780원 교육세   금   136,950원 첨부   결정정본 부 위 등기를 촉탁합니다. (등본작성 : 0000. 2. 13) 0000. 2. 24. 판사 한 정 일(인)

---

7) 예컨대 경매개시결정등기가 되어 있는데도 불구하고 이후에 주택을 임차한 사람은 「상가건물임대차보호법」에 따른 소액임차인 최우선변제 대상이 되지 않고, 이유 없는 임차인으로 처리되어 간단한 인도명령결정으로 집행의 대상이 된다.

Ⅲ. 환가절차 등

부동산에 대한 경매는 강제경매와 임의경매로 구분할 수 있는데, 그 환가절차(매각절차)는 원칙적으로 동일하게 진행된다.

매각기일(입찰기일)에 최고가매수신고인이 결정되면 집행법원은 대금납부기한일을 최고가매수신고인으로 결정된 날로부터 약 44일에 정한다. 그리고 매수인이 대금을 납부하면 집행법원은 4주 이내에 배당기일을 정하여 채권자에게 통지를 한다. 채권자는 배당기일에 배당에 대한 이의를 구두나 서면으로 할 수 있으며 이의를 한 이해관계인에 한하여 집행법원에 배당에 대한 이의의 소를 7일 이내에 제기할 수 있다. 배당기일날 채권자가 배당에 이의를 한 때에는 이해관계인에 대한 배당을 실시하지 않고 공탁을 한다.

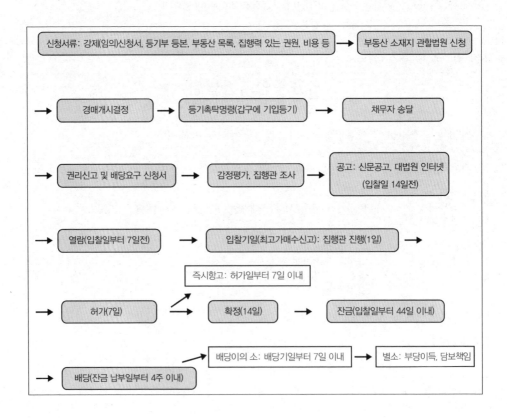

제3절 채권에 대한 강제집행

Ⅰ. 총 설

금전채권에 대한 집행은 집행법상으로는 동산에 대한 강제집행의 일종이므로 동산에 대한 강제집행 통칙이 적용된다(민사집행법 제2편 제2장 제4절 제1관). 금전채권에 대한 집행도 압류, 환가, 변제의 3단계로 실시한다. 즉 채권자가 집행법원에 집행신청(압류명령의 신청)을 하면 집행법원은 압류명령을 발하여 채무자가 제3채무자에 대하여 가지는 채권을 압류한 후 다시 채권자의 신청에 의하여 추심명령 또는 전부명령을 발하여 환가한다. 추심명령에 따라 집행채권자는 절차에 참가한 다른 채권자가 없는 경우에는 추심한 금전으로 자기의 채권의 변제에 충당하고 집행절차는 종료하게 된다.

한편 제3채무자에 대하여 가지는 채무자의 채권에 대하여 채권압류 및 전부명령이 결정된 경우에는 압류한 채권이 압류 시에 소급하여 권면액으로 집행채권의 변제에 갈음하여 집행채권자에게 이전하고 집행절차는 종료되므로 변제절차가 진행될 여지는 없다.

Ⅱ. 집행의 대상

집행의 대상이 되는 금전채권이란 채무자가 제3채무자에 대하여 금전의 급부를 구할 수 있는 각종 청구권에[8] 대하여 하는 강제집행을 말한다. 따라서 집행채무자(채무자)에게 귀속되어 채무자의 책임재산의 일부가 될 수 있는 재산이어야 압류의 대상이 된다. 따라서 집행채무자가 제3자의 명의를 도용하여 은행에 한 경우에는 제3자를 채무자로 하여 한 예금채권에 대한 압류 및 전부명령은 무효이다.

금전채권에 대한 강제집행 중 다음의 경우에는 압류하지 못한다(민사집행법 제246조). ⅰ) 법령에 규정된 부양료 및 유족부조료, ⅱ) 채무자가 구호사업이나

---

8) 대법원 1995. 9. 18.자 95마684 결정.

제3자의 도움으로 계속받는 수입, iii) 급료·연금·봉급·상여금·퇴직금·퇴직연금·그 밖에 이와 비슷한 성질을 가진 급여채권의 2분의 1에 해당하는 금액은 압류하지 못한다. 이중 압류금지 최저금액은 그 금액이 국민기초생활 보장법에 의한 최저생계비를 감안하여 월 185만원으로 한다(민사집행법 시행령 제3조).

Ⅲ. 압류절차

1. 압류명령의 신청

채권에 대한 강제집행절차는 채권자의 압류명령신청에 의하여 개시된다. 이 신청은 서면에 의하여야 한다. 압류명령을 신청하기 위하여는 강제집행의 요건 및 강제집행개시의 요건을 갖추어야 한다. 즉 집행권원의 집행력 있는 정본, 집행권원의 송달, 집행문 및 증명서 등본의 송달, 이행일시의 도래 등의 요건을 갖추어 채무자의 보통 재판적 소재지의 지방법원에 신청한다. 채무자의 보통재판적이 없을 때는 제3채무자의 보통재판적 소재지의 지방법원이 집행법원이 된다.

2. 신청서의 접수

신청서를 접수받은 법원은 사건번호 및 사건명을 부여하고 사건배당절차를 밟아 기록을 만들고 담당재판부에 회부한다. 담당재판부는 신청서 및 첨부서류만에 의하여 신청의 적식 여부, 관할권의 존부, 집행력 있는 정본의 존부, 집행개시요건의 존부 등에 관하여 조사한 후 조사의 흠결이 있을 때에는 보정할 수 있는 것이면 보정을 명한다. 이에 대하여 불복하면 신청을 기각처리한다.

3. 압류명령

집행법원은 서면심사에 의하여 신청이 이유 있다고 인정되는 때에는 피압류채권의 존부나 집행채무자에의 귀속여부만을 심사하거나 제3채무자를 심문함이 없이 채권압류명령을 내린다. 이와 같이 제3채무자나 채무자의 심문을 하지 않고 압류명령을 내리는 것은 채무자가 채권을 제3자에게 양도하는 등의 방법으로 강제집행을 방해하게 할 우려가 있기 때문이다. 채권압류명령의 본질은 환가의 전제로서 압류의 대상인 권리의 처분(양도, 환가)을 금지하는 데 있기 때문에 금전채권의 압류명령은 제3채무자에 대한 채권을 압류한다는 취지 외에 제3채무자에게 채무자에 대한 지급을 금하고 채무자에게는 채권의 처분과 영수를 금하는 내용을 포함하고 있게 된다. 이중 제3채무자에 대한 지급의 금지명령은 채권압류의 본질적인 것이므로 그 기재가 없으면 압류명령은 무효가 된다.

4. 압류명령의 효력

위의 채권압류 및 전부명령결정문(또는 채권압류 및 추심명령결정문)은 제3채무자에게 송달하여야 한다. 위의 압류명령이 제3채무자에게 송달되지 않으면 압류의 효력이 발생하지 않기 때문에 반드시 이루어져야 한다. 채무자에게는 압류명령이 송달되지 않더라도 제3채무자에게 송달이 이루어진 경우에는 압류의 효력이 발생하게 된다.

압류채권자는 압류의 효력에 의하여 그 후 채무자가 채권을 처분하거나 제3채무자가 변제를 하더라도 강제집행을 속행할 수 있다. 즉 제3채무자가 채무자에게 지급하더라도 이로써 압류채권자에게 대항할 수 없고, 압류채권자가 추심권을 행사하면 다시 지급을 하여야 한다. 따라서 제3채무자는 채무자에게 채무의 이행을 하여서는 안 된다. 그리고 채무자는 압류명령에 의하여 채권의 처분과 영수가 금지되기 때문에 채권을 양도하거나 포기, 상계, 기한의 유예 등 채권자를 해하는 일체의 행위를 하여서는 안 된다.

[서식] 채권압류 및 전부명령결정문

공 시 서
결 정

사건 0000 타기 채권압류 및 전부

채권자

채무자

제3채무자

주문

1. 채무자의 제3채무자에 대한 별지 기재의 채권을 압류한다.

2. 제3채무자는 채무자에게 위 채권에 관한 지급을 하여서는 아니된다.

3. 채무자는 위 채권의 처분과 영수를 하여서는 아니된다.

4. 위 압류된 채권은 지급에 갈음하여 채권자에게 전부한다.

청구금액

금   원

금   원

합계 금   원

이유

위 청구금액의 변제에 충당하기 위한 집행력 있는 정본에
의한 채권자의 신청은 이유 있으므로 주문과 같이 결정한다.

0000년 11월 25일

판사   (인)

Ⅳ. 제3채무자의 채무액공탁

1. 의 의

추심명령이 동시 또는 이시에 이중으로 발부된 경우 그 사이에는 우열의 순위가 있을 수 없다. 따라서 제3채무자의 변제도 정당한 추심권자에게 한 것인 이상 당연히 위 모든 자에 대하여 효력을 가진다 할 것이고, 그 변제에 의하여 제3채무자는 면책이 되므로 다른 압류채권자가 또 다시 제3채무자에 대하여 변제의 청구를 할 수 없다. 그러나 여러 압류채권자로부터 채권을 추심받았을 때 압류의 적부를 심사하고 채권자들에게 적절한 배당을 실시하는 것은 제3채무자로서는 상당히 부담이 갈 것이다. 이때는 채무액을 공탁하고 그 사유를 법원에 신고함으로써 제3채무자는 면책을 받을 수 있다. 제3채무자가 채무액을 공탁하는 경우는 다음과 같이 두 가지로 구분할 수 있다.

2. 권리공탁

권리공탁이란 압류채권이 경합되거나 추심권자가 추심을 청구하지 않은 경우 제3채무자가 자발적으로 이행지체의 책임을 면하기 위해 공탁을 하는 것을 말한다. 제3채무자는 압류에 관련된 금전채권의 전액을 공탁하여 채무를 면제받을 수 있다(민사집행법 제248조 제1항).

3. 의무공탁

의무공탁이란 채권자의 요구가 있는 경우 제3채무자가 의무적으로 공탁을 하는 경우를 말한다. 의무공탁은 두 가지로 구분한다. 첫째는 금전채권에 관하여 배당요구서를 송달받은 제3채무자가 배당에 참가한 채권자의 청구에 따라 압류된 부분에 해당하는 금액을 공탁하여야 한다(민사집행법 제248조 제2항). 둘째는 금전채권 중 압류되지 아니한 부분을 초과하여 거듭 압류명령 또는 가압류명령이 내려진 경우에 그 명령을 송달받은 제3채무자는 압류 또는 가압류채권자의 청구가 있으면 그 채권의 전액에 해당하는 금액을 공탁하여야 한다(민사집행법 제248조 제3항). 이 경우에는 공탁이 의무이므로 공탁을 하지 않고 추심권자에게 지급하여도 변제적인 효력이 발생하지 않는다.

4. 배당절차

제3채무자가 채무액을 공탁한 때에는 그 사유를 신고하여야 하며 공탁이 되면, 그 뒤의 배당요구는 허용될 수 없고 집행법원은 배당절차를 개시한다(민사집행법 제252조 제2항). 법원은 채권자들에게 1주 이내에 원금·이자·비용, 그 밖의 부대채권의 계산서를 제출하도록 최고하고 최고기간이 끝난 뒤에 배당표를 작성하여야 한다. 법원은 배당을 실시할 기일을 지정하고 채권자와 채무자에게 이를 통지하여 배당을 실시한다. 채권자가 배당표의 작성, 배당표에 대한 이의 및 배당표의 실시에 이의를 하고자 할 때는 배당표에 대한 이의 또는 배당이의의 소를 제기할 수 있다. 배당표에 대한 이의는 배당기일이 끝날 때까지 서면으로 할 수 있고, 배당이의의 소는 배당기일로부터 1주 이내에 서면으로 제기하여야 한다(민사집행법 제256조, 제154조).

V. 환가절차(추심명령과 전부명령)

1. 총 설

금전채권을 압류한 것만으로는 압류채권자의 집행채권에 만족을 줄 수 없으므로 압류채권자는 자기 채권의 만족을 위하여 압류한 금전채권에 관하여 환가를 한다. 채권자가 압류명령신청서를 법원에 제출하면 법원은 압류명령을 하고 채권자는 이때 환가방법(추심명령 또는 전부명령)을 법원에 신청해야 하는데 법원은 압류명령신청서와 환가방법(추심명령 또는 전부명령) 신청서를 따로 따로 제출하면 번거로움이 있기 때문에 실무상으로는 압류명령과 동시에 추심명령을 하거나, 압류명령과 동시에 전부명령을 하여 절차가 2단계로 축소하게 한다. 원래는 채권자가 제3채무자를 상대로 채권을 회수하기 위해서는 압류신청서를 제출하고, 환가방법(추심명령 또는 전부명령)을 신청하여 배당을 하는 방법으로 하게 된다. 예컨대 채무자가 근무하는 회사에 대하여 채권자가 압류를 하고자 신청서를 작성할 때는 채권압류 및 추심명령 또는 채권압류 및 전부명령 중 하나를 선택하여 채무자가 가지는 채권(급여 및 퇴직금)에 대하여 압류를 하면 된다. 그렇게 하여 압류를 하면 제3채무자인 회사는 압류된 급여나 퇴직금을 채무자에게 지급 하면 안 되고 법원에 공탁을 하거나 회사 자체에서 계산을 하여 채권자에게 지급해야 한다.

금전채권의 환가방법으로는 추심명령과 전부명령 그리고 특별한 환가방법으로 양도명령, 매각명령, 관리명령 및 상당한 방법에 의한 환가방법이 있으나 원칙적인 환가방법은 추심명령과 전부명령에 의한 환가방법이다. 이에 대한 내용을 아래에서 살펴보도록 하자.

2. 추심명령

추심명령은 압류된 채권의 채권자에 지위의 변동을 가져오는 것은 아니고 채무자가 여전히 압류된 채권의 채권자로 남아 있기는 하나, 압류채권자가 채무자 대신 압류된 채권의 추심권능을 취득하게 된다. 예컨대 채권자 갑이 채무자 을이 제3채무자 병에 대하여 가지는 채권을 민법상 대위절차 없이 채권자가 직접 제3채무자에 대하여 청구할 수 있는 권리를 채권자에게 부여하는 법원의 명령을 추심명령이라 한다. 추심명령은 전부명령과 달리 채권자 갑과 채무자 을이 제3채무자 병에게 가지는 채권을 압류하면서 추심명령을 하였는데 제3채무자가 재력이 없어 변제를 할 수 없다고 하더라도 채권자 갑이 채무자 을에게 가지는 채권은 소멸하지 않는다.

추심명령이 있는 때에 압류채권자는 대위절차없이 압류채권을 추심할 수 있다. 추심명령은 전부명령과 달리 이중압류된 경우에도 할 수 있으며 각각 다른 채권자를 위하여 이중으로 할 수도 있다. 추심채권자가 추심명령에 따라 추심을 하였으나 제3채무자가 이에 응하지 않는 경우 제3자 채무자를 상대로 추심의 소를 제기한다. 추심의 소는 민사소송의 일종으로 압류채권자에게 직접 지급을 구하는 청구를 할 수도 있지만, 채권자가 경합할 때는 공탁청구의 소를 제기해야 한다.

[서식] 채권압류 및 추심명령신청서

채권압류 및 추심명령 신청

채권자   갑
              전라남도 송악시 125번지
채무자   을
              강원도 강릉시 222번지
제3채무자 병
              전라남도 남원군 남원리 225번지

청구채권 표시

1. 청구금액
(1) 금 100,000,000원
    (공증인가 법무법인 제일합동법률사무소 공정증서 0000년 제235호에 의한 대여금 원금)
(2) 금 2,000,000원
    (위 원금에 대한 0000년 11월 25일부터 완제일까지 연 15%의 비율에 의한 이자)
(3) 집행비용
  1) 500,000원 신청서 첨부 인지대
  2) 100,000원 송달료
  3) 10,000원 집행문부여 신청인지대
  합계 : ○○○원

압류할 채권의 표시

1. 금 50,000,000원
    채무자(직원)가 제3채무자(회사)로부터 매월 25일 지급받는 본봉, 부양수당 초과근무 수당, 기말수당에서 법에 따라 원천공제한 잔액의 2분의 1 해당액이 청구금액에 달하기까지의 채권

신청취지 및 이유

1. 위 청구금액은 채권자·채무자간의 제일합동법률사무소 공증인 작성의 0000년 제235호 금전소비대차계약 공정증서의 집행력 있는 것이나, 채무자는 0000. . .에 지급할 제0회의 할부금의 지급을 하지 아니하므로, 동일 위 공정증서 제0조 제0호에 의하여 기한의 이익을 상실하였다.
2. 따라서 위 채권의 변제를 받기 위하여 채무자가 제3채무자에 대하여 가지는 위 채권에 관하여 압류명령에 대위절차 없이 추심할 수 있는 뜻의 명령을 발하여 주시기를 신청에 이른 것입니다.

첨부서류

1. 공정증서정본   1통
2. 송달증명원   1통

0000 . .
위 채권자 갑   (인)

○○지방법원 귀중

추심명령이 경합된 경우 그 중의 한 채권자에게 제3채무자가 변제하면 그 변제에 의하여 제3채무자는 채무를 면하게 되므로 다른 압류채권자가 또 다시 제3채무자에 대하여 변제의 청구를 할 수는 없다. 추심채권자가 추심한 경우에는 추심한 채권액을 법원에 신고하여야 한다. 추심신고는 사건의 표시, 채권자·채무자와 제3채무자의 표시, 제3채무자로부터 지급받은 금액과 날짜를 적은 서면으로 한다. 추심신고는 채권의 일부만이 추심된 경우뿐만 아니라 계속적 수입채권이 압류된 경우에도 그때마다 신고를 하여야 한다. 추심신고가 다른 추심권자의 배당요구종기일에 해당하기 때문에 가능한 빨리 하는 것이 좋다.

추심채권자가 압류경합이 되었는데도 추심금에 대하여 추심신고를 하지 않은 경우 다른 압류권자는 추심채권자를 상대로 추심금 전액을 공탁하고 그 사유를 신고할 것을 구하는 소를 제기할 수 있다.

3. 전부명령

전부명령은 압류된 채권을 지급에 갈음하여 채무자로부터 압류채권자에게 이전하는 것으로서, 그에 의하여 채권이 이전되면 현실적인 추심 여부와는 관계없이 집행채권은 그 권면액만큼 소멸하게 된다. 따라서 제3채무자가 지급할 자력이 없는 자인 때에는 압류한 채권자는 새로운 불량채권만 생기게 된다. 즉 채무자에 대한 채권은 그 채권액만큼 소멸하게 되고 제3채무자에게만 채권을 행사할 수 있게 된다.

예컨대 채권자 갑이 채무자인 을에게 채권을 가지고 있는데, 채무자 을은 다시 병에게 채권을 가지고 있어서 갑은 을이 병에게 가지고 있는 채권에 대하여 압류를 하면서 환가방법으로 전부명령을 같이 신청하였는데 나중에 알고 보니 병에게 재산이 없는 것이다. 채무자 병도 재산이 없어 지금까지 변제를 못하고 있었던 것이다. 이런 경우 갑은 을이 병에게 청구할 수 있는 채권을 전부명령에 의하여 이전받았다고 할지라도 병이 재산이 없는 경우에는 채권회수를 할 수 없는 불량채권만 남게 되는 결과만 발생하게 된다.

전부명령이 제3채무자에게 송달될 때까지 그 금전채권에 관하여 다른 채권자가 압류·가압류 또는 배당요구를 하여 경합된 경우에는 전부명령은 효력을 가지지 않는다. 저당권이나 전세권에 대하여 전부명령을 하고자 하는 경우 채권자는 전부명령 사실을 등기부에 기입하여 줄 것을 법원사무관에게 신청할 수 있다. 이 경우 법원사무관 등은 부동산소유자에게 전부명령이 송달된 뒤에 등기를 촉탁할 수 있다.

[서식] 채권압류 및 전부명령신청서

채권압류 및 전부명령신청

채권자   갑
      전라남도 송악시 125번지
채무자   을
      강원도 강릉시 222번지
제3채무자 병
      전라남도 남원군 남원리 225번지

청구채권 표시

1. 청구금액
(1) 금 100,000,000원
(공증인가 법무법인 제일합동법률사무소 공정증서 0000년 제235호에 의한 대여금 원금)
(2) 금 2,000,000원
(위 원금에 대한 0000년 11월 25일부터 완제일 까지 연 15%의 비율에 의한 이자)
(3) 집행비용
500,000원

압류할 채권의 표시

1. 금 50,000,000원
   채무자(직원)가 제3채무자(회사)로부터 매월 25일 지급받는 본봉, 부양수당 초과근무 수당, 기말수당에서 법에 따라 원천공제한 잔액의 2분의 1 해당액이 청구금액에 달하기까지의 채권

신청취지

1. 채권자가 가지고 있는 위 채권에 기하여 채무자가 제3채무자에 대하여 가지고 있는 위 채권을 압류한다.
2. 제3채무자는 채무자에 대하여 가지는 위 압류된 채권의 지급을 하여서는 아니된다.
3. 채무자도 위 압류된 채권에 관하여 추심 기타 일체의 처분을 하여서는 아니된다.
4. 위 압류된 채권은 채무자의 지급에 갈음하여 권면액을 채권자에 전부한다는 취지의 명령을 구함

신청이유

1. 채권자는 채무자에 대하여 위 청구채권 기재의 집행권원에 기하여 위 청구채권을 가지고 있는바 채무자는 그 채권에 관하여 변제를 하지 않고 있습니다.
2. 따라서 채권자는 채무자의 제3채무자에 대하여 가지고 있는 위 채권에 대하여 압류 및 전부명령을 구하기 위하여 이 신청에 이른 것입니다.

첨부서류

1. 집행문을 부여한 판결정본 1통
2. 송달증명원   1통

          0000. . .
       위 채권자   갑   (인)

○ ○지방법원 귀중

4. 추심명령과 전부명령의 비교

① 채권자는 채무자가 제3채무자에 대하여 가지는 채권에 대하여 압류를 함과 동시에 환가방법인 추심명령이나 전부명령을 할 수 있다. 그러나 추심명령과 전부명령은 그 성질에 있어 차이가 있다.

② 추심명령의 경우는 채권자 갑이 제3채무자로 부터 채권액을 변제받지 못했다고 하여도 채무자에 대하여 가지는 채권은 소멸하지 않는 반면, 전부명령은 채무자의 제3채무자에 대하여 가지는 채권을 채권자에게 이전시킨 금액만큼 소멸하게 되므로 제3채무자가 자력이 없을 때는 채권회수를 할 수 없는 결과가 발생하게 된다.

③ 그러나 전부명령이 좋은 점도 있다.

예컨대 채무자 을이(예: 회사직원) 제3채무자(예: 회사)에 대하여 급여 및 퇴직금의 채권을 가지고 있는데 채권자 갑은 채무자 을에게 채권을 가지고 있다. 이때 채무자 을에게 채권을 가지고 있는 사람이 여러명이 있어 채권자 갑이 먼저 압류 및 전부명령을 한 경우에는 채무자 을이 제3채무자에 대하여 가지는 급여 및 퇴직금에 대하여 다른 채권자와 안분하여 배당을 받는 것이 아니고 채권자 갑의 채권이 우선회수를 한 다음, 이후에 추심명령한 사람들 간에 안분하여 배당을 받아 가게 된다.

④ 전부명령은 금전채권에 대해서만 할 수 있는 반면 추심명령은 금전채권 이외에 유채물의 인도나 권리이전의 청구권을 목적으로 하는 때도 할 수 있다.

⑤ 추심명령은 추심명령을 한 이후 추심할 가망이 없으면 추심권을 포기하고 다른 집행방법을 행사할 수 있지만 전부명령은 다른 집행방법을 할 수 없다.

⑥ 이와 같이 추심명령과 전부명령은 다른 성격을 가지고 있기 때문에 채권자는 제3채무자의 재력이나 상황에 따라 추심명령으로 할 것인지 아니면 전부명령으로 채권을 환가할 것인지를 결정해야 한다.

⑦ 추심명령이나 전부명령의 신청은 채무자의 소재지를 관할하는 법원에 하고, 그 지방법원이 없는 경우에는 제3채무자의 소재지 지방법원에 신청한다.

⑧ 집행법원은 추심명령이나 전부명령의 신청이 있으면 관할권의 유무, 강

제집행의 요건 및 개시요건의 유무, 압류명령의 효력의 존부, 추심명령 발부요건의 유무 등을 조사하여 신청의 허가 여부를 결정한다.

⑨ 추심명령도 압류의 명령과 마찬가지로 제3채무자에게 송달하여야 한다. 채무자와 채권자에 대한 송달은 추심명령의 효력발생요건이 아니기 때문에 적당한 방법으로 고지하면 된다.

제4절 배당절차

Ⅰ. 배당요구절차

부동산경매절차는 목적부동산을 경매에[9] 의하여 매각하고 그 매각대금으로부터 채권자의 채권의 변제에 충당하는 절차이므로 그 절차는 일반적으로 압류, 환가, 배당이라는 3단계의 절차로 진행하게 된다. 경락인이 매각대금을 납부하면 집행법원은 그 대금으로부터 집행비용을 공제하고 그 잔액을 각 채권자에게 교부하여야 하고 잔액이 있으면 이를 채무자에게 지급하여야 하나, 채권자의 경합이 있거나 그 대금으로써 각 채권자의 채권 및 비용을 변제하기에 충분하지 않은 때에는 각 채권자, 민법, 상법 기타 특별법의 규정에 의하여 그 우선순위에 따라 배당을 실시한다. 즉 금전채권에 관한 강제집행에 있어서 다수의 채권자가 경합하는 경우에 압류재산을 매각한 대금으로써 다수채권자의 채권에 대하여 실시하는 변제절차를 배당절차라 한다.

---

9) 법원에서 현재 실시하고 있는 환가방식은 구술주의에서 서면주의로 변경되었기 때문에 원칙적으로는 경매라 하지 않고 "입찰"이라 칭해야 한다. 그러나 본서에서는 편의상 이해를 위하여 입찰을 경매라고 칭한다.

Ⅱ. 배당절차의 도해 및 진행기간표

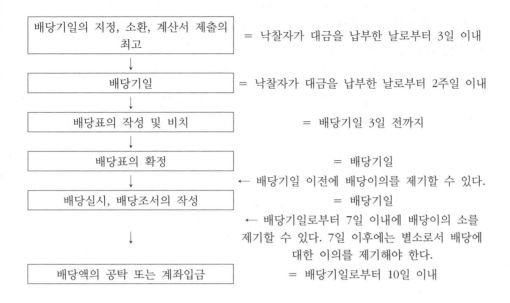

배당기일의 지정, 소환, 계산서 제출의 최고	= 낙찰자가 대금을 납부한 날로부터 3일 이내
배당기일	= 낙찰자가 대금을 납부한 날로부터 2주일 이내
배당표의 작성 및 비치	= 배당기일 3일 전까지
배당표의 확정	= 배당기일 ← 배당기일 이전에 배당이의를 제기할 수 있다.
배당실시, 배당조서의 작성	= 배당기일 ← 배당기일로부터 7일 이내에 배당이의 소를 제기할 수 있다. 7일 이후에는 별소로서 배당에 대한 이의를 제기해야 한다.
배당액의 공탁 또는 계좌입금	= 배당기일로부터 10일 이내

Ⅲ. 배당순위

배당채권자들이 모두 일반채권자들이라면 채권발생의 선후나 집행권원의 유무에 관계없이 각 채권자들은 채권액에 비례한 평등한 비율로 배당을 받게 된다. 그러나 민법, 상법 기타 법률에 의하여 일반채권자보다 우선하여 배당받을 수 있도록 규정하고 있는 채권자들이 있다면 이러한 채권자들에 대해서는 우선적으로 변제하여야 하기 때문에 배당표에 각 채권의 배당순위를 정하여 배당금을 지급하도록 하고 있다. 배당순위는 번호로 표시하며 동일순위인 채권자가 여러명인 경우에는 같은 번호로 표시한다. 낙찰대금으로 각 채권자의 채권 및 비용을 변제하기가 충분하지 않은 경우에는 민법, 상법 기타 법률의 규정에 의한 배당순위에 따라 배당을 하게 된다. 이에 대한 각 채권자의 배당순위는 다음과 같다.

- 배 당 순 위 -

1. 매각재산에 조세채권의 법정기일 전에 설정된 저당권·전세권에 의하여 담보되는 채권이 있는 경우

- 제1순위(집행비용): 경매신청비용인 집행비용은 매각대금으로부터 배당순위에 따른 금액을 산정할 때 우선 공제하고 배당한다.
- 제2순위(제3취득자의 비용상환청구권): 저당물의 제3취득자가 그 부동산의 보존·개량을 위하여 지출한 필요비·유익비(민법 제367조)
- 제3순위(주택이나 상가의 소액보증금, 최종 3개월분의 임금과 최종 3년간의 퇴직금 및 재해보상금)
- 주택 및 상가 임대차보호법상 소액보증금중 일정액
- 근로기준법상의 임금채권 중 최종 3개월분의 임금채권, 최종 3년간의 퇴직금과 재해보상금(근로기준법 제37조 제2항).
- 제4순위(당해세)
- 국세(상속세·증여세·종합부동산세)
- 지방세(재산세·자동차세·도시계획세·공동시설세)
- 제5순위(국세·지방세의 법정기일 전에 설정된 저당권·전세권에 의하여 담보되는 채권)
- 전세권
- 저당권
- 담보가등기
- 확정일자부 주택 및 상가 임차보증금
- 임차권
- 제6순위(일반임금)

근로기준법 제37조 제2항의 임금 등을 제외한 임금 기타 근로관계로 인한 채권(근로기준법 제37조 제1항).

- 제7순위(조세채권)

국세 지방세등 지방자치단체의 징수금, 다만 법정기일등이 담보물권설정등기 이전인 경우에는 후순위 담보물권의 피담보채권과 일반 임금채권에 앞선다.

- 제8순위(공과금)
- 국민건강보험료
- 산업재해보상보험료
- 국민연금보험료
- 제9순위(일반채권)

2. 매각재산에 조세채권의 법정기일 후에 설정된 저당권·전세권에 의하여 담보되는 채권이 있는 경우

- 1, 2, 3 순위: 앞에서 본 바와 같다.
- 4순위: 조세 기타 이와 동순위의 징수금(당해세 포함)
- 5순위: 조세 다음순위의 공과금 중 납부기한이 저당권·전세권의 설정등기보다 앞서는 고용보험 및 산업재해보상보험의 보험료 징수등에 관한 법률상의 보험료 그 밖의 징수금, 구 국민의료보험법상의 의료보험료, 국민건강보험법상의 건강보험료 및 국민연금법상의 연금보험료
- 6순위: 저당권·전세권에 의하여 담보되는 채권
- 7순위: 임금 기타 근로관계로 인한 채권
- 8순위: 조세 다음 순위의 공과금 중 산업재해보상보험법상의 산업재해보상보험법상의 산업재해보상보험료 기타 징수금, 구 의료보험법에 의한 의료보험료, 구 국민연금법에 의한 연금보험료 및 납부기한이 저당권·전세권의 설정등기보다 후인 고용보험및 산업재해보상보험의 보험료징수등에 관한 법률상의 보험료 그 밖의 징수금, 구 국민의료보험법상의 의료보험료, 국민건강보험법상의 건강보험료 및 국민연금법상의 연금보험료
- 9순위: 일반채권

3. 매각재산에 저당권 등에 의하여 담보되는 채권이 없는 경우

- 1, 2, 3순위: 앞에서 본 바와 같다.
- 4순위: 임금 기타 근로관계로 인한 채권
- 5순위: 조세 기타 이와 동순위의 징수금(당해세 포함)

- 6순위: 조세 다음 순위의 공과금
- 7순위: 일반채권

Ⅳ. 배당사례

1. 입찰물건표

용도	사건번호 00-55525	소재지	면적(평방)	권리분석	임차관계	결과	감정평가액 최저경매가
주택	조흥은행 양수일	서초구 반포동 77-1 *방배중교북측인근 *주거환경보통 *차량출입가능 *동측 8m, 북서측 6m포장도로 접함	대129.7 (39.23평) 건 1층 64.60 (19.54평)-방3 2층 64.60 (19.54평)-방3 지층 85.56 (25.97평) 방5, 욕실4, 제시외 10.2 　　00.8.5준공 2층주택 공시 : 1,360,000 감정 : 780,000 토지 : 156,166,00 건물 : 43,870,200 제시외 : 472,000	・가압류 00. 2. 17 장희빈 5,000만원 ・가압류 00. 6. 14 국민은행 2,200만원 ・임의 00. 7. 7 조 흥은행 ・근저당 00. 5. 16 조흥은행 3,000만원	유동진 00.4.19전입 확정일자 00.4.19. 5,000만원 이철수 00. 7. 2.전입 확정일자 00. 7. 3. 5,000만원	0000.　12. 7 유찰	203,366,000 162,692,800

① 본 물건은 조흥은행이 경매신청권자로서 3천만원을 변제받기 위하여 임의경매를 신청한 사례이다.

② 등기부상에는 최초근저당보다 앞선 일자로 가압류가 되어 있어 본 가압류가 전소유자 앞으로 되어 있는 가압류인지를 확인하여 보아야 한다. 만약 전소유자 앞으로 되어 있으면서 매각조건으로 '가압류는 매수인이 인수한다'라고 매각물건명세서에 기재되어 있는 경우에는 말소가 되지 않기 때문에 낙찰을 받아서는 안 된다. 확인결과 본 물건은 전소유자 앞으로 설정된 가압류가 아니어서 낙찰 후 안분배당에 따라 배당을 받고 이후 말소촉탁의 대상이 된다.

③ 임차인 유동진은 확정일자는 받았으나 가압류(장희빈)보다는 이후에 설정

되어 있고 최초근저당보다는 앞선 일자로 되어 있어 배당분석을 하여 보아야 할 것 같다.

④ 그리고 근저당(조흥은행)과 임차인(이철수)의 관계는 임차인이 조흥은행보다 확정일자가 빠르게 되어 있지만 주민등록 전입은 이후에 되어 있어 실질적으로 임차인은 근저당(조흥은행)보다 이후에 배당을 받게 된다. 그러한 이유는 임차인의 대항력이나 확정일자의 효력은 제일 나중에 받은 일자를 기준으로 효력이 발생하기 때문이다.

⑤ 위의 사례는 두 가지 문제를 가지고 배당분석을 하여야 할 것이다.

2. 이해관계인 일람표

교부순위	교부이유	채권자	원인일자	채권최고액	청구액	비고
1	가압류권자	장희빈	20. 2. 17	50,000,000		
2	임차인	유동진	20. 4. 19	임차보증금액 50,000,000	50,000,000	확정 15. 4. 19
3	신청채권자겸 근저당권자	조흥은행	20. 5. 16	30,000,000	30,000,000	
4	가압류권자	국민은행	20. 6. 14	22,000,000	20,000,000	원금 15,000,000 이자 5,000,000
5	임차인	이철수	20. 7. 2	임차보증금 50,000,000		확정 16. 7. 3.

① 1순위 가압류권자와 2순위 임차인은 안분배당을 한다.

② 4순위 가압류권자의 채권최고액은 2,200만원이지만 실질적인 청구액은 원금과 이자를 합하여 2,000만원이므로 2,000만원의 범위 내에서 배당을 받아 간다. 이때 가압류권자와 확정일자 받은 임차인은 남은 금액을 가지고 안분으로 배당을 계산하여 배당금을 수령하게 된다.[10]

---

10) 가압류채권자와 근저당권자 및 근저당권설정등기 후 강제경매신청을 한 압류채권자 사이의 배당관계에 있어서, <u>근저당권자는 선순위가압류채권자에 대하여는 우선변제권을 주장할 수 없으므로 1차로 채권액에 따른 안분비례에 의하여 평등배당을 받은 다음</u>, 후순위 경매신청압류채권자에 대하여는 우선변제권이 인정되므로 경매신청압류채권자가 받을 배당액으로부터 자기의 채권액을 만족시킬 때까지 이를 흡수하여 배당받을 수 있다(대법원 1994. 11. 29.자 94마417 결정).

3. 배당표

<table>
<tr><td colspan="7"><h1 style="text-align:center">수원지방법원
배 당 표</h1></td></tr>
<tr><td colspan="7">0000타경25055호 부동산임의경매</td></tr>
<tr><td colspan="2">배당할 금액①</td><td colspan="5">금 182,000,000</td></tr>
<tr><td rowspan="5">명
세</td><td>매각대금</td><td colspan="5">금 180,000,000</td></tr>
<tr><td>지연이자</td><td colspan="5">금</td></tr>
<tr><td>전낙찰인의
경매보증금</td><td colspan="5">금</td></tr>
<tr><td>항고보증금</td><td colspan="5">금 1,500,000</td></tr>
<tr><td>보증금이자</td><td colspan="5">금 500,000</td></tr>
<tr><td colspan="2">집행비용②</td><td colspan="5">금 2,000,000</td></tr>
<tr><td colspan="2">실제 배당할 금액
①~②</td><td colspan="5">금 180,000,000</td></tr>
<tr><td colspan="2">매각부동산</td><td colspan="5" style="text-align:center">서울시 서초구 반포동 77-1</td></tr>
<tr><td rowspan="4">채
권
금
액</td><td>원금</td><td>50,000,000</td><td>50,000,000</td><td>30,000,000</td><td>15,000,000</td><td>50,000,000</td></tr>
<tr><td>이자</td><td>0</td><td>0</td><td>0</td><td>5,000,000</td><td>0</td></tr>
<tr><td>비용</td><td>0</td><td>0</td><td>0</td><td>0</td><td>0</td></tr>
<tr><td>계</td><td>50,000,000</td><td>50,000,000</td><td>30,000,000</td><td>20,000,000</td><td>50,000,000</td></tr>
<tr><td colspan="2">배당순위</td><td>1</td><td>2</td><td>3</td><td>4</td><td>5</td></tr>
<tr><td colspan="2">이유</td><td>가압류권자</td><td>확정일자임차인</td><td>신청근저당권자</td><td>가압류권자</td><td>확정임차인</td></tr>
<tr><td colspan="2">채권최고액</td><td>50,000,000</td><td>50,000,000</td><td>30,000,000</td><td>22,000,000</td><td>50,000,000</td></tr>
<tr><td colspan="2">배당액</td><td>45,000,000</td><td>50,000,000</td><td>30,000,000</td><td>15,714,285</td><td>39,285,714</td></tr>
<tr><td colspan="2">잔여액</td><td>135,000,000</td><td>85,000,000</td><td>55,000,000</td><td>39,285,714</td><td>0</td></tr>
<tr><td colspan="2">비용비례액</td><td></td><td></td><td></td><td></td><td></td></tr>
<tr><td colspan="2">채권자</td><td>장희빈</td><td>유동진</td><td>조흥은행</td><td>국민은행</td><td>이철수</td></tr>
<tr><td colspan="7" style="text-align:center">0000. 7. 7

판사 ○ ○ ○ (인)</td></tr>
</table>

4. 종합분석

① 가압류권 이후 물권자와 배당관계 사례

교부순위	교부이유	계산방법(안분비례) : 낙찰대금 $\times \dfrac{해당채권액}{총채권금액}$ = 안분배당금
1	가압류 (장희빈)	1억8천만원 $\times \dfrac{5,000만원}{2억원}$ = 4,500만원(후순위권자와 안분배당에 의해 4,500만원 배당)
2	임차인 (유동진)	1억8천만원 $\times \dfrac{5,000만원}{2억원}$ = 4,500만원(5,000만원이 충족될 때까지 후순위 배당금 500만원을 흡수)
3	신청채권자겸 근저당권자	1억8천만원 $\times \dfrac{3,000만원}{2억원}$ = 2,700만원(3,000만원이 충족될 때까지 후순위 배당금 300만원을 흡수)
4	가압류권자 (국민은행)	1억8천만원 $\times \dfrac{2,000만원}{2억원}$ = 1,800만원
5	임차인 (이철수)	1억8천만원 $\times \dfrac{5,000만원}{2억원}$ = 4,500만원

가압류권자가 먼저 등기되고 나서 근저당권설정등기를 한 경우에는 그 근저당권등기는 가압류에 대한 처분금지의 효력 때문에 그 집행보전의 목적을 달성하는데 필요한 범위 안에서 가압류채권자에 대한 관계에서만 상대적으로 무효이다. 그와 같은 관계는 가압류등기 이후의 근저당권자나, 확정일자를 받은 임차인, 경매를 신청한 압류권자와의 배당관계에서도 마찬가지로 적용된다. 즉 가압류 이후 근저당권 및 담보가등기, 확정일자 임차인, 경매를 신청한 압류권자 사이의 배당관계에 있어서, 가압류권자에게는 우선변제권을 주장할 수 없으므로 1차로 안분비례에 의하여 평등배당을 한 다음 물권순위에 따라 배당을 받는다. 따라서 가압류 이후 확정일자를 받은 임차인은 물권순위에 따라 자기의 채권액이 만족될 때까지 3순위 근저당권자의 배당액을 흡수하여 충족시키고, 그 근저당권자도 자기의 채권이 만족될 때까지 후순위 가압류권자와 확정일자 받은 임차인의 배당액을 흡수하여 채권을 만족시킨다.

② 이후 가압류권자와 확정일자 받은 임차인의 배당사례

교부 순위	교부이유	계산방법(안분비례) : 낙찰대금 × $\frac{해당채권액}{총채권금액}$ = 안분배당금
1	가압류권자 (국민은행)	5,500만원 × $\frac{2,000만원}{7,000만원}$ = 1,5714천원
2	임차인 (이철수)	5,500만원 × $\frac{5,000만원}{7,000만원}$ = 3,9285천원

이후 가압류권자인 국민은행과 임차인 이철수와의 배당관계는, 임차인이 가압류권자에 대하여는 우선변제권을 주장할 수 없으므로 위의 예와 같이 남은 배당금액을 가지고 서로 안분비례에 의하여 평등배당을 한다. 즉 가압류권자와 임차인에게 돌아올 배당금 5,500만원을 가지고 확정일자 받은 임차인과 가압류권자가 안분배당을 하여 배당을 받아 가는 것이다.

5. 관련된 판례

1) 가압류이후 근저당권

가압류채권자와 근저당권자 및 근저당권 설정등기 후 강제경매신청을 한 압류채권자 사이의 배당관계에 있어서는 근저당권자는 선순위 가압류채권자에 대하여는 우선변제권을 주장할 수 없으므로 1차로 안분비례에 의하여 평등배당을 받은 다음, 후순위 경매신청권자에 대하여는 우선변제권이 인정되므로 경매신청 압류채권자가 받을 배당액으로부터 자기의 채권액을 만족시킬 때까지 이를 흡수하여 배당받을 수 있다.[11]

2) 가압류 이후 확정일자 받은 임차인

부동산 담보권자보다 선순위 가압류채권자가 있는 경우에 그 담보권자가 선순위의 가압류채권자와 채권액에 비례한 평등배당을 받을 수 있는 것과 마찬가지로 위 규정에 의하여 우선변제권을 갖게 되는 임차보증금채권자도 신순위의 가압류채권자와는 평등배당의 관계에 있게 된다.[12]

---

11) 대법원 1994. 11. 29.자 94마417 결정.
12) 대법원 1992. 10. 13. 선고 92다30597 판결.

· 제 7 장 ·

형 법

Ⅰ. 형법의 개념

형법이란 형법의 규정에 위반한 사항으로 형사소송법이라는 판결의 절차를 거쳐 형벌을 가하는 공법이면서 실체법에 해당한다. 형법은 국회의 의결을 거쳐 제정된 법률에 의하고 관습법에 의해서는 처벌할 수 없다.

1. 민법과 형법

민법에서는 일반적으로 개인과 개인 사이에 이루어지는 법률관계, 즉 계약 또는 불법행위 등으로부터 문제가 발생한 경우 금전으로 배상하는 해결방법을 원칙으로 하고 있다. 그러나 형법에서는 사회적으로 위법한 범죄행위로부터 발생하며, 형법에 규정한 사항에 위반을 한 행위에 대하여 벌금이나 기소 또는 사형이라는 처벌을 한다. 그리고 형법에서는 위법한 행위를 한 자에게 대하여 피해자가 직접 소를 제기하는 것이 아니고 국가의 기관(검찰)에서 형사소송을 대신 제기하게 된다.

민법에서는 증명책임이 소를 제기하는 일반인(원고) 또는 상대방(피고)에게 있는 반면 형법에서는 민법보다 더 높은 증거와 증명책임이 검찰에 있다.

하나의 범죄행위로부터 민사상의 책임과 형사상의 책임이 병존하는 경우도 있다. 예컨대 '갑'이 도로를 걷고 있는데, 갑자기 모르는 '을'이 폭행을 가하여 심한 상해를 입었고 경찰관이 그 자를 체포하였다. 이 상황에서 '을'은 상해죄로(형법 제257조) 처벌을 당할 수 있을 뿐만 아니라 민사상 불법행위에(민법 제750조) 따른 손해배상을 '갑'에게 이행하여야 할 책임을 부담하게 된다.

2. 범죄의 분류

범죄는 일반적인 기준은 아니지만 중한 범죄와 경한 범죄로 분류할 수 있다. 중한 범죄로는 최고형인 사형, 무기징역 또는 5년 이상으로 구속하는 경우가 있다. 경한 범죄는 벌금이나 1년 정도로 구속하여 형벌을 가하게 된다. 그리고 경한 범죄보다 약한 경범죄도 있는데, 흡연장소 위반이나 건축법 위반, 민사집행법 제68조 제1항의 재산목록 제출 거부[1] 등을 하는 경우에 해당하는 것으로 벌금이나 20일 이내에 구치소에 감치하는 형벌 등을 가하는 경우가 있다.

3. 기업의 형사상의 책임

법인은 자연인과 마찬가지로 권리와 의무의 주체가 된다. 그러나 법인은 이사가 범죄행위를 하였더라도 형사상 책임을 추궁하여 교도소에 구속할 수 없다. 왜냐하면 법인은 이사를 대리인으로 하여 법률관계를 하기 때문이다. 그러므로 법인은 법인 자신이 범죄행위를 할 수가 없다. 그러나 법인은 법인을 대표하는 이사가 범죄행위를 한 경우 그에 따른 범죄행위로부터 금전상의 책임이나 각종 면허 등은 취소가 될 수 있다. 그리고 이사도 형법상 범죄행위를 한 것에 대하여 개인적인 책임을 부담한다. 예컨대 식품회사에서 불량식품을 제조하여 판매한

---

1) 민사집행법 제68조 제1항은 "채무자가 정당한 사유 없이 명시기일 불출석, 재산목록 제출 거부 등을 하는 경우에는 20일 이내의 감치(監置)에 처한다"고 규정하고 있다.

경우 이를 감독할 이사 개인에게 책임을 부과할 수 있다. 그 이유는 회사의 이사 (임원)는 이러한 위법한 불량식품을 제조하지 않도록 예방할 회사와의 관계에 있기 때문이다.[2)]

4. 범죄의 유형

일반적으로 범죄는 다음과 같은 유형으로 구분할 수 있다. 대인범죄, 재산범죄, 공공범죄, 화이트칼라 범죄, 조직적 범죄, 컴퓨터를 이용한 가상현실(cyberspace) 범죄 그리고 성범죄 등이 있다.

(1) 대인범죄

대인범죄는 다른 자연인에게 범죄행위를 하는 경우이다. 범죄행위를 한 사람이 다른 사람에게 상해, 사망 그리고 강간 등의 행위로 고통을 주게 된다.

다른 사람을 폭행한 경우 앞에서 살펴본 민법상의 불법행위도 되지만 형법상 범죄행위도 된다. 물리적인 힘이나 위협적인 행사를 하여 다른 사람의 돈을 약탈하거나 개인적인 재산을 탈취하는 강도(Robbery)의 경우 형법상 대인범죄의 종류에 해당한다.

이러한 대인범죄는 상황에 따라 다양한 종류가 있는데 무기를 사용하여 대인범죄를 하는 경우나 신체에 상해를 입히는 경우 또는 피해자에게 정신상의 고통을 주는 행위 등 다양하다.

(2) 재산범죄

재산범죄는 범죄자가 다른 자에게 경제상의 손해를 입히거나 재산상에 손상 등을 가하는 범죄행위를 말한다.

강도행위는 재산범죄의 행위에도 해당한다. 왜냐하면 범죄자가 다른 사람의 재산을 약탈하는 행위를 하였기 때문이다. 그리고 우리 형법 제319조 제1항은 "사람의 주거, 관리하는 건조물, 선박이나 항공기 또는 점유하는 방실에 침입한 자는 3년 이하의 징역 또는 500만원 이하의 벌금에 처한다"고 규정하고 있는데, 사람의 주거, 관리하는 건조물 등에 무단으로 침입하여 재산상 범죄행위를 한 경우에 해당한다. 또한 형법 제329조는 "타인의 재물을 절취한 자는 6년 이하의

---

2) United States *v.* Park, 421 U.S 658, 95 S.Ct. 1903, 44 LEd 2d 489, 1975.

징역 또는 1천만원 이하의 벌금에 처한다"고 규정하고 있는데, 여기서 타인의 재물을 위법한 방법으로 절취한 행위도 역시 전형적인 재산범죄행위에 해당한다.

(3) 공공범죄

오늘날 공공범죄는 술 중독, 매춘(prostitution), 도박, 노름 그리고 불법적인 마약 이용 등이 해당한다. 이러한 범죄행위는 범죄자 자신으로부터 발생하고 그에 대한 피해자가 없는 특징이 있다.

(4) 화이트 칼라(white-collar) 범죄

범죄는 정신상 노동의 비즈니스 관계로부터도 발생하는데, 이를 '화이트 칼라' 범죄(white-collar crime)라고 한다. 화이트 칼라 범죄는 비폭력적인 범죄행위로 비즈니스 범죄, 기업사기, 지능적인 범죄행위, 횡령, 뇌물수수, 내부자 거래 등으로부터 발생한다.

1) 횡 령

형법 제355조 제1항은 "타인의 재물을 보관하는 자가 그 재물을 횡령하거나 그 반환을 거부한 때에는 5년 이하의 징역 또는 1천500만원 이하의 벌금에 처한다"고 규정하여 타인의 재물을 보관하고 있는 사람이 자기 것으로 착복하는 경우 발생한다. 일반적으로 회사의 공금을 담당하고 있는 직원이 회사 돈을 착복하여 개인 용도로 사용하는 경우 발생한다. 횡령은 절도와는 구별된다. 절도는 타인이 점유하고 재물을 물리적으로 착복하는 것이기 때문이다. 그리고 위계나 협박에 의하여 타인의 재물을 착복하는 강도와도 구별된다.

2) 뇌물수수

뇌물수수는 어떤 대가에 상응하는 가치를 이루고자 위법한 방법으로 재물을 수수하는 경우이다. 예컨대 중요한 정보를 얻기 위하여 그 정보를 가지고 있는 자에게 뇌물을 지급하고 정보를 취득하는 경우, 공개입찰에서 낙찰을 받기 위하여 타인의 입찰가액정보를 취득하고 뇌물을 지급하는 경우 등이 해당한다.

3) 사기 파산

채무자가 채권자에게 채무를 변제할 수 없는 경우 채무자는 파산절차에 의하여 채무를 면제받게 된다. 그런데 종종 화이트 칼라 범죄인들은 이 제도를 악용하여 채무를 면책받는 방법으로 이용하고 있다. 예컨대 채무자가 파산신청을 하기 이전에 가지고 있던 재산을 양도 등의 방법으로 다른 자에게 이전하고 파산신청을 하는 경우이다.

4) 내부자 거래

내부자 거래는 회사의 주식거래차익에 관한 정보를 이를 관리하고 있는 회사의 내부 사람이 착복하여 소지하고 있는 주식을 양도하거나 매수하여 주식양도 차액에 대한 이익을 편취하는 경우이다. 주식에 관한 정보를 가지고 있는 회사의 내부사람은 외부에 이를 공개하지 말아야 할 의무가 있을 뿐만 아니라 이러한 정보를 가지고 주식을 매수하거나 매도해서는 안 된다.

(5) 조직범죄

조직범죄는 노름, 아편, 사채업(일반적인 사채이자보다 높은 금리를 받고 금전을 대부) 등의 업종에 조직범죄인들이 가담하여 위법적으로 금전을 착복하는 경우이다. 즉 조직 범죄인들이(mafia) 불법적인 마약 거래나 노름에 이용하는 사람에게 금전을 빌려 주고 높은 이자를 착복하는 행위, 개인은 환전을 할 수 없는데도 불법적으로 환전을 하여 주고 이익을 착복하는 경우가 해당한다.

(6) 사이버 범죄

컴퓨터를 이용하여 사기, 노름 그리고 절도 등을 행하는 범죄행위를 사이버 범죄라고 한다. 최근에는 인터넷을 이용하여 국경을 초월한 사기사건이 발생하고 있다. 예컨대 본인이 상속받은 재산이 수십억원인데 이 재산을 관리하는 사람에게 많은 이익을 보장한다고 인터넷 답변을 요구하면서 개인정보를 수집하여 금전을 편취하거나 온라인으로 상품을 구매하고 결제를 하였는데 물건을 인도하지 않는 등의 방법으로 사기사건이 많이 발생하고 있다.

그리고 다른 사람의 컴퓨터에 인터넷으로 침입하여 컴퓨터를 작용하지 못하도록 하는 해킹(Hacking)을 하는 경우가 있다. 최근 이러한 해킹범죄들이[3] 많이 발생하고 있다. 그 일화로 2011년 일본의 소니 게임네트워크에 해커가 침입하여 온라인 게임서비스 등을 마비시켜 1천억 원의 손실을 가져온 적이 있다.

---

3) 이러한 사람을 일명 hacker(해커)라고 한다.

(7) 성 범죄와 관련된 규정

[성범죄의 종류]

적용	죄명	범죄(요건)	형벌(효과)	특징
형법 제297조	강간 (성폭행)	폭행 또는 협박으로 사람을 강간한 자	3년 이상의 유기징역	합의에 의한 경우는 불성립. 즉 성적 욕망 또는 수치심을 유발할 수 있는 행위를 그 의사에 반하여 함
형법 제298조	추행 (성추행)	폭행 또는 협박으로 사람에 대하여 추행을 한 자	10년 이하의 징역 또는 1천500만원 이하의 벌금	
민법 제750조	성희롱	언어 등으로 상대방에게 성적수치심을 주는 행위	금전배상	육체적인 접촉은 하지 않고 언어 등으로 수치심을 야기함
형법 제303조	업무상 위력 등에 의한 간음	업무, 고용 기타 관계로 인하여 자기의 보호 또는 감독을 받는 사람에 대하여 위계 또는 위력으로써 간음한 자	7년 이하의 징역 또는 3천만원 이하의 벌금	합의에 의한 경우는 불성립하나 정황상 업무상 위력 등에 의한 경우는 성립
성폭행법 제10조	업무상 위력 등에 의한 추행	업무, 고용이나 그 밖의 관계로 인하여 자기의 보호, 감독을 받는 사람에 대하여 위계 또는 위력으로 추행한 사람	3년 이하의 징역 또는 1천500만원 이하의 벌금	
형법 제307조	명예훼손죄	① 공연히 사실을 적시하여 사람의 명예를 훼손한 자	① 2년 이하의 징역이나 금고 또는 500만원 이하의 벌금	진실한 사실로서 오로지 공공의 이익에 관한 때에는 위법성 조각(제310조)
		② 공연히 허위의 사실을 적시하여 사람의 명예를 훼손한 자	② 5년 이하의 징역, 10년 이하의 자격정지 또는 1천만원 이하의 벌금	
형법 제311조	모욕죄	공연히 사람을 모욕한 자	1년 이하의 징역이나 금고 또는 200만원 이하의 벌금	"공연히"란 불특정 또는 다수인에게 알게 한다는 의미
형법 제156조	무고죄	타인으로 하여금 형사처분 또는 징계처분을 받게 할 목적으로 공무소 또는 공무원에 대하여 허위의 사실을 신고한 자	10년 이하의 징역 또는 1천500만원 이하의 벌금	국가적 법익을 해하는 죄

최근 성범죄와 관련하여 많은 사람들이 연루되어 뉴스에 끊이지 않게 나오면서 사회적인 문제가 되고 있다. 그동안 쌓아올린 모든 것을 한순간에 날려버리고 극단적인 선택으로 목숨을 끊거나 피해자 또한 많은 정신적 고통 등을 당하는 문제가 속출하고 있다. 성범죄는 다른 범죄와 다르게 인간의 본능적인 남녀 간의 관계를 바탕으로 이루어진다는 점에서 그에 따른 영향은 치명적이라고 할 수 있다.

이러한 성범죄에 대해서는 형법과 성폭력 특별법 그리고 민사상 불법행위에 따른 손해배상 등에 관한 법의 규정이 적용된다.

1) 강 간

강간이란 폭행 또는 협박으로 사람을 강간한 자에 대하여 적용되는 규정으로 이에 위반한 경우 3년 이상의 유기징역에 처한다(형법 제297조). 여기서 강간이란 성적인 관계가 이루어진 경우를 의미하며 상대방의 의사를 무시하고 일방적으로 간음을 한 경우에 성립한다.

판례는[4] 강간죄가 성립하려면 가해자의 폭행·협박은 피해자의 항거를 불가능하게 하거나 현저히 곤란하게 할 정도의 것이어야 한다. 폭행·협박의 내용과 정도는 물론, 유형력을 행사하게 된 경위, 피해자와의 관계, 성교 당시와 그 후의 정황 등 모든 사정을 종합하여 판단하여야 한다. 또한 강간죄에서의 폭행·협박과 간음 사이에는 인과관계가 있어야 하나, 폭행·협박이 반드시 간음행위보다 선행되어야 하는 것은 아니다.

최근에는 '성인지 감수성'에 대한 판결이 나오고 있어 주목을 받고 있다. 이에 대한 판례의 입장을 보면 다음과 같다.

법원이 성폭행이나 성희롱 사건의 심리를 할 때에는 그 사건이 발생한 맥락에서 성차별 문제를 이해하고 양성평등을 실현할 수 있도록 '성인지 감수성'을 잃지 않도록 유의하여야 한다(양성평등기본법 제5조 제1항 참조). 우리 사회의 가해자 중심의 문화와 인식, 구조 등으로 인하여 성폭행이나 성희롱 피해자가 피해사실을 알리고 문제를 삼는 과정에서 오히려 피해자가 부정적인 여론이나 불이익한 처우 및 신분 노출의 피해 등을 입기도 하여 온 점 등에 비추어 보면, 성폭

---

4) 대법원 2017. 10. 12. 선고 2016도16948, 2016전도156 판결.

행 피해자의 대처 양상은 피해자의 성정이나 가해자와의 관계 및 구체적인 상황에 따라 다르게 나타날 수밖에 없다. 따라서 개별적, 구체적인 사건에서 성폭행 등의 피해자가 처하여 있는 특별한 사정을 충분히 고려하지 않은 채 피해자 진술의 증명력을 가볍게 배척하는 것은 정의와 형평의 이념에 입각하여 논리와 경험의 법칙에 따른 증거판단이라고 볼 수 없다.[5] 피해자가 모텔에서 피고인과 성관계를 가진 후 피고인과 생리대에 관하여 이야기하거나 샤워 후에 피고인과 담배를 피우며 남편 등 피해자의 가정에 관한 대화를 10여 분 하다가 모텔에서 나온 것도 피해자 진술의 신빙성을 부정할 만한 사정이라고 보기에 부족하다. 강간을 당한 피해자의 대처 양상은 피해자의 성정이나 구체적인 상황에 따라 각기 다르게 나타날 수밖에 없다. 피해자는 이전부터 계속되어 온 피고인의 협박으로 이미 외포된 상태에서 제대로 저항하지 못한 채 피고인으로부터 강제로 성폭행을 당하였다는 것이고, 수치스럽고 무서운 마음에 반항을 하지 못하고 피고인의 마음이 어떻게 변할지 몰라 달랬다는 것이므로, 피해자로서는 오로지 피고인의 비위를 거스르지 않을 의도로 위와 같은 대화를 하였던 것으로 보인다.[6] 강간죄가 성립하기 위한 가해자의 폭행·협박이 있었는지 여부는 그 폭행·협박의 내용과 정도는 물론 유형력을 행사하게 된 경위, 피해자와의 관계, 성교 당시와 그 후의 정황 등 모든 사정을 종합하여 피해자가 성교 당시 처하였던 구체적인 상황을 기준으로 판단하여야 하며, 사후적으로 보아 피해자가 성교 이전에 범행 현장을 벗어날 수 있었다거나 피해자가 사력을 다하여 반항하지 않았다는 사정만으로 가해자의 폭행·협박이 피해자의 항거를 현저히 곤란하게 할 정도에 이르지 않았다고 섣불리 단정하여서는 아니 된다.[7]

2) 성추행

성추행이란 폭행 또는 협박으로 사람에 대하여 추행을 한 자에 대하여 적용되는 규정으로 이에 위반한 경우 10년 이하의 징역 또는 1천500만원 이하의 벌금에 처한다(형법 제298조). 본조의 규정이 성립하기 위해서는 폭력이나 협박으로 상대방과 신체적인 접촉을 함으로써 수치심과 혐오감을 갖게 하는 경우에 적용

---

5) 대법원 2019. 9. 9. 선고 2019도2562 판결; 대법원 2018. 4. 12. 선고 2017두74702 판결.
6) 대법원 2018. 10. 25. 선고 2018도7709 판결
7) 대법원 2018. 10. 25. 선고 2018도7709 판결.

된다. 만약 상대방과 신체적인 접촉에 대하여 합의나 동의를 한 상황에서 이루어진 경우에는 본 조의 규정이 성립하지 않는다.

판례는 피고인이 주점에서 회식을 하던 중 후배 여성 甲이 테이블에 엎드려 있는 틈에 자신의 얼굴을 甲의 얼굴에 가까이 들이대고 양손으로 甲의 머리를 만져 강제로 추행하였다는 내용으로 기소된 사안에서, 甲은 만 26세의 여성이고, 피고인은 甲의 상급자인데, 피고인과 甲은 6개월간 함께 일을 해야 하는 사이인 점, 피고인은 사건 발생 전에도 甲의 가슴을 만진 전력이 있는 점, 당시 甲은 더 이상 술을 마시지 않기 위해 취한 것처럼 엎드려 있었는데, 피고인은 甲이 의식을 잃었다고 생각하고 자신의 얼굴을 甲의 얼굴에 가까이 들이댄 다음 양손으로 甲의 머리를 만진 점 등에 비추어 보면, 피고인의 행위는 추행에 해당하고 피고인에게 추행의 고의가 있었다고 보고 있다.

3) 성희롱

성희롱이란 성과 관련된 언어나 행동 등으로 상대방의 의사에 반하여 성적인 불쾌감과 굴욕적인 수치심을 갖게 하는 일체의 행위를 말한다. 성희롱은 강제추행이나 강간과 다르게 형법이 적용되지 않으며, 민법 제750조에 따른 불법행위로 가해자를 상대로 손해배상을 청구할 수 있다. 강제추행이나 강간은 검사가 원칙적으로 당사자 사이의 합의에 의한 성적 관계가 아니었다는 입증책임이 있으나[8] 성희롱은 피해자가 손해에 대한 입증책임이 있다.

판례는[9] 성희롱의 위법성의 문제는 종전에는 법적 문제로 노출되지 아니한 채 묵인되거나 당사자 간에 해결되었던 것이나 앞으로는 빈번히 문제될 소지가 많다는 점에서는 새로운 유형의 불법행위이기는 하나, 이를 논함에 있어서는 이를 일반 불법행위의 한 유형으로 파악하여 행위의 위법성 여부에 따라 불법행위의 성부를 가리면 족한 것이지, 불법행위를 구성하는 성희롱을 고용관계에 한정하여, 조건적 성희롱과 환경형 성희롱으로 구분하고, 특히 환경형 성희롱의 경우

---

8) http://news1.kr/articles/?3272560. "강간의 형사법적 개념과 어학사전 의미를 다시 뜯어보면서 성관계의 '동의'라는 개념을 성폭력의 기본준거로 삼는다면 피해자가 주장하는 동의 없는 성관계의 입증책임은 가해자가 피해자에게 '동의'를 구했음을 입증하는 것으로, 성관계의 동의 입증책임을 가해자가 증명해야 한다"는 주장이 제기되고 있다.

9) 대법원 1998. 2. 10. 선고 95다39533 판결.

그 성희롱의 태양이 중대하고 철저한 정도에 이르러야 하며, 불법행위가 성립하기 위하여는 가해자의 성적 언동 자체가 피해자의 업무수행을 부당히 간섭하고 적대적·굴욕적 근무환경을 조성함으로써 실제상 피해자가 업무능력을 저해당하였다거나 정신적인 안정에 중대한 영향을 입을 것을 요건으로 하는 것이므로 불법행위에 기한 손해배상을 청구하는 피해자로서는 가해자의 성희롱으로 말미암아 단순한 분노, 슬픔, 울화, 놀람을 초과하는 정신적 고통을 받았다는 점을 주장·입증하여야 한다는 견해는 이를 채택할 수 없다. 또한 피해자가 가해자의 성희롱을 거부하였다는 이유로 보복적으로 해고를 당하였든지 아니면 근로환경에 부당한 간섭을 당하였다든지 하는 사정은 위자료를 산정하는 데에 참작사유가 되는 것에 불과할 뿐 불법행위의 성립 여부를 좌우하는 요소는 아니라고 보고 있다.

4) 업무상 위력 등에 의한 간음

업무상 위력 등에 의한 간음이란 업무, 고용 기타 관계로 인하여 자기의 보호 또는 감독을 받는 사람에 대하여 위계[10] 또는 위력으로써 간음한 자에 대하여 범죄가 성립하는 규정이다. 본 조의 요건에 해당하면 가해자에 대하여 7년 이하의 징역 또는 3천만원 이하의 벌금에 처한다(형법 제303조).

판례는[11] "피해자와 피고인 두 사람의 이 사건과 같은 성교관계에 이른 경위가 당연시 되거나 또는 필연적인 결과라고 시인될 수 있는 사정이 두 사람 사이에 있다고 볼 수 있는 특별한 사정을 시인할 수 있는 아무런 자료도 찾아볼 수 없고 오히려 피해자 공소외 2의 연령·경력·직업·환경 및 피고인의 연령·환경과 두 사람 사이의 신분관계와 아울러서 이 사건 여관에 이르게 된 경위·사정, 즉 피고인이 미장원 주인 남자로서 그 종업원인 피해자에게 저녁을 사준다는 구실로 데리고 나와서 식사 후에 피해자의 숙소로 보내준다고 하면서 상경 후 아직 서울지리에 생소함을 이용하여 "버스"를 같이 타고 다니는 등 고의로 시간을 지연시켜서 야간통행금지에 임박한 시간으로서 부득이 부근 여관에 투숙치 아니할 수 없는 것 같이 하여 위계로 유인 투숙하고 제1심판시와 같은 위력

---

10) 목사가 신도들에게 성스러운 의식이라는 빌미로 성관계를 맺은 사건을 예로 들 수 있다.
11) 대법원 1976. 2. 10. 선고 74도1519 판결.

으로 간음한 점 등으로 미루어서 볼 때에 이 사건의 두 사람과 같은 사이의 성
교관계가 공소외 2 스스로의 승낙에 이루어진 것이라고 보기에는 경험칙상 어렵
다"고 판단하여 본조를 적용하였다.

여기서 형법 제303조 제1항 규정 중 기타 관계로 자기의 보호 또는 감독을
받는 부녀라 함은 사실상의 보호 또는 감독을 받는 상황에 있는 부녀인 경우도
이에 포함되는 것으로 보는 것이 우리의 일반사회통념이나 실정 그리고 동 법조
를 신설하여 동 법조 규정상황 하에 있는 부녀의 애정의 자유가 부당하게 침해
되는 것을 보호하려는 법의 정신에 비추어 타당하다고 본다.

5) 업무상 위력 등에 의한 추행

업무상 위력 등에 의한 추행이란 업무, 고용이나 그밖의 관계로 인하여 자기
의 보호, 감독을 받는 사람에 대하여 위계 또는 위력으로 추행한 사람에 대하여
적용된다. 본조의 요건에 해당하면 3년 이하의 징역 또는 1천500만 원 이하의
벌금에 처하게 된다(성폭력 특별법 제10조). 형법 제298조에서의 강제추행죄는 폭
행이나 협박으로 사람에게 추행하는 경우 성립하지만 성폭력 특별법 제10조에
따른 "업무상 위력 등에 의한 추행"의 경우는 업무, 고용이나 그밖의 관계로 인
하여 자기의 보호, 감독을 받는 사람에 대하여 위계 또는 위력으로 추행한 경우
에 성립되는 범죄이다. 두 가지 범죄의 경우에 각각 행위에서 폭행 또는 협박인
지 아니면 위계 또는 위력[12]이냐의 여부에 따라서 다른 죄가 성립되고 피해자가
가해자의 보호나 감독을 받는 사람인지 여부에 따라 적용법규가 다르게 적용된
다. 폭행이나 협박 또는 업무상 위력 등에 의한 간음, 추행의 경우 당사자 사이
에 화간(합의)에 의한 관계였는지에 따라 성범죄 여부가 달라지게 된다.[13]

여기서 형법 제302조의 위계에 의한 미성년자간음죄에 있어서 위계라 함은
행위자가 간음의 목적으로 상대방에게 오인, 착각, 부지를 일으키고는 상대방의

12) 사람의 의사를 제압하는 유, 무형적 힘을 말한다(이병태, 법률용어사전, 법문북스, 2011, 25
면). 폭행이나 협박을 사용한 경우 또는 사회적·경제적 지위를 이용하여 의사를 제압하는 경우
도 포함한다.
13) 강간, 폭행, 업무상 위력 등에 의한 간음 또는 추행에 따른 성범죄의 성립요건은 합의(화간)에
의한 관계인지 아니면 협박이나 폭행 또는 업무상 위력 등으로 피해자의 의사에 반하여 이루어
졌는지에 따라 성범죄 여부가 달라진다. 만약 피해자와 합의에 의하여 이루어진 관계가 아니라면
성범죄가 성립하게 된다. 이에 따른 성범죄의 성립요건은 각종 증거에 의하여 판단되어 지는데,
문자, 사진, 육성, 증인, 증서 등에 의하여 판단된다.

그러한 심적 상태를 이용하여 간음의 목적을 달성하는 것을 말하는 것이다.[14] 그리고 오인, 착각, 부지란 간음행위 자체에 대한 오인, 착각, 부지를 말하는 것이지, 간음행위와 불가분적 관련성이 인정되지 않는 다른 조건에 관한 오인, 착각, 부지를 가리키는 것은 아니라고 보아야 한다.[15] 즉, 성행위 자체에 대한 오인, 착각, 부지가 인정되어야만 위계에 의한 간음죄가 성립한다.

판례는 피고인이 갑에게 정신장애가 있음을 알면서 인터넷 쪽지를 이용하여 갑을 피고인의 집으로 유인한 후 성교행위와 제모행위를 함으로써 장애인인 갑을 간음하고 추행하였다고 하여 구 성폭력범죄의 처벌 등에 관한 특례법(2012. 12. 18. 법률 제11556호로 전부 개정되기 전의 것) 위반으로 기소된 사안에서, 피고인이 성교 등의 목적을 가지고 갑을 유인하여 피고인의 집으로 오게 하였더라도, 위 유인행위는 갑을 피고인의 집으로 오게 하기 위한 행위에 불과하고, 갑이 피고인의 집으로 온 것과 성교행위나 제모행위 사이에 불가분적 관련성이 인정되지 아니하여, 갑이 피고인의 유인행위로 간음행위나 추행행위 자체에 대한 착오에 빠졌다거나 이를 알지 못하게 되었다고 할 수 없으므로, 피고인의 행위는 위 특례법에서 정한 장애인에 대한 위계에 의한 간음죄 또는 추행죄에 해당하지 않는다(대법원 2014. 9. 4. 선고 2014도8423, 2014전도151 판결).

(8) 명예훼손죄·무고죄 등

1) 명예훼손죄

명예훼손죄는 공연히[16] 사실을 적시하여 사람의 명예를 훼손한 자에 대하여 적용되는 사건으로, 명예훼손죄에 해당하면 2년 이하의 징역이나 금고 또는 500만원 이하의 벌금에 처한다(형법 제307조 제1항). 그리고 공연히 허위의 사실을 적

---

14) 대법원 1997. 2. 28. 선고 96도2825 판결.

15) 피고인이 청소년에게 성교의 대가로 돈을 주겠다고 거짓말하고 청소년이 이에 속아 피고인과 성교행위를 하였다고 하더라도, 사리판단력이 있는 청소년에 관하여는 그러한 금품의 제공과 성교행위 사이에 불가분의 관련성이 인정되지 아니하는 만큼 이로 인하여 청소년이 간음행위 자체에 대한 착오에 빠졌다거나 이를 알지 못하였다고 할 수 없다는 이유로 피고인의 행위가 청소년의성보호에관한법률 제10조 제4항 소정의 위계에 해당하지 아니한다(대법원 2001. 12. 24. 선고 2001도5074 판결).

16) 명예훼손죄의 "공연히"란 불특정 다수인에 대한 유포나 유포가능성을 의미하며, 1대1로 대화를 하는 경우에도 상대방이 명예훼손사실을 유포할 가능성이 현존하는 경우에는 본조의 "공연히"에 해당한다.

시한 경우에도 사람의 명예를 훼손한 자에 대해서는 5년 이하의 징역, 10년 이하의 자격정지 또는 1천만원 이하의 벌금에 처한다(동법 제2항).[17]

　명예훼손죄에 대하여 판례는[18] 적시한 사실이 공공의 이익에 관한 것인 경우 특별한 사정이 없는 한 비방의 목적은 부인된다고 보고 있으며 '공공의 이익'을[19] 위한 것이라는 것은 적시된 사실이 객관적으로 봤을 때 공공의 이익에 관한 것으로서, 행위자의 주요한 목적이나 동기가 공공의 이익을 위한 것이라면 부수적으로 다른 사익적 목적이나 동기가 내포되어 있더라도 무방하다고 법원은 넓게 판단하고 있다.[20]

　그리고 여기서 명예훼손죄의 구성요건인 '공연성'은 불특정 또는 다수인이 인식할 수 있는 상태를 말하고, 비록 개별적으로 한 사람에 대하여 사실을 유포하였다고 하더라도 그로부터 불특정 또는 다수인에게 전파될 가능성이 있다면 공연성의 요건을 충족하지만 이와 달리 전파될 가능성이 없다면 특정한 한 사람에 대한 사실의 유포는 공연성을 결한다고 할 것이다.[21] 한편 위와 같이 전파가능성을 이유로 명예훼손죄의 공연성을 인정하는 경우에는 적어도 범죄구성요건의 주관적 요소로서 미필적 고의가 필요하므로, 전파가능성에 대한 인식이 있음은 물론, 나아가 그 위험을 용인하는 내심의 의사가 있어야 하고, 그 행위자가 전파가능성을 용인하고 있었는지의 여부는 외부에 나타난 행위의 형태와 행위의 상황 등 구체적인 사정을 기초로 하여 일반인이라면 그 전파가능성을 어떻게 평가할 것인가를 고려하면서 행위자의 입장에서 그 심리상태를 추인하여야 할 것

17) 사람을 비방할 목적으로 정보통신망을 통하여 공공연하게 사실을 드러내어 다른 사람의 명예를 훼손한 경우에는 3년 이하의 징역 또는 3천만원 이하의 벌금에 처하게 된다(정보통신망법 제70조).
18) 대법원 2003. 12. 26. 선고 2003도6036 판결.
19) 대법원 2008. 7. 10. 선고 2007도9885 판결. 교장 甲이 여성기간제교사 乙에게 차 접대 요구와 부당한 대우를 하였다는 인상을 주는 내용의 글을 게재한 교사 丙의 명예훼손행위가 공공의 이익에 관한 것으로서 위법성이 조각된다고 보고 있다. 즉 교육현장에서의 남녀평등은 중요한 헌법적 가치이고, 교육문제는 교육관련자들만의 문제가 아니라 학부모와 학생 등 국가사회 일반의 관심사항이며, 교육문제에 관하여 정보가 공개되고 공론의 장이 마련될 필요가 있는 점, 이 사건 글이 게재된 이후 교사 업무분장의 잘못과 부적절한 관행에 대하여 시정조치가 이루어진 점 등을 종합하여 보면, 이 사건 글을 게재한 주요 동기 내지 목적은 공공의 이익에 관한 것이라고 볼 수 있다
20) 대법원 2007. 9. 6. 선고 2005다62761 판결.
21) 대법원 1996. 7. 12. 선고 96도1007 판결; 대법원 2000. 5. 16. 선고 99도5622 판결.

이다.22)

판례는 "상가 관리단 임시총회에서 당시 관리인이던 피고인이 해임되고 피해자가 새로운 관리인으로 선출되자, 피고인이 재판부에 '피해자가 뇌물공여죄, 횡령죄 등 전과 13범으로 관리단규약에 의하여 선량한 관리인으로서의 자격이 없다'는 내용을 담은 준비서면을 제출하고, 같은 날 그 준비서면을 관리단 감사에게 팩스로 전송한 사실, 그 후 피고인이 심문기일에서 위 준비서면에 기재된 피해자의 전과 사실을 진술함으로써 당시 법정에서 심문을 방청하던 이 사건 상가의 상인들이 이러한 사실을 듣게 된 사실을 알 수 있고 피고인이 한 사람에게만 피해자의 전과사실을 유포하였다고 하더라도 그로부터 불특정 또는 다수인에게 전파될 가능성에 대한 인식이 있었음은 물론이고 내심으로도 전파가능성을 용인하고 있었다고 봄이 상당하므로, 명예훼손죄의 구성요건인 '공연성'을 충족한다"23)고 보고 있다.

2) 모욕죄

모욕죄란 사람의 가치에 대한 사회적 평가를 의미하는 외부적 명예를 보호법익으로 하는 범죄로서, 모욕죄에서 말하는 모욕이란 사실을 적시하지 아니하고 사람의 사회적 평가를 저하시킬 만한 추상적 판단이나 경멸적 감정을 표현하는 것을 의미한다(형법 제311조). 따라서 어떠한 표현이 상대방의 인격적 가치에 대한 사회적 평가를 저하시킬 만한 것이 아니라면 표현이 다소 무례한 방법으로 표시되었다 하더라도 모욕죄의 구성요건에 해당한다고 볼 수 없다. 따라서 아파트 입주자대표회의 감사인 피고인이 관리소장 甲의 외부특별감사에 관한 업무처리에 항의하기 위해 관리소장실을 방문한 자리에서 甲과 언쟁을 하다가 "야, 이따위로 일할래.", "나이 처먹은 게 무슨 자랑이냐."라고 말한 사안에서, 피고인과 甲의 관계, 피고인이 발언을 하게 된 경위와 발언의 횟수, 발언의 의미와 전체적인 맥락, 발언을 한 장소와 발언 전후의 정황 등에 비추어 볼 때, 피고인의 발언은 상대방을 불쾌하게 할 수 있는 무례하고 저속한 표현이기는 하지만 객관적으로 甲의 인격적 가치에 대한 사회적 평가를 저하시킬 만한 모욕적 언사에 해당

---

22) 대법원 2004. 4. 9. 선고 2004도340 판결; 대법원 2007. 12. 13. 선고 2007도6014 판결.
23) 대법원 2004. 4. 9. 선고 2004도340 판결; 대법원 2007. 12. 13. 선고 2007도6014 판결.

하지 않는다.24)

명예훼손죄는 상대방의 사회적인 평가를 저하시킬 만한 사실로 그 사람의 명예를 침해한 때 성립하는 반면 모욕죄는 사실에 대한 표현 없이 추상적이거나 감정적인 글이나 말, 동작 등으로 그 사람의 사회적 평가나 명예감정을 훼손하였을 때 성립한다.

3) 무고죄

무고죄는 타인으로 하여금 형사처분 또는 징계처분을 받게 할 목적으로 공무소 또는 공무원에 대하여 허위의 사실을 신고한 자에 대하여 적용된다. 무고죄에 해당하면 10년 이하의 징역 또는 1천500만원 이하의 벌금에 처한다(형법 제156조). 본 조에 대하여 통설과 판례는 국가적 법익을 해하는 죄라고 보고 있다.

판례는 무고죄는 타인으로 하여금 형사처분 등을 받게 할 목적으로 신고한 사실이 객관적 진실에 반하는 허위사실인 경우에 성립되는 범죄로서, 신고자가 그 신고내용을 허위라고 믿었다 하더라도 그것이 객관적으로 진실한 사실에 부합할 때에는 허위사실의 신고에 해당하지 않아 무고죄는 성립하지 않는 것이며, 한편 위 신고한 사실의 허위 여부는 그 범죄의 구성요건과 관련하여 신고사실의 핵심 또는 중요내용이 허위인가에 따라 판단하여 무고죄의 성립 여부를 가려야 한다고 보고 있다.25)

그리고 허위사실의 신고에 대한 기준과 관련하여 판례는 신고사실이 객관적 사실에 반한다는 것을 확정적이거나 미필적으로 인식하고 신고하는 것을 말하는 것이므로 객관적 사실과 일치하지 않는 것이라도 신고자가 진실이라고 확신하고 신고하였을 때에는 무고죄가 성립하지 않는다고 할 것이나, 여기에서 진실이라고 확신한다 함은 신고자가 알고 있는 객관적인 사실관계에 의하더라도 신고사실이 허위라거나 또는 허위일 가능성이 있다는 인식을 하지 못하는 경우를 말하는 것이지, 신고자가 알고 있는 객관적 사실관계에 의하여 신고사실이 허위라거나 허위일 가능성이 있다는 인식을 하면서도 이를 무시한 채 무조건 자신의 주장이 옳다고 생각하는 경우까지 포함되는 것은 아니라고 보고 있다.26) 또한 판

---

24) 대법원 2015. 9. 10. 선고 2015도2229 판결.
25) 대법원 1991. 10. 11. 선고 91도1950 판결.
26) 대법원 2000. 7. 4. 선고 2000도1908, 2000감도62 판결.

례는[27] 피고인이 길에서 만난 피해자의 가슴 부위를 만지는 등의 방법으로 추행하고 피해자가 항의하자 피해자의 얼굴을 때리는 등으로 폭행한 후 오히려 피해자로부터 폭행을 당하여 상해를 입었다는 취지로 피해자를 무고한 것으로서 죄질이 불량한 점 등의 피고인에게 불리한 정상, 피고인이 당심에 이르러 이 사건 범행을 모두 인정하고 자신의 잘못을 반성하고 있는 점, 당심에 이르러 피해자와 합의한 점, 피고인에게 벌금형 이상의 처벌을 받은 전력이 없는 점, 그 밖에 피고인의 연령·성행·환경, 범행 후의 정황 등 이 사건 기록과 변론에 나타난 여러 양형조건들을 종합하여 원심 징역 1년의 판결을 파기하고 형의 집행을 2년간 유예하는 감형을 하였다.

5. 형사상 책임에 대한 방어

범죄행위가 특수한 상황에서 정당하다고 인정되면 피고인은 형법상 책임을 방어(조각)할 수 있다. 여기서 특수한 상황이란 특별한 사람이 범죄행위를 한 경우를 의미하는 것으로 그에 대한 범죄행위를 조각할 수 있다는 것이다. 왜냐하면 그러한 사람들은 범죄행위에 대한 인식이 부족하기 때문이다.

이외에 적법하지 않은 방법으로 증거를 수집한 경우에도 법원에서 피고인에 대한 증거로 채택하지 않는다.

이에 대한 내용을 이하에서 살펴보도록 한다.

(1) 미성년자

미성년자가 한 범죄행위는 책임능력이 없기 때문에 범죄가 되지 않는다. 10세 이상 만 14세 미만의 자에 대해서는 형벌을 부과하지 않고 보안처분의 일종인 소년법상의 '보호처분'을 부과할 수 있다.[28]

(2) 중독과 정신이상

중독이 된 상태는 약물과 알코올에 중독된 경우로 나뉘어 볼 수 있다. 무의

---

27) 인천지방법원 2011. 11. 18. 선고 2011노3129 판결.
28) Miller & Jentz, business law today-text & case, South — Western cengage learning, 2010, p. 182; 미국에서는 미성년자가 7세 이하에 해당하는 경우에는 범죄행위가 되지 않는 것으로 보고 있으며, 7세에서 14세 사이에 해당하는 경우에는 범죄능력이 없고 14세 이상인 상태에서 살인, 강간 등의 중한 범죄행위를 한 경우는 성인과 같이 범죄행위를 한 것으로 처리하고 있다.

식적으로 약과 알코올을 섭취하여 중독이 된 상태에서 위법한 행위를 한 경우에는 범죄행위에 대한 위법성을 방어할 수 있을 것이다. 그리고 정신이상인 상태에서 범죄행위를 한 경우에도 형사상의 소추행위에 대하여 방어할 수 있다. 정신병을 앓고 있거나 심신이 상실된 상태에서 범죄행위를 한 경우 형사상 책임을 부과하지 않는다.[29]

(3) 강 요

위법한 협박과 다른 방법이 없는 상태에서 범죄행위를 실행을 한 경우 범죄행위가 조각된다. 즉 위협적인 위험지역에서 다른 방법으로 이를 피하거나 탈출할 수 없는 경우 형사상 책임을 부과하지 않는다.

(4) 함 정

함정은 타인을 범죄행위로 유혹하여 형사상 기소를 하기 위한 방법으로 이용되고 있다. 이러한 함정행위로 범죄를 한 경우에는 범죄행위에 대하여 방어할 수 있다. 이러한 함정행위를 이용하여 범죄행위를 유발케 한 것은 범죄예방에 도움이 되지 않는다. 예컨대 경찰관이라는 사실을 숨기고 마약을 판매하여 매수한 자를 구속하거나 한쪽이 보이지 않는 도로코너에서 안전벨트 미착용으로 범칙금을 발급하는 경우 '함정수사'에 해당한다고 볼 수 있다.

6. 형법의 기능

형법은 형벌이라는 수단을 통하여 법익을 보호하고 사회질서를 유지하며 국가형벌권의 한계를 명확히 하여 자의적인 국가형벌권의 행사로부터 국민의 자유와 권리를 보장하는 보장적인 기능(죄형법정주의)의 역할을 한다.

Ⅱ. 죄형법정주의

우리 형법은 성문법주의의 원칙으로 "법률 없이는 범죄 없고 법률 없이는 형벌없다"는 죄형법정주의를 취하고 있다.

---

29) Miller & Jentz, business law today-text & case, South—Western cengage learning, 2010, p. 184.

그리고 형법은 소급효금지의 원칙,[30] 명확성의 원칙, 유추적용금지의 원칙을 취하고 있는데 이는 형법이 죄형법정주의를 취하고 있기 때문에 파생되는 원칙이다.

Ⅲ. 형법의 적용범위

1. 형법의 시간적 적용범위

형법 제1조 제1항은 "범죄의 성립과 처벌은 행위 시의 법률에 의한다"라고 규정하여 소급효 금지의 원칙과 행위시법주의의 원칙을 채택하고 있다. 이는 행위시에 그 행위를 처벌하는 규정이 없는데도 불구하고 사후에 제정된 법으로 처벌을 할 수 있게 된다면 죄형법정주의의 파생원칙인 소급효금지의 원칙에도 반하게 되기 때문이다.

그러나 형법 제1조 제2항은 예외적으로 "범죄 후 법률의 변경에 의하여 그 행위가 범죄를 구성하지 아니하거나 형이 구법보다 경한 때에는 신법에 의한다"고 규정하여 신법이 구법보다 경미한 경우에는 소급효를 인정하고 있다. 그러므로 재판확정 후 법률의 변경에 의하여 그 행위가 범죄를 구성하지 아니하는 때에는 형의 집행을 면제하게 된다(형법 제1조 제3항).

2. 장소적 적용범위

형법의 장소적 적용범위란 어떤 장소나 지역에서 발생한 범죄에 대해 어떤 형법이 적용되는가의 문제이다. 이러한 형법의 지역적 적용범위에 관하여 속지주의·속인주의·세계주의·보호주의가 있다. 속지주의란 자국의 영역 안에서 발생한 모든 범죄에 대하여 범죄인의 국적을 불문하고 자국형법을 적용한다는 원칙으로 대부분의 국가에서 채택하고 있다. 속인주의란 자국민의 범죄에 대하여는 범죄지의 여하를 불문하고 자국형법을 적용하는 원칙을 말한다. 세계주의는 누가 어디에서 누구에게 범한 범죄인가를 불문하고 문명국가에서 인정되는 공통

---

30) 형법 제1조는 "범죄의 성립과 처벌은 행위 시의 법률에 의한다"고 규정하여 행위 당시에 적용 형법이 없는 경우는 사후의 형법에 의하여 소급하여 처벌하지 않는다고 규정하고 있다.

된 법익을 침해하는 범죄에 대하여 자국형법을 적용하는 원칙이다. 그리고 보호주의란 자국 또는 자국민의 법익을 침해하는 범죄에 대하여 누구에 의하여 어느 곳에서 발생하였는지를 불문하고 자국형법을 적용하는 원칙을 말한다.

우리나라는 속지주의를 원칙으로 삼으면서 속인주의와 세계주의·보호주의를 가미하고 있다.

3. 인적 적용범위

인적 적용범위란 어떤 사람에 대해 형법이 적용되는가의 문제이다. 원칙적으로 형법은 시간적·장소적 효력이 미치는 모든 사람에게 적용된다. 다만 대통령은 내란 또는 외환의 죄를 범한 경우를 제외하고는 재직 중 형사상의 소추를 받지 아니한다(헌법 제84조). 그리고 국회의원도 국회에서 직무상 행한 발언과 표결에 관하여 국회 외에서 책임을 지지 아니한다(헌법 제45조).

제 2 절 범 죄

Ⅰ. 범죄의 의의

1. 의 의

범죄는 국가가 보호하는 사회생활상의 이익·가치를 침해 내지 위협하는 반사회질서에 반하는 일체의 행위이다. 법의 해석과 적용의 관점에서는 형식적 범죄개념이 사용되는데 범죄란 범죄구성요건에 해당하고 위법성과 책임능력을 갖춘 인간의 행위를 의미한다. 일반적으로 형법상의 범죄란 형식적 의의의 범죄를 말하며 죄형법정주의의 보장적 기능과 처벌할 필요가 있는 실체를 정확하게 인식하게 하여 준다.

형법은 범죄를 성립요건으로 하여, 성립요건이 갖추어지면 그에 따른 효과로 형벌과 보안처분이 발생한다.

2. 범죄의 성립요건

범죄는 국가가 보호하는 사회생활상의 이익·가치를 침해 내지 위협하는 반사회적 행위라고 볼 수 있다. 범죄는 그것이 반사회적인 행위이기 때문에 이에 대하여 형벌을 가하여 사회질서 유지와 국민의 권리와 자유를 보장하는 것이다. 그렇다면 범죄가 성립하기 위해서는 어떠한 요건을 갖추어야 하는지가 문제되는데, 이것이 범죄의 성립요건에 관한 내용이다.

법의 해석과 적용의 관점에서 범죄란 범죄구성요건에 해당하고 위법하며 책임있는 인간의 행위를 의미하는데 이를 범죄의 성립요건이라고 한다. 다시 말해서 범죄가 성립하였다고 평가하기 위해서는 구성요건해당성, 위법성 그리고 책임능력이 있어야 하는데, 이를 범죄성립의 3요소라고 한다. 이중 하나만이라도 결격사유가 있는 경우에는 범죄가 성립하지 않기 때문에 범죄인으로 기소하기 위해서는 3가지의 요건을 모두 충족해야 한다.

구성요건해당성은 형법상 금지되는 행위 또는 요구되는 행위를 기술한 형법상의 규정을 말한다. 구성요건은 행위자의 객관적 구성요건과 주관적 구성요건으로 구분된다.

위법성은 형법 제250조의 살인, 동법 제260조의 폭행 등과 같이 법조문에 규정되어 행위가 법률상 허용되지 않는 성질을 말하는 것으로 구성요건에 해당하는 행위를 하였다면 일단 위법성이 추정된다. 따라서 구성요건에 해당하는 행위를 하였다면 심사단계에서 위법성이 조각되는 사유가 있는지를 판단해야 한다. 위법성이 조각되는 사유에는 정당방위, 긴급피난, 승낙, 자구행위, 정당행위가 있다.

그리고 책임은 행위자에게 형벌을 부과하기 위하여 필요한 행위자의 주관적인 요건으로 정신능력과 의사상태를 말한다. 어떤 행위가 구성에 해당하고 위법하더라도 행위자에게 책임능력이 없으면 비난할 수 없다. 이러한 책임능력이 없는 자에는 미성년자, 심신상실자, 심신미약자 등이 있다.

※ 범죄의 성립요건＝범죄구성요건＋위법성＋책임능력

Ⅱ. 구성요건해당성

1. 의 의

구성요건이란 형법상 금지되는 행위 또는 요구되는 행위를 기술한 형법상의 규정을 말한다. 즉 구성요건은 위법한 행위 중에서 특히 범죄로 처벌할 가치가 있는 것만을 형법 각 조문의 성립요건에 규정하여 이에 해당하는 경우 범죄의 구성요건에 해당한다. 따라서 구체적인 범죄사실이 추상적인 형법의 성립요건에 해당하면 구성요건해당성이 인정된다. 예컨대 형법 제250조 제1항은 "사람을 살해한 자는 사형, 무기 또는 5년 이상의 징역에 처한다." 동법 제257조 제1항은 "사람의 신체를 상해한 자는 7년 이하의 징역, 10년 이하의 자격정지 또는 1천만원 이하의 벌금에 처한다." 동법 제260조 제1항은 "사람의 신체에 대하여 폭행을 가한 자는 2년 이하의 징역, 500만원 이하의 벌금, 구류 또는 과료에 처한다." 동법 제311조(모욕)의 "공연히 사람을 모욕한 자는 1년 이하의 징역이나 금고 또는 200만원 이하의 벌금에 처한다." 그리고 형법 제366조는 "타인의 재물, 문서 또는 전자기록 등 특수매체기록을 손괴 또는 은닉 기타 방법으로 기 효용을 해한 자는 3년 이하의 징역 또는 700만원 이하의 벌금에 처한다"라고 규정하고 있는데, 여기서 각 조문의 형벌에 해당하는 성립요건으로 제250조의 "사람을 살해한 자," 동법 제257조의 "사람의 신체를 상해한 자," 동법 제260조 제1항의 "사람의 신체에 대하여 폭행을 가한 자," 형법 제311조의 "공연히 사람을 모욕한 자는," 그리고 형법 제366조의 "타인의 재물, 문서 또는 전자기록 등 특수매체기록을 손괴 또는 은닉 기타 방법으로 기 효용을 해한 자" 등은 범죄의 요건으로 각각의 구성요건에 해당한다.

그리고 각 조문의 형벌에 해당하는 효과로 살인죄에 해당하는 "제250조의 사형, 무기 또는 5년 이상의 징역," 상해죄에 해당하는 동법 제257조 제1항의 "7년 이하의 징역, 10년 이하의 자격정지 또는 1천만원 이하의 벌금," 폭행죄에 해당하는 동법 제260조 제1항의 "2년 이하의 징역 500만원 이하의 벌금, 구류 또는 과료에 처한다," 모욕죄에 해당하는 동법 제311조의 "공연히 사람을 모욕한 자는 1년 이하의 징역이나 금고 또는 200만원 이하의 벌금에 처한다," 그리고

범죄(요건)	사람의 신체를 살해한 자, 사람의 신체를 상해한 자, 사람의 신체에 대하여 폭행을 가한 자, 타인의 재물, 문서 또는 전자기록 등 특수매체기록을 손괴 또는 은닉 기타 방법으로 기 효용을 해한 자
형벌(효과)	사형, 무기 또는 5년 이상의 징역, 7년 이하의 징역, 10년 이하의 자격정지 또는 1천만원 이하의 벌금, 2년 이하의 징역 500만원 이하의 벌금, 구류 또는 과료, 3년 이하의 징역 또는 700만원 이하의 벌금

재물손괴죄에 해당하는 형법 제366조의 "3년 이하의 징역 또는 700만원 이하의 벌금에 처한다" 등의 규정은 형벌에 해당하는 각각의 법률효과이다.

구성요건은 객관적 구성요건과 주관적 구성요건으로 나뉜다. 객관적 구성요건 요소는 법조문 행위의 외부적 현상을 기술한 것으로, 행위자의 의사나 목적 등 주관적 요소와는 독립된 외부적으로 인식할 수 있는 법조문의 요건을 말한다.

객관적 구성요건은 각각의 범죄종류마다 다르지만 이를 일반화하면 행위주체, 행위객체, 구성요건적 행위, 결과, 인과관계가 이에 속한다. 주관적 구성요건은 고의 또는 과실이 해당한다.

2. 객관적 구성요건

(1) 행위주체와 객체

범죄는 사람의 행위에 의하여 이루어진다. 따라서 행위의 주체는 자연인 이외 법인은 주체가 될 수 없으므로 행위의 주체는 원칙적으로 자연인이어야 한다.

행위의 객체는 행위수행의 구체적 대상을 말한다. 즉 살인죄의 공격대상은 사람, 절도죄의 행위의 객체는 타인의 재물, 그리고 상해죄의 행위의 객체는 사람의 신체가 된다.

(2) 구성요건적 행위

객관적 구성요건의 내용으로서 구성요건적 행위는 행위객체와 함께 구성요건에 포함되어 있다. 살인죄는 살인행위, 절도죄는 절취행위 그리고 강도죄는 강취행위 등이 구성요건적 행위라고 한다.

(3) 결 과

범죄가 성립하기 위해서는 구성요건적 결과가 필요한 결과범과 구성요건적 결과발생이 필요하지 않는 거동범이 있다.

거동범은 결과의 발생을 요하지 아니하고 구성요건적 일정한 행위만 전개되면 이미 구성요건이 충족되는 범죄를 말한다. 그러나 결과범은 구성요건적 행위 이외에도 결과발생을 필요로 하는 범죄를 말한다.

예컨대 주거침입죄(형법 제319조), 무고죄(형법 제156조), 모욕죄(형법 제311조)[31] 그리고 업무방해죄(형법 제314조)는 일정한 외부적 거동만으로 범죄가 성립되는 거동범에 해당하지만, 살인죄는 행위와 사망의 결과발생이, 상해죄는 상해의 결과발생이 발생하여야 기수범으로 살인죄와 상해죄의 범죄가 성립한다. 형법상 인과관계는 결과범에 대해서만 문제가 된다. 만약 결과범에 있어서 구성요건적 행위는 있었지만 결과가 발생하지 않았다면 미수범으로 처벌된다.

(4) 인과관계

결과범의 성립에는 행위와 결과 간에 인과관계가 있어야 한다. 원인된 구성요건적 행위와 발생한 구성요건적 결과 사이의 일정한 관련성이 있어야 하는데, 이를 인과관계라고 한다. 인과관계는 구성요건적 행위로부터 그 결과가 발생하는 것이 사회경험상으로 미루어 상당하다고 인정되는 경우에 비로소 인과관계가 인정되는 상당인과관계설이 통설이다. 인과관계는 결과범에서만 문제되며 인과관계가 인정되면 기수범으로 처벌되고 인정되지 않으면 미수범으로 처벌된다.

3. 주관적 구성요건

(1) 고 의

주관적 구성요건으로 고의와 과실이 있다. 고의는 모든 객관적 구성요건요소에 해당하는 사실을 인식하고 구성요건을 실현하려는 의사를 말한다. 고의는

---

31) 예컨대 많은 사람이 있는 데서, 갑이 을을 향해 "저 망할년 저기 오네", "×× 같은 잡년아, 시집을 열두 번을 간 년아, 자식도 못 낳는 ×× 같은 년"이라고 상대방에게 모욕적인 언어 등을 행사하여 상대방의 사회적 평가를 저하시킬 만한 추상적 판단이나 경멸적 감정을 표현한 때 모욕죄가 성립한다. 일반적으로 언어폭행은 폭행죄가 성립되지 않으나 모욕죄는 해당할 수 있다. 명예훼손죄의 경우에는 사실의 적시가 필요하나, 모욕죄는 그러한 것이 없는 그냥 욕만으로도 성립된다. 반의사불벌죄인 명예훼손죄는 피해자 측의 고소가 없어도 검사가 기소를 할 수 있다.

구성요건의 객관적 요소에 해당하는 모든 사실을 인식하고 이러한 사실이 결과로서 나타날 것을 의욕하였을 때 성립한다.[32] 결과의 인식은 결과발생을 확실히 인식할 것을 요하는 것이 아니라 그 가능성을 의욕하는 것으로 족하다.[33] 예컨대 칼로 상대방을 찌르며 상대방이 살해될 것을 인식하고 그 상대방이 죽을 수 있다고 의욕하였을 경우 고의가 성립한다.

(2) 과 실

과실이란 행위자가 구성요건의 실현가능성을 예견하거나 예견할 수 있었는데도 사회생활상 요구되는 주의의무를 위반하였을 때 발생한다. 즉 사실의 발생에 대한 의욕은 없지만 사회생활상 요구되는 주의의무를 부주의로 인하여 결과를 발생케 하였을 때 성립한다. 형법 제14조는 "정상의 주의를 태만함으로 인하여 죄의 성립요소인 사실을 인식하지 못한 행위는 법률에 특별한 규정이 있는 경우에 한하여 처벌한다"라고 규정하여 정상의 주의를 태만히 한 경우를 과실로 정의하고 있다.

예컨대 운전자가 부주의로 사람을 사망케 한 경우 고의는 없으나 과실로 인하여 살해하는 결과가 발생하였으므로 업무상 과실치사죄가 성립하게 된다.

과실범의 불법과 책임은 고의범에 비하여 가볍기 때문에 법률에 특별한 규정이 있는 경우에 한하여 처벌한다(형법 제13조).

Ⅲ. 위법성

1. 위법성의 의의와 판단

범죄는 구성요건에 해당하는 위법한 행위이다. 따라서 어떠한 행위가 형법 각 조문의 구성요건에 해당하는 경우에는 위법성 조각사유가 존재하지 않는 한 위법성은 추정된다. 다시 말해서 위법성은 어떠한 행위가 국가적 사회공동생활을 규율하는 법규의 목적에 위반하여 법질서 전체의 입장에서 부정적인 가치판단을 받은 것을 말한다.

---

32) 유기천, 형법학, 법문사, 2012, 17면.
33) 이재상, 형법총론, 박영사, 1997, 151면.

그러므로 구성요건에 해당하는 행위가 위법하지 않으려면 개별적인 사건에서 구성요건이 금지하는 혹은 요구하는 행위를 정당화시켜 줄 수 있는 사유가 존재하여야 하는데, 이를 위법성 조각사유라고 한다.

위법성 조각사유에 해당하면 구성요건에 해당하더라도 위법하지 않기 때문에 그 행위는 정당화된다. 이러한 정당화 사유로는 다음과 같은 것이 있다.

2. 정당행위

형법 제20조는 정당행위에 대하여 "법령에 의한 행위 또는 업무로 인한 행위 기타 사회상규에 위배되지 아니하는 행위는 벌하지 아니한다"고 규정하고 있다. 즉 공무집행행위, 부모님의 자녀에 대한 징계행위, 사인의 현행범 체포, 노동쟁의 행위 등은 법령에 의한 정당행위이다. 그리고 업무로 인한 정당행위는 의사의 치료행위, 변호사의 직무수행 등이 있고 사회상규에 위배되지 아니하는 행위는 상대방의 폭행, 부당한 강제연행을 피하기 위하여 저항행위 등은 정당한 행위로서 위법성이 조각된다.

3. 정당방위

형법 제21조 제1항은 정당방위에 대하여 "자기 또는 타인의 법익에 대한 현재의 부당한 침해를 방위하기 위한 행위는 상당한 이유가 있는 때에는 벌하지 아니한다"고 정의하고 있다.

정당방위가 성립하기 위해서는 그 침해가 '현재' 부당한 침해이어야 하며, 동시에 자기 또는 타인의 법익에 대한 부당한 침해를 방위하기 위한 행위일 것, 부당한 침해를 방위하기 위한 행위는 상당한 이유가 있어야 한다. 만약 방위행위가 그 정도를 초과한 때에는 정황에 의하여 그 형을 감경 또는 면제할 수 있다(형법 제21조 제3항). 그리고 정당방위의 경우에 그 행위가 야간 기타 불안스러운 상태 하에서 공포, 경악, 흥분 또는 당황으로 인한 때에는 벌하지 아니한다(형법 제21조 제3항).

판례는 정당방위에 대하여 다음과 같이 판시하고 있다.

(1) 현행범인은 누구든지 영장 없이 체포할 수 있는데(형사소송법 제212조), 현

행범인으로 체포하기 위하여는 행위의 가벌성, 범죄의 현행성·시간적 접착성, 범인·범죄의 명백성 이외에 체포의 필요성 즉, 도망 또는 증거인멸의 염려가 있어야 하고, 이러한 요건을 갖추지 못한 현행범인 체포는 법적 근거에 의하지 아니한 영장 없는 체포로서 위법한 체포에 해당한다. 여기서 현행범인 체포의 요건을 갖추었는지는 체포 당시 상황을 기초로 판단하여야 하고, 이에 관한 검사나 사법경찰관 등 수사주체의 판단에는 상당한 재량 여지가 있으나, 체포 당시 상황으로 보아도 요건 충족 여부에 관한 검사나 사법경찰관 등의 판단이 경험칙에 비추어 현저히 합리성을 잃은 경우에는 그 체포는 위법하다고 보아야 한다. 그리고 형법 제136조가 규정하는 공무집행방해죄는 공무원의 직무집행이 적법한 경우에 한하여 성립하고, 여기서 적법한 공무집행은 그 행위가 공무원의 추상적 권한에 속할 뿐 아니라 구체적 직무집행에 관한 법률상 요건과 방식을 갖춘 경우를 가리킨다. 경찰관이 현행범인 체포 요건을 갖추지 못하였는데도 실력으로 현행범인을 체포하려고 하였다면 적법한 공무집행이라고 할 수 없고, 현행범인 체포행위가 적법한 공무집행을 벗어나 불법인 것으로 볼 수밖에 없다면, 현행범이 체포를 면하려고 반항하는 과정에서 경찰관에게 상해를 가한 것은 불법체포로 인한 신체에 대한 현재의 부당한 침해에서 벗어나기 위한 행위로서 정당방위에 해당하여 위법성이 조각된다.[34]

　　(2) 사법경찰관이 피고인에게 수사관서까지 동행하도록 한 것이 사실상의 강제연행, 즉 불법 체포에 해당한다면 그러한 위법한 체포 상태에서 이루어진 음주측정요구 또한 위법한 것이어서, 피고인이 음주측정요구에 응하지 않았다고 하더라도 도로교통법상 음주측정거부죄를 구성하지 않는다. 그리고 적법한 절차를 준수하지 아니한 채 음주측정을 요구하는 경찰관을 상대로 저항하는 과정에서 경찰관을 폭행하여 경미한 상해를 가한 사안에서, 피고인의 폭행행위는 경찰관의 불법체포 및 그에 따른 위법한 음주측정요구 등 자신의 신체에 대한 현재의 부당한 침해에서 벗어나기 위한 행위로서 위법성이 조각된다는 이유로, 공무집행방해죄의 성립을 부정한다.[35]

---

34) 대법원 2011. 5. 26. 선고 2011도3682 판결.
35) 대구지법 2009. 9. 29. 선고 2009고단1743 판결.

(3) 피고인이 피해자와 말다툼을 하다가 건초더미에 있던 낫을 들고 반항하는 피해자로부터 낫을 빼앗아 그 낫으로 피해자의 가슴, 배, 등, 뒤통수, 목, 왼쪽 허벅지 부위 등을 10여 차례 찔러 피해자로 하여금 다발성 자상에 의한 기흉 등으로 사망하게 하였다는 사실을 인정한 다음, 이에 비추어 보면, 피고인에게는 이 사건 범행 당시 적어도 살인의 미필적 고의는 있었다. 위와 같은 원심의 판단은 옳고, 거기에 상고이유의 주장과 같은 채증법칙 위배 또는 심리미진으로 인한 사실오인이나 미필적 고의에 관한 법리오해 등의 위법이 있다고 할 수 없다. 형법 제21조 소정의 정당방위가 성립하려면 침해행위에 의하여 침해되는 법익의 종류, 정도, 침해의 방법, 침해행위의 완급과 방위행위에 의하여 침해될 법익의 종류, 정도 등 일체의 구체적 사정들을 참작하여 방위행위가 사회적으로 상당한 것이어야 한다.[36]

(4) 강제추행범의 혀를 깨문 행위가 정당방위에 해당된다고 본 사례로, 판례는 갑(甲)과 을(乙)이 공동으로 인적이 드문 심야에 혼자 귀가중인 병(丙)녀에게 뒤에서 느닷없이 달려들어 양팔을 붙잡고 어두운 골목길로 끌고 들어가 담벽에 쓰러뜨린 후 갑이 음부를 만지며 반항하는 병녀의 옆구리를 무릎으로 차고 억지로 키스를 함으로 병녀가 정조와 신체를 지키려는 일념에서 엉겁결에 갑의 혀를 깨물어 설절단상을 입혔다면 병녀의 범행은 자기의 신체에 대한 현재의 부당한 침해에서 벗어나려고 한 행위로서 그 행위에 이르게 된 경위와 그 목적 및 수단, 행위자의 의사 등 제반사정에 비추어 위법성이 결여된 행위이다.[37]

4. 긴급피난

형법 제22조 제1항은 긴급피난에 대하여 "자기 또는 타인의 법익에 대한 현재의 위난을 피하기 위한 행위는 상당한 이유가 있는 때에는 벌하지 아니한다"고 규정하고 있다.

즉 긴급피난은 자기 또는 타인의 법익에 대한 "현재의 위반"을 피하기 위한 상당한 이유가 있는 행위를 말한다. 예컨대 갑자기 맹견이 달려들어 발로 차 사

---

36) 대법원 2007. 4. 26. 선고 2007도1794 판결; 대법원 1992. 12. 22. 선고 92도2540 판결; 대법원 2005. 9. 30. 선고 2005도3940, 2005감도15 판결.
37) 대법원 1989. 8. 8. 선고 89도358 판결.

망케한 경우 재물손괴죄의 구성요건에 해당하는 범죄행위를 하였지만 긴급피난
으로서 위법성이 조각되어 범죄가 되지 않는다.

판례는 "현재의 위반"에 대하여 다음과 같이 판시하고 있다. "평소 남편으로
부터 지속적인 폭행이나 학대를 당해오던 피고인이 잠자고 있는 남편을 살해한
사안에서, 사회심리학자의 견해(이른바 '학대나 폭력의 지속적인 재경험')나 오랜 기간
동안 남편으로부터의 폭력이나 학대에 시달려온 피고인의 특별한 심리상태를 수
긍하더라도, 그러한 사정만으로는 살해 당시 객관적으로도 피고인 등의 법익에
대한 침해나 위난이 현존하고 있었다고 보기 어렵다는 이유로 정당방위나 긴급
피난의 성립을 부정한다"[38]고 하여 법익에 대한 침해나 위난이 현존하고 있을
것을 요구하고 있다.

그리고 정당방위와 마찬가지로 긴급피난의 경우에도 상당한 이유가 있어야
위법성이 조각된다. 판례는 다음과 같이 판시하고 있다.

(1) 피해자의 목을 끌어 안고 둑으로 끌어 올린 피고인의 행위는 피해자의
자살기도로 피해자의 생명에 대한 현재의 위난이 있다고 믿고 피해자의 생명을
구조할 의사 즉 피난의사로써 한 행위라고 인정되므로 피고인의 위 행위는 형법
제22조 제1항 소정의 피난행위(긴급피난)에는 해당되겠지만, 피해자의 팔이나 허
리 또는 의복 등을 잡아 당기지 아니하고 피해자의 목을 잡아 끌어서 피난방법
이 부적절하였고, 피난행위중에 피고인의 과실로 인하여 도리어 피해자의 생명
이 침해되었다는 피해결과 등에 비추어 피고인의 위 피난행위는 상당한 이유가
있다고 할 수 없어 형법 제22조 제1항 소정의 긴급피난에는 해당되지 아니하고,
형법 제22조 제3항, 제21조 제2항[39] 소정의 피난행위가 그 정도를 초과한 경우
에 해당된다.[40]

(2) 다른 판례로 "피고인이 스스로 야기한 강간범행의 와중에서 피해자가 피
고인의 손가락을 깨물며 반항하자 물린 손가락을 비틀며 잡아 뽑다가 피해자에
게 치아결손의 상해를 입힌 사건에 대하여 법에 의하여 용인되는 피난행위(긴급

---

38) 대전지법 2006. 10. 18. 선고 2006고합102 판결.
39) 형법 제21조 제2항은 "방위행위가 그 정도를 초과한 때에는 정황에 의하여 그 형을 감경 또는
   면제할 수 있다"고 규정하고 있어 본 사건은 그 형을 감경하여 피고인을 징역 1년에 처하였다.
40) 대구고법 1987. 9. 16. 선고 87노787 판결.

피난)라 할 수 없다"⁴¹⁾고 판시하고 있다.

5. 자구행위

자구행위란 법정절차에 의하여 청구권을 보전하기 불능한 경우에 그 청구권의 실행불능 또는 현저한 실행곤란을 피하기 위한 행위는 상당한 이유가 있는 때에는 처벌을 하지 않는 것을 말한다(형법 제23조 제1항). 그리고 자구행위가 그 정도를 초과한 때에는 정황에 의하여 형을 감경 또는 면제가 가능하다(형법 제23조 제2항). 즉 자구행위는 권리자가 권리에 대한 불법한 침해를 받고 국가기관의 법정절차에 의하여 청구권을 보전받기가 불가능한 경우에 자력에 의하여 그 권리를 실행하는 행위를 말한다.

판례는 자구행위에 대하여 다음과 같이 판시하고 있다.

(1) 인근 상가의 통행로로 이용되고 있는 토지의 사실상 지배권자가 위 토지에 철주와 철망을 설치하고 포장된 아스팔트를 걷어냄으로써 통행로로 이용하지 못하게 한 경우, 이는 일반교통방해죄를 구성하고 자구행위에 해당하지 않는다.⁴²⁾

(2) 절의 출입구와 마당으로 약 10년 전부터 사용하고 또 그곳을 통하여서만 출입할 수 있는 대지를 전 주지의 가족으로부터 매수하여 등기를 마쳤다는 구실로 불법침입하여 담장을 쌓기 위한 호를 파 놓았기 때문에 그 절의 주지가 신도들과 더불어 그 호를 메워버린 소위는 자구행위로서의 요건을 갖추었다고 볼 수 없고 그와 같은 사정 하에서의 주지의 소위는 이를 인용하는 것이 사회상규에 해당된다거나 또한 그러한 사회상규가 있다고 인정되지 아니하므로 사회상규에 위배되지 아니한 행위라고 단정할 수도 없다.⁴³⁾

(3) 갑이 집회 장면을 카메라로 촬영하자 집회참가자인 피고인이 영상을 지워달라고 요구하면서 갑이 메고 있던 가방 줄을 붙잡고 밀고 당기는 등의 폭행을 하였다는 내용으로 기소된 사안에서, 피고인의 행위가 정당행위 또는 자구행위에 해당하여 위법성이 없다는 이유로 무죄를 선고하였다.⁴⁴⁾

41) 대법원 1995. 1. 12. 선고 94도2781 판결.
42) 대법원 2007. 12. 28. 선고 2007도7717 판결.
43) 대법원 1970. 7. 21. 선고 70도996 판결.

6. 피해자의 승낙

처분할 수 있는 자의 승낙에 의하여 그 법익을 훼손한 행위는, '피해자의 승낙'이라 하여 법률에 특별한 규정이 없는 한 위법성이 조각되어 처벌받지 아니한다(형법 제24조). 승낙의 대상이 되는 법익은 자유처분권이 인정될 수 있는 개인적 법익에 국한되며, 국가적·윤리적 위반·생명은 승낙의 대상이 아니므로 위법성이 조각되지 않는다.

판례는 피해자의 승낙에 대하여 다음과 같이 판시하고 있다.

(1) "피고인이 피해자 갑(甲)의 상가건물에 대한 임대차계약 당시 갑(甲)의 모(母) 을(乙)에게서 인테리어 공사 승낙을 받았는데, 이후 을(乙)이 임대차보증금 잔금 미지급을 이유로 즉시 공사를 중단하고 퇴거할 것을 요구하자 도끼를 집어던져 상가 유리창을 손괴한 사안에서, 피고인의 유리창 손괴행위 전에 피고인에게 임대차보증금 잔금 미지급을 이유로 하여 이 사건 상가에서의 공사 중단 및 퇴거를 요구하는 취지의 의사표시를 하였다면, 위 임대차계약을 체결하면서 피고인에게 한 이 사건 상가 지층 및 1층의 시설물 철거에 대한 동의를 철회하였다고 봄이 상당하다"고 보고 있다.[45]

(2) 자궁외 임신에 관한 내용을 설명받지 못한 피해자로부터 수술승낙을 받았다면 위 승낙은 부정확 또는 불충분한 설명을 근거로 이루어진 것으로서 수술의 위법성을 조각할 유효한 승낙이라고 볼 수 없다.[46]

(3) 강간치상죄는 강간죄와 마찬가지로 폭행 또는 협박으로 부녀자를 강간하려 한 경우에 성립하는 고의범으로서 피해자가 성교행위를 승낙하고 있는 경우에는 구성요건해당성이 없어 범죄가 성립할 수 없음은 물론 피해자가 겉으로는 승낙하지 않고 있다고 하더라도 내심의 진의는 승낙하고 있는 것이라고 행위자가 오신하여 성교를 하려고 한 과정에서 상해를 입힌 경우에도 강간치상죄의 고의는 조각되므로 같은 죄로 처벌할 수 없다[47]고 하여 무죄로 선고하였다.

44) 부산지법 2015. 9. 11. 선고 2015노1466 판결.
45) 대법원 2011. 5. 13. 선고 2010도9962 판결.
46) 대법원 1993. 7. 27. 선고 92도2345 판결(업무상과실치상).
47) 부산지법 1991. 8. 20. 선고 91고합291 판결(특수강간치상).

Ⅳ. 책 임

1. 의 의

어떤 행위가 구성요건에 해당하고 위법성이 인정된다고 하여도 그 행위자에게 책임능력이 없는 때에는 범죄가 성립하지 않는다. 여기서 책임이란 행위자에게 형벌을 과하기 위해서는 행위자가 자신의 행위에 대한 법적 금지사실을 알고 있거나 알 수 있었음을 전제로 하는 일정한 정신능력 또는 그 행위가 일정한 의사 상태가 있었음을 말한다.

2. 책임능력

책임능력이란 법규범에 따라 행위할 수 있는 능력, 사물의 시비선악을 식별할 수 있는 변별능력 또는 그 의사결정에 따라 행동할 수 있는 정도의 의사결정능력을 말한다. 현행법상 책임무능력자에는 형사미성년자와 심신상실자 그리고 심신미약자와 농아자가 있다.

(1) 형사미성년자

형법 제9조는 "14세되지 아니한 자의 행위는 벌하지 아니한다"고 규정하여 14세 미만의 자는 형사미성년자로서 책임무능력자에 해당하기 때문에 처벌할 수 없다. 다만 형벌 법령에 저촉되는 행위를 한 10세 이상 14세 미만인 소년은 소년부의 보호사건으로 심리하며(소년법 제4조), 형벌을 부과하는 형사절차 대신 소년법상의 보호처분을 부과할 수 있다. 범죄소년은 만 14세 이상 19세 미만의 자로서 일반성인과 같이 형사처벌이 가능하지만 소년이라는 특수성을 감안하여 보호처분의 가능성이 있다.

소년부 판사는 조사관에게 사건 본인, 보호자 또는 참고인의 심문이나 그 밖에 필요한 사항을 조사하도록 명할 수 있으며(소년법 제11조 제1항), 사건의 조사 또는 심리에 필요하다고 인정하면 기일을 지정하여 사건 본인이나 보호자 또는 참고인을 소환할 수 있고(소년법 제13조 제1항), 사건 본인이나 보호자가 정당한 이유 없이 소환에 응하지 아니하면 소년부 판사는 동행영장을 발부할 수 있다(소년법 제13조 제2항).

소년부 판사는 심리 결과 보호처분을 할 필요가 있다고 인정하면 결정으로 써 보호자 또는 보호자를 대신하여 소년을 보호할 수 있는 자에게 감호 위탁, 수강명령, 사회봉사명령, 보호관찰관의 단기(短期) 보호관찰, 보호관찰관의 장기(長期) 보호관찰, 단기 소년원 송치, 장기 소년원 송치 등의 보호처분을 하여야 한다 (소년법 제32조 제1항). 다만 보호처분이 계속 중일 때에 사건 본인이 행위 당시 10세 미만으로 밝혀진 경우 또는 처분 당시 10세 미만으로 밝혀진 경우에는 소년부 판사는 결정으로써 그 보호처분을 취소하여야 한다(소년법 제38조 제2항).

그러나 소년부에 따라 송치된 사건을 조사 또는 심리한 결과 그 동기와 죄질이 금고 이상의 형사처분을 할 필요가 있다고 인정할 때에는 결정으로써 해당 검찰청 검사에게 송치할 수 있다(소년법 제49조 제2항).

(2) 심신상실자

심신장애로 인하여 사물을 변별할 능력이 없거나 의사를 결정할 능력이 없는 자의 행위는 처벌하지 아니한다(형법 제10조 제1항). 즉 정신박약, 심한 의식장애 기타 중대한 정신이상자인 경우에는 책임능력이 없기 때문에 처벌하지 않는다.

심신상실에 대하여 판례는 다음과 같이 판시하고 있다.

1) "정신지체 3급 장애인으로 정신박약과 주의력결핍 과잉행동장애(ADHD)가 있는 피고인이 흉기를 휴대하고 피해자를 강제추행하여 상해를 입혔다고 하여 성폭력범죄의 처벌 등에 관한 특례법 위반(강간등상해)으로 기소된 사안에서, 소년형사범인 피고인에 대하여 감정을 실시하지 아니한 채 범행 당시 심신장애 상태에 있지 아니하였다고 단정한 원심판결에 법리오해의 위법이 있다"고 판시하였다.[48]

2) "재물손괴의 범의를 인정함에 있어서는 반드시 계획적인 손괴의 의도가 있거나 물건의 손괴를 적극적으로 희망하여야 하는 것은 아니고, 소유자의 의사에 반하여 재물의 효용을 상실케 하는 데에 대한 인식이 있으면 되고, 여기에서 재물의 효용을 해한다고 함은 그 물건의 본래의 사용목적에 공할 수 없게 하는 상태로 만드는 것은 물론 일시 그것을 이용할 수 없는 상태로 만드는 것도 역시 효용을 해하는 것에 해당한다. 피고인이 범행 당시 심신장애의 상태에 있었는지 여부를 판단함에는 반드시 전문가의 감정을 거쳐야 하는 것이 아니고, 법원이

---

48) 대법원 2011. 6. 24. 선고 2011도4398 판결.

범행의 경위와 수단, 범행 전후의 피고인의 행동 등 기록에 나타난 제반 자료와 공판정에서의 피고인의 태도 등을 종합하여 피고인이 심신장애의 상태에 있지 아니하였다고 판단하더라도 위법이라고 할 수 없다"[49]고 판시하여 심신상실의 여부와 관련하여 의사인 전문가의 감정을 반드시 거쳐야 하는 것은 아니고 법원이 제반사항을 종합하여 판단하여도 위법하지 않다고 보고 있다.

(3) 심신미약자, 농아자

심신장애로 인하여 사물을 변별할 능력이 미약한 자 또는 일반인보다도 능력이 박약하나 심신장애의 정도까지는 이르지 아니한 자는 한정책임능력자로 그 형벌을 감경할 수 있다(형법 제10조 제2항). 또는 청각기능과 발언기능이 모두 결여된 농아자는 한정책임능력자로서 이들의 행위에 대하여 그 형벌을 감경한다(형법 제11조).

(4) 원인에 있어서 자유로운 행위

위험의 발생을 예견하고 자의로 심신장애를 야기한 자의 행위를 '원인에 있어서 자유로운 행위'라고 하는데 행위자가 이러한 행위를 한 경우에는 그 형벌을 감경하지 아니한다(형법 제10조 제3항). 즉 원인에 있어서 자유로운 행위라 함은 행위자가 고의 또는 과실로 자신을 심신상실 또는 심신미약의 상태에 빠뜨리고 이러한 상태에서 범죄를 실행하는 것을 말하는데 이때는 그 형벌을 감경하지 않는다.

심신상실자와 심신미약자에 대한 감경처벌 사유를 악용하여 원인에 있어서 자유로운 행위를 한 자에 대하여 다음과 같이 판시하고 있다.

1) "음주운전을 할 의사를 가지고 음주만취한 후 운전을 결행하다가 교통사고를 일으킨 경우에는 음주시에 교통사고를 일으킬 위험성을 예견하였는데도 자의로 심신장애를 야기한 경우에 해당하므로 형법 제10조 제3항에 의하여 심신장애로 인한 감경 등을 할 수 없다"고 판시하여 원인에 있어서 음주를 하면 교통사고를 일으킬 위험성을 예견하였는데도 자의로 심신장애를 야기한 경우 감경사유가 되지 않는 것으로 보고 있다.[50]

2) "피고인들은 상습적으로 대마초를 흡연하는 자들로서 이 사건 각 살인범행 당시에도 대마초를 흡연하여 그로 인하여 심신이 다소 미약한 상태에 있었음은 인

49) 대법원 1993. 12. 7. 선고 93도2701 판결.
50) 대법원 2007. 7. 27. 선고 2007도4484 판결; 대법원 1992. 7. 28. 선고 92도999 판결.

정되나, 이는 위 피고인들이 피해자들을 살해할 의사를 가지고 범행을 공모한 후
에 대마초를 흡연하고, 위 각 범행에 이른 것으로 대마초 흡연시에 이미 범행을
예견하고도 자의로 위와 같은 심신장애를 야기한 경우에 해당하므로, 형법 제10
조 제3항에 의하여 심신장애로 인한 감경 등을 할 수 없다"고 판시하고 있다.[51]

3. 책임조건

(1) 위법성의 인식

책임이 인정되기 위해서는 위법성에 대한 인식이 요구되는데, 위법성의 인
식이란 행위자가 자신의 행위가 공동사회의 질서에 반하고 법적으로 금지되어
있다는 것을 인식하는 것을 말한다. 만일 행위자가 자신의 행위가 법에 위반된
다는 사실을 인식하지 않는 못한 경우에는 금지착오에 해당하며, 금지착오를 함
에 있어서 정당한 이유가 있는 때에는 처벌하지 않는다.

형법 제16조는 법률의 착오로 "자기의 행위가 법령에 의하여 죄가 되지 아
니하는 것으로 오인한 행위는 그 오인에 정당한 이유가 있는 때에 한하여 벌하
지 아니한다"고 규정하고 있다. 이러한 금지의 착오에는 법률의 부지, 효력의 착
오 그리고 위법성 조각사유에 대한 착오가 있다.

판례는 위법성의 인식에 대하여 다음과 같이 판시하고 있다.

1) 피고인이 구 건축법상 허가대상인 주택을 무허가로 건축하였다는 내용으
로 기소된 사안에서, 「국토의 계획 및 이용에 관한 법률」에서 정한 제2종 지구
단위계획구역 안에서의 건축에 해당한다는 사실을 알았다면 그 건축이 허가대상
인 줄 몰랐다 하더라도 이는 단순한 법률의 부지에 불과하여 구 건축법 위반죄
의 성립에 영향이 없는데도, 이와 달리 피고인에게 무허가 건축의 범의가 없었
다고 보아 무죄를 선고한 원심판결에 법리오해 및 심리미진의 위법이 있다.[52]

2) 숙박업소에서 위성방송수신장치를 이용하여 수신한 외국의 음란한 위성
방송프로그램을 투숙객 등에게 제공한 행위가, 구 「풍속영업의 규제에 관한 법
률」 제3조 제2호에 규정한 '음란한 물건'을 관람하게 하는 행위에 해당한다. 형

---

51) 대법원 1996. 6. 11. 선고 96도857 판결.
52) 대법원 2011. 10. 13. 선고 2010도15260 판결.

법 제16조에서 자기가 행한 행위가 법령에 의하여 죄가 되지 아니한 것으로 오인한 행위는 그 오인에 정당한 이유가 있는 때에 한하여 벌하지 아니한다고 규정하고 있는 것은 일반적으로 범죄가 되는 경우이지만 자기의 특수한 경우에는 법령에 의하여 허용된 행위로서 죄가 되지 아니한다고 그릇 인식하고 그와 같이 그릇 인식함에 정당한 이유가 있는 경우에는 벌하지 아니한다는 취지이고, 이러한 정당한 이유가 있는지 여부는 행위자에게 자기 행위의 위법의 가능성에 대해 심사숙고하거나 조회할 수 있는 계기가 있어 자신의 지적능력을 다하여 이를 회피하기 위한 진지한 노력을 다하였더라면 스스로의 행위에 대하여 위법성을 인식할 수 있는 가능성이 있었음에도 이를 다하지 못한 결과 자기 행위의 위법성을 인식하지 못한 것인지 여부에 따라 판단하여야 할 것이고, 이러한 위법성의 인식에 필요한 노력의 정도는 구체적인 행위정황과 행위자 개인의 인식능력 그리고 행위자가 속한 사회집단에 따라 달리 평가되어야 한다.[53]

(2) 기대가능성

행위자를 비난할 수 있으려면 행위자의 행위당시의 구체적인 사정으로 보아 행위자가 범죄행위를 하지 않고 적법행위를 기대할 수 있는 기대가능성이 있어야 한다. 행위자가 책임능력이 있으며 위법성을 인식하였다고 하여도 적법행위를 기대할 수 없는 사정이 있는 경우에는 행위자를 비난할 수 없으므로 책임조각사유에 해당한다. 기대가능성은 책임능력, 위법성의 인식과 함께 책임을 구성하는 요소이다. 예컨대 강요된 행위,[54] 정당방위(형법 제21조 제3항),[55] 증거인멸 등과 친족 간의 특례[56] 등의 경우에 적법행위를 기대할 수 없기 때문에 책임이 조각되어 처벌하지 않는다.

---

53) 대법원 2006. 3. 24. 선고 2005도3717 판결; 대법원 2008. 10. 23. 선고 2008도5526 판결.
54) 형법 제12조(강요된 행위) 저항할 수 없는 폭력이나 자기 또는 친족의 생명, 신체에 대한 위해를 방어할 방법이 없는 협박에 의하여 강요된 행위는 벌하지 아니한다.
55) 형법 제21조(정당방위) ① 자기 또는 타인의 법익에 대한 현재의 부당한 침해를 방위하기 위한 행위는 상당한 이유가 있는 때에는 벌하지 아니한다. ③ 전항의 경우에 그 행위가 야간 기타 불안스러운 상태하에서 공포, 경악, 흥분 또는 당황으로 인한 때에는 벌하지 아니한다.
56) 형법 제155조(증거인멸 등과 친족간의 특례) ① 타인의 형사사건 또는 징계사건에 관한 증거를 인멸, 은닉, 위조 또는 변조하거나 위조 또는 변조한 증거를 사용한 자는 5년 이하의 징역 또는 700만원 이하의 벌금에 처한다. ④ 친족 또는 동거의 가족이 본인을 위하여 본조의 죄를 범한 때에는 처벌하지 아니한다.

제 3 절 　형벌과 보안처분

I. 서 론

우리나라는 범죄에 대한 형사처벌로 형벌과 보안처분이 있다.

형벌이란 국가가 범죄에 대한 법률효과로서 범죄자에 대하여 과하는 법익의 박탈을 말한다. 형벌은 행위자의 책임을 기초로 하고 보안처분은 행위자의 위험성을 기초로 부과한다는 점에서 차이가 있다. 그리고 형벌은 과거의 범죄행위를 처벌하는데 주안점을 두는 반면, 보안처분은 장래의 범죄예방을 목적으로 한다.

Ⅱ. 형 벌

1. 의 의

형법이 규정하고 있는 형벌의 종류에는 사형, 징역, 금고, 자격상실, 자격정지, 벌금, 구류, 과료 그리고 몰수의 9종이 있다(형법 제41조). 형벌은 법익을 박탈하는 것이기 때문에 내용에 따라 생명형, 자유형, 재산형, 명예형으로 나눌 수 있다.

2. 생명형: 사형

사형은 역사적으로 가장 오래된 형벌이다. 사형의 집행은 교도소 내에서 교수로 집행하며 군형법에서는 총살형으로 집행한다.

사형에 관해서는 종교적·인도적 견지에서 또는 형사정책적 차원에서 그 존폐논쟁이 있다.

3. 자유형: 징역, 금고, 구류

(1) 의 의

자유형은 범죄인을 교도소에 유치(구금)하여 자유를 박탈하는 형벌이다. 다시 말해서 자유형은 신체의 자유를 박탈함으로써 범죄인을 교화·개선하여 사회복귀의 목적과 명예를 실추시키고 노역을 통한 재화생산으로 국가재정에 도움을 준다는 의미를 가지고 있다. 현행 형법은 징역, 금고, 구류를 자유형으로 규정하고 있다.

(2) 종 류

징역은 수형자를 교도소에 구치하여 강제노역(정역)에 복역하는 것이다. 무기징역은 종신형이며 유기징역은 1월 이상 30년 이하를 원칙으로 한다. 금고는 강제노역에 복역하는 의무는 없지만 수형자가 선택하면 강제노역으로 복역할 수 있다. 금고는 일반적으로 과실범, 정치범 등 징역보다 경한 범죄인에 대하여 부과한다. 구류는 1일 이상 30일 미만의 형벌에 해당한다.

4. 재산형: 벌금, 과료, 몰수

(1) 의 의

재산형은 자유형의 대용 또는 그 보충으로서 일정한 재산의 박탈을 내용으로 하는 형벌이다. 재산형에는 벌금, 과료, 몰수가 있다.

(2) 종 류

벌금형은 5만원 이상이며 일신전속적 성질을 가지기 때문에 제3자의 대납, 연대책임 그리고 상속등이 원칙적으로 인정되지 않는다. 벌금은 판결확정일로부터 30일 이내에 납입하여야 하며, 벌금을 납입하지 아니한 자는 1일 이상 3년 이하의 기간 동안 노역장에 유치하여 작업에 복무하게 한다(형법 제69조).

따라서 경제적 자력이 있는 자에 대해서는 형벌의 효과를 기대할 수 없으나 그렇지 않은 자에 대해서는 가족에게까지 경제적인 어려움을 당하게 하는 문제가 있다. 그러나 오판에 따른 회복이 용이하며 자본주의 사회에서는 재산에 따른 영향력을 행사할 수 있어 긍정적인 측면도 있다.

과료는 2천원 이상 5만원 미만으로 한다(형법 제47조). 다만 과료는 재산형으로 형법상의 형벌이지만 과태료는 행정법상의 제재로서 차이가 있다.

몰수는 범인 이외의 자의 소유에 속하지 아니하거나 범죄 후 범인이외의 자가 정을 알면서 취득한 다음 기재의 물건은 국가에서 전부 또는 일부를 몰수할 수 있다(형법 제48조 제1항). ① 범죄행위에 제공하였거나 제공하려고 한 물건, ② 범죄행위로 인하여 생하였거나 이로 인하여 취득한 물건, ③ 또는 위와 같은 범죄행위의 대가로 취득한 물건, ④ 범죄행위에 기재한 물건을 몰수하기 불능한 때에는 그 가액을 추징한다, ⑤ 문서, 도화, 전자기록 등 특수매체기록 또는 유가증권의 일부가 몰수에 해당하는 때에는 그 부분을 폐기한다.

5. 명예형 : 자격상실, 자격정지

자격상실은 별도의 선고형이 아니라 형법선고에 따른 부대적 효력으로 사형, 무기징역, 무기금고의 선고가 있으면 그 형의 효력으로서 공무원이 되는 자격, 공무원의 선거권과 피선거권, 법률로 요건을 정한 공법상의 업무에 관한 자격, 법인의 이사 또는 지배인 기타 법인의 업무에 관한 재산관리인이 되는 자격을 상실당한다.

자격정지는 일정기간 동안 일정자격의 전부 또는 일부를 정지시키는 것을 말한다. 유기징역, 유기금고의 판결은 받은 자는 그 형의 집행이 종료되거나 면제될 때까지 공무원이 되는 자격, 공법상의 선거권이 정지된다.[57]

Ⅲ. 양 형

1. 양형의 의의

양형이란 법정형을 기초로 하여 형법 제51조에서 정한 양형의 조건이 되는 사항을 두루 참작하여 합리적이고 적정한 범위 내에서 이루어지는 재량 판단을 말한다.[58]

양형을 정함에 있어서는 다음과 같은 사항을 참작하여야 한다(형법 제51조). ① 범인의 연령, 성행, 지능과 환경, ② 피해자에 대한 관계, ③ 범행의 동기, 수단과 결과, ④ 범행 후의 정황.

위와 같은 양형을 정함에 있어서 위와 같은 합리적 기준을 벗어난 판결을 한 경우에는 파기하여야 한다.

---

57) 김영규 외, 전게서, 223면.
58) 대법원 2015. 7. 23. 선고 2015도3260 전원합의체 판결.

2. 형의 양정 순서

양형순서는 피고인의 행한 범죄의 법정형에 대하여 법률상 또는 재판상 가중 및 감경을 하여 선고 가능한 형벌의 처단형[59]을 정한다. 그리고 이어서 그 형벌의 범위 내에서 피고인에게 선고할 선고형을 정하는 단계로 이루어진다.[60] 다시 말해서 양형은 법정형 중 형벌의 종류를 선택한 다음 이를 감경 혹은 가중하여 처단형을 정하고 이를 근거로 선고를 내리는 순서로 이루어진다.

(1) 형의 선택

양형을 정함에 있어서는 형의 가중 및 감경에 앞서 적용할 법정형을 확정해야 한다. 즉 하나의 범죄에 수개의 법령이 적용되는 경우에는 신법과 구법, 특별법의 우선의 원칙 등에 따라 적용해야 할 법정형을 확정한다.

(2) 경합범

1) 경합범

판결이 확정되지 아니한 수개의 죄 또는 금고 이상의 형에 처한 판결이 확정된 죄와 그 판결 확정 전에 범한 죄를 경합범으로 한다(형법 제37조).

이러한 경합범의 종류에는 실체적 경합범과 상상적 경합범이 있는데 아무 말 없이 경합범이라고 하면 일반적으로 실체적 경합범을 의미한다. 실체적 경합범은[61] 여러 행위로 수개의 범죄가 따로 성립하는 경우이고 상상적 경합범은 하나의 행위로 수개의 범죄가 해당하는 경우를 말한다.[62]

---

59) 법정형이란 성문법에 기초한 형량을 의미하고 처단형은 법정형을 기초로 가중감경하여 결정된 형량을 말한다. 예컨대 절도죄(형법 제329조)의 경우 "타인의 재물을 절취한 자는 6년 이하의 징역 또는 1천만원 이하의 벌금에 처한다"고 규정하고 있다. 여기서 법정형상 징역형으로 하한선은 징역 1개월이고 상한선은 6년 이하이며, 벌금의 경우 법정형으로 하한금액은 5만원에 상한금액은 1,000만 원 이하에 해당한다. 그리고 선고형은 위와 같은 처단형에 의하여 결정된 형량과 여러 가지 제반사항 등을 참작하여 피의자에게 최종적으로 적용되는 형량을 의미한다. 이 순서대로 형의 정도가 확정된다.

60) 이상돈, 형법강론, 박영사, 2017, 509면.

61) 실체적 경합범의 경우에는 형벌이 병과될 수 있다. 형벌의 병과란 징역형과 벌금형을 동시에 처분하는 경우를 말한다.

62) 상상적 경합범은 1개의 행위가 수개의 죄에 해당하는 경우 가장 중한 죄에 정한 형으로 처벌하고(형법 제40조), 실체적 경합범의 처벌례는 형법 제38조에서 규정하고 있다. 따라서 수개의 범죄행위로 수개의 죄를 범한 실체적 경합의 경우에는 업무상 과실치사(형법 제268조: 5년 이하 금고 또는 2천만 원 이하 벌금)로 5명의 사망자가 발생한 경우에도 최대 징역 5년에 2분의 1을 가

2) 경합범과 처벌례

경합범을 동시에 판결할 때에는 다음의 구별에 의하여 처벌한다(형법 제38조).

① 가장 중한 죄에 정한 형이 사형 또는 무기징역이나 무기금고인 때에는 가장 중한 죄에 정한 형으로 처벌한다.

② 각 죄에 정한 형이 사형 또는 무기징역이나 무기금고 이외의 동종의 형인 때에는 가장 중한 죄에 정한 장기 또는 다액에 그 2분의 1까지 가중하되 각 죄에 정한 형의 장기 또는 다액을 합산한 형기 또는 액수를 초과할 수 없다. 다시 말해서 가장 중한 죄에 형의 2분의 1을 가중한 형벌과 각 죄의 형의 장기 또는 다액을 합산한 형량 중 가벼운 형량으로 결정하여야 한다는 것이다. 단 과료와 과료, 몰수와 몰수는 병과할 수 있다.

③ 각 죄에 정한 형이 무기징역이나 무기금고 이외의 이종의 형인 때에는 병과(예: 징역과 벌금)[63]한다.

④ 위의 경우에 있어서 징역과 금고는 동종의 형으로 간주하여 징역형으로 처벌한다.

위와 같이 경합범의 처벌방법은 흡수주의, 가중주의, 병과주의로 구분할 수 있는데 흡수주의는 가장 중한 죄에 정한 형에 따라 처벌하는 경우이다. 예컨대 가장 중한 죄에 정한 형이 사형 또는 무기징역이나 무기금고인 때에는 가장 중한 죄에 정한 형으로 처벌하는 경우이다(형법 제38조 제1항 제1호). 그리고 가중주의는 가장 중한 죄에 정한 형을 가중해서 처벌하는 경우를 말한다. 예컨대 각 죄에 정한 형이 사형 또는 무기징역이나 무기금고 이외의 동종의 형인 때에는 가장 중한 죄에 정한 장기 또는 다액에 그 2분의 1까지 가중하되 각 죄에 정한 형의 장기 또는 다액을 합산한 형기 또는 액수를 초과할 수 없는 경우이다(형법 제38조 제1항 제1호). 그리고 병과주의란 각각의 죄에 정한 형을 병과해서 처벌하는 경우를 말하는 것으로 징역과 벌금 또는 과료와 과료, 몰수와 몰수를 병과하여

산해 최대 7년6월까지 선고받을 수 있다. 그리고 사형 또는 무기징역이 아닌 범죄인 경우에도 현행 유기징역형의 상한인 30년으로 가중처벌해도 최대 50년까지만 선고가 가능하다.

63) 징역과 금고는 동종의 형으로 간주되기 때문에 병과하지 않고 징역형으로 처벌한다(형법 제38조 제2항).

처벌하는 경우이다(형법 제38조 제1항 제3호 등).

3) 상상적 경합

상상적 경합범이란 1개의 행위가 수개의 죄에 해당하는 경우를 말하는데[64] 이때는 가장 중한 죄에 정한 형으로 처벌한다(형법 제40조).

예컨대 강도가 재물강취의 뜻을 재물의 부재로 이루지 못한 채 미수에 그치자 그 자리에서 항거불능상태에 빠진 피해자를 간음할 것을 결의하고 실행에 착수했으나 미수에 그친 경우에도 반항을 억압하기 위한 폭행으로 피해자에게 상해를 입혔다면 강도강간미수죄와 강도치상죄[65]가 성립되고 이는 일개의 행위가 2개의 죄명에 해당되어 상상적 경합관계가 성립된다고 보아야 한다.[66] 그리고 칼로 사람을 살인하고 그 과정 중에 기물을 파손한 경우에도 살인죄와 재물손괴죄가 해당되는데 이런 경우에도 상상적 경합관계에 따라 가장 중한 죄인 살인죄에 따라 처벌한다.[67]

그리고 갑이 을녀에게 강제추행죄와 재물손괴죄의 경합범[68]을 범한 경우 강

---

64) 대법원 2012. 8. 30. 선고 2012도6503 판결. 상상적 경합은 1개의 행위가 실질적으로 수개의 구성요건을 충족하는 경우를 말하고, 법조경합은 1개의 행위가 외관상 수개의 죄의 구성요건에 해당하는 것처럼 보이나 실질적으로 1죄만을 구성하는 경우를 말하며, 실질적으로 1죄인가 또는 수죄인가는 구성요건적 평가와 보호법익의 측면에서 고찰하여 판단하여야 한다. 대법원 2018. 4. 12. 선고 2018도1490 판결. "무허가 건축으로 인한 건축법 위반의 점과 군관리계획 결정 없는 기반시설 설치로 인한 국토의 계획 및 이용에 관한 법률 위반의 점은 하나의 건물 증축행위라는 사회관념상 1개의 행위를 대상으로 한 것으로, 1개의 행위가 수 개의 죄에 해당하는 경우로서 형법 제40조의 상상적 경합범 관계에 있다"고 보고 있다

65) 강간미수죄는 실제로 강간이 발생하지 않았더라도 피해자에게 상처를 입게 하였다면 강간상해죄로 무기 또는 5년 이상의 징역에 처해질 수 있다. 그리고 강도치상죄는 법정형이 벌금형이 없이 7년 이상의 징역에 처하도록 되어 있는데, 기소단계에서 자수 내지 심신미약 등의 법률상 감경이나 합의 등에 의한 재판상 감경사유가 되지 않으면 결국 집행유예가 되지 못하고 실형으로 선고되는 중 범죄에 해당한다. 본 사건의 경우는 가장 중한 죄인 강간미수죄에 따라 처벌된다.

66) 대법원 1988. 6. 28. 선고 88도820 판결.

67) 대법원 2011. 12. 8. 선고 2010도4129 판결. 채권자들에 의한 복수의 강제집행이 예상되는 경우 재산을 은닉 또는 허위양도함으로써 채권자들을 해하였다면 채권자별로 각각 강제집행면탈죄가 성립하고, 상호 상상적 경합범의 관계에 있는바 이 사건 건물의 허위양도로 인한 강제집행면탈죄 역시 각 채권자별로 성립하여 상상적 경합범의 관계에 있다. 그리고 강도범이 경찰관을 상해한 경우에는 강도상해죄(무기 또는 7년 이상의 징역)와 공무집행방해죄(5년 이하의 징역 또는 1천만원 이하의 벌금)라는 하나의 행위로 두 범죄가 동시에 충족하는 상상적 경합범에 해당하게 되는데, 이때는 두 범죄 중 가장 중한 죄에 정한 형벌인 강도상해죄로 처벌된다.

68) 대법원 2010. 11. 11. 선고 2010도10690 판결. 건물관리인이 건물주로부터 월세임대차계약 체결 업무를 위임받고도 임차인들을 속여 전세임대차계약을 체결하고 그 보증금을 편취한 경우, 사기죄와 별도로 업무상배임죄가 성립하고 두 죄가 실체적 경합범의 관계에 있다.

제추행죄는 10년 이하의 징역 또는 1,000만 원 이하의 벌금에 처한다(형법 제298조)고 규정하고 있고, 재물손괴죄는 3년 이하의 징역, 700만 원 이하의 벌금에 처한다(형법 제366조)고 규정하고 있다. 여기서 갑은 강제추행죄 10년과 벌금 1,000만 원에 1/2를 가산한 15년 이상이 넘는 징역이나 1,500만 원을 넘는 벌금을 선고받지 않는다는 점은 결정되어 있다. 그러나 갑에게 선고될 수 있는 형벌은 나중에 형의 가중 및 감면 등으로 징역형이나 집행유예가 선고될 수가 있고 징역형과 벌금형으로 병과하여 선고받을 수도 있다.

3. 형의 가중 및 감경

(1) 가중감경의 순서

하나의 범죄에 대하여 여러 종류의 형벌이 선택적으로 규정되어 있는 경우 우선 형벌의 종류를 선택한 후 그 형을 감경한다.[69] 형의 가중은 죄형법정주의 원칙상 법률상에 가중만 인정하고 재판상 가중은 허용되지 않는다. 그러나 감경의 경우에는 법률상 감경과 재판상의 감경도 인정한다.

그리고 형을 가중 감경할 사유가 경합된 때에는 다음 순서에 의한다(형법 제55조). 우선 각칙 본조에 의한 가중(상습범)[70] → 특수교사 및 방조의 가중(형법 제34조 제2항[71]) → 상상적 경합범의 처리[72] → 누범가중 → 법률상 감경 → 경합범가중 → 재판상 감경(작량감경)의 순서에 따라 가중감경한다.[73]

(2) 누범가중

누범이란 금고 이상의 형을 받아 그 집행을 종료하거나 면제를 받은 후 3년 내에 금고 이상에 해당하는 죄를 범한 자를 말한다(형법 제35조 제1항). 이러한 경

---

69) 오영근, 전게서, 523면.
70) 상습으로 상해(제257조: 징역 7년 이하, 1천만 원 이하의 벌금 등)나 폭행(제260조: 징역 2년 이하 징역, 500만 원 이하의 벌금, 구류 또는 과료에 처한다) 등의 죄를 범한 때에는 그 죄에 정한 형의 2분의 1까지 가중한다(형법 제264조).
71) 자기의 지휘, 감독을 받는 사를 교사 또는 방조하여 전항의 결과를 발생하게 한 자는 교사인 때에는 정범에 정한 형의 장기 또는 다액에 그 2분의 1까지 가중하고 방조인 때에는 정범의 형으로 처벌한다(형법 제34조 제2항).
72) 이상돈, 형법강론, 박영사, 2017, 510면. 상상적 경합(제40조) 또는 과형상 일죄의 처리는 실무상 특수교사 및 방조의 가중과 누범 사이에 한다.
73) 이상돈, 전게서, 509면.

우 누범의 형은 그 죄에 정한 형의 장기의 2배까지 가중한다(형법 제35조 제2항).

(3) 법률상 감경

법률상 감경이란 형법 제55조에[74] 정해진 감경사유에 따라 형을 감경하는 경우를 말한다.

이러한 법률상 감경은 심신미약이나 농아자의 경우와 같은 필요적 감경사유와 과잉방위, 과잉피난 자수 등과 같은 임의적 감경사유로 구분한다.

자수란 죄를 범한 후 수사책임이 있는 관서에 자수를 한 경우를 말하는데, 이때에는 그 형을 감경 또는 면제할 수 있다(형법 제52조 제1항). 다만 자수를 형의 감경사유로 삼은 첫째 이유는 범인이 죄를 뉘우치고 있다는 데에 있으므로 죄의 뉘우침이 없는 자수는 외형은 자수라고 할지라도 형법 규정이 정한 자수라고 할 수 없다.[75]

(4) 재판상 감경(작량감경)

재판상 감경(형법 제53조)이란 범죄의 정상에 참작할 만한 사유를 참작하여 그 형을 감경하는 경우를 말하는데 재판상 감경을 하는 경우에는 법률상 감경을 먼저하고 다음에 재판상 감경을 하여야 한다(형법 제56조).

판례는 "형법 제56조는 형을 가중 감경할 사유가 경합된 경우 가중 감경의 순서를 정하고 있고, 이에 따르면 법률상 감경을 먼저하고 마지막으로 작량감경(재판상 감경)을 하게 되어 있으므로, 법률상 감경사유가 있을 때에는 작량감경보다 우선하여 하여야 할 것이고, 작량감경은 이와 같은 법률상 감경을 다하고도 그 처단형보다 낮은 형을 선고하고자 할 때에 하는 것이 옳다"[76]고 판시하여 법

---

74) 제55조(법률상의 감경) ① 법률상의 감경은 다음과 같다.
　1. 사형을 감경할 때에는 무기 또는 20년 이상 50년 이하의 징역 또는 금고로 한다.
　2. 무기징역 또는 무기금고를 감경할 때에는 10년 이상 50년 이하의 징역 또는 금고로 한다.
　3. 유기징역 또는 유기금고를 감경할 때에는 그 형기의 2분의 1로 한다.
　4. 자격상실을 감경할 때에는 7년 이상의 자격정지로 한다.
　5. 자격정지를 감경할 때에는 그 형기의 2분의 1로 한다.
　6. 벌금을 감경할 때에는 그 다액의 2분의 1로 한다.
　7. 구류를 감경할 때에는 그 장기의 2분의 1로 한다.
　8. 과료를 감경할 때에는 그 다액의 2분의 1로 한다.
　② 법률상 감경할 사유가 수개있는 때에는 거듭 감경할 수 있다
75) 대법원 1993. 6. 11. 선고 93도1054 판결.
76) 대법원 1994. 3. 8. 선고 93도3608 판결.

률상 감경을 작량감경보다 우선하도록 하고 있다.

Ⅳ. 집행유예, 선고유예, 가석방

1. 집행유예

집행유예는 범죄인에게 일단 유죄를 인정하되 일정한 요건과 기간 동안 그 형의 집행을 유예하고 그 유예조건이 실효나 취소됨이 없이 유예기간을 경과하면 형의 선고는 효력을 상실케 하는 제도이다.

집행유예의 요건은 3년 이하의 징역 또는 금고의 형을 선고할 경우에 제51조의 양형의 조건인 범인의 연령, 성행, 지능과 환경 및 피해자에 대한 관계 및 범행의 동기, 수단과 결과 및 범행 후의 정황을 참작하여 그 정상에 참작할 만한 사유가 있는 때에는 1년 이상 5년 이하의 기간 형의 집행을 유예할 수 있다. 다만, 금고 이상의 형을 선고한 판결이 확정된 때부터 그 집행을 종료하거나 면제된 후 3년까지의 기간에 범한 죄에 대하여 형을 선고하는 경우에는 그러하지 아니하다. 그리고 형을 병과할 경우에는 그 형의 일부에 대하여 집행을 유예할 수 있다(형법 제62조 제1항).[77]

그리고 집행유예의 선고를 받은 자가 유예기간 중 고의로 범한 죄로 금고 이상의 실형을 선고받아 그 판결이 확정된 때에는 집행유예의 선고는 효력을 잃는다(형법 제63조).

형의 집행을 유예하는 경우에는 보호관찰을 받을 것을 명하거나 사회봉사 또는 수강을 명할 수 있다. 위의 경우 보호관찰의 기간은 집행을 유예한 기간으로 한다. 사회봉사명령 또는 수강명령은 집행유예기간 내에 이를 집행한다(형법 제62조의2).

---

77) 집행유예에 관한 조문은 개정되어 2018. 1. 7.부터는 다음과 같이 시행한다.
　　형법 제62조(집행유예의 요건) ① 3년 이하의 징역이나 금고 또는 500만원 이하의 벌금의 형을 선고할 경우에 제51조의 사항을 참작하여 그 정상에 참작할 만한 사유가 있는 때에는 1년 이상 5년 이하의 기간 형의 집행을 유예할 수 있다. 다만, 금고 이상의 형을 선고한 판결이 확정된 때부터 그 집행을 종료하거나 면제된 후 3년까지의 기간에 범한 죄에 대하여 형을 선고하는 경우에는 그러하지 아니하다. ② 형을 병과할 경우에는 그 형의 일부에 대하여 집행을 유예할 수 있다. [개정: 2016. 1. 6. 시행일: 2018. 1. 7.]

집행유예의 선고를 받은 후 그 선고의 실효 또는 취소됨이 없이 유예기간을 경과한 때에는 형의 선고는 효력을 잃는다(형법 제65조).

정리하면 집행유예는 3년 이하의 징역, 금고형에 해당하는 경우, 형벌 선고 후 형의 집행을 1년 이상 5년 이하의 범위에서 유예하는 제도이다. 그리고 유예 조건이 실효나 취소됨이 그 집행유예의 기간이 지나면 형의 선고를 상실케 한다. 형 선고의 법률적 효과가 없어지므로 전과자는 되지 않으나 선고기록은 남는다.

2. 선고유예

선고는 경미한 범죄인에 대하여 일정한 기간 형의 선고를 유예하고 그 기간 을 무사히 경과하였을 때 면소된 것으로 간주하는 제도이다.

선고유예의 요건은 1년 이하의 징역이나 금고, 자격정지 또는 벌금의 형을 선고할 경우에 제51조의 사항을 참작하여 개전의 정상이 현저한 때에는 그 선고 를 유예할 수 있다(형법 제59조 제1항).

형의 선고를 유예하는 경우에 재범방지를 위하여 지도 및 원호가 필요한 때 에는 보호관찰을 받을 것을 명할 수 있다. 위의 경우 보호관찰의 기간은 1년으로 한다(형법 제59조의2 제1항 및 제2항). 형의 선고유예를 받은 날로부터 2년을 경과한 때에는 면소된 것으로 간주한다(형법 제60조). 다만 형의 선고유예를 받은 자가 유 예기간 중 자격정지 이상의 형에 처한 판결이 확정되거나 자격정지 이상의 형에 처한 전과가 발견된 때에는 유예한 형을 선고한다(형법 제61조 제1항).

정리하면 선고유예는 1년 이하의 징역, 금고 또는 벌금의 형을 선고할 경우 개전의 정상이 현저한 때에는 형의 선고를 2년 이내의 범위에서 유예할 수 있다. 그 기간 동안 자격정지 이상의 형에 처한 판결 등이 없으면 그 죄를 불문에 붙 이는 제도로서 전과자도 되지 않고 선고기록도 남지 않는다. 다만 자격정지 이 상의 형을 받은 전과가 있는 자에 대하여는 예외로 한다.

3. 가석방

징역 또는 금고를 받고 있는 자가 집행기간 중에 개전의 정이 현저한 때에 는 형기만료 전에 조건부로 수형자를 석방하고 일정한 기간을 경과한 때에는 형의 집행을 종료한 것으로 간주하는 제도이다(형법 제72조).

무기에 있어서는 20년, 유기에 있어서는 형기의 3분의 1을 경과한 후 행정처분으로 가석방을 할 수 있다(형법 제72조).

가석방중 금고 이상의 형의 선고를 받아 그 판결이 확정된 때에는 가석방처분은 효력을 잃는다. 단 과실로 인한 죄로 형의 선고를 받았을 때에는 예외로 한다. 그리고 가석방의 처분을 받은 자가 감시에 관한 규칙을 위배하거나, 보호관찰의 준수사항을 위반하고 그 정도가 무거운 때에는 가석방처분을 취소할 수 있으며, 위의 경우 가석방 중의 일수는 형기에 산입하지 아니한다(제75조·제76조). 가석방의 처분을 받은 후 그 처분이 실효 또는 취소되지 아니하고 가석방기간을 경과한 때에는 형의 집행을 종료한 것으로 본다(형법 제76조 제1항).

V. 보안처분

1. 의 의

보안처분은 형벌로는 행위자의 사회복귀와 범죄의 예방이 불가능하거나 특수한 위험성으로 인하여 형벌의 목적을 달성할 수 없는 경우에 형벌을 대체하거나 보완하기 위한 보안처분을 명할 수 있다. 형벌은 과거의 범죄행위에 대한 처벌인데 반하여 보안처분은 장래의 범죄에 대한 예방적 성질을 가지고 있다.

2. 유 형

형법상 보안처분으로는 선고유예, 집행유예, 가석방의 경우에 보호관찰을 할 수 있음을 규정하고 있다(형법 제59조의2, 제62조의2, 제73조의2 제2항). 집행유예 시에는 보호관찰과 사회봉사, 수강명령을 부과할 수 있다(형법 제62조의2 제1항). 그리고 선고유예 시에 보호관찰(형법 제59조의2), 가석방 시의 보호관찰(「보호관찰 등에 관한 법률」 제3조 제1항 제3호)을 부과할 수 있다. 이외에도 소년범에게 적용되는 소년법과 국가보안법 위반사범에 대하여 적용되는 보안처분 그리고 치료감호 등에 관한 법률상의 치료감호 등이 있다.

치료감호는 약물중독, 정신장애 등이 있는 상태에서 범죄행위를 한 경우 재범을 방지하고 사회복귀를 목적으로 판사는 판결로써 치료감호선고를 한다. 치료감호선고를 받은 자는 치료감호시설에 수용하여 치료를 위한 조치를 취하며 그 기간은 2년에서 15년까지이다. 그리고 최근에 도입되고 있는 성폭력 범죄자에 대한 전자발찌의 부착도 보안처분에 해당한다.

제 8 장

형사소송법

I. 형사소송법의 개념

형사소송이란 형사절차를 규정하는 국가적 법률관계로 형법을 구체적 사건
에 적용하고 실현하기 위한 절차를 규정하는 법률체계를 말한다. 형법이 구체적
사건에 적용되고 실현되기 위하여는 형법을 적용·실현하기 위한 형사소송법의
법적 절차가 필요하다. 범죄를 수사하여 형벌을 과하고 선고된 형벌을 집행하기
위한 절차가 없으면 형법은 적용될 수 없는데, 이러한 절차를 형사절차라고 하
며 형사절차를 규정하는 법률체계가 형사소송법이다.

형법이 실체법으로 형벌권의 발생요건이라고 한다면 형사소송법은 형벌권을
실현하기 위한 절차법이라 할 수 있다.[1]

형사소송법의 주된 내용이 범죄의 성립과 처벌인 반면에 민사소송법은 개인

---

1) 이재상·조균석, 형사소송법, 박영사, 2016, 17면.

의 권리와 의무에 관한 분쟁을 해결하는 절차법이다. 형사소송에서는 검사의 청구에 의해서 형사재판이 시작하지만 민사소송에서는 권리를 침해받은 당사자가 직접 민사소송을 제기할 수 있다. 형사소송에 따른 판결의 집행은 국가가 형벌권을 집행하지만 민사소송에서는 승소판결은 받은 자가 직접 채무자가 가지고 있는 재산을 민사집행하여 만족을 얻게 된다.

Ⅱ. 형사소송법의 목적

형사소송법은 형법의 구체적 실현을 위한 절차를 규정하는 법률로서 형사소송법을 통하여 형법은 구체적 사건에 적용될 수 있다. 형사소송법의 목적은 궁극적으로 정의의 실현에 있으며 그러한 정의를 실현하기 위해서는 '죄 있는 사람은 처벌하고 죄없는 사람은 처벌하지 않는다'는 실체적 진실주의, 적정절차의 원리 그리고 신속한 재판을 받는 이상을 근본이념으로 하여야 할 것으로 본다.

1. 실체적 진실주의

실체적 진실주의란 소송의 실체에 관하여 객관적 진실을 발견하여 사안의 진상을 명백히 하자는 주의를 말한다. 즉 법원이 당사자의 사실상의 주장, 사실의 인부 또는 제출한 증거에 구애받지 않고 사안의 진상을 규명하여 객관적 진실을 발견하려는 소송법상의 원리를 말한다. 이에 반하여 민사소송은 형식적 진실주의를 원칙으로 하고 있다.

2. 적정절차의 원리

적정절차의 원리는 헌법의 기본원칙인 법치국가원칙의 정신을 구현한 공정한 법정절차에 의하여 형벌권이 실형되어야 한다는 원리를 말한다. 이 원리는 공정한 재판의 원리, 비례성의 원칙, 피고인 보호의 원칙을 포함하고 있다.[2]

---

2) 박상기 외, 법학개론, 박영사, 2013, 458면.

3. 신속한 재판의 원칙

신속한 재판의 원칙이란 헌법 제27조 제3항에 규정되어 있는 "모든 국민은 신속한 재판을 받을 권리를 가진다"는 것을 말한다. 신속한 재판의 필요성은 형사피고인의 불안해소를 하거나 미결구금의 장기화로 피고인의 인권침해방지를 한다는 점, 소송의 장기로 증거가 멸실·왜곡되는 점, 범죄의 예방이라는 점에 근거한다.

Ⅲ. 형사소송의 기본구조

1. 소송구조론

형사소송구조란 소송의 주체가 누구이고, 소송주체 사이의 관계를 어떻게 구성할 것인가에 대한 이론을 말한다. 형사소송법은 탄핵주의 소송구조를 취하고 있으며, 탄핵주의는 대륙의 직권주의와 영미의 당사자주의를 기본구조로 하고 있다.

2. 탄핵주의와 규문주의

탄핵주의란 재판기관과 소추기관을 분리하여 소추기관의 공소제기에 의하여 법원이 절차를 개시하는 구조를 말한다. 탄핵주의에서는 국가기관인 검사의 소추에 의하여 형사재판이 개시되며 기소독점주의에 따라 검사만이 이 권한을 행사할 수 있다. 규문주의란 법원이 스스로 절차를 개시하여 심리·재판하는 주의를 말한다. 규문주의에서는 소추기관이나 피고인도 없이 오직 법원이 스스로 절차를 개시하여 심리·재판하는 형식을 취하는데 프랑스 혁명을 계기로 형사소송의 구조에서 사라졌다. 현재는 모든 국가에서 탄핵주의를 취하고 있다.

3. 당사자주의(변론주의)와 직권주의

당사자주의란 당사자, 즉 검사와 피고인에게 소송의 주도적 지위를 인정하여 당사자 사이의 공격과 방어에 의하여 심리가 진행되고 법원은 제3자의 입장에서 당사의 주장과 증명을 판단하는 소송구조를 말한다.

직권주의란 소송에서의 주도적 지위를 법원에게 인정하는 소송구조를 말한다. 따라서 법원이 실체진실을 발견하기 위하여 검사나 피고인의 주장 등에 구속받지 않고 직권으로 증거를 조사·수집하는 직권탐지주의와 법원이 직권으로 사건을 심리하는 직권심리주의를 취하게 된다.

4. 소 결

우리나라의 형사소송법구조는 직권주의를 기본으로 하여 미국의 당사자주의를 혼합·절차한 구조를 취하고 있다는 점에 특징이 있다. 즉 직권주의를 기본구조 내지 기초로 하면서도 형식적으로는 당사자주의를 취하고 있어 당사자주의와 직권주의를 혼합한 기본구조를 취하고 있다.

제 2 절 소송의 주체

소송은 일정한 주체에 의하여 성립하고 발전하게 되는데 이러한 소송의 주체에는 법원, 검사 그리고 피고인이 있는데, 이를 소송의 3주체라고 한다.

그리고 소송에 관계되는 사람으로는 소송당사자인 검사와 피고인 그 보조자에 해당하는 사법경찰관리와 피고인의 보조자인 변호인·대리인 등이 있다. 또한 증인·감정인·고소인·고발인은 소송의 당사자도 아니고 소송에 대한 적극적인 형성력이 없기 때문에 소송관계인과 구별되는 소송관여자라고 한다.

I. 법 원

1. 법원의 의의

법원이란 사법권을 행사하는 국가기관을 말한다. 법률상의 쟁송에 관하여 심리·재판하는 권한과 이에 부수하는 권한을 사법권이라고 한다(헌법 제101조). 공정한 재판을 보장하고 개인의 자유와 권리를 보장하기 위하여 사법권은 법관으로 구성된 법원에 속한다.

2. 법원의 종류

법원에는 최고법원인 대법원과 하급법원인 고등법원 그리고 지방법원·가정법원·행정법원·회생법원이 있다. 또한 지방법원과 가정법원의 사무의 일부를 관리하기 위하여 그 관할구역 내에 지원과 소년부지원, 시·군법원 및 등기소를 둘 수 있다. 특별법원으로는 군사재판을 하기 위하여 군사법원이 있으며 군사법원은 고등법원과 보통군사법원이 있는데 최고법원은 대법원에 있다.

3. 법원의 구성

법원을 구성하는 방법에는 1인의 법관으로 구성되는 단독제와 2인 이상의 법관으로 구성되는 합의제가 있다. 형사소송에 있어서 제1심법원에는 단독제와 합의제를 병행하고 있으나 단독제를 원칙으로 하고 있다. 그러나 상소법원은 3명으로 구성된 3명의 판사가 심판한다. 대법관의 수는 대법원장을 포함하여 14명으로 한다. 대법원에 올라온 사건들은 대법원 3명 이상으로 구성된 각 부에서 먼저 심리를 하여 의견이 일치한 때에는 그 부에서 재판을 하고, 대법관들의 의견이 일치하지 않거나 그 사건이 종전에 대법원에서 판시한 헌법, 법률, 명령 또는 규칙의 해석적용에 관한 의견을 변경할 필요가 있음을 인정한 때에는 전원합의체로 사건이 이송된다. 전원합의체는 대법원장이 재판장이 되며 대법관 전원의 3분의 2 이상의 출석과 과반수의 찬성으로 의결한다.

재판은 한 사람의 판사가 하는 단독심과 3인의 판사로 구성된 합의제가 있다. 원칙적으로 단기 1년 이상의 징역에 해당하는 사건은 합의부의 관할이다. 단독판사가 한 재판에 대하여는 지방법원의 항소부, 합의부에서 재판한 사건은 고등법원, 고등법원에서 재판한 사건은 대법원에 상소할 수 있다.

4. 법관의 제척·기피·회피

법관의 제척·기피·회피이란 공정한 재판의 진행을 위하여 사법권의 독립에서 더 나아가 다음과 같은 사유가 있을 때는 그 법관을 직무집행에서 당연히 배제시키는 제도를 말한다. 그 사유는 법관이 불공평한 재판을 함 우려가 현저한 것으로 법률에 유형적으로 규정되어 있는 제척사유에 해당한 때,[3] 당사자의 신청에 의하여 그 법관을 직무집행에서 탈퇴케 한 때, 법관이 스스로 기피의 원인이 있다고 판단하여 자발적으로 탈퇴한 때 등이다.

5. 법원의 관할

(1) 의 의

관할이란 각 법원에 대한 재판권의 분배로 특정법원이 특정사건을 재판할 수 있는 권한을 말한다. 관할은 법정관할(사물·토지·심급·관련사건의 관할)과 재정관할로 분류된다.

(2) 종 류

1) 사물관할

사물관할이란 사건의 경중 또는 성질에 의한 제1심 법원의 관할의 분배를 말한다. 사물관할은 원칙적으로 지방법원 또는 지원의 단독판사에 속한다. 그러나 사형·무기 또는 단기 1년 이상의 징역이나 금고에 해당하는 사건과 이와 동시에 심판할 공범사건 또는 지방법원 판사에 대한 제척·기피사건 그리고 다른 법률에 따라 지방법원 합의부의 권한에 속하는 사건 및 합의부에서 심판할 것을 합의부가 스스로 결정한 사건은 합의부에서 심판한다(법원조직법 제32조 제1항).

2) 토지관할

토지관할은 사건의 토지관계에 의한 제1심 관할의 분배를 말한다. 법원의 토지관할은 범죄지, 피고인의 주소·거소·현재지로 한다.

---

3) 형사소송법 제17조는 다음과 같이 제척원인을 규정하고 있는데, 본 규정은 예시적인 것이 아니라 제한적 열거이기 때문에 아무리 불공평한 재판을 할 우려가 있더라도 제17조사유에 해당하지 않으면 제척원인이 되지 않는다.

　형사소송법 제17조(제척의 원인) 법관은 다음 경우에는 직무집행에서 제척된다.

　1. 법관이 피해자인 때
　2. 법관이 피고인 또는 피해자의 친족 또는 친족관계가 있었던 자인 때
　3. 법관이 피고인 또는 피해자의 법정대리인, 후견감독인인 때
　4. 법관이 사건에 관하여 증인, 감정인, 피해자의 대리인으로 된 때
　5. 법관이 사건에 관하여 피고인의 대리인, 변호인, 보조인으로 된 때
　6. 법관이 사건에 관하여 검사 또는 사법경찰관의 직무를 행한 때
　7. 법관이 사건에 관하여 전심재판 또는 그 기초되는 조사, 심리에 관여한 때.

3) 심급관할

심급관할이란 상소관계에 있어서의 관할을 말한다. 상소에는 항소, 상고 그리고 항고가 있다.

4) 관련사건의 관할

관련사건의 관할이란 수개의 사건이 상호 관계하는 것으로 관련사건의 경우에는 고유의 법정관할에 대한 수정이 인정된다. ① 관련사건은 1인이 범한 수죄, ② 수인이 공동으로 범한 죄, ③ 수인이 동시에 동일 장소에서 범한 죄 ④ 범인은닉죄, 증거인멸죄, 위증죄, 허위감정통역죄 또는 장물에 관한 죄와 그 본범의 죄를 관련사건으로 인정하고 있다(형사소송법 제11조).

(3) 재정관할

재정관할이란 법원의 재판에 의하여 정하여진 관할을 말하며 관할의 지정, 관할의 이전이 해당한다.

관할의 지정사유로는 관할법원이 없거나 관할법원이 명확하지 않은 경우에 상급법원이 사건을 심판할 법원을 지정하는 것을 말한다. 관할의 이전은 관할법원이 재판권을 행사할 수 없거나 적당하지 않은 때에 관할권 없는 법원으로 이전하는 것을 의미한다. 검사는 다음 경우에 직근 상급법원에 관할이전을 신청하여야 한다(형사소송법 제15조). ① 관할법원이 법률상의 이유 또는 특별한 사정으로 재판권을 행할 수 없는 때, ② 범죄의 성질, 지방의 민심, 소송의 상황 기타 사정으로 재판의 공평을 유지하기 어려운 염려가 있는 때이다.

(4) 관할위반의 효과

법원은 직권으로 관할을 조사하여야 하며 관할권이 없음이 명백한 때에는 관할위반의 선고를 하여야 한다.

Ⅱ. 검 사

1. 검사의 의의와 성격

검사는 검찰권을 행사하는 국가기관을 말한다. 검사는 행정부인 법무부에 소속된 행정공무원이라는 점에서 사법부에 소속된 법관과 다르다. 검사가 행하는 검찰권은 행정권에 속하지만 그 내용에 있어서는 사법권과 밀접한 관계를 맺고 있고, 특히 형사사건의 대부분이 검사의 불기소처분에 의하여 종결된다는 점에 비추어 볼 때 사법기관은 아니면서도 사법권과 밀접한 관련을 가지고 있기 때문에 검사를 단독제의 관청으로 구성하고 있다.[4)]

2. 검사의 소송법상의 지위

검사는 범죄의 혐의가 있다고 사료되는 때에는 직접 수사할 수 있다. 검사는 또한 범죄수사에 관하여 사법경찰관에 대한 수사지휘권과 공소의 제기여부를 결정하는 수사종결권을 가지고 있다. 사법경찰관리는 범죄수사에 관한 검사의 직무상 명령에 복종하여야 한다.

수사의 주된 목적은 공소제기의 여부를 결정하는 데 있는데, 검사만이 공소를 제기할 수 있고(기소독점주의), 공소의 제기여부도 검사의 재량에 속한다(기소편의주의). 또한 검사는 재판의 집행을 지휘·감독할 권한과 책무도 가지고 있다.

Ⅲ. 피고인

1. 의 의

피고인이란 검사에 의하여 범죄를 범하였다고 혐의를 받고 공소가 제기된 자 또는 공소가 제기된 자로 취급되어 있는 자를 말한다. 따라서 공소가 제기되지 않았음에도 피고인으로 출석하여 재판을 받고 있는 자도 피고인이 된다. 피고인은 공소가 제기된 자를 의미한다는 점에서 공소가 제기 전에 수사기관으로부터 수사 대상인 피의자나 유죄판결이 확정된 수형자와는 구별된다.

2. 피고인의 소송법상의 지위

피고인의 소송법상의 지위는 검사의 공격에 대한 방어자로서 수동적인 당사자이다. 검사가 공소의 주체로서 공격을 하여 소송을 진행하는 데 반하여, 피고인은 이를 방어한다는 의미에서 방어권과 소송절차 참여권을 부여하고 있다.

---

4) 박상기 외, 전게서, 94면.

3. 진술거부권

진술거부권이란 피고인 또는 피의자가 공판절차 또는 수사절차에서 법원 또는 수사기관의 신문에 대하여 진술을 거부할 수 있는 권리를 말한다. 이 권리는 실체진실 발견보다 국민의 인권을 보장하기 위하여 인정한 것이다.

진술거부권이 인정된 결과 피고인 또는 피의자는 법원·수사기관 등의 심문에 대해서 진술의무가 없으며 법원 또는 수사기관은 피고인과 피의자에 대하여 진술을 강요할 수 없다.

Ⅳ. 변호인

1. 변호인의 의의

변호인이란 피고인 또는 피의자의 방어권을 보충하는 것을 임무로 하는 보조자를 말한다. 공정한 재판을 실현하기 위해서는 피고인과 신뢰관계에 있으면서 검사와 대등한 법률지식을 가지고 있는 법률전문가로 하여금 피고인을 보조하는 변호인 제도가 필요하다.

2. 변호인의 선임과 종류

변호인은 선임에 의해서 그 지위가 발생한다. 변호인의 선임에는 피고인·피의자 또는 그와 일정한 관계에 있는자가 선임한 사선변호인과 법원에 의하여 선임된 국선변호인이 있다.

3. 변호인의 소송법상의 지위

변호인은 소송보조자로서 지위와 공익적 지위를 가진다. 따라서 변호인은 피고인이나 피의자에게 불이익한 소송활동을 하여서는 안 된다.

4. 변호인의 권한

형사소송법은 변호인의 변호활동을 보장하기 위하여 변호인에게 대리권과 고유권 등을 인정하고 있다. 대리권은 변호인이 피고인·피의자를 포괄적으로 대리할 수 있는 권한을 말한다. 예컨대 변호인은 피고인을 대리하여 구속의 취소청구, 보석의 청구, 상소의 제기 그리고 법관에 대한 기피신청 등을 할 수 있다.

고유권은 피고인·피의자의 권리와는 관계없이 변호인에 인정한 특수한 권리를 말한다. 이러한 변호인 자신만이 가지는 고유권으로는 접견교통권, 피의자 및 피고인 신문권, 상고심에서의 변론권이 있다. 그리고 피고인·피의자와 함께 가질수 있는 고유권으로는 소송기록 열람권·증거조사참여권·증인심문권·공판기일출석권 등이 있다.

제 3 절 수사와 공소

Ⅰ. 수 사

1. 수사와 수사기관

(1) 수사의 개념
수사란 범죄의 혐의 유무를 명백히 하여 공소의 제기와 유죄의 여부를 결정하기 위하여 범인을 발견·확보하고 증거를 수집·보전하는 수사기관의 활동을 말한다.

(2) 수사기관
수사기관에는 검사와 사법경찰관리가 있으나, 검사가 수사의 주재자이고 사법경찰관리는 검사를 보조하는 기관에 해당한다.

2. 수사의 조건

수사의 조건이란 수사의 개시와 그 진행·유지에 필요한 조건을 말하는데, 수사의 필요성과 상당성을 요구하고 있다. 수사의 필요성은 수사를 하기 위해는 구체적 사실에 근거를 둔 수사기관의 주관적 혐의와 공소제기의 가능성이 있어야 한다. 그리고 수사의 상당성은 수사의 필요성이 인정되는 경우에도 수사는 국민의 신뢰를 침해하는 형태로 하여서는 안 되며(예: 함정수사), 수사처분은 그 목적을 달성하기 필요한 최소한도에 그쳐야 한다는 수사비례의 원칙을 바탕으로 해야 한다.

3. 수사의 개시

(1) 수사의 단서

수사기관이 범죄의 혐의가 있다고 사료하는 때에 범인과 범죄사실, 증거를 조사하기 시작하는 것을 수사의 개시라고 하며, 수사개시의 원인이 되는 것을 수사의 단서라고 한다. 이러한 수사의 단서에는 수사기관 자신의 체험에 의한 현행범인의 체포, 변사자의 검시, 불심검문 등과 타인의 체험을 근거로 한 고소·고발·자수·진정·탄원·투서 신고 등이 있다.

(2) 변사자의 검사

변사자 또는 변사의 의심 있는 사체가 있는 때에는 그 소재지를 관할하는 지방검찰청 검사가 검시하여야 하며(형사소송법 제222조 제1항), 검시로 범죄의 혐의를 인정하고 긴급을 요할 때에는 영장 없이 검증할 수 있다(형사소송법 제222조 제2항).

(3) 불심검문

불심검문은 경찰관이 다음과 같은 '특별한 사유'로 ① 수상한 행동이나 그 밖의 주위 사정을 합리적으로 판단하여 볼 때 어떠한 죄를 범하였거나 범하려 하고 있다고 의심할 만한 상당한 이유가 있는 사람, ② 이미 행하여진 범죄나 행하여지려고 하는 범죄행위에 관한 사실을 안다고 인정되는 사람을 정지시켜 질문할 수 있는 것을 말한다(「경찰관 직무집행법」 제3조 제1항).

그러나 경찰관이 위의 '특별한 사유'에 따라 사람을 정지시킨 장소에서 질문을 하는 것이 그 사람에게 불리하거나 교통에 방해가 된다고 인정될 때에는 질문을 하기 위하여 가까운 경찰서·지구대·파출소 또는 출장소(지방해양경찰관서를 포함하며, 이하 "경찰관서"라 한다)로 동행할 것을 요구할 수 있다. 이 경우 동행을 요구받은 사람은 그 요구를 거절할 수 있다(「경찰관 직무집행법」 제3조 제2항).

(4) 고 소

고소란 범죄의 피해자 또는 그와 일정한 관계가 있는 고소권자가 수사기관에 대하여 범죄사실에 대한 범인의 처벌을 구하는 의사표시를 말한다. 고소권이 있는 자라고 하더라도 자기 또는 배우자의 직계존속에 대하여는 고소하지 못하나(형사소송법 제224조), 성폭력 범죄에 대하여는 고소할 수 있다(「성폭력범죄의 처벌 등에 관한 특례법」 제18조). 고소는 피해자나 피해자의 법정대리인 등이 서면 또는 구두로 검사 또는 사법경찰관리에게 하여야 한다.

고소의 기간은 제한이 없으나 친고죄의 경우에는 범인을 알게 된 날로부터 6월을 경과하면 고소하지 못하며, 이미 행한 고소는 제1심 판결 선고 전까지 취소할 수 있다.

(5) 고 발

고발이란 고소권자와 범인 이외의 사람이 수사기관에 범죄사실을 신고하여 그 소추를 구하는 의사표시를 말한다.

4. 수사의 방법

(1) 임의수사와 강제수사

수사의 절차에는 수사를 받는 자의 승낙을 전제로 수사하는 임의수사와 상대방의 의사여하를 불문하고 강제적으로 수사하는 강제수사가 있다.

수사는 원칙적으로 임의수사에 의하여 하며 강제수사는 법률에 규정이 있는 경우에 한하여 허용된다. 임의수사의 방법은 임의동행, 승낙수색, 승낙검증과 승낙에 의한 거짓말 탐지검사 등이 있다.

그리고 강제수사의 방법은 체포·구속·압수·수색·검증 등이 있다. 강제수사는 인권을 제한하므로 사전에 강제수사의 필요성과 상당성 등에 따른 영장주의의 사법적 심사를 받아야 하며, 사후적 구제제도로서 체포·구속적부심사제도, 수사기관의 위법·부당한 처분으로 인한 손해배상청구, 자백의 증거능력이 제한되는 경우가 있다.[5]

---

5) 김영규 외, 신법학개론, 박영사, 2014, 478면.

(2) 피의자 심문의 방법

검사 또는 사법경찰관은 수사에 필요한 때에는 피의자의 출석을 요구하여 진술을 들을 수 있다(형사소송법 제200조). 다만 피의자가 죄를 범하였다고 의심할 만한 상당한 이유가 있고, 정당한 이유 없이 출석요구에 응하지 아니하거나 응하지 아니할 우려가 있는 때에는 검사는 관할 지방법원판사에게 청구하여 체포 영장을 발부받아 피의자를 체포할 수 있다. 그리고 사법경찰관은 검사에게 신청하여 검사의 청구로 관할지방법원판사의 체포영장을 발부받아 피의자를 체포할 수 있다.

그리고 검사가 피의자를 신문함에는 검찰청수사관 또는 서기관이나 서기를 참여하게 하여야 하고 사법경찰관이 피의자를 신문함에는 사법경찰관리를 참여하게 하여야 한다(형사소송법 제243조). 또한 검사 또는 사법경찰관은 피의자 또는 그 변호인·법정대리인·배우자·직계친족·형제자매의 신청에 따라 변호인을 피의자와 접견하게 하거나 정당한 사유가 없는 한 피의자에 대한 신문에 참여하게 하여야 한다(형사소송법 제243조의2 제1항). 신문에 참여한 변호인은 신문 후 의견을 진술할 수 있으며 신문 중이라도 부당한 신문방법에 대하여 이의를 제기할 수 있고, 검사 또는 사법경찰관의 승인을 얻어 의견을 진술할 수 있다.

검사 또는 사법경찰관은 피의자를 신문하기 전에 진술거부권과[6] 변호인의 피의자 심문참여권을 고지하여야 하며(형사소송법 제244조의3 제1항), 진술거부권을 고지하지 않고 심문한 진술을 기재한 피의자 심문조서는 증거능력이 없다.[7] 피

---

6) 형사소송법 제244조의3(진술거부권 등의 고지) ① 검사 또는 사법경찰관은 피의자를 신문하기 전에 다음 각 호의 사항을 알려주어야 한다.
  1. 일체의 진술을 하지 아니하거나 개개의 질문에 대하여 진술을 하지 아니할 수 있다는 것
  2. 진술을 하지 아니하더라도 불이익을 받지 아니한다는 것
  3. 진술을 거부할 권리를 포기하고 행한 진술은 법정에서 유죄의 증거로 사용될 수 있다는 것
  4. 신문을 받을 때에는 변호인을 참여하게 하는 등 변호인의 조력을 받을 수 있다는 것,
  ② 검사 또는 사법경찰관은 제1항에 따라 알려 준 때에는 피의자가 진술을 거부할 권리와 변호인의 조력을 받을 권리를 행사할 것인지의 여부를 질문하고, 이에 대한 피의자의 답변을 조서에 기재하여야 한다. 이 경우 피의자의 답변은 피의자로 하여금 자필로 기재하게 하거나 검사 또는 사법경찰관이 피의자의 답변을 기재한 부분에 기명날인 또는 서명하게 하여야 한다.
7) Miranda v. Arizona(1966). 미란다 원칙은 미국 연방대법원에서 결정한 내용으로 피의자를 체포하기 전에 피의자에게 변호인을 선임할 권리와 불리한 내용에 대하여 침묵을 할 권리가 있다는 내용을 말할 의무가 있다는 것이다.

의자가 조서에 대하여 이의나 의견이 없음을 진술한 때에는 피의자로 하여금 그 취지를 자필로 기재하게 하고 조서에 간인한 후 기명날인 또는 서명하게 한다(형사소송법 제244조 제3항).

Ⅱ. 강제처분과 강제수사

1. 체 포

(1) 의 의

체포는 범죄행위가 있다고 믿을 만한 상당한 이유가 있는 때에 피의자를 48시간 동안 수사관서 등 일정한 장소에 인치하는 제도이다. 체포는 피의자의 신체를 억압한다는 차원에서 구속과 같으나 그 기간이 단기간이고 요건이 완화되어 있다. 이러한 체포는 원칙적으로 영장에 의하여 체포를 하여야 하지만, 영장을 받을 시간이 없는 중대한 죄를 범하였다고 의심할 만한 상당한 이유가 있는 때에 체포하는 긴급체포와 현행범인을 체포하는 현행범 체포의 경우에는 영장없이 체포가 가능하다.

(2) 영장에 의한 체포

1) 의 의

영장에 의한 체포는 법관의 체포영장을 발급받아 피의자를 체포하는 것이다.

2) 요건과 사유

영장을 발급받기 위한 요건은 범죄혐의의 상당성과 체포사유가 있어야 한다. 범죄혐의의 상당성은 '죄를 범하였다고 의심할 만한 상당한 이유'(형사소송법 제200조의2 제1항)로 무죄의 추정을 깨뜨릴 수 있는 정도의 객관적 혐의를 말한다.

그리고 체포사유는 피의자가 죄를 범하였다고 의심할 만한 상당한 이유가 있고, 정당한 이유 없이 제200조의 규정에 의한 출석요구에 응하지 아니하거나 응하지 아니할 우려가 있는 때이다. 이때에 검사는 관할 지방법원판사에게 청구하여 체포영장을 발부받아 피의자를 체포할 수 있고, 사법경찰관은 검사에게 신청하여 검사의 청구로 관할지방법원판사의 체포영장을 발부받아 피의자를 체포할 수 있다. 다만, 다액 50만원 이하의 벌금, 구류 또는 과료에 해당하는 사건에 관하여는 피의자가 일정한 주거가 없는 경우 또는 정당한 이유 없이 제200조의 규정에 의한 출석요구에 응하지 아니한 경우에 한한다(형사소송법 제200조의2 제1항).

(3) 절 차

1) 체포영장청구

체포영장의 청구권은 검사에게 있으며 사법경찰관은 검사에게 신청하여 검사의 청구로 관할지방법원판사의 체포영장을 발부받아 피의자를 체포할 수 있다.

2) 체포영장의 발급

체포영장의 청구를 받은 지방법원판사는 상당하다고 인정할 때에는 체포영장을 발부한다. 다만, 명백히 체포의 필요가 인정되지 아니하는 경우에는 그러하지 아니하다(형사소송법 제200조의2 제2항). 체포영장의 발급시에는 구속영장과 달리 피의자 심문은 인정하지 않는다. 그러나 체포영장에 의하여 체포된 피의자에게도 체포적부심사청구권은 인정된다(형사소송법 제214조의2 제1항).

3) 체포영장의 집행

체포영장의 집행은 검사의 지휘에 의하여 사법경찰관리가 집행한다(형사소송법 제81조 제1항). 구속영장을 집행함에는 피고인에게 반드시 이를 제시하여야 하며 신속히 지정된 법원 기타 장소에 인치하여야 한다. 체포영장을 소지하지 아니한 경우로서 급속을 요하는 때에는 피고인에 대하여 공소사실의 요지와 영장이 발부되었음을 고하고 집행할 수 있으나 집행을 완료한 후에는 신속히 체포영장을 제시하여야 한다(형사소송법 제85조).

4) 집행 후의 절차

체포한 피의자를 구속하고자 할 때에는 체포한 때부터 48시간 이내에 구속영장을 청구하여야 한다. 그 기간 이내에 구속영장을 청구하지 아니한 때에는 피의자를 즉시 석방하여야 한다(형사소송법 제200조의2 제5항). 체포영장에 의하여 체포된 경우 변호인, 법정대리인, 배우자, 직계친족, 형제자매나 가족, 동거인 또는 고용주는 관할법원에 체포의 적부심사를 청구할 수 있다(형사소송법 제214의2 제1항). 피의자를 체포영장에 의하여 체포하여 구속영장에 의하여 구속한 때 구속기간은 피의자를 체포 또는 구인한 날부터 기산한다(형사소송법 제203조의2).

(4) 긴급체포

1) 긴급체포의 사유

긴급체포란 수사기관이 현행범인은 아니나 죄를 범하였다고 의심할 만한 상당한 이유가 있는 피의자를 체포영장 없이 체포하는 것을 말한다.

검사 또는 사법경찰관은 피의자가 사형·무기 또는 장기 3년 이상의 징역이나 금고에 해당하는 죄를 범하였다고 의심할 만한 상당한 이유가 있고, ① 피의자가 증거를 인멸할 염려가 있는 때나, ② 피의자가 도망하거나 도망할 우려가 있는 때에 해당하고 긴급을 요하여 지방법원판사의 체포영장을 받을 수 없는 때에는 그 사유를 알리고 영장 없이 피의자를 체포할 수 있다. 이 경우 긴급을 요한다 함은 피의자를 우연히 발견한 경우 등과 같이 체포영장을 받을 시간적 여유가 없는 때를 말한다(형사소송법 제200조의3 제1항). 위의 경우 사법경찰관이 피의자를 체포한 경우에는 즉시 검사의 승인을 얻어야 한다.

2) 검사 또는 사법경찰관이 긴급체포(형사소송법 제200조의3의 규정)에 의하여 피의자를 체포한 경우로서 피의자를 구속하고자 할 때에는 지체 없이 검사는 관할지방법원판사에게 구속영장을 청구하여야 하고, 사법경찰관은 검사에게 신청하여 검사의 청구로 관할지방법원판사에게 구속영장을 청구하여야 한다. 이 경우 구속영장은 피의자를 체포한 때부터 48시간 이내에 청구하여야 하며, 제200조의3 제3항에 따른 긴급체포서를 첨부하여야 한다. 위의 경우 구속영장을 청구하지 아니하거나 발부받지 못한 때에는 피의자를 즉시 석방하여야 하며 석방된 자는 영장 없이는 동일한 범죄사실에 관하여 체포하지 못한다(형사소송법 제200조의4 제2항 및 제3항).

(5) 현행범인 체포

1) 의   의

범죄의 실행 중이거나 실행의 직후인 현행범인은 누구든지 영장없이 체포할 수 있다(형사소송법 제212조).

2) 현행범인의 사유

범죄의 실행 중이거나 실행의 즉후인 자를 현행범인이라 한다(형사소송법 제211조 제1항). 그리고 범인으로 호창되어 추적되고 있는 때, 장물이나 범죄에 사용되었다고 인정함에 충분한 흉기 기타의 물건을 소지하고 있는 때, 신체 또는 의복류에 현저한 증적이 있는 때, 누구임을 물음에 대하여 도망하려 하는 때에 해당하는 자는 현행범인으로 간주한다(형사소송법 제211조 제2항). 현행범인은 누구든지 영장없이 체포할 수 있다.

3) 체포된 현행범인의 인도

검사 또는 사법경찰관리 아닌 자가 현행범인을 체포한 때에는 즉시 검사 또는 사법경찰관리에게 인도하여야 한다. 사법경찰관리가 현행범인의 인도를 받은 때에는 체포자의 성명, 주거, 체포의 사유를 물어야 하고 필요한 때에는 체포자에 대하여 경찰관서에 동행함을 요구할 수 있다(형사소송법 제213조 제1항 및 제2항).

체포한 피의자를 구속하고자 할 때에는 체포한 때부터 48시간 이내에 제201조의 규정에 의하여 구속영장을 청구하여야 하고, 그 기간 내에 구속영장을 청구하지 아니하는 때에는 피의자를 즉시 석방하여야 한다(형사소송법 제200조의2 제5항).

2. 구 속

(1) 구속의 의의

구속은 피고인 또는 피의자의 신체의 자유를 체포영장의 집행에 의하여 장기간에 제한하는 대인적인 강제처분이다. 구속은 피고인을 법원 기타의 장소에 인치하는 구인과 피고인 또는 피의자를 교도소 또는 구치소에 구금하는 방법이 있다.

구속은 피의자·피고인의 형사소송에서의 출석을 보장하고 증거인멸과 확정된 형벌의 집행을 확보할 수 있다.

(2) 요 건

피의자·피고인을 구속하기 위해서는 죄를 범하였다고 인정할 만한 상당한 이유가 있어야 한다(형사소송법 제211조 제1항). 이때의 상당한 이유는 무죄의 추정을 깨뜨릴 수 있는 정도의 개연성이 있어야 하며 위법성 조각사유나 책임조각사유가 있는 때 또는 소송조건의 흠결이 명백한 경우에는 구속할 수 없다.

형사소송법이 인정하는 구속사유는 피의자가 죄를 범하였다고 의심할 만한 상당한 이유가 있고 형법 제70조 제1항 각 호의 1에 해당하는 사유가[8] 있을 때에는 검사는 관할지방법원판사에게 청구하여 구속영장을 받아 피의자를 구속할수 있고 사법경찰관은 검사에게 신청하여 검사의 청구로 관할지방법원판사의 구속영장을 받아 피의자를 구속할 수 있다(형사소송법 제201조 제1항).

다만, 다액 50만원 이하의 벌금, 구류 또는 과료에 해당하는 범죄에 관하여는 피의자가 일정한 주거가 없는 경우에 한한다.

(3) 절 차

1) 구속영장의 청구

검사는 관할지방법원판사에게 청구하여 구속영장을 받아 피의자를 구속할수 있고 사법경찰관은 검사에게 신청하여 검사의 청구로 관할지방법원판사의 구속영장을 받아 피의자를 구속할 수 있다(형사소송법 제201조 제1항).

2) 구속 전 피의자 심문제도(영장 실질심사제도)

체포된 피의자에 대하여 구속영장을 청구받은 판사는 지체 없이 피의자를심문하여야 한다. 이 경우 특별한 사정이 없는 한 구속영장이 청구된 날의 다음날까지 심문하여야 한다. 구속영장을 청구받은 판사는 피의자가 죄를 범하였다고 의심할 만한 이유가 있는 경우에 구인을 위한 구속영장을 발부하여 피의자를구인한 후 심문하여야 한다. 다만, 피의자가 도망하는 등의 사유로 심문할 수 없는 경우에는 그러하지 아니하다(형사소송법 제201조의2 제1항 및 제2항).

3) 구속영장의 발급 및 집행

구속영장을 청구를 받은 지방법원판사는 신속히 구속영장의 발부여부를 결정하여야 하며, 상당하다고 인정할 때에는 구속영장을 발부한다(형사소송법 제201조 제3항 및 제4항). 구속영장의 집행은 검사의 지휘에 의하여 사법경찰관리가 집

---

8) 형사소송법 제70조(구속의 사유) ① 법원은 피고인이 죄를 범하였다고 의심할 만한 상당한 이유가 있고 다음 각 호의 1에 해당하는 사유가 있는 경우에는 피고인을 구속할 수 있다.
  1. 피고인이 일정한 주거가 없는 때
  2. 피고인이 증거를 인멸할 염려가 있는 때
  3. 피고인이 도망하거나 도망할 염려가 있는 때
  ② 법원은 제1항의 구속사유를 심사함에 있어서 범죄의 중대성, 재범의 위험성, 피해자 및 중요참고인 등에 대한 위해우려 등을 고려하여야 한다.
  ③ 다액 50만원 이하의 벌금, 구류 또는 과료에 해당하는 사건에 관하여는 제1항제1호의 경우를 제한 외에는 구속할 수 없다.

행한다(형사소송법 제81조 제1항). 다만 교도소 또는 구치소에 있는 피고인에 대하여 발부된 구속영장은 검사의 지휘에 의하여 교도관이 집행한다(형사소송법 제81조 제3항).

4) 구속기간

① 피의자에 대한 구속기간   사법경찰관이 피의자를 구속한 때에는 10일 이내에 피의자를 검사에게 인치하지 아니하면 석방하여야 한다(형사소송법 제202조). 그리고 검사가 피의자를 구속한 때 또는 사법경찰관으로부터 피의자의 인치를 받은 때에는 10일 이내에 공소를 제기하지 아니하면 석방하여야 한다(형사소송법 제203조). 다만 지방법원판사는 검사의 신청에 의하여 수사를 계속함에 상당한 이유가 있다고 인정한 때에는 10일을 초과하지 아니하는 한도에서 제203조의 구속기간의 연장을 1차에 한하여 허가할 수 있다(형사소송법 제205조 제1항).

② 피고인에 대한 구속기간   피고인에 대한 구속기간은 2개월로 하지만, 특히 구속을 계속할 필요가 있는 경우에는 심급마다 2개월 단위로 2차에 한하여 결정으로 갱신할 수 있다. 다만, 상소심은 피고인 또는 변호인이 신청한 증거의 조사, 상소이유를 보충하는 서면의 제출 등으로 추가 심리가 필요한 부득이한 경우에는 3차에 한하여 갱신할 수 있다(형사소송법 세92조 제1항 및 제2항). 다만 공판절차가 정지된 기간 및 공소제기전의 체포·구인·구금 기간은 위의 기간에 산입하지 아니한다(형사소송법 제92조 제3항).

3. 피의자·피고인의 접견 교통권

체포·구속된 피의자와 피고인은 법률의 범위 내에서 타인과 접견하고 서류 또는 물건을 수수하며 의사의 진료를 받을 수 있는 권리가 있는데, 이를 접견교통권이라고 한다(형사소송법 제89조).

다만 법원은 도망하거나 또는 죄증을 인멸할 염려가 있다고 인정할 만한 상당한 이유가 있는 때에는 직권 또는 검사의 청구에 의하여 결정으로 구속된 피고인과 비변호인과의 접견을 금하거나 수수할 서류 기타 물건의 검열, 수수의 금지 또는 압수를 할 수 있다. 단, 의류, 양식, 의료품의 수수를 금지 또는 압수할 수 없다.

4. 체포·구속적부심사의 청구

(1) 의 의

체포·구속적부심사제도는 체포 또는 구속된 피의자 또는 그 변호인, 법정대리인, 배우자, 직계친족, 형제자매나 가족, 동거인 또는 고용주는 관할법원에 체포 또는 구속의 적부심사를 청구하여 구속이 부적법·부당한 경우에는 피의자를 석방시키는 제도를 말한다(형사소송법 제214조의2 제1항).

(2) 청구사유

체포·구속적부심사를 청구할 수 있는 사유는 제한이 없으며, 청구를 받은 법원은 청구서가 접수된 때부터 48시간 이내에 체포 또는 구속된 피의자를 심문하고 수사관계서류와 증거물을 조사하여 그 청구가 이유 없다고 인정한 때에는 결정으로 이를 기각하고, 이유 있다고 인정한 때에는 결정으로 체포 또는 구속된 피의자의 석방을 명하여야 한다(형사소송법 제214조의2 제4항).

법원은 구속된 피의자(심사청구후 공소제기된 자를 포함한다)에 대하여 피의자의 출석을 보증할 만한 보증금의 납입을 조건으로 하여 결정으로 석방을 명할 수 있다. 다만, ① 죄증을 인멸할 염려가 있다고 믿을만한 충분한 이유가 있는 때나 ② 피해자, 당해 사건의 재판에 필요한 사실을 알고 있다고 인정되는 자 또는 그 친족의 생명·신체나 재산에 해를 가하거나 가할 염려가 있다고 믿을만한 충분한 이유가 있는 때에는 그러하지 아니하다(형사소송법 제214조의2 제5항).

[체포와 구속 요약]

체 포	구 속		
	구속영장	구속기간	
• 체포: 범죄의심 상당이유 → 피의자 48시간 동안 수사관서 등에 인치	• 구속이란 피의자 또는 피고인의 신체의 자유를 장기간 제한	공소제기 이전: 피의자	공고제기 이후: 피고인
		• 수사절차에 있어서의 피의자에 대한 구속기간은 경찰의 경우 10일을 초과할 수 없다.	• 형사소송법 제92조 (구속기간과 갱신)
• 48시간 이후: 석방	• 구속영장실질심사: 구속 영장의 발부에는 법관이 피의자를 법정에	• 따라서 경찰은 체포 또는 구속된 때로부터	• ① 피고인에 대해 법원이 행하는 구속의 기간은 2개월이 원칙
• 체포영장: 검사 → 판사 • 긴급체포:			• ② 제1항에도 불구하

영장 불필요 ● 현행범인: 영장 불필요	서 직접 심문하여 그 여부를 결정	10일 이내에 피의자를 검찰에 송치하지 않으면 즉시 석방하여야 한다. ● 즉 영장발급후 사법 경찰관이 10일 이내에 피의자를 검사에게 인치 ● 검찰의 경우 마찬가 지로 10일이나(제202조, 제203조)이나, 지방법원 판사의 허가를 받아서 1차에 한하여 10일 이 내로 그 연장을 허가(제 205조) ● 위 기간 이내에 법원 에 기소하지 아니하면 석방 ● 체포영장에 의하든 긴급체포에 의하든 체 포 후 48시간 내에 구 속영장을 청구하여야 하고, 구속기간은 체포 시부터 기산함	고 특히 구속을 계속할 필요가 있는 경우에는 2개월 단위로 2차에 한 하여 결정으로 갱신 ● 다만, 상소심은 피고 인 또는 변호인이 신청 한 증거의 조사, 상소 이유를 보충하는 서면 의 제출 등으로 추가 심리가 필요한 부득이 한 경우에는 3차에 한 하여 갱신 ● 즉, 1심: 6월, 2심: 4 월~6월, 3심: 4월~6월 ● 이 기간을 도과하게 되는 경우엔 피고인을 석방한 후 불구속상태 에서 재판 ● 수사 및 재판의 과정 에서 피의자 또는 피고 인이 구속된 기간은 나 중에 피고인이 법원에 의해 자유형의 선고를 받게 되면 그 구속기간 은 형기에 산입 ※ 누범: 제35조 ① 금 고 이상의 형을 받어 그 집행을 종료하거나 면제를 받은 후 3년내 에 금고 이상에 해당하 는 죄를 범한 자는 누 범으로 처벌한다. ② 누범의 형은 그 죄 에 정한 형의 장기의 2 배까지 가중한다. 다만 형법 제65조에 의하면 '집행유예의 선고를 받 은 후 그 선고의 실효 또는 취소됨이 없이 유 예기간을 경과한 때에

			는 형의 선고는 효력을 잃는다.' 즉 이전 범죄에 대한 형 선고의 법률적 효과는 이미 사라진 상태이므로 형의 집행유예를 선고 받은 경우는 누범가중 규정이 적용 안 됨
<center>**체포 및 구속적부심사제도 및 보석 청구권**</center>			
● 수사기관에 의하여 체포 또는 구속된 피의자에 대하여 법원이 체포, 구속의 적부를 심사하여 피의자를 석방 ● 피의자의 변호인 등 청구 → 법원: 48시간 이내 피의자심문 → 심문종료 후 24시간 이내 체포, 구속적부심사청구에 대한 결정 ● 공소제기 이후에 구속 상태에 있는 피고인의 경우는 법원에 보증금을 담보로 맡기고 석방을 청구하는, 소위 보석청구권을 가지는데, 법원의 보석허가결정에 의해 피고인은 소송 도중 석방됨			

Ⅲ. 수사의 종결

1. 검사의 수사종결

범죄수사는 범죄사실이 명백하거나 수사를 계속할 필요가 없는 경우에는 수사를 종결한다. 수상의 종결과 공소제기는 검사만이 할 수 있다.

검사가 사법경찰관으로부터 송치 받은 사건이나 자신이 수사한 사건을 조사한 결과 범죄혐의가 충분하고 소송조건을 구비하여 유죄판결을 받아 낼 수 있다고 인정되면 공소를 제기한다. 공소는 공소장을 관할법원에 제출함으로써 이루어진다.

그러나 수사의 결과 공소를 할 수 있는 충족을 하지 못한 경우에는 검사는 불기소처분을 한다. 불기소 처분에는 협의의 불기소 처분에 해당하는 '혐의없음', '공소권 없음', '죄가 안 됨'이 있고 광의의 불기소처분으로 '기소유예'와 '기소중지'가 있다.

2. 불기소처분에 대한 불복

검사의 불기소처분에 대한 불복방법으로 고소인 또는 고발인은 재정신청과

항고 및 재항고제도를 신청할 수 있다.

(1) 재정신청

고소권자로서 고소를 한 자는 검사로부터 공소를 제기하지 아니한다는 통지를 받은 때에는 그 검사 소속의 지방검찰청 소재지를 관할하는 고등법원에 그 당부에 관한 재정을 신청할 수 있다(형사소송법 제260조 제1항).

다만 재정신청을 하려면 「검찰청법」 제10조에 따른 항고를 원칙적으로 거쳐야 한다(형사소송법 제260조 제2항).

(2) 항고, 재항고

항고는 검사의 불기소처분에 불복하는 고소인이나 고발인이 그 검사가 속한 지방검찰청 또는 지청을 거쳐 서면으로 관할 고등검찰청 검사장에게 항고하는 것을 말한다. 이 경우 해당 지방검찰청 또는 지청의 검사는 항고가 이유 있다고 인정하면 그 처분을 경정(更正)하여야 한다(검찰청법 제10조 제1항).

재항고는 그 항고를 기각하는 처분에 불복하거나 항고를 한 날부터 항고에 대한 처분이 이루어지지 아니하고 3개월이 지났을 때에 그 검사가 속한 고등검찰청을 거쳐 서면으로 검찰총장에게 재항고하는 것을 말한다. 이 경우 해당 고등검찰청의 검사는 재항고가 이유 있다고 인정하면 그 처분을 경정하여야 한다(검찰청법 제10조 제3항).

(3) 헌법소원

검사의 공소제기 또는 불기소처분으로 헌법상 보장된 기본권을 침해받은 경우에는 헌법재판소에 헌법소원을 제기할 수 있다.

Ⅳ. 공소의 제기

1. 공소제기의 기본원칙

(1) 기소독점주의

누가 공소를 제기할 수 있는가에 따라 국가소추주의와 사인소추주의로 나눌 수 있다. 국가소추주의는 국가기관 중에서 검사만이 공소를 제기하고 수행할 권한을 갖는다는 취지에서 검사 기소독점주의라고도 한다.

공소제기는 검사가 공소장을 관할법원에 제출함으로써 이루어진다. 이렇게 공판청구가 이루어지면 피고인은 공판절차에 의하여 재판을 받게 된다. 그러나 검사는 벌금, 과료 또는 몰수에 처할 수 있는 사건에 대해서는 법원에 약식명령을 청구할 수 있는데, 약식절차에서 법원은 피고인을 출석시키지 않고 검사가 제출한 서류와 증거들만을 기초로 피고인에게 벌금, 과료 또는 몰수를 과하게 된다.[9] 구속된 사람에 대하여 검사가 약식기소를 하는 경우에는 그를 석방하여야 한다.

형사소송법 제246조는 "공소는 검사가 제기하여 수행한다"라고 규정하여 국가소추주의를 취하고 있으며, 예외적으로 재정신청과 특별검사제도를 두고 있다.

(2) 기소편의주의

검사가 사건을 수사한 결과 피의자에 대해서 기소하지 않는 것이 합당하다고 판단한 때에는 공소제기를 하지 않고 수사를 종결하게 되는데 이를 불기소처분이라고 한다.[10] 불기소처분에는 기소유예와 무혐의처분, 죄가 안 됨, 공소권 없음 등이 있다.

기소유예는 죄는 인정되지만 피의자의 연령이나 성행, 환경, 피해자에 대한 관계, 범행의 동기나 수단, 범행 후의 정황 등을 참작하여 기소를 하지 않는 것을 말한다. 기소유예를 하면 특별한 사정이 없는 한 같은 죄로 기소를 하지 않지만 기소유예후에 죄를 범한 경우에는 기소유예처분을 한 범죄에 대하여 새로 기소할 수 있다.

무혐의처분이란 형사상 범죄가 성립하지 않는 것을 말한다.[11] 그리고 혐의 없음은 충분한 객관적 혐의가 없는 것을 말하며, 죄가 안 됨은 범죄성립의 조각사유가 있는 경우, 공소권 없음은 소송조건이 결여된 경우, 기소중지는 피의자의 소재불명 등의 사유로 수사를 종결할 수 없는 경우에 그 사유가 해소될 때까지 하는 수사중지처분을 말한다.[12]

형사소송법 제247조는 "검사는 형법 제51조[13]의 사항을 참작하여 공소를 제

---

9) 육종수·김효진, 법학기초론, 박영사, 2013, 335면.
10) 육종수·김효진, 상게서, 335면.
11) 무혐의처리가 된 경우 형사상 범죄가 성립되지 않은 것을 의미할 뿐, 민사상의 채무불이행까지 면책되는 것은 아니다.
12) 최종고, 법학통론, 박영사, 2014, 481면.
13) 형법 제51조(양형의 조건) 형을 정함에 있어서는 다음 사항을 참작하여야 한다.

기하지 아니할 수 있다"라고 규정하여 기소편의주의를 채택하고 있다.

(3) 공소의 취소

검사가 제기한 공소를 스스로 철회하는 행위를 공소의 취소라고 한다. 형사소송법 제255조 제1항은 "공소는 제1심판결의 선고 전까지 취소할 수 있다"라고 규정하여 검사만이 공소를 할 수 있으며 취소사유는 제한을 두지 않고 있다. 공소가 취소된 경우 법원은 공소를 결정으로 기각하여야 한다(형사소송법 제328조 제1항 제1호).

2. 공소제기의 방식

공소를 제기함에는 공소장을 관할 법원에 제출하여야 한다. 공소장에는 피고인·죄명·공소사실·적용법조를 기재하여야 한다. 그리고 공소사실의 기재는 범죄의 일시·장소와 방법을 명시하여 사실관계를 특정하여야 한다.

3. 공소제기의 효과

공소제기에 의하여 공판절차가 개시된다. 공소제기로 인하여 피의자는 피고인으로 전환되며 소송의 주체로서의 지위를 가지게 된다.

4. 공소시효

공소시효는 검사가 일정한 기간 동안 공소를 제기하지 않고 방치하는 경우에 국가의 소추권을 소멸시키는 것을 말한다. 공소가 제기되면 해당사건에 대한 공소시효의 진행이 정지되며, 공소기각 또는 관할위반의 재판이 확정된 때부터 공소시효가 다시 진행된다(형사소송법 제253조 제1항). 공소시효가 완성되면 면소의 판결을 하여야 한다.

공소시효의 기간은(형사소송법 제249조) 사형은 25년, 무기징역 또는 무기금고는 15년, 모욕죄는 5년이나 범인이 형사처분을 면할 목적으로 국외에 있는 경우

1. 범인의 연령, 성행, 지능과 환경
2. 피해자에 대한 관계
3. 범행의 동기, 수단과 결과
4. 범행 후의 정황

에는 그 기간 동안 공소시효는 정지된다. 공소의 제기 없이 공소시효기간이 경과하거나 공소가 제기된 범죄는 판결의 확정이 없이 공소를 제기한 때로부터 25년을 경과하면 공소시효가 완성한 것으로 간주하기 때문에 검사는 본 사건을 불기소처분하여야 한다.

제4절 공 판

I. 공판절차

1. 공판절차의 의의

공판절차란 공소가 제기된 이후부터 그 소송절차가 종결되기까지의 모든 절차를 말한다. 다시 말해서 법원이 피고사건에 대하여 심리·재판하고 또 당사자가 변론을 행하는 절차를 말한다. 이러한 공판절차는 공판준비절차와 공판기일의 절차로 구분되는데, 중심적인 것은 공판기일의 절차이다.

2. 공판절차의 기본원칙

공판절차는 공개주의, 구두변론주의, 직접주의 그리고 집중심리주의의 4가지 원칙에 의하여 진행한다.

공개주의는 일반국민에게 법원의 재판과정에 대한 방청을 허용하는 것을 말한다. 헌법 제27조 제3항은 "형사피고인은 상당한 이유가 없는 한 지체없이 공개재판을 받을 권리를 가진다"라고 규정하여 공개주의를 명백히 인정하고 있다.

그리고 구두변론주의란 법원이 당사자의 구두에 의한 공격·방어를 근거로 하여 심리·재판을 해야 한다는 원칙을 말한다. 직접주의란 공판정에서 직접 조사한 증거만을 재판의 기초로 삼을 수 있다는 주의를 말한다. 집중심리주의는 심리에 2일 이상을 요하는 사건은 연일 계속하여 심리해야 한다는 원칙으로 소송의 촉진과 신속한 재판의 이념을 실현할 수 있는 장점이 있다.

3. 공판심리의 범위

법원의 심판대상은 공소장에 기재된 공소사실이 현실적 심판의 대상이다. 이러한 공소사실은 범죄의 시일·장소와 방법을 명시하여 사실을 특정할 수 있어야 한다(형사소송법 제254조 제1항).

검사는 공소사실의 동일성을 해하지 않는 범위에서 법원의 허가를 얻어 공소장에 기재된 공소사실 또는 적용법조를 추가·철회 또는 변경할 수 있는데, 이를 공소장 변경이라고 한다.[14]

그리고 법원도 심리의 경과에 비추어 상당하다고 인정할 때에는 공소사실 또는 적용법조의 추가 또는 변경을 요구할 수 있다(형사소송법 제298조 제2항).

4. 공판준비절차

공판준비절차는 제1회 또는 2회의 공판을 불문하고 공판기일 전에 공판기일에서의 심리를 준비하기 위하여 수소법원에 의하여 행하여지는 절차를 말한다. 예컨대 공판기일 전에 행하여지는 공소장 부분송달, 국선변호인의 선임, 공판기일의 시정·변경·통지·피고인 등의 소환, 공판기일 전 증거조사·증거제출 그리고 공무소 등에 대한 조회 등이 해당한다.

5. 공판정의 심리

형사소송법 제275조는 "공판기일에는 공판정에서 심리한다"라고 규정하고 있다. 여기서 공판정이란 공개된 법정을 의미한다. 공판정은 판사와 검사, 법원사무관등이 출석하여 개정한다(형사소송법 제275조 제2항).

피고인이 공판기일에 출석하지 아니한 때에는 특별한 규정이 없으면 개정하지 못한다. 단, 피고인이 법인인 경우에는 대리인을 출석하게 할 수 있다(형사소송법 제276조).

변호사나 보조인은 소송의 주체가 아니므로 변호인이 공판기일의 통지를 받

---

14) 검사는 법원의 허가를 얻어 공소장에 기재한 공소사실 또는 적용법조의 추가, 철회 또는 변경을 할 수 있다. 이 경우에 법원은 공소사실의 동일성을 해하지 아니하는 한도에서 허가하여야 한다(형사소송법 제298조 제1항).

고도 출석하지 아니한 때에는 변호인의 출석 없이 개정할 수 있다.

사법의 민주적 정당성과 신뢰를 높이기 위하여 국민이 형사재판에 참여하는 재판을 국민참여재판이라고 하는데(「국민의 형사재판 참여에 관한 법률」 제1조), 국민참여재판의 경우에는 공판정은 판사·예비배심원·검사·변호인이 출석하여 개정하고 피고인이 공판기일에 출석하지 아니한 때에는 특별한 규정이 없으면 개정하지 못한다. 배심원은 국민참여재판을 하는 사건에 관하여 사실의 인정, 법령의 적용 및 형의 양정에 관한 의견을 제시할 권한이 있다(「국민의 형사재판 참여에 관한 법률」 제12조 제1항). 그리고 재판장은 변론이 종결된 후 법정에서 배심원에게 공소사실의 요지와 적용법조, 피고인과 변호인 주장의 요지, 증거능력, 그 밖에 유의할 사항에 관하여 설명하여야 한다. 이 경우 필요한 때에는 증거의 요지에 관하여 설명할 수 있다. 심리에 관여한 배심원은 재판장의 설명을 들은 후 유·무죄에 관하여 평의하고, 전원의 의견이 일치하면 그에 따라 평결한다. 다만, 배심원 과반수의 요청이 있으면 심리에 관여한 판사의 의견을 들을 수 있다(「국민의 형사재판 참여에 관한 법률」 제46조 제1항 및 제2항).

그러나 배심원의 평결과 의견은 법원을 기속하지 아니한다(「국민의 형사재판 참여에 관한 법률」 제46조 제5항).

공판기일에 소송의 진행을 질서 있게 하고 심리를 원활하게 하기 위하여 재판장은 소송을 지휘하고 법정경찰권을 행사할 수 있다.

6. 공판기일의 절차

수소법원은 공판준비절차가 끝나면 공판기일을 열어 피고사건에 대하여 심리를 실시하게 되는데, 공판기일의 절차에는 모두절차, 사실심리 그리고 판결선고 절차의 3단계 순서로 진행된다.

(1) 모두절차
1) 진술거부권의 고지

모두절차에서 재판장은 피고인에게 진술하지 아니하거나 각개의 심문에 대하여 진술을 거부할 수 있다(형사소송법 제283조의2)는 취지를 고지하여야 한다.

2) 피고인의 인정심문

재판장은 피고인의 성명, 연령, 등록기준지, 주거와 직업을 물어서 피고인임에 틀림없음을 확인하는 인정심문을 하여야 한다(형사소송법 제284조).

3) 검사의 모두진술

인정심문이 끝나면 검사는 공소장에 의하여 공소사실·죄명 및 적용법조를 낭독하는 모두진술을 하여야 한다(형사소송법 제285조).

4) 피고인의 모두진술

피고인은 검사의 모두진술이 끝난 뒤에 공소사실의 인정 여부를 진술하여야 한다. 다만, 피고인이 진술거부권을 행사하는 경우에는 그러하지 아니하다. 피고인 및 변호인은 이익이 되는 사실 등을 진술할 수 있다(형사소송법 제286조).

5) 재판장의 쟁점정리 및 검사·변호인의 증거관계 등에 대한 진술

재판장은 피고인의 모두진술이 끝난 다음에 피고인 또는 변호인에게 쟁점의 정리를 위하여 필요한 질문을 할 수 있다.

그리고 재판장은 증거조사를 하기에 앞서 검사 및 변호인으로 하여금 공소사실 등의 증명과 관련된 주장 및 증명계획 등을 진술하게 할 수 있다. 다만, 증거로 할 수 없거나 증거로 신청할 의사가 없는 자료에 기초하여 법원에 사건에 대한 예단 또는 편견을 발생하게 할 염려가 있는 사항은 진술할 수 없다(형사소송법 제287조 제1항 및 제2항).

(2) 사실심리

모두절차가 끝나면 피고사건의 사실인정과 형의 양정에 관한 심증을 얻기 위하여 인증·서증·물증 등 각종의 증거방법을 조사하고 이어서 피고인 심문과 최종변종절차를 거쳐 판결을 선고하게 된다.

1) 증거조사

사실심리절차는 증거조사에 의하여 시작되며 증거조사의 핵심적인 내용 중의 하나가 증인심문이다. 재판장의 쟁점정리 등이 끝나면 증거조사를 실시한다. 증거조사는 법원이 피고사건의 사실인정과 형의 양형에 관한 심증을 얻기 위하여 증거방법을 조사하여 그 내용을 알아내는 소송행위를 말한다.[15]

---

15) 김영규 외, 전게서, 497면.

법원은 증거신청에 대하여 결정을 하여야 하며 공판기일에서는 거증책임이 있는 검사가 먼저 신청을 한 이후에 피고인, 변호인이 신청한다(형사소송규칙 제 133조).

2) 피고인 심문

증거조사가 종료된 후에는 피고인심문을 행한다. 피고인 심문이란 피고인에 대하여 공소사실과 그 정상에 관한 필요한 사항을 심문하는 절차를 말한다. 피고인 심문은 검사 또는 변호인 순으로 피고인에게 공소사실 및 정상에 대하여 필요한 사항을 직접 심문할 수 있고, 재판장 역시 필요하다고 인정되면 심문할 수 있다.

3) 최종 변론

증거조사와 피고인 심문이 끝나면 당사자의 의견진술이 행하여 진다. 의견진술은 검사·피고인과 변호인의 순서로 한다.

검사는 최종변론으로 사실과 법률적용에 관하여 의견을 진술한다. 이를 검사의 논고라고 하며, 특히 양형에 관한 의견을 구형이라고 한다.

재판장은 검사의 의견을 들은 후 피고인과 변호인에게 최종의 의견을 진술할 기회를 주어야 하는데(형사소송법 제303조), 이를 피고인 또는 변호인의 최후진술이라고 하며 피고인·변호인 모두에 주어야 한다.

(3) 판결선고

수소법원은 이와 같은 사실심리절차가 종료된 후에 당해 소송사건에 법률을 적용해서 그 심급에서 소송절차가 종결하는 종국재판을 하여야 한다. 종국재판은 선고의 형식으로 행하여지는 판결선고를 하여야 한다. 판결은 공판정에서 재판서에 의하여 선고한다(형사소송법 제42조). 재판의 선고 또는 고지는 재판장이 한다. 판결을 선고함에는 주문을 낭독하고 이유의 요지를 설명하여야 한다(형사소송법 제43조).

종국판결(판결의 선고)에는 형식적 판결인 면소·공고기각·관할위반의 판결과 실체적 판결인 유죄·무죄의 판결이 있다. 실체적 종국재판이 확정되면 그 재판은 기판력이 생겨 다시 동일한 사건에 대하여 실체적 재판을 할 수 없게 되는데. 이를 일사부재리의 원칙이라고 한다.

형을 선고하는 경우에 재판장은 피고인에게 상소할 기간과 상소할 법원을 고지하여야 한다. 판결의 선고에 의하여 당해 심급의 공판절차는 종료되고 상소 기간이 진행된다.

7. 증인심문

증인심문은 증인으로부터 실제 체험한 사실의 진술을 듣는 증거조사절차를 말한다. 증인은 법원 또는 법관에 대하여 자기가 과거에 실험한 사실을 진술하는 제3자를 말한다. 법원은 법률에 다른 규정이 없으면 누구든지 증인으로 심문할 수 있다. 다만 법관, 검사, 변호사, 피고인은 당해 사건에 대하여는 증인으로 될 수 없다. 증인심문의 순서는 증인을 신청한 검사, 변호인 또는 피고인이 먼저 심문하고 다른 당사자가 그 다음에 심문한다. 법원은 당사자의 심문이 끝난 뒤에 심문할 수 있다.

8. 변론의 병합·분리·재개

법원은 필요하다고 인정할 때에는 직권 또는 검사·피고인이나 변호인의 신청에 의하여 결정으로 변론을 분리하거나 병합할 수 있다.

Ⅱ. 증 거

1. 증거의 의의와 종류

(1) 증거의 의의

증거는 형법의 적정한 적용에 의하여 구체적 법률관계를 형성·확정하기 위하여 필요로 하는 사실인정의 근거가 되는 자료를 말한다. 이러한 사실관계를 확정하는데 사용되는 자료를 증거라고 하는데, 형사소송법상 증거라는 용어는 증거방법·증거자료나 증거원인의 세 가지를 포함하는 개념이다.

(2) 증거의 종류

증거는 그 구별기준에 따라 다양하게 구별할 수 있다.

1) 직접증거와 간접증거

직접증거란 요증사실을 직접으로 증명하는 증거를 말한다. 예컨대 피고인의 자백, 목격한 증인의 증인이 해당한다.

간접증거는 요증사실을 간접으로 추인·증명할 수 있는 증거로 정황증거라고도 한다. 예컨대 범행에 남아 있는 지문·혈흔 등이 해당한다.

2) 인적증거·물적증거·증거서류

인적증거란 증인의 증언이나 피고인의 진술과 같이 사람의 진술내용이 증거로 되는 것으로서 인증이라고도 한다. 그리고 범행에 사용된 흉기 또는 절도의 장물과 같이 물건의 존재 또는 상태가 증거로 인정되는 물적증거가 있다. 증거서류란 증거서류와 증거물인 서면을 총칭한 개념으로 서증이라고도 한다.

3) 진술증거와 비진술증거

진술증거란 사람의 진술이 증거로 되는 것으로 피고인의 진술·증인의 증언 또는 피의자의 신문조서·진술조서 등을 말한다.

비 진술증거란 사람의 신체상해 등이 증거로 사용되는 경우이다.

4) 본증과 반증

검사가 제출하는 증거를 본증이라 하고, 피고인이 제출하는 증거를 반증이라고 한다.

5) 실질증거와 보조증거

실질증거란 주요사실의 존부를 직·간접적으로 사용되는 증거를 말한다. 예컨대 범인을 목격한 증인의 증언, 피고인이 사용한 흉기 등을 말한다. 보조증거는 증명력을 보조하기 위한 증거로 탄핵증거 등을 말한다.

2. 증명의 기본원칙

(1) 증거재판주의

형사소송에서의 유죄의 인정을 위한 사실의 인정은 증거에 의하여야 한다는 이념을 증거재판주의라고 한다(형사소송법 제307조). 실체적 진실의 발견을 이념으로 하는 형사소송법에서는 법관의 자의에 의한 사실인정이 인정될 수 없고, 사실의 인정은 증거에 의하여야 하며 범죄사실의 인정은 합리적인 의심이 없는 정도의 증명에 이르러야 한다(형사소송법 제307조).

형사소송법상의 증명에는 엄격한 증명과 자유로운 증명이 있다. 엄격한 증명과 자유로운 증명은 모두 합리적 의심 없는 증명 또는 확신을 요한다. 엄격한 증명이란 어떤 사실을 법률상 증거능력이 있고 적법한 증거조사를 거친 증거에 의하여야 하는 증명을 말한다. 예컨대 공소범죄사실, 법률상 형의 가중·감면의 이유되는 사실, 간접사실 등은 엄격한 증명을 요한다.

자유로운 증명은 양형의 기초가 되는 정상관계사실, 소송조건의 존부 등이 해당한다.

(2) 거증책임

거증책임이란 요증사실의 존부에 대하여 증명이 불충분한 경우에 불이익을 받을 당사자의 법적 지위를 말한다. 형사소송에서 거증책임은 원칙적으로 검사에게 있다. 따라서 검사는 공소범죄사실, 처벌조건이 사실, 형의 가중·감면의 사유가 되는 사실, 소송조건의 존재에 대하여 증거를 제출할 책임이 있다.

(3) 자유심증주의

자유심증주의란 증거의 증명력을 적극적 또는 소극적으로 법정하지 아니하고 법관의 자유로운 판단에 맡기는 주의를 말한다. 형법 제308조는 "증거의 증명력은 법관의 자유판단에 의한다"라고 규정하여 자유심증주의를 채택하고 있다. 따라서 법관은 사실을 인정하는 데에 법률적 구속을 받지 아니하고 구체적으로 타당한 증거가치를 판단하여 사안의 진상을 파악할 수 있게 된다.

3. 자백배제원칙

피고인이 자백을 하더라도 그 자백이 고문·폭행·협박 또는 신체구속의 부당한 장기화 등으로 임의로 진술한 것이 아니라고 인정할 만한 이유가 있는 때에, 그 증거능력은 부정된다.

4. 위법수집증거배제원칙

적법한 절차에 따르지 아니하고 수집한 증거는 증거로 할 수 없다(형사소송법 제308조의2). 즉 영장주의에 위반하여 수집한 증거나 적정절차에 위반한 압수·수

집 등의 증거수집절차에 중대한 위법이 있는 경우에는 증거능력이 부정된다.

5. 전문법칙

전문증거란 사실인정의 기초가 되는 사실을 원경험자 자신이 직접 법원에 진술하지 않고 다른 형태로 간접적으로 보고하는 것을 전문증거라 하며, 이러한 전문증거는 증거가 아니기 때문에 증거능력이 인정될 수 없다는 원칙을 전문법칙이라고 한다.16) 전문법칙을 인정하는 이유는 보통 전문증거의 경우에는 부정확한 전달의 위험과 반대신문의 기회가 없고 신용성이 결여되기 때문이다. 예컨대, 피고인의 살인현장을 목격한 갑이 친구 을에게 그 목격사실을 을에게 말을 하고 을이 법원에서 진술한 경우, 또는 을이 사실을 기재한 진술서면 등이다. 목격자인 갑이 법정에 나와 직접 증언하는 원시증거와는 대립된다.

형사소송법 제310조의2는 "공판준비 또는 공판기일에서의 진술에 대신하여 진술을 기재한 서류나 공판준비 또는 공판기일 외에서의 타인의 진술을 내용으로 하는 진술은 이를 증거로 할 수 없다"고 하여 전문법칙을 인정하고 있다.

6. 당사자의 동의와 증거능력

검사와 피고인이 증거로 할 수 있음을 동의한 서류 또는 물건은 진정한 것으로 인정한 때에는 증거로 할 수 있다(형사소송법 제318조 제1항). 이것은 전문법칙에 의하여 증거능력이 없는 증거라 할지라도 당사자가 동의한 때에는 불필요한 증인심문을 피하고 재판의 신속과 소송경제에 부합하기 때문이다.

7. 탄핵주의

탄핵주의란 전문법칙에 의하여 증거능력이 없거나 전문증거가 진술증거의 증명력을 다투기 위하여 사용되는 경우에 그 증거를 탄핵주의라고 한다.17) 형사소송법 제318조의2 제1항은 "증거로 할 수 없는 서류나 진술이라도 공판준비 또는 공판기일에서의 피고인 또는 피고인이 아닌 자(공소제기 전에 피고인을 피의자로

---

16) 김영규 외, 전게서, 503면.
17) 박상기 외, 전게서, 493면.

조사하였거나 그 조사에 참여하였던 자를 포함한다)의 진술의 증명력을 다투기 위하여 증거로 할 수 있다"고 하여 탄핵주의의 입장을 취하고 있다.

판례는 "사법경찰관리 작성의 피고인에 대한 피의자신문조서와 피고인이 작성한 자술서들은 모두 검사가 유죄의 자료로 제출한 증거들로서 피고인이 각 그 내용을 부인하는 이상 증거능력이 없으나 그러한 증거라 하더라도 그것이 임의로 작성된 것이 아니라고 의심할 만한 사정이 없는 한 피고인의 법정에서의 진술을 탄핵하기 위한 반대증거로 사용할 수 있다[18]"고 판시하여 증거능력은 없으나 피고인의 진술을 탄핵하기 위한 반대증거로 사용할 수 있다고 보고 있다. 그리고 탄핵증거는 진술의 증명력을 감쇄하기 위하여 인정되는 것이고 범죄사실 또는 그 간접사실의 인정의 증거로서는 허용되지 않는다.[19]

8. 증명력(자백과 보강법칙)

(1) 자유심증주의

형사소송법 제308조는 "증거의 증명력은 법관의 자유판단에 의한다"고 규정하여 증거의 증명권에 대한 사실인정을 법관의 자유판단에 의하도록 하고 있다. 그러나 법관의 자유판단에 의하도록 하여도 통상인이면 누구나 의심하지 않을 정도의 보편타당성을 가져야 한다.

(2) 자백보강법칙

형사소송법 제310조는 "피고인의 자백이 그 피고인에게 불이익한 유일의 증거인 때에는 이를 유죄의 증거로 하지 못한다"고 규정하고 있다. 따라서 피고인이 임의로 한 자백이 증거능력이 있고 신빙성이 있어서 법관이 유죄의 심증을 얻었다고 할지라도 자백이 유일한 증거이고 다른 보강증거가 없으면 유죄로 인정할 수 없다. 이는 법관의 자유심증주의에 대한 예외로서 자백의 보강법칙이라고 한다.

보강증거가 될 수 있는 증거는 자백과는 독립된 증거이어야 하므로 피고인의 공판정에서의 자백을 수사기관에서의 자백에 의하여 보강하는 것은 허용하지

---

18) 대법원 1998. 2. 27. 선고 97도1770 판결.
19) 대법원 1996. 9. 6. 선고 95도2945 판결.

않는다. 그러나 자백 이외의 증거능력이 있는 인증, 물증, 증거서류 등은 보강증거가 될 수 있다.

(3) 공판조서의 증명력

공판조서의 증명력에 관하여 공판기일의 소송절차로서 공판조서에 기재된 것은 그 조서만으로써 증명한다(형사소송법 제56조). 형사소송법 제318조에 규정된 증거 동의는 소송 주체인 검사와 피고인이 하는 것이고, 변호인은 피고인을 대리하여 증거 동의에 관한 의견을 낼 수 있을 뿐이다. 따라서 피고인이 변호인과 함께 출석한 공판기일의 공판조서에 검사가 제출한 증거에 대하여 동의한다는 기재가 되어 있다면 이는 피고인이 증거 동의를 한 것으로 보아야 하고, 그 기재는 절대적인 증명력을 가진다.[20]

Ⅲ. 재 판

1. 재판의 의의와 종류

재판이란 협의로는 피고사건에 대한 유죄와 무죄에 대한 실체적 종국판결을 말한다. 재판은 다양한 기준에 따라 그 종류를 분류할 수 있다.

(1) 종국재판과 종국전의 재판

종국재판은 소송을 그 심급에서 재판으로 유죄·무죄의 재판과 관할위반·공소기각 등의 재판을 말한다. 종국재판은 피고자에 대한 소송계속을 그 심급에서 종결시키는 재판이기 때문에 원칙적으로 상소가 허용된다.

종국전의 재판은 종국재판에 이르기까지의 절차에 관한 재판으로 중간재판이라도 하며 결정·명령 등이 이에 해당한다. 소송신속과 경제를 위하여 원칙적으로 상소가 허용되지 않는다.

(2) 판결·결정·명령

종국재판의 원칙적 형식으로서 가장 중요한 재판형식인 판결이 있다 예컨대 유·무죄의 판결·관할위반판결, 공고기각의 판결 등이 해당한다. 판결에 대한 상소방법은 항소나 상고이다.

---

20) 대법원 2016. 3. 10. 선고 2015도19139 판결.

그리고 결정은 종국전 재판과정의 절차에 관한 재판이다. 예컨대 보석허가 결정, 공소장변경결정, 증거신청에 대한 결정 등은 결정에 해당하는 재판이다. 결정에 대한 상소법원은 항고와 재항고를 이용한다.

그리고 명령은 법원이 아니라 재판장·수명법관·수탁판사로서의 법관이 행하는 재판으로서 모두 종국전 재판에 해당한다. 예컨대 재판장의 공판기일 지정, 피고인에 대한 퇴정 등이 해당한다. 원칙적으로 명령에 대한 상소방법은 없다.

(3) 실체재판과 형식재판

실체재판과 형식재판은 재판의 내용에 의한 분류이다. 실체재판은 실체적 법률관계를 판단하는 재판으로 유·무죄의 판결을 말한다. 실체재판은 모두 종국 재판이며 판결의 형식에 의한다. 형식재판이란 사건의 절차적·형식적 법률관계를 판단하는 재판으로 관할위반이나 공소기각의 판결 등이 해당한다.

2. 면소판결

면소판결이란 실체적 소송조건이 구비되지 아니한 경우에 선고되는 형사재판을 말한다. 면소판결을 할 수 있는 사유는 공소시효가 완성된 때, 간통죄와 같이 범죄 후의 법령개폐로 형이 폐지된 경우 등이다.

3. 재판의 효력

재판이 통상의 불복방법에 의하여서는 다툴 수가 없게 되어 그 내용을 변경할 수 없게 된 상태를 재판의 확정이라고 한다. 재판확정의 시기는 재판이 본래의 효력을 발생하는 시기를 말하며, 불복신청이 허용되는 재판은 상소기간 기타 불복신청기간을 경과함으로써 재판이 확정된다. 대법원의 경우는 대법원 판결의 선고와 동시에 확정된다.

재판이 확정되면 소송진행이 종결되며, 유죄판결의 경우에는 형벌을 집행하게 된다.

제5절	상소·비상구제절차·특별형사절차

Ⅰ. 상 소

1. 상소의 개념

상소란 상급법원에 대하여 미확정재판의 취소 또는 변경을 청구하는 불복신청을 말한다. 이러한 상소제도는 오판을 시정하기 위하여 인정되는 제도이다. 상소에는 판결에 대한 항소와 상고 그리고 결정에 대하여 하는 항고가 있다.

상소권자는 검사, 피고인, 피고인의 법정대리인, 변호인 등이다. 상소권자가 상소를 하면 소송계속은 원심법원에서 상소법원으로 이전하고 원심법원의 재판의 확정과 집행이 정지된다.

2. 상소의 종류

(1) 항 소

1) 항소개념 등

항소는 제1심판결에 불복하여 제2심법원에 상소하는 것을 말한다. 제1심법원의 판결에 대하여 불복이 있으면 지방법원 단독판사가 선고한 것은 지방법원 본원합의부에 항소할 수 있으며 지방법원 합의부가 선고한 것은 고등법원에 항소할 수 있다(형사소송법 제357조). 항소의 제기기간은 7일로 한다(형사소송법 제358조).

항소를 함에는 항소장을 원심법원에 제출하여야 한다(형사소송법 제359조). 항소의 제기가 법률상의 방식에 위반하거나 항소권소멸 후인 것이 명백한 때에는 원심법원은 결정으로 항소를 기각하여야 하며(형사소송법 제360조 제1항), 이에 대한 결정에 대하여는 즉시항고를 할 수 있다(형사소송법 제360조 제2항).

2) 항소이유

항소는 다음사유가 있을 경우에 원심판결에 대한 항소이유로 할 수 있다(형사소송법 제361조).

① 판결에 영향을 미친 헌법·법률·명령 또는 규칙의 위반이 있는 때
② 판결 후 형의 폐지나 변경 또는 사면이 있는 때

③ 관할 또는 관할위반의 인정이 법률에 위반한 때

④ 판결법원의 구성이 법률에 위반한 때

⑤ 사건의 심리에 관여하지 아니한 판사가 그 사건의 판결에 관여한 때

⑥ 공판의 공개에 관한 규정에 위반한 때

⑦ 판결에 이유를 붙이지 아니하거나 이유에 모순이 있는 때

⑧ 재심청구의 사유가 있는 때

⑨ 사실의 오인이 있어 판결에 영향을 미칠 때

⑩ 형의 양정이 부당하다고 인정할 사유가 있는 때

(2) 상 고

1) 상고 개념 등

항소심의 판결에 대하여 불복이 있으면 7일내에 대법원에 상고할 수 있다(형사소송법 제374조). 상고는 제2심 판결에 대한 불복으로 법령해석의 통일을 주된 기능으로 하며 상고장을 원심법원에 제출하여야 한다.

원래 상고는 항소심판결에 대하여 하는 것이나 '원심판결이 인정한 사실에 대하여 법령을 적용하지 아니하였거나 법령의 적용에 착오가 있는 때', 또는 '원심판결이 있은 후 형의 폐지나 변경 또는 사면이 있는 때'는 제1심판결에 대하여 항소를 제기하지 아니하고 상고를 할 수 있는데, 이를 비약적 상고라고 한다(형사소송법 제372조).

2) 상고이유

대법원에 제기할 수 있는 상고는 다음 같은 이유가 있는 경우에, 원심판결에 대한 상고이유로 할 수 있다(형사소송법 제383조).

① 판결에 영향을 미친 헌법·법률·명령 또는 규칙의 위반이 있을 때

② 판결후 형의 폐지나 변경 또는 사면이 있는 때

③ 재심청구의 사유가 있는 때

④ 사형, 무기 또는 10년 이상의 징역이나 금고가 선고된 사건에 있어서 중대한 사실의 오인이 있어 판결에 영향을 미친 때 또는 형의 양정이 심히 부당하다고 인정할 현저한 사유가 있는 때

3) 원심판결의 파기 등

대법원은 상고의 이유가 없다고 인정하는 때에는 판결로써 상고를 기각한다. 그러나 상고의 이유가 있는 때에는 판결로써 원심판결을 파기하여야 한다(형사소송법 제391조). 적법한 공소를 기각하였다는 이유로 원심판결 또는 제1심판결을 파기하는 경우에는 원칙적으로 판결로써 사건을 원심법원 또는 제1심법원에 환송하여야 하지만(형사소송법 제393조), 예외적으로 소송기록과 원심법원과 제1심법원이 조사한 증거에 의하여 판결하기 충분하다고 인정한 때에는 피고사건에 대하여 직접판결을 할 수 있다(형사소송법 제396조).

(3) 항 고

항고는 법원의 결정에 대한 불복방법으로 항고를 할 수 있다(형사소송법 제402조). 항고는 보통항고와 즉시항고로 구분한다. 즉시항고는 공소기각의 결정, 상소기각의 결정 등과 같이 형사소송법에 특별히 규정하고 있는 경우에 할 수 있다. 보통항고는 즉시항고를 할 수 있는 경우 이외 법원의 결정에 대하여 불복이 있는 경우에 할 수 있다.

항고기간에 대하여 보통항고는 원심결정을 취소하여도 실익이 없게 경우 이외에는 언제든지 할 수 있으나, 즉시항고의 제기기간은 7일로 한다(형사소송법 제404조 및 제405조). 항고를 함에는 항고장을 원심법원에 제출하여야 한다(형사소송법 제406조).

제1심법원의 결정에 대한 항고는 지방법원본원 합의부에 항고를 할 수 있고, 지방법원합의부의 결정에 대하여는 고등법원에 항고할 수 있다. 재항고는 항고법원 또는 고등법원의 결정에 대하여 재판에 영향을 미친 헌법·법률·명령 또는 규칙의 위반이 있음을 이유로 하는 때에 한하여 대법원에 즉시항고를 할 수 있다(형사소송법 제415조).

Ⅱ. 비상구제절차

1. 재 심

재심이란 유죄의 확정판결에 대하여 중대한 사실오인이나 사실인정의 부당을 시정하기 위하여 인정하는 비상구제절차이다. 재심판결의 대상은 유죄의 확정판결에 대하여 그 선고를 받은자의 이익을 위하여 청구하는 것이므로 결정과 명령은 재심청구의 대상이 되지 않는다.

재심은 원판결의 형보다 중한 형을 선고하지 못하는 불이익변경의 금지원칙이 인정된다(형사소송법 제439조). 재심의 청구가 이유 없다고 인정한 때에는 결정으로 기각을 하여야 하나, 재심의 청구가 이유 있다고 인정한 때에는 재심개시의 결정을 하여야 하며, 이러한 결정을 한 때에는 형의 집행을 정지할 수 있다(형사소송법 제433조 및 제435조).

재심청구를 할 수 이유는 다음과 같다(형사소송법 제420조).

① 원판결의 증거된 서류 또는 증거물이 확정판결에 의하여 위조 또는 변조인 것이 증명된 때

② 원판결의 증거된 증언, 감정, 통역 또는 번역이 확정판결에 의하여 허위인 것이 증명된 때

③ 무고로 인하여 유죄의 선고를 받은 경우에 그 무고의 죄가 확정판결에 의하여 증명된 때

④ 원판결의 증거된 재판이 확정재판에 의하여 변경된 때

⑤ 유죄의 선고를 받은 자에 대하여 무죄 또는 면소를, 형의 선고를 받은 자에 대하여 형의 면제 또는 원판결이 인정한 죄보다 경한 죄를 인정할 명백한 증거가 새로 발견된 때

⑥ 저작권, 특허권, 실용신안권, 의장권 또는 상표권을 침해한 죄로 유죄의 선고를 받은 사건에 관하여 그 권리에 대한 무효의 심결 또는 무효의 판결이 확정된 때

⑦ 원판결, 전심판결 또는 그 판결의 기초 된 조사에 관여한 법관, 공소의 제기는 그 공소의 기초 된 수사에 관여한 검사나 사법경찰관이 그 직무에 관한 죄를 범한 것이 확정판결에 의하여 증명된 때. 단, 원판결의 선고 전에 법관, 검사 또는 사법경찰관에 대하여 공소의 제기가 있는 경우에는 원판결의 법원이 그 사유를 알지 못한 때에 한한다.

2. 비상상고

비상상고란 확정판결에 대하여 그 심판의 법령위반을 시정하기 위하여 인정되는 비상구제절차이다. 이것은 법령의 해석·적용의 통일을 기하려는데 그 목적이 있다. 비상상고의 신청권자는 검찰총장이며 검찰총장은 판결이 확정한 후 그 사건의 심판이 법령에 위반한 것을 발견한 때에는 대법원에 비상상고를 할 수 있다(형사소송법 제441조).

비상상고가 이유 없다고 인정한 때에는 판결로써 이를 기각하여야 한다(형사소송법 제445조). 그러나 비상상고가 이유 있다고 인정한 때에는 법령에 위반한 원판결을 파기하여야 한다. 단, 원판결이 피고인에게 불이익한 때에는 원판결을 파기하고 피고사건에 대하여 대법원이 자판한다(형사소송법 제446조 제1호).

Ⅲ. 특별형사절차

1. 약식재판절차

약식절차란 지방법원 관할에 속하는 사건에 관하여 공판절차에 의하지 아니하고 검사가 제출한 자료만을 조사하여 약식명령으로 피고인에게 벌금·과료 또는 몰수를 과하는 절차이다.

법원은 검사의 약식명령 청구가 있을 때에도 반드시 이에 구속되지 않으며, 약식명령이 부적당하거나 할 수 없는 경우에는 공판절차에 의하여 심판한다. 검사 또는 피고인은 약식명령을 고지받은 날로부터 7일 이내에 정식재판을 청구할 수 있다.

약식명령은 정식재판의 청구기간이 경과하거나 그 청구의 취하 또는 청구기각의 결정이 확정한 때에는 확정판결과 동일한 효력이 있으며(형사소송법 제457조), 약식명령의 형보다 중한 종류의 형을 선고하지 못한다(형사소송법 제457조의2).

2. 즉결심판

즉결심판은 공판절차를 거치지 아니하고 관할경찰서장 또는 관할해양경찰서장(이하 "경찰서장"이라 한다)이 범증이 명백하고 죄질이 경미한 범죄사건을 신속·적정한 절차로 심판하기 위하여 관할법원에 즉결심판을 청구하는 것을 말한다 (「즉결심판에 관한 절차법」 제1조 및 제3조).

지방법원, 지원 또는 시·군법원의 판사(이하 "판사"라 한다)는 즉결심판절차에 의하여 피고인에게 20만원 이하의 벌금, 구류 또는 과료에 처할 수 있다(「즉결심판에 관한 절차법」 제2조). 경찰서장이 즉결심판을 청구함에는 즉결심판청구서를 제출하여야 하며, 즉결심판청구서에는 피고인의 성명 기타 피고인을 특정할 수 있는 사항, 죄명, 범죄사실과 적용법조를 기재하여야 한다.

판사는 사건이 즉결심판을 할 수 없거나 즉결심판절차에 의하여 심판함이 적당하지 아니하다고 인정할 때에는 결정으로 즉결심판의 청구를 기각하여야 한다. 이런 경우 경찰서장은 지체없이 사건을 관할지방검찰청 또는 지청의 장에게 송치하여야 한다(「즉결심판에 관한 절차법」 제5조 제1항 및 제2항).

즉결심판으로 유죄를 선고할 때에는 형, 범죄사실과 적용법조를 명시하고 피고인은 7일 이내에 정식재판을 청구할 수 있다는 것을 고지하여야 한다(「즉결심판에 관한 절차법」 제11조 제1항). 피고인이 정식재판청구서를 청구하고자 할 때에는 경찰서장에게 제출하여야 한다(「즉결심판에 관한 절차법」 제11조 제1항 및 제14조 제1항).

형의 집행은 경찰서장이 하고 그 집행결과를 지체없이 검사에게 보고하여야 한다. 구류는 경찰서유치장·구치소 또는 교도소에서 집행하며 구치소 또는 교도소에서 집행할 때에는 검사가 이를 지휘한다(「즉결심판에 관한 절차법」 제18조 제1항 및 제2항).

3. 배상명령절차

배상명령절차는 유죄판결을 선고할 경우에 법원이 직권 또는 피해자의 신청에 의하여 피고사건의 범죄행위로 인하여 발생한 직접적인 물적 피해 및 치료비 손해의 배상을 명하는 절차를 말한다. 배상신청은 공판의 변론종결시까지 사건이 계속된 법원에 배상신청서 또는 공판정에서는 구술로 신청할 수 있다. 배상명령은 유죄판결의 선고와 동시에 하여야 하며 배상명령의 신청을 각하하거나 인용한 재판에 대해 신청인은 불복할 수 없다(「소송촉진 등에 관한 법률」 제32조 제4

항). 확정된 배상명령 또는 가집행 선고 있는 금전배상명령은 집행력 있는 정본
으로 채무자의 목적물에 대하여 강제집행할 수 있다.

제6절 재판의 집행과 형사보상

I. 재판의 집행

재판의 집행이란 재판의 내용인 의사표시를 국가권력에 의하여 강제적으로
실현하는 것을 말한다. 재판의 집행은 이 법률에 특별한 규정이 없으면 확정한
후에 집행하며 그 재판을 한 법원에 대응한 검찰청검사가 지휘한다(형사소송법 제
459조).

사형을 선고한 판결이 확정한 때에는 검사는 지체 없이 소송기록을 법무부
장관에게 제출하여야 하며, 사형집행의 명령은 판결이 확정된 날로부터 6월 이
내에 법무부장관의 명령에 의하여 집행한다(형사소송법 제463조 및 제465조 제1항).

법무부장관이 사형의 집행을 명한 때에는 5일 이내에 집행하여야 하며, 사
형의 집행에는 검사와 검찰청서기관과 교도소장 또는 구치소장이나 그 대리자가
참여하여야 한다. 사형의 선고를 받은 자가 심신의 장애로 의사능력이 없는 상
태에 있거나 잉태 중에 있는 여자인 때에는 심신장애의 회복 또는 출산 후 법무
부장관의 명령에 의하여 형을 집행한다.

징역, 금고 또는 구류인 자유형의 집행은 검사가 형집행 지휘서에 의하여 교
도소에 구치하여 집행한다. 징역, 금고 또는 구류의 선고를 받은 자가 심신의 장
애로 의사능력이 없는 상태에 있는 때에는 형을 선고한 법원에 대응한 검찰청검
사 또는 형의 선고를 받은 자의 현재지를 관할하는 검찰청검사의 지휘에 의하여
심신장애가 회복될 때까지 형의 집행을 정지한다(형사소송법 제470조 제1항). 징역,
금고 또는 구류의 선고를 받은 자가 "형의 집행으로 인하여 현저히 건강을 해하
거나 생명을 보전할 수 없을 염려가 있는 때", "연령 70세 이상인 경우" 등에 해
당한 사유가 있는 때에는 형을 선고한 법원에 대응한 검찰청검사 또는 형의 선

고를 받은 자의 현재지를 관할하는 검찰청검사의 지휘에 의하여 형의 집행을 정지할 수 있다(형사소송법 제471조 제1항).

벌금, 과료, 몰수, 추징, 과태료, 소송비용, 비용배상 또는 가납의 재판은 검사의 명령에 의하여 집행하며, 이 명령은 집행력 있는 채무명의와 동일한 효력이 있다(형사소송법 제477조 제1항 및 제2항). 재판의 집행에는 「민사집행법」의 집행에 관한 규정을 준용한다. 단, 집행 전에 재판의 송달을 요하지 아니한다.

Ⅱ. 형사보상

형사보상은 형사피고인으로서 구금되었던 자가 무죄재판 등을 받은 자에 대한 정당한 보상과 실질적 명예회복에 이바지함을 목적으로 한다(형사보상법 제1조). 다시 말해서 형사피의자 또는 형사피고인으로서 구금되었던 자가 불기소처분 또는 무죄판결을 받은 때에는 법률이 정하는 바에 의하여 국가에 정당한 보상을 청구할 수 있다.

이러한 형사보상청구를 국가에 대하여 할 수 있는 자는 무죄, 면소 또는 공소기각, 치료감호법 제7조에 따라 치료감호의 독립 청구를 받은 피치료감호청구인의 치료감호사건이 범죄로 되지 아니하거나 범죄사실의 증명이 없는 때에 해당되어 청구기각의 판결을 받아 확정된 경우, 피의자로서 구금되었던 자 중 검사로부터 공소를 제기하지 아니하는 처분을 받은 자 등이다(형사보상법 제26조 및 제27조).

보상청구는 무죄재판이 확정된 사실을 안 날부터 3년, 무죄재판이 확정된 때부터 5년 이내에 하여야 하며, 불기소처분의 경우에는 검사로부터 공소를 제기하지 아니하는 처분의 고지 또는 통지를 받은 날부터 3년 이내에 하여야 한다(형사보상법 제8조 및 제28조).

참고문헌

【국내문헌】

곽윤직, 채권총론, 박영사, 2001.

권순현, 헌법강의, 형설출판사, 2015.

권영성, 헌법학원론, 법문사, 2007.

김기홍, 핵심정리 행정법, 박영사, 2016.

김동희, 행정법 I , 박영사, 2016.

김상용, 물권법, 법문사, 1993.

김영규 외, 신법학개론, 박영사, 2014.

김준호, 민법강의, 법문사, 2015.

김철수, 헌법개설, 박영사, 2015.

김향기, 행정법개론, 탑북스, 2016.

김형만·이기욱, 법학개론, 홍문사, 2014.

김형배 외, 민법학강의, 신조사, 2016.

박균성, 행정법론(상), 박영사, 2016.

박상기 외, 법학개론, 박영사, 2013.

박영수 외, 법학개론, 법문사, 2016.

박영철, 헌법학개론, 대명출판사, 2015.

법원실무제요, 민사집행 II , 부동산 집행, 법원행정처, 2003.

성낙인, 헌법학, 법문사, 2008.

송광섭, 법학원론, 형설출판사, 2015.

양 건, 헌법강의, 법문사, 2016.

육종수·김효진, 법학기초론, 박영사, 2013.

이시윤, 신민사집행법, 박영사, 2009.

이재상, 형법총론, 박영사, 1997.

이재상·조균석, 형사소송법, 박영사, 2016.

전장헌, 민법학강의, 한국고시회, 2010.

전장헌, 민법과 민사집행법의 관계, 법률정보센타, 2018.

주호노, 법학원론, 한국학술정보(주), 2015.

최정일, 법학개론, 법령정보관리원, 2011.

최종고, 법학통론, 박영사, 2014.

하명호, 행정쟁송법, 박영사, 2015.

홍성찬, 법학원론, 박영사, 2015.

홍완식 외, 법학개론, 피앤씨미디어, 2014.

홍정선, 행정법원론(상), 박영사, 2016.

【외국문헌】

Bauer, Fritz, Lehrbuch des Sachenrechts, München－Köln, 1978.

Christopher Wm. Sullivan, "Forgotten Lessons From The Common Law, The Uniform Residential Landlord and Tenant Act, and the Holdover Tenant", Washington University Law quarterly, Vol. 84, No. 5, Washington University Law Review, 2006.

Jeffrey F. Beatty and Susan S. Samuelson, Business Law and the Legal Environment, Thomson Southwestern, 2004.

Matthew Lippman, Law and Society, SAGE Publications. Inc, 2015.

Miller & Jentz, business law today － text & case, South－Western cengage learning, 2010.

National Conference of Commissioners on Uniform State Laws, Revised Uniform Residental Landlord and Tenant Act, National Conference of Commissioners on Uniform State Laws, 2017.

Oseph William. Singer, Property Law－Rules, Policies and Practices, Brown & Company, 1993.

Robert J. Aalberts, Real Estate Law, Cengage Learning, 2015.

사항색인

저자 약력

전장헌(全將憲)

단국대학교 일반대학원 법학박사(민사법 전공)
Northwestern University School of Law Master of Laws(법학석사)
Visiting Scholar University of Washington
한국금융연수원 민법 및 민사집행법 노동부지원 자문교수
국민건강보험관리공단 소송실무 강사
한국산업인력관리공단 감정평가사 민법강사
KBS-2TV, 각 신문사 민사집행법 특강 및 논단
법무부 법 교육 강사
파주시·안양시·용인시 민법 강사
천안시청 자문위원
대전지방법원 천안지원 민사·가사 조정위원
재) 건설산업교육원 초빙교수
한국고시정보 민법전문위원
태학관 법정연구회 민법 강사
소방공무원, 충남도청 교육원장 면접위원 등
한국대학협의회 출제위원 등
건국대·중앙대·덕성여대·경민대·연세대·성균관대·한양대 법학강사
건국대 법학과 Best Teaching Award 수상
경기대학교 법무사시험 민사집행법 강사
한세대학교 민법 전임강사
사단법인 한국지적재산권 법제연구원 책임연구원
한국부동산법학회 부회장/편집위원
한국부동산학회 경기권학회장/편집위원
한국법학회 수석부회장/편집위원
한국법학회 제20대 회장
단국대학교 특수대학원 특수법무학과 주임교수
現 단국대학교 법정대학 법무행정학과 교수/학과장

주요저서 및 논문

「민법강의」
「민법연습」
「민법총칙」
「객관식 민법 및 민사특별법」
「부동산권리분석과 법 실무」
「민법과 민사집행법의 관계」
「민사소송에서 민사집행까지」

「부동산집행법과 사례분석」
「부동산경매투자비법과 함정론」
「American Law」
「부동산 사법」
「법정지상권의 성립요건에 관한 연구」
「불법행위에 따른 손해배상의 범위」
「유치권에 대한 개선방안」

제2판
법학원론

초판발행	2016년 9월 30일
제2판발행	2020년 9월 1일
지은이	전장헌
펴낸이	안종만·안상준
편 집	이승현
기획/마케팅	오치웅
표지디자인	이미연
제 작	우인도·고철민·조영환
펴낸곳	(주) **박영사**
	서울특별시 종로구 새문안로3길 36, 1601
	등록 1959. 3. 11. 제300-1959-1호(倫)
전 화	02)733-6771
f a x	02)736-4818
e-mail	pys@pybook.co.kr
homepage	www.pybook.co.kr
ISBN	979-11-303-3690-9 93360

* 파본은 구입하신 곳에서 교환해 드립니다. 본서의 무단복제행위를 금합니다.

정 가   25,000원